# 品中国文人

② 

刘小川 著

上海文艺出版社

## 卷首引语

思想最深刻者,热爱生机盎然。

〔德国〕荷尔德林

Wer das Tiefste gedacht, liebt das Lebendigste.
〔Germany〕Friedrich Hölderlin

# 目　　录

## 苏东坡（北宋　1036—1101）

中国古代，苏东坡这样的个体生命可能绝无仅有。没人比他更丰富多彩。他似乎穷尽了生命的可能性，穷尽了中国文化的可能性。他抵达了生存的广度与深度的极限。他生活在古代，却比现代人更现代。他生命中的核心要素，提纯了人类文化的"遗传基因"。

## 柳永（北宋　987？—1053？）

柳永老是在离别，转身，上路，好像在一个地方待不长。这是什么原因呢？南北繁华地，他清瘦而挺拔的身影穿梭于市井，出没于绮陌红楼。"忍把浮名，换了浅斟低唱。"柳永死于道路，妓女们凑钱安葬他。她们哭呀，她们又闹，她们在悲痛的时候也牢记着自己的职业要求:欢笑。墓中的柳永瞅着她们。

## 欧阳修（北宋　1007—1072）

欧阳修在洛阳一待三年，异常活跃，带着他的小个头、近视眼和近乎神经质的举止。二十五六岁风华正茂，什么都想试试，白天用功夜里胡闹……他成为一代文化宗师，他做了国家级的政要，面部表情却永远丰富，想说就说想唱就唱想醉就醉。他是中年人学习的好榜样，是古往今来老年魅力的排头兵……

## 王安石（北宋　1021—1086）

高人的确有高招，善理财不是编故事。一张大网撒下来，民间财富藏不住。赵宋立国百年，好比一潭深水，大鱼老鳖有的是。王安石的龙睛能穿透深潭，小鱼小虾悉数打捞，犹如巨鲸张口，一次就能吞下成吨的鱼类……可是王安石终于闹得众叛亲离爱子夭亡了，他徘徊钟山喃喃自问:你真的是一位比诸葛亮还诸葛亮的高人吗？

## 陆游（南宋 1125—1210）

167 ……… 时值隆冬，快过年了，偌大的陆家张灯结彩。然而岳飞父子的惨死，使所有的红灯笼透出血色。陆游和泪疾书岳飞的《满江红》……两个陆游：一个念念不忘北宋，一个时时怀念唐琬。《钗头凤》"杀死"了唐琬吗？爱国爱酒爱山川爱美女，恨一切卑鄙野蛮，爱与恨，成就了我们的顶级诗人。八十年一步一个脚印，八百年感动着中国……

## 辛弃疾（南宋 1140—1207）

209 ……… 辛弃疾的形象颇为奇特：总觉得他跃马挥枪，漫山遍野旌旗在望。大将军而兼大文豪，三千年难得一见。辛将军才高、性烈、脾气大，行军打仗，为官待友，都是大刀阔斧雷厉风行。而文人的豪放往往暗通温柔，非梁山好汉所及也。辛词的传世佳作可分三类：英雄气；乡村语；儿女情。"更能消几番风雨，匆匆春又归去……"

## 李清照（南宋 1084—1151）

241 ……… 李清照敢爱，并向世人发出爱的声音。两千年封建史，数她声音大，大而美，美而稀。苦难也拖不住她的。"谁怜流落江湖上，冰肌玉骨未肯枯！"她是唯美的：美少女、美少妇、美寡妇、美妙的《漱玉词》、美不胜收的爱情生活。金人的屠刀断下北中国，也把李清照的命运切成两段……张汝舟骗财骗色骗文物，李清照凄凄惨惨戚戚："三盏两杯淡酒，怎敌他晚来风急！"

## 曹雪芹（清代 1724？—1764）

283 ……… 荣华富贵转眼成空，美好女性群芳散尽，给曹雪芹刺激太大，印象太深，记忆太稠。天闷要下雨，人闷要讲话。写作，无非是纸上的更具规模的表达。"字字看来都是血，十年辛苦不寻常。"红颜知己脂砚斋，陪伴着伟大的作家：相亲相爱两支笔，共同追忆逝水年华。曹雪芹哭红楼诸艳，哭几千年的华夏女儿。脂砚斋却在除夕之夜痛哭曹雪芹……

## 鲁迅(1881—1936)

329 ……………年轻的鲁迅在日本狂读西方经典,同时聆听着国学大师章太炎。视野开阔的思想家在孕育中,无与伦比的汉语艺术在锤炼中……战斗的鲁迅之所以能够战斗,其文化视野乃是决定性的因素。"鲁迅的骨头是最硬的。"他的面部轮廓有如雕刻。而我们在今天,得以掂量鲁迅的硬度,同时掂量他的柔软度。硬,来自柔软,如同憎恨源于热爱,无边的黑暗是由于天边的那一缕曙光。生活中的鲁迅安静而慈祥,像个乡下老头。萧红说:"鲁迅先生的笑声是明朗的,是从心里的欢喜。"

381 ………我为什么要品中国文人(代后记)

408 ………附录:主要参考文献

# 苏东坡

(北宋 1036—1101)

中国古代,苏东坡这样的个体生命可能绝无仅有。没人比他更丰富多彩。他似乎穷尽了生命的可能性,穷尽了中国文化的可能性。他抵达了生存的广度与深度的极限。他生活在古代,却比现代人更现代。他生命中的核心要素,提纯了人类文化的"遗传基因"。

## 1

中国古代,苏东坡这样的个体生命,可能绝无仅有。

窃以为,没人比他更丰富。他似乎穷尽了生命的可能性,穷尽了中国文化的可能性。他抵达了生存的广度与深度的极限。

他生活在古代,却比现代人更现代。他生命中的核心要素,提纯了人类文化的"遗传基因"。

本文始于对苏东坡的新的惊奇,并试图把这种惊奇贯穿到底。

四川眉山是苏东坡的家乡,位于川西平原,在成都、峨眉山与乐山大佛之间。我家距苏轼老宅仅百米之遥,从小就在他的英灵弥漫处跑来跑去。园林优雅的三苏祠,供着苏家三父子的塑像。1963年,朱德、陈毅到眉山,激动不已的总司令挥笔写诗:"一家三父子,都是大文豪,诗赋传千古,峨眉共比高。"而陈毅元帅也曾说:"吾爱长短句,最喜是苏辛!"

辛,指南宋的辛弃疾。

北宋蜀地有民谣:眉山生三苏,草木尽皆枯。

三苏占尽人杰用尽地灵,眉山百年内草木不旺。这事儿见于宋人笔记,不知是真是假。

苏轼的父亲苏洵,弟弟苏辙,俱属"唐宋散文八大家"。

苏轼家境不错,早年幸福。母亲程氏有佳名,原系大家闺秀,知书识礼,她对苏轼的教导,史书多有提及。乳娘任采莲,几十年慈眉善目,以七十五岁高龄谢世,苏轼为她撰写墓志铭。大文豪的巨笔,一生写过的墓志寥寥无几,王公贵族请不动的。母亲与乳娘,双双呵护苏轼的生长。及至成人,先后又有三个女人出现在苏轼的生活中,她们都姓王:王弗,王闰之,王朝云。宋朝女人,我们终于能知道全名了,不像李白、杜甫、白居易的夫人,只留下她们的姓氏。

王弗、王朝云,惊人的美丽,无论是她们的外貌,还是她们的内心。

母亲、乳娘、妻妾,环绕着苏东坡。有趣的却是坡翁一生以豪放著称。女性的慈爱与温柔,给了他一颗异于常人的仁慈之心,但并未使他的性格有丝毫走样。他是男人气十足的。他悲天悯人有如杜甫,却比杜甫更快乐。他有很好的遗传:性格像父亲,而父亲又像祖父。祖父苏序,是眉山街上出了名儿的怪老头,酒量奇大,着装古怪,学神仙张果老倒骑毛驴,口中念念有词,写过几千首永不流传的诗。他最大的爱好是打抱不平,官府不讲理,他会冲到府衙去,有理有据批评州官县官,好像他是上级。丰年他积谷屯粮,街坊以为他瞅着灾年要大捞一把,因为他永远让自己显得莫测高深,叫别人捉摸不透。两年后果然闹饥荒,他在自家门前贴告示,围观的群众多达数百人。告示写得歪歪扭扭,而内容大快人心:囤积的粮食全部拿出来救济灾民。

这些都是真事,史料记载明确。

过了三十余年,苏轼在杭州办"永安坊",是为中国第一家公立私助的慈善医院,看病不收钱。祖孙二人行事,仿佛商量过。其时苏序已死去多年。

在我小时候的记忆中,眉山这小城,各种各样的古怪人物层出不穷。随便挑一个,都足以写成一本精彩的厚书。倒是最近这十几年,人的行为模式突然趋于单一,欲望,意志,趣味,看似各自流溢,实则积为一潭,逼近工业生产的模式。个性被设定,被掌控,个体的局部反抗几乎毫无意义。个性,不可避免地走向个性的反面。究竟是谁,谁在设定人的喜怒哀乐呢?谁在制造那个标准化的"现实通道"?我重读享誉全球的哲学家马尔库塞的代表作《单向度的人》,他主要研究美国,副题是"发达工业社会意识形态研究"。结论已如书名。他令人信服地指出,所谓美国式的自由,其实受制于新型的极权。

中国置身于全球化进程,毕竟时间短,尚有足够的回旋余地,以避免西方人的异化。几千年文明史,文化的伟力会自然生发。眼下的回归传统、以人为本、和谐社会,见证了古老的文明重获新生的伟大力量。

而作家有义务推波助澜,把活生生的传统带到当下,把一批又一批精彩人物写在纸上。

我是苏轼的同乡,我能把他生命中最本质的东西揭示给当代的读者吗?

宋史说:"蜀人不好出仕。"

走出去当官叫出仕。一个北宋读书人,他必须从他的家乡走到汴京参加科举考试。考中的举人、进士,由朝廷分派到全国各地。即使小到九品官,也是由中央政府直接任命。唐朝盛行科举,普通庶族子弟,经过寒窗奋斗而荣登士族,从此改变家族的身份。唐末陷入战乱,武人称雄,斯文扫地。不好出仕的,远不止是蜀人。而天府之国远离战火,百姓过着相对富足的日子,懒得翻过崇山峻岭去求仕。

苏轼祖上五代人,没有一个当官的。

北宋一统天下,版图不及盛唐,人口数字相近。宋太祖赵匡胤调整国家战略,抑武人,重文士。这一调就是百余年,既有丰功伟绩,又有种种弊端。北宋文气大盛,文坛巨人、学术泰斗纷纷进入权力的核心层,创下历史之最。

科举之风劲吹。两宋三百年,单是眉山这样的小地方,就有进士八百余名。

苏洵却不喜欢科举,他喜欢趁年轻到处走,"游荡不学"。家里有祖田,有经营绢帛的小产业,为他提供游荡的盘缠。游到手头拮据时,婚姻又带给他新的支撑。婚后他继续远游,妻子程氏"耿耿不乐"。二十七岁他忽然发愤读书,埋头苦干了,六年不抬头,也不写一个字——他写的文章曾被人看不起,于是发誓,不读透经史绝不再提笔为文。

此时苏轼两三岁,家里忽然有了许多书。

宋代的眉山,是全国三大刻版印刷中心之一。十户人家,九户有藏书。著名的孙氏书楼,藏书达数万卷。

而苏洵的远游,何尝不是很好的学习?古代信息闭塞,有志之士八方游走,几乎是一种"文化本能"。春秋战国五百年,策士、侠客、思想家,幽灵般地穿梭着,埋下中国人游历的基因。

苏洵游到成都,结识了益州太守张方平;游到京师,进入翰林学士欧阳修的超级沙龙。这个沙龙里有梅尧臣、曾巩、张先、司马光、王安石等,都是北宋政坛文坛响当当的人物。苏洵以一介布衣,能有如此交游,至少说明两点:其一,他本人有才华,有闯劲;其二,北宋大人物大都平易近人,不拿臭架子。

苏洵倒有点拿架子,在人格上藐视王安石……

封建社会虽然等级森严,但是前唐与北宋有令人惊讶的宽松局面。大臣指责皇帝的事情经常发生。皇帝的重大决定,大臣若是不同意,那就很难让他执行皇命,他宁愿拍屁股走人。类似公司员工拒绝与老板合作。皇帝还不能因此降罪于他,有时候还讨好他,担心他退休不管事。

唐朝以诗取士,北宋文人主政。人文修养于政治,看来是举足轻重。

北宋值得研究。

苏洵的发愤和远游,为大儿子苏轼提供了两种财富:书籍的氛围,世界的广阔。一般小孩儿憧憬未来,持续三年或五年,这憧憬通常影响他的意志走向,预设他的未来。憧憬的过程中,会发生很多事儿,主观客观难以分辨。

写历史人物,能进入憧憬这一类人生之关键环节的内部吗?而随处可见的,是对人物的模式化处理。我平常读国内传记,本已疑虑重重缩手缩脚,却又最怕读它描述的青少年期:无限的个体差异几乎被无限取消。

回头再看儿童题材的影视剧,更是倒抽一口冷气……

问题严重。

但愿笔者有机会,深入少年苏轼的内心憧憬,并以此展开他雄视古今的广阔生存。

性格遗传,母性呵护,书卷气和野性环境,这些不同的东西同时作用于早年的苏轼。蜀地生活悠闲,民间花样繁多,吃的用的玩的应有尽有。生活的丰富又导致语言的丰富,十里之外,另有方言俚语。我一直在揣摩,苏东坡之所以成为语言大师,眉山的语言环境,究竟对他有多大的帮助?

眉山人的语言机智、生动、幽默,充满了随意性。

比如形容生气:早就忍得你水滴!

比如形容冒火:我这火呀,一朵一朵地冲。

再如形容小孩儿四处疯玩:天上都是脚板印。天天玩到黑摸门。

……

小时候我母亲的许多口语,我这调皮捣蛋常挨骂的儿子,至今记忆犹新。

苏东坡不可能是那种一天到晚枯坐书斋的男孩,他会八方撒野,天上都是脚板印。眉山老城,穿城三里三,环城九里九。城里除了街道,也有田地,有河流。东门外有繁忙的水码头,有宽阔的岷江,有踏青的好去处蟇颐山。而站在西边的城墙上,抬眼便是海拔三千多米的峨眉山……北宋的眉山城因是州府所在地,城中八千户,小孩子永远是高高矮矮结队成群,今天拿钓竿明天揣弹弓的,春夏秋冬有得玩,而玩的花样超过一百种,包括斗嘴打架——男孩儿不打架还能叫男孩儿吗?到处都有清凉的水、可供攀缘往水中扎猛子的黄桷树。男孩谁不是浪里白条?过节了,过年了,男孩女孩穿新衣,走东家串西院……苏轼在眉山一直待到二十岁,出去做官后又两度回来丁忧,加起来二十五六年。"生活世界"留给他的印象太深了,这位终其一生对生活抱着不可思议的巨大热情的人,他为何坚决反对王安石搞急剧变法?理由是两点:风俗,道德。

他深知风俗与道德来之不易。

而我们今天已经知道,生活世界的形成少则数十年,多则数百年,打碎它却可能在弹指一挥间。马科斯·韦伯有名言:"人是悬挂在由他自己所编织的意义之网中的动物。"

意义的生成必定是缓慢的,犹如绿色果蔬不能用激素。意义的嬗变同样需要足够的过程。意义之网若是被无形的手粗暴扯烂,人就会变成被拔掉了触须的虫子,到处乱窜。

社会生活,形同一张覆盖每一个角落的大网。

生活的诸般韵味儿,取决于这张大网。大网扯烂了,小网难保完整。

对生活的总体考察、把握,古今哲人走得很远了,如同触须强劲而敏感的虫子。有趣的是,他们不约而同所看重的,正好是普通人积聚生活韵味儿的地方。

目前科技发达,生活变化太快,人活得像陀螺,韵味儿很难立足。往哲学层面说:计算型思维盛行,"求意志的意志"泛滥,人对人、人对自然的掌控与掠夺,在理性面孔的背后潜伏着日趋张狂的非理性。不过我个人,对未来还是抱着乐观的。总有一天,生活的整体价值会呈现压倒性的局面,生活出了问题,一般人都会追问:谁在破坏生活的意蕴层、威胁生活的完整性、撕碎那张圣物般的意义之网?

本文写苏轼,理由简单:他既是大文豪,又是维护意义之网的生活大师。

## 2

宋仁宗至和二年(1055年),弱冠之年的苏轼进京应考,一考就拿了事实上的状元:主考官欧阳修,因猜测封闭试卷出自他的弟子曾巩之手,为避嫌,才把苏轼擢为第二。苏辙也考上了。两兄弟金榜题名,京师轰动,苏洵半夜里酣梦中都要笑醒。

苏轼很能考,目标明确像白居易。他被称为中国文化的集大成者,其中也包括他非凡的科考本领。士大夫的生活道路,济苍生的政治理想,考不上一切免谈。年轻的苏轼头脑清醒,认准了目标就心无旁骛,这大约是优秀人物的共同特征。文章的题目叫《刑赏忠厚之至论》,头一次阐述他的仁政理想,令人感到意外的,是他终身朝着这个方向奋斗。换句话说,他的政治理念,二十岁就趋于成熟了。另外,他惊人地大胆,试卷中杜撰圣君尧帝的典故,闹得考官梅尧臣查史料一头雾水。问他时,他竟然说:想当然耳!

按考试规则,杜撰典故万万不可。何况是杜撰圣人。

胆大源于自信。这可不是一般的自信,信手一笔,可能自毁前程。来自全国各地的黑压压的考生们谁敢?这事正史野史都有记载,可信度不成问题。

没办法,这就是天才。

三父子在汴京得意了,老家眉山却传来噩耗:程夫人因病去世。也许她至死不知道两个儿子双双高中。

苏轼苏辙匆匆办理了在籍进士的手续,回老家丁母忧。陆路水路昼夜兼程,要走两个月。

丁忧三年。

丁忧古制蛮有意思,不管你官居何职,必须丁忧。丁忧既是尽孝,又是对官场身份社会角色的中断和超越,使人返回他的赤子本源,有可能从源头上重新打量他的生存。说到底,人间万事,除了铭记、追思父母的恩典,没有什么事不可以暂停的。

丁忧淡化官本位……

苏轼进京前已有妻室,不然的话,婚期要推迟到三年以后。

夫人王弗,青神县人,那地方山青水秀,小城古朴。今日高速路,到眉山城仅三十分钟,路牌上几个格外醒目的大字:苏东坡初恋之地。王弗是小城孕育的佳丽,秀外而慧中。她具体长什么样,史料只略有提及,称她面目姣好。其实即使她相貌一般,她也是古代最美丽的女性之一。苏轼的悼亡词《江城子·十年生死两茫茫》是献给她的。从古至今,悼亡之作何止亿万,苏轼此词公推第一。它能表达所有人怀念亡妻的感情。

关于王弗,稍后再讲。

丁忧结束,再赴汴京。这次是举家迁徙,几十口人在东门外的"王家渡"上船,直下嘉州渝州,出夔门向荆门,抵京师,沿途阅县三十六。苏氏兄弟到吏部办理了注官手续,分别被任命为县主簿,类似办公室主任,均辞不受。宋代官吏,拒绝任命是常事,小到县吏大到宰辅。

苏轼参加由宋仁宗亲自主持的"制科"殿试,又考了第一。这第一叫做"制科三等",宋代开国一百年,考上三等的,苏轼之前仅一人。一二等皆虚设。苏轼在皇帝的御座前,写下五千字的文章,又直接面试,对答如流。老皇帝显然被这个英气逼人的年轻人给吸引住了,看文章,观书法,听他滔滔不绝,虽然他批评朝政的尖锐言词实在不好听。比如他指责后宫花销太大,而仁宗本人勤政不足。言下之意,此时的宋仁宗有点像晚年的唐玄宗。

苏轼初见皇帝，非但不怯场，反而壮怀激烈。这说明三点：

一，苏轼的天生气魄。二，苏轼的忠心耿耿。三，开明的政治风气。

仁宗当天回后宫，对曹皇后感慨地说：朕为子孙后代得了两位清平宰相啊。

另一位指苏辙。苏辙制科试入四等。

考试前有个小插曲：考生们报名很踊跃，主考官开玩笑说，苏氏兄弟在此，你们觉得有希望吗？于是考生散去大半。

十年一度的制科试，录取名额不超过五个。考生们熬更守夜做准备，却被苏氏兄弟吓退了。

考期临近了，苏辙偏又生病。宰相韩琦下令延期。

这两兄弟的风光可想而知了。他们的文章风格成了考生的典范，京城民谣说：苏文熟，吃羊肉；苏文生，吃菜羹！

欧阳修甚至在他的沙龙里对新老作家说：三十年后，无人道着老夫也。

这位北宋文坛领袖的话，在时下文坛的语境中听上去像奇谈怪论，像藏着什么阴谋。

值得注意的，是王安石不喜欢苏轼的带有策士气息的文风。他公开对人讲："如果我是考官，我就不取他。"王安石时任翰林学士知制诰，负责起草诏令。朝廷对苏辙的任命书他不肯写，事情便耽搁下来，无限延期。北宋这个现象也是颇为奇特。

著名历史学家余英时先生有巨著《北宋士大夫政治》，读者若有深入了解的兴趣，不妨参考。

苏轼以京官大理评事的身份出任凤翔签判，任期三年，有签署公文和断案的权力。凤翔在陕西，距京师一千二百里。嘉祐六年（1061年）的冬天他走马上任，老父与弟弟留在汴京。

苏轼初做官，却跟领导闹起了别扭。到凤翔半年，碰上新太守陈希亮，陈原是眉山青神县人，王弗的同乡。此人与苏洵也属旧交，按常理，该照顾苏轼才是，可他对苏轼严格得不近情理。他个子小，眼睛有点斜视，训斥部属喉咙大，动不动就暴跳如雷。部下都怕他。苏轼在自己的职权范围内做了几件事,受到小民称颂;衙门里他人缘好,同事们亲切地称他"苏贤良"。陈希亮却发布命令:谁也不许叫苏轼为苏贤良。二十七岁的苏轼为此很不高兴:皇帝都对他客气呢,这怪老头却压制他,横挑鼻子竖挑眼,生怕他的才干盖过太守的政绩。有小吏偷偷叫他苏贤良,陈希亮眼力不济耳朵倒灵,抓过小吏用鞭子猛抽。苏轼宅心仁厚,听小吏声声惨叫,忍无可忍了,要夺太守的鞭子,被人拉开。

陈太守对苏轼说:"你敢对上司不敬,我就抽你!"

苏轼郁闷了好久,想念弟弟苏子由了,写诗说:"忆弟泪如云不散,望乡心似雨难开。"

中秋节他不去知府厅参加例行宴席,被罚铜八斤。古代钱币分金银铜,八斤铜不是小数。苏轼知道这处罚的规矩,可他就是不去。罚金由王弗叫人送到知府。她回家,软语劝苏轼。据她观察,老太守也是一位好人,凤翔十个县,治理得井井有条。王弗猜测,老太守也许是故意对他严厉呢。

苏轼听不进去。在凤翔有两年,始终和陈希亮拧着。

王弗这样的好妻子,深知用什么方式劝丈夫,以她温柔的慧眼看人看事,尽量弥补丈夫的性格缺陷。事后证明,她对老太守的猜测是正确的。陈希亮为官几十年,对训练年轻人才有一套行之有效的方法。他的确性子倔,两年中从未向苏轼作过任何解释。后来,他因收受其他地方送来的好酒而下狱,一世清名毁于几个酒坛子,气死在狱中。而苏轼已经有了不少官场体验,慢慢回忆老太守,明白了王弗的那些话语,怅然写道:"轼官于凤翔,实从公二年。方是时年少气盛,愚不更事,屡与公争议,形于颜色……"

苏轼对王弗的怀念,也是这种情形:王弗走了整整十年,他才细细咀嚼妻子在生活中的点点滴滴,写下《江城子》这样的感人肺腑的作品。

人生多少事,事后方知原委,却要么时过境迁,要么物在人亡。"此情可待成追忆,只是当时已惘然。"

王弗二十七岁就走了,不知她生什么病。时在苏轼从凤翔返回汴京的当年,英宗治平二年(1065年)的五月二十八日。

王弗嫁给苏轼,刚好十年,从活泼的少女到贤惠的少妇,这么好的一个人,却忽然就没了。生有限,死无常,苏轼悲痛而又惶恐,对命运之神的安排一片茫然。

王弗去世不久,苏洵病殁于京城,享年五十九岁。

短短几年间,苏轼的父母妻子相继西去,最疼他、也最理解的人从他身边消失了。死亡,对我们的伟人的照面方式竟然是这样!他才三十岁。体验亲人们的死亡也是上苍对苏轼的一种磨炼吗?

苏氏兄弟回眉山丁父忧,船上放着两副棺木。

宋英宗赠银一百两,宰相韩琦、副相欧阳修各赠三百两,其他官员所赠不一。加起来,没有一千两,也有八百两。苏轼皆辞不受,只愿皇上给父亲追授官爵,以了老人未竟的心愿。英宗准奏,诰封苏洵为光禄寺丞,官六品。

当时一两纹银,大约相当于眼下的三百块钱。

苏轼葬父亲和妻子于眉山城之东,今天的土地乡苏坟山。苏洵、程氏、王弗均葬于此,青山绕陵墓,万松伴英灵。苏轼丁忧三年,手栽松苗三万棵。兄弟二人带着年幼的孩子常常待在那儿,躬身栽树培土,仰看蓝天白云。

我多次拜谒苏坟山,那地方太美了。隐约有气场,弥漫于周遭,我起初以为是个人感受,问别人,竟有同感!

王弗墓前的清风如泣如诉,仿佛述说着她的幽怨:她与苏轼,欢娱太少了。欢乐的时光总是过得太快,十年一晃而过。苏轼说过的,要和她生同衾死同穴,可他的陵墓远在河南郏县⋯⋯

王弗频繁走到苏轼的睡梦中,似乎要补上夫妻恩爱的好时光。苏轼细腻回应她,爱不够怜不够。又是一个十年,阴阳时向梦里缠绕,然而梦要醒,梦境会突然中断。诗人深陷在无可奈何的情绪中。

熙宁八年(1075年),任密州太守的苏轼写下《江城子》:

十年生死两茫茫,不思量,自难忘,千里孤坟,无处话凄凉。纵是相逢应不识,尘满面,鬓如霜。
夜来幽梦忽还乡,小轩窗,正梳妆。相顾无言,惟有泪千行。料得年年断肠处,明月夜,短松冈。

阴阳隔天地,相爱至深的男女永无消息。这是人类永恒的绝望之一。想念亡人越深切,越能"触摸"到这种绝望。

苏轼对王弗的怀念,是不知不觉的,倏然而至的——这更接近怀念的本质。他事先并无一个计划,要在亡妻十年忌日为她写点什么。伟大的艺术品,好像都跟意志没关系。感觉是慢慢积聚,自发地寻找它们的喷发点:这个谜一般的漫长过程也许正好是艺术吸引人的奥秘所在。诗人提纯了普通人的深切感受。《江城子》语句平实,对应日常生活的场景,七十个字,说尽无穷思念。浓郁的哀伤托出王弗凄婉而美丽的形象。汉语的表达能力真是令人一再惊奇。而眼下有一种喧嚣:读图时代到来了! 我不知道这是鼓吹进步还是提倡退化。我只知道,这首简短的悼亡之作,明显胜过那些类似题材的、哪怕是较为成功的影视剧。影视剧通常看过就忘了,而要忘记"十年生死两茫茫"这样的文字,可能需要下点力气,除非中国人对汉语的敏感度在未来几十年内持续下降。

苏轼这首《江城子》,自它问世至今,打动过多少人,没人作过统计。肯定是天文数字。而读者掉下的眼泪,乃是人世间最为深沉的眼泪,和那些煽情煽出来的液体不可同日而语。

煽情的特征是:让眼泪来去匆匆莫名其妙,它本身拒绝深沉的感动。因为一旦深沉,它就不好卖钱了。煽情的目的是:让你哭,是为了掏你的腰包。一切以煽情为职业者,都是人类情感的小偷,他们打着文化产业化的旗号,把感动从人的内心深处生生剥离,推向易于调动、易于变花样耍花招的浅表层。

写王弗和苏轼的《江城子》,不该谈这些的。

# 3

熙宁初年王安石变法,苏轼反对他。

王安石字介甫,朝野尊称他为荆公。这是北宋的一个奇人,大苏轼十五岁。苏轼官于凤翔,他已经做到翰林学士兼地方长官。他基层经验丰富,一心想把基层的成功经验推广到全国去。北宋三百二十州,王安石熟悉的几个州,条件都不错,比如江宁,历来是江南富庶之地。而由于荆公本人廉洁自律,吏治也颇见成效。

王安石善于等机会,更善于制造机会。凡为政治家,这是必备的素质。宋仁宗屡次召他进京,他拒绝,有一次躲圣旨竟然躲进了厕所。他的目光很厉害,和李白有一比,虽然两个奇人的锐眼射向不同的领域。仁宗老皇帝,王安石对他了如指掌。范仲淹、欧阳修等人发起的著名的"庆历新政",不到一年就收场了。这说明什么呢?说明仁宗老了,不想对国家动大手术。仁宗后的英宗,身体不好,意志力上不来,曹太后权同听政。英宗在位三年,王安石"按兵不动"。他辞官,越辞声望越大。治平四年(1064年),英宗从政治舞台上神秘地消失了。神宗继位,改元熙宁。这好学的年轻人身强体壮,意志力远胜于诸皇子,并且越过前朝,直追宋太祖的时代。

王安石要等待的,就是这样的皇帝。

所谓历史奇人,一定是目光长远,能看到几十年。如果他看清了看准了,整个国家几代人都会受惠于他。反之,则麻烦大了。荆公变法的是与非,这一千年来争论不休。

王安石是大题目,是古代大文人直接影响历史走向的人物,是政坛奇人、生活中的怪人。关于他,笔者将另篇专述。

苏轼同样主张变革,他曾对宋仁宗说:"天下有治平之名,而无治平之实。"他形容国家像个病人,表面上能吃能喝能睡,但如果让扁鹊、华佗这样的神医来把脉,一定大惊失色:这病人几乎到了绝症晚期。

苏轼说出了有良知的士大夫的普遍隐忧。

宋朝立国百年,表面上维持着繁荣,其实危机四伏。唐帝国盛极而衰,北宋士大夫对此高度敏感。然而日趋庞大的官僚阶层糜烂成习,消耗国家财政;又养着百万只能维护极权统治而不能戍边御敌的军队,区区西夏小国,连年袭扰甘陕,搞得几朝大宋皇帝忧心忡忡。朝廷每年输金求和,拿出去的金帛数字惊人。

冗官,冗兵,这两项开销令国家财政捉襟见肘。官员的特权动不得。这是一个大问题。二十年前,范仲淹的"庆历新政"首先拿官吏开刀,喊出响彻历史的口号:"先天下之忧而忧,后天下之乐而乐!"忧什么?忧国运不能长久。可是大批官员忧他的官帽,忧他的待遇,谁动了他的帽子和钱袋,他要拼命的。

范仲淹失败了。时隔一代人,变革的声音又大起来。这一次,血气方刚的宋神宗碰上一代奇人王安石,两股大力相加,新法得以骤行天下。两三年间,七八个新法相继出台,一经出台立马实施,免役法,市易法,均输法,青苗法,保甲法,教育法,农田水利法……涉及面之广,力度之大,几乎空前绝后。

本来力倡变革的苏轼,却站到了王安石的对立面,这是为什么呢?

苏轼从凤翔回汴京,升大理寺丞。父丧,回眉山守制丁忧三年,还京,任职于史馆。英宗、神宗都曾想重用他,宰相韩琦几次加以阻止,理由是年轻干才需要历练。为此朝廷有议论,认为韩琦行事过于老成。苏轼倒显得十分豁达,对安慰他的恩师欧阳修说:"韩公,乃古之君子爱人以德者。"

凤翔太守陈希亮砥砺苏轼,看来有成效。苏轼虽天性豪放,但不经磨炼,不受挫折,修炼成博大襟怀也难。到后面我们会发现,苏轼对别人的包容、宽厚,几乎到了无以复加的程度。

不过,在原则问题上,苏轼毫不退让。

王安石推行新法有如暴风骤雨,一个新法未见成效,另一个又来了。他不怕走极端的。也许汲取了当年范仲淹推新政不够狠、导致守旧势力反扑的教训,王安石的战略是先走极端,然后再来纠正。他的总体思路是强化中央财政,与商贾争利,抑制地主豪强。比如在各大城市设"市易务",用官方资本做买卖,权力与资本,两强并举,令一般商人完全失去竞争的优势,破产的破产,关门的关门,大街小巷怨声载道。

再如青苗法,每年青黄不接的时候,官府贷款给农民,半年取二分利。而以往则是贫户向地主借高利贷,利息有半年高达五六分的。王安石的青苗法,其初衷不无高明处:朝廷从地主手中拿走了利益,又使贫困农户免受高利贷的剥削。但新法在全国推行,问题出来了:地方官吏为凸显政绩,强行向农民摊派贷款,这叫"抑配",朝廷明令禁止,下面却悄悄干,不分贫富,不管农民情愿还是不情愿,一律放债。为防止贷款流失,又想出了一个绝招,使贫富相保,结为利害共同体,贫者有还不起贷款逃走的,拿富户问罪。青苗法实施一年,乡间小道上常有官府的两支队伍,放债队和抓人队,闹得鸡犬不宁。

不少地方政府放利三分,既向上邀功,又向下刮地皮。

不仅乡下大搞特搞,城里也摊派青苗贷款了。

还有一个严重问题:农民手里有了钱,很快拿到城里花销,吃喝玩乐像个城里人。贷款吃光了,他们拔腿就逃。

这些都是青苗法的设计者始料未及的。其余各法皆有不同类型的弊端。

后人评价熙宁诸法说:"法非不良,而吏非其人。"王安石凭借他几个州的基层经验,把新法推向三百州。可能他觉得,全国官吏的素质都像他和他的部下。

苏轼也有自己的基层体验,凤翔十个县,他曾跑遍每一个县衙,每一处村落。在老家眉山,他对维系生活世界的风俗与道德,做了大量细致的考察,进而得出结论:风俗之厚,道德之醇,对国家的长治久安至关重要。老百姓失去方向感,惶惶不可终日,国家又怎么能够长期富强?

苏轼以民为本,王安石以国为本,二者矛盾了。

苏轼官小,王安石官大,但小官处处反对大官,弄得大官非常头疼。俗话说人微言轻,苏轼却是典型的官小声音大。这里有三个原因:一,他与欧阳修、范镇、富弼等朝廷重臣往来密切;二,他语言功夫超一流,极富煽动性;三,他能直接给皇帝写信,前后两封长信,《上皇帝书》和《再上皇帝书》,言辞异常激烈,充满了火药味儿。

细读苏轼这类文章,令人很感慨的。

有一天皇帝突然在便殿召见他,问以国策。他一点不客气,当面批评神宗:"进人太锐,听言太广,求治太急!"神宗听了很不舒服,却好歹忍住了,温和地说:"卿三言,朕当熟思之。卿在阁馆,当为朕深思治乱。"

这次皇帝的单独召对,使苏轼兴奋不已,逢人便讲。

王安石听到了,心下不悦。

神宗是个奇怪的年轻人,一面独裁,一面又想倾听大臣们的意见。毕竟变法事关重大,他和唐宪宗一样要做中兴之主,重启国运。他有重用苏轼的念头,征求王安石的意见,王安石明确表态:不可。

神宗只好作罢。独裁皇帝,不得不对"拗相公"言听计从。

王安石对苏氏兄弟都抱着戒心。他所执掌的变法领导机构"制置三司条例司",曾用苏辙为检详文字,负责起草一系列新法。苏辙却屡与他意见相左。终于没法合作,苏辙主动辞职。

苏轼、苏辙的政治主张高度一致。兄弟始终共命运,价值观的相同可能是首要因素。早年在眉山,他们共读圣贤书,讨论国家大事。父亲苏洵也加入进来。叫做"南轩"的书房常常响起三苏父子激烈争论的声音。

在德语中,"真理"一词含有争辩、争而后得的意思。

三苏父子共同的价值体系,倒不失为一个有意思的研究课题。

苏洵讨厌王安石,视王安石为装模作样、胸中藏有大奸之人。他写过《辨奸论》,京师流传甚广。现在王安石排斥苏氏兄弟,这里边是否含有报复?依我看,可能性不大。有证据表明,王安石对苏轼的理解与欣赏,超出宋代一般人。

王安石要干大事,扭转历史的走向,必须清除绊脚石。然而绊脚石真是太多了,王安石手脚并用,又踢又搬的,如果不是绊脚石自己走掉,"拗相公"力气再大,估计也只能干瞪眼。司马光、范纯仁、富弼、范镇……一群重臣相继离开朝廷,类似现代政治格局中的内阁集体辞职。神宗皇帝哭着挽留,但大臣们去意已决,纷纷乞外放,做地方官去了。司马光在洛阳一待十五年,埋头写他的历史巨著《资治通鉴》。他和王安石一样耐心等待时机,蓄积能量重新跃入活生生的历史进程。

在王安石眼里,苏轼是个古灵精怪的绊脚石,体积不大,却很沉很沉,搬它费力,踢它脚疼。这石头还善于在京师的地面上四处滚动,发出各种刺耳的声音。

熙宁初,有两三年的时间,苏轼在京城跳得很厉害。神宗的一句"为朕深思治乱"给了他巨大的力量。他忠君,又指责君,冒着身家性命反对神宗的治国大略,这股大力又从何而来?答案似乎只能是:来自强大的文化传承。

国家是得变,但欲速则不达。苏轼打比方说:要像白昼不知不觉变成黑夜,不能从严冬一下子进入酷暑。气温大起大落,肌体承受不了。几百年形成的风俗、道德,几年就要摧毁它,生活将面临前所未有的威胁。青苗、免役、市易诸法,固然在短时间内充实了国库,却令城乡百姓遭殃,弃祖业,卖田产,流离失所,家破人亡。苏轼痛心疾首,《再上皇帝书》中大义凛然地说:"今日之政,小用则小败,大用则大败!若力行不已,则乱亡随之!"

这一年苏轼三十五岁。慷慨激昂的言辞中不难看出书生意气。论治国,我不知道他和王安石谁高谁下。我所能分辨的只是:苏轼看社会生活,看得更细更远。而荆公这个人,是出了名的对日常生活不屑一顾。他的日常趣味对他的治国理想,不会没有影响吧?

苏轼铁了心跟荆公对着干。这块绊脚石,摆到了荆公的眼皮子底下。年近半百的拗相公会奋力一踹吗?

荆公若是这么干,他就枉称荆公了。宋代称公者,几乎是圣人的同义语。

这时候,一个小人跳了出来。小人名叫谢景温,几年来在官场苦苦钻营却进身无计。他思得一计:把自己的妹妹嫁给王安石的弟弟。他成功地做上荆公的姻亲,当上朝臣,然后发挥狗的本事咬上苏轼。他上章弹劾,说苏轼三年前送父亲的灵柩回眉山,利用官船沿途贩卖官盐、家具和瓷器。神宗看了奏章,下令调查。这桩弹劾案闹得朝野震动,韩琦、范镇、欧阳修都站出来为苏轼讲话。当初苏洵去世,英宗及大臣们的赠银数目那么大,苏轼一概不受,他犯得着沿途用官船卖私货吗?

案子终于了结,苏轼无罪。审案的过程长达数月,王安石一直不表态。也许他并不希望一棍子将苏轼打死。但这个新法的绊脚石必须挪开。神宗领会了他的意思,下旨说:"与知州差遣。"苏轼自从到凤翔任签判以来已有十年,可以做太守了。然而圣旨下达中书,中书不同意,改命苏轼为颍州通判。中书等于宰相办公室,直接听命于王安石。变法的紧要关头,王安石不能让苏轼出任地方最高行政长官。神宗的旨意遭驳回,拗相公拗到皇帝跟前了。神宗挥朱笔再批:"通判杭州。"

杭州为东南第一大州,富庶冠于全国,是王安石"生财"的重点。从神宗的任命看,他对苏轼还是很有好感的。通判这个位置蛮有意味,既不是副职,又不是部属,它是宋廷特意为节制、监察太守而设置的官位。看似闲职,不管事儿,但州府大小公事,须由太守与通判连署方能生效。通判若是弄权,不合作,打小报告,往往把太守弄得很难堪。太守忌惮通判,是宋朝官场的普遍现象。通判不弄权还能叫通判吗?

熙宁四年(1071年)七月,苏轼携家小离京赴任。继室王闰之是王弗的堂妹。长子苏迈,次子苏迨,以及苏轼的乳娘任采莲。有学者猜测,任采莲可能是苏洵的妾。苏轼视同生母。

苏轼反对王安石变法,一生的命运都搭进去了。

苏辙在陈州担任学官,苏轼到陈州盘桓七十余天,时常出入张方平的太守府。十月初,轼、辙同往颖州拜谒欧阳修,又住了二十几天。这两个老人是三苏父子的大恩人。曾因政见不合而反目多年,却能联手把苏轼推上政坛和文坛。北宋士大夫,胸襟开阔者比比皆是。这个现象,值得深入思考。

## 4

苏轼刚到杭州,就接到画家文同写来的一首诗,诗中告诫说:"北客若来休问事,西湖虽好莫题诗。"

而苏轼既要问事,又要题诗,两者都给他种下了祸根。

国家处于因剧变而引发的动荡之中,苏轼紧张关注着,北面来的京都客,他哪有不问的;西湖风光如此之美,他若不激动,不题诗,他还是苏轼吗?文同所担心的这两点,恰好是苏轼的生命中两个最大的喷发点。与之相比,仕途算什么呢?官帽算什么呢?理解这个犹如巍巍昆仑般的伟大生命,这是关键处。入仕为做事,为实现士人的理想,但要拿理想换取仕途通畅,苏轼这样的人办不到。

前面我谨慎地使用了"文化基因"这个词,不知道读者是否认同。从孔子、孟子、庄子、屈原到苏东坡,一连串光辉的名字,呈现出清晰的"基因链"。破解人类精神、文化的基因图谱,其功之伟,何尝低于破解生理性的图谱?

杭州太守沈立,是一位爱民勤政的好官,苏轼和他相处融洽。二人尽量在实施新法的过程中减少流弊。当时的地方官,执行朝廷的命令有弹性的。像欧阳修为颖州太守,在他的地盘上公开抵制新法。欧阳修是三朝元老,朝野享有盛名,皇帝也让他三分。而王安石是他的弟子,弟子对老师,还得毕恭毕敬。

沈立是王安石选中的干吏,出任江南第一都会的太守,受各方关注。反对新法的大臣常有书信给他。他夹在中间,动用官场智慧谨慎行事。苏轼与他经过短暂的磨合之后配合默契。通判与太守,没什么不愉快。苏轼这个人,学弄权显然比较困难。通判一般都狡猾,充分利用朝廷给他的模糊身份以掣肘太守。《水浒传》里有个黄通判,很典型的。而我们的这位苏通判却给人相反的印象。史料记载多,包括宋人笔记和苏轼本人的诗作。

青苗法在杭州推行,后果如苏轼所料,欠官债的百姓被捉拿,牢狱人满为患。除夕,按衙门旧例要清点犯人,苏轼高坐于堂上,目睹这些衣不蔽体的小民,心中的酸楚油然而生。他写下《官厅题壁》,把悲哀留在州府的墙上:"除日当早归,官事乃见留。执笔对之泣,哀此系中囚……"

苏轼巡视各县,余杭、临安、富阳、新城、于潜。在"春入山村处处花"的新城县,他吃惊地发现,不少年轻的山民揣着青苗贷款进城消费,于是慨然写道:

杖藜裹饭去匆匆,过眼青钱转手空。赢得儿童语音好,一年强半在城中。

农民处于温饱线上,手里难得有许多现钱。尤其是不懂得生活艰辛的年轻人,他们没文化,欲望又盛,不朝城里跑才怪呢。吃喝嫖赌样样来,啥本事都没学到,只学会了城里人的好语音……苏轼正是在这些细微的地方,确认了新法的大漏洞。

浙东浙西厉行盐法,短时间内杜绝私盐,沿海制盐的灶户在官府低价强买的高压之下,苦不堪言。官逼民反,民间有多达百人的盐枭集团,武装贩运,遭到官军的重锤镇压。苏轼上书朝廷:"两浙之民,以犯盐得罪者,一岁至万七千人而莫能止。"

一年为一法,就抓了近两万人。

官盐价格高,财政收入是大大增加了,然而江南产盐地,百姓却常常食无盐。苏轼写诗讽刺盐法:"岂是闻《韶》解忘味,迩来三月食无盐。"孔子闻韶乐,三月不知肉味。江南百姓也是闻《韶》乐不知盐味吗?

熙宁五年,新法推行的力度加大,苏轼很苦闷,写信给朋友说:"在此……虽有江山风物之美,而新法严密,风波险恶,况味颇不佳。"

江南的体验,印证了他在蜀地的生活印象。百姓安居乐业,这多好啊。可是上面动个念头,下面就乱成一锅粥。

他写诗并编成集子,刻印几十本供朋友们传看。不少人到杭州来看他,包括后来的"苏门四学士"之一、诗和书法与他齐名的黄庭坚。他对人完全没有城府,王弗生前是最担心的,在汴京、在凤翔,她睁大一双慧眼,含笑打量每一个到访的客人。眼下的王闰之,一门心思带孩子。前后两位夫人,似乎真有高下之分……有个名叫沈括的官员是个著名学者,他把苏轼的集子带到京城去了。

苏轼通判杭州三年,虽有新法之苦,却不是愁眉苦脸过日子。此人先天快乐,后天快乐,要让他不快乐,除非阻断他的呼吸。今天他的故乡眉山市有个口号:"东坡老家,快乐眉山。"而本文写作的冲动就是想解开苏东坡的快乐之谜:天性生快乐,智慧生快乐,磨难生快乐。

此处先提一笔,接下来慢慢看吧。看他的纯度如此之高的快乐,究竟是如何生成的。到晚年,他俨然炼成了快乐的"金刚不坏之躯"。

沈立调走了,新太守叫陈述古,原是朝中大臣,新法的反对者,被王安石的得力助手吕惠卿排挤出京。神宗安排陈述古做杭州太守,自有一番考虑。

苏通判与陈太守相得甚欢,当时已传为佳话。这倒不是说,二人今天聚首,明天就联手抵抗新法。官场智慧,并不允许这么干。苏轼写过《留侯论》,年轻的张良刺秦王逞一时之勇,非智者所为。苏轼的"凤翔期",不亦犯过由着性子行事的毛病吗?

苏轼为官,既是理想主义者,又是经验主义者。汉、唐、宋,历史的经验和教训,足以形成这样的智慧。

苏轼有两首名词是为陈述古写的。一般官场友谊,哪有这等情怀。

长官和睦,僚属踊跃。僚属几乎每天请喝酒,苏轼疲于应对。他酒量不行,一杯上脸,三杯就似醉非醉了。杭州号称人间天堂,却是苏轼的"酒食地狱",趁人不备他要溜的。西湖边有座望湖楼,有时他一个人待在那儿,享受一下孤独。摆脱人群的孤独蛮有味道。大诗人都是孤独的好手。万顷西湖在脚下,环湖诸山在天边。时值七月的这一天忽然黑云翻滚大雨倾盆,苏轼凭栏徘徊,操着老家眉山的语音,口占一首七绝:"黑云翻墨未遮山,白雨跳珠乱入船。卷地风来忽吹散,望湖楼下水如天。"

晴天游湖又不同,云白,天蓝,山青,湖绿。暴雨生跳珠,细雨则起涟漪,涟漪铺向空濛的山色。苏轼另一首七绝,把湖光山色之美推到了今天:

水光潋滟晴方好,山色空濛雨亦奇,欲把西湖比西子,淡抹浓妆总相宜。

写西湖,此诗又是公推第一,无人投反对票的。

苏轼之前,西湖本无定称。郦道元注水经,称明圣湖;唐人传说湖中有金牛,称金牛湖;白居易治湖,筑石函泄水,百姓因敬爱太守而称石函湖;宋初称放生湖。苏轼此诗一出,西湖,西子湖广为流传,名称定下了。一首二十八个字的小诗,提炼了西湖的风光,并为西湖命名。

月夜坐小船,随风飘荡于湖中,苏轼形容躺在船头的感觉说:"水枕能令山俯仰,风船解与月徘徊。"

他描写钱塘江观潮:"欲识潮头高几许,越山浑在浪花中。"

他寻僧访道,谈禅说空,过金山寺,遭遇不明飞行物。我以前喜欢读的《飞碟》杂志讨论过这件事。《游金山寺》中有云:

是时江月初生魄,二更月落天深黑。江心似有炬火明,飞焰照山栖鸟惊。怅然归卧心莫识,非鬼非人竟何物?

苏轼补记:"是夜所见如此。"他留下的诗近三千首,这类补记罕见。

山里的老和尚,个个善品茶,互相不服气。苏轼发明了"三沸水",老和尚折服了。泉水文火煮新茶,一沸水太嫩,三沸水又太老,而妙处在于靠听力和嗅觉把握二沸水。苏轼煮茶,明显技胜一筹,群山诸寺,和尚们甘拜下风。后来他在密州的超然台上,犹自怀念杭州品茶,《望江南》有云:"休对故人思故国,且将新火试新茶,诗酒趁年华。"

苏轼茶瘾大,一次能饮七盏。可能相当于今天的品茶客一次喝七碗茶。苏轼酒量小,平生引为憾事,于是专心茶道。日本人善茶道,也曾受惠于他。

在杭州西面的于潜县,他游寂照寺,迷上了竹子。风一吹它弯弯腰,雨一来它沙沙响。川西坝子,眉山老家,竹子是寻常可见的景观,不稀罕,不可缺。苏轼题诗说:

宁可食无肉,不可居无竹。无肉令人瘦,无竹使人俗……

寂照寺的和尚个个清瘦,苏轼这首小诗令他们雀跃。

今日寂照寺,当为这家喻户晓的诗作感到骄傲。

一大把胡子的张先,八十多岁尚能穿梭于官妓之间,特别中意的带回家去。他一辈子的名声大都与女性有关,时人称他"张三中",因他有词句:"心中事,眼中泪,意中人。"不过张先自己更乐意标榜的"张三影",也出自他描绘女性的名句:"云破月来花弄影;隔墙飘过秋千影;无数扬花过无影。"

张先在杭州,常拉苏轼饮酒,或设歌舞于府中,或听丝竹于湖上。这个对异性永远热情高涨的老头,对苏轼会有影响。一个模样俊秀的小女孩儿进入苏家,她名叫王朝云,时年十二岁,琴棋歌舞俱有悟性。此后二十多年,她在苏轼身边成长为一位既美丽又感动人的女性。

苏轼于女性,值得认真研究。有些史料称苏轼"性不昵妇人",这话也对也不对。唐宋文人,几乎无一例外地钟情于优美的女性,但苏东坡和白居易、欧阳修、晏殊父子及柳永、张先有明显的区别。什么样的区别呢?我们到后面再加以辨析。

依我愚见,唐宋文人和女性不可须臾分割的紧密联系,应当进入严肃的历史学者、文学史家们的视野。揭示生命的本质与发现历史的规律,也许是同等重要。

## 5

熙宁七年(1074年),苏轼升密州太守。密州是今之山东诸城。苏轼上任就忙着治蝗灾,马不停蹄奔走各县,同时上书朝廷,请求减免密州赋税。他在田坎上写公文,文不加点。忙了一百多天才打道回州府,府衙官吏竟有半数不识他的尊容。

密州穷,丛林大泽常有剪径大盗,苏轼治了蝗灾腾出手来,又对付这些"大虫"。他捕盗打黑不留情,却能讲策略分而治之。这些事儿,后人有详尽记载。路边的草丛中多有弃婴,他命令部属想办法收养。从官钱中拨专款给贫穷的母亲们,让她们至少能把婴儿养到一周岁。苏轼这么做的理由是:一年后母子生情,再也割舍不开了。事情如他所料,此后密州的弃婴大大减少。由此可见,仁慈的官员总能想出仁慈的办法。

次年秋天,政务忙出个头绪了,他率领当地驻军进山打猎,左手牵猎犬,右手擎苍鹰,锦帽貂裘,宝马利箭。从他的诗句推测,他的身材在一米七三左右,匀称,脸略长。双目炯然,但不像李白或王安石目光射人。他着戎装,佩剑挽弓,想必是别有神采吧?《江城子·密州出猎》上片云:"老夫聊发少年狂,左牵黄,右擎苍,锦帽貂裘,千骑卷平岗。为报倾城随太守,亲射虎,看孙郎!"

苏轼在写给朋友的信中说:"近作小词,虽无柳七郎风味,亦自是一家。呵呵!数日前猎于郊外,所获颇多。作得一阕,今东州壮士抵掌顿足而歌之,吹笛击鼓以为节,颇壮观也,写呈取笑。"

这封短信含三层意思:一,苏轼很在乎柳永的词,欲比个高低,又不便明说;二,打猎收获不小;三,山东壮士唱"密州出猎",颇壮观,暗指柳词多为红口女子传唱。

涉及艺术创作,苏轼很较真的,不怕在朋友跟前表扬自己。后来秦观学柳词,苏轼更忍不住要讽刺他:"不意别后,君学柳七填词!"秦观是苏轼的忠实弟子,仕途和生计都对苏轼亦步亦趋,艺术道路却各走各的。

苏轼在密州城造超然台,亲自绘图并参与取材、施工。他对建筑颇有揣摩,早在凤翔就跃跃欲试了。做太守的妙处,是能想更能做。台成,在济南做官的苏辙寄来《超然台赋》,苏轼写《超然台记》。中秋节,在部属的簇拥下他登楼畅饮,大醉。月亮在天,人影在地。他思念阔别五年的弟弟,写《水调歌头·明月几时有》。"明月几时有,把酒问青天……"这首词今天的初中生都能背。字字珠玑,又晓畅易懂。月之阴晴圆缺,对应人的悲欢离合,真是写到家了。宋人说:"东坡咏月词一出,余词尽废。"

大诗人好比超级企业垄断经营,却没人抱怨。

苏轼垄断中秋月……

熙宁十年,苏轼迁徐州太守。

上任两个月,碰上八月大洪水。上游的澶州黄河决口,徐州城南清河水一夜暴涨。灾情危急,苏轼反应迅速。他有两个大动作,一是严禁有车马的富户逃亡扰乱人心,二是亲入武卫营请禁兵协助防洪。按宋制,太守对当地驻军并无指挥权。苏轼冒着大雨深一脚浅一脚走到禁兵首领的住处,平时有些傲慢的首领感动了,命令全营官兵听候太守调遣。

冲力巨大的洪水日夜冲击着南城墙,苏轼登城楼,眼望滔滔洪水,半个时辰一言不发。部属等他拿主意,倒不是因为他官最大。抗洪已逾六十天,苏轼成了全城军民无可争议的主心骨。他下令,调动几百艘公私船只,船中装沙袋,用缆绳放到城下,以缓解洪水冲力。这法奏效,万民欢呼。苏轼不单写诗有灵感。他同时指挥万人大会战,于险要处筑长堤,全长九百八十四丈,高一丈,阔两丈。堤成之日,距最大流量的洪峰到来只差两天。徐州城保住了。九月下旬,洪水归于黄河故道。

宋神宗闻奏大喜,下诏曰:"敕苏轼:昨黄河水至徐州城下,汝亲率官吏,驱督兵夫,救护城壁,一城生齿并仓库庐舍,得免漂没之害……朕甚嘉之。"

苏轼成了大英雄。全城百姓欢呼他的名字。

后来他离任,徐州数千人送他出城几十里,哭成一片。那场景,今天若拍影视剧,应当细腻描画。

苏轼又要过一过建筑瘾了,上次在密州筑台,今番于徐州起楼,名之曰黄楼,取五行中土能克水的意思。楼成,苏轼率众举行盛大仪式,万人空巷争睹盛况,官民军民亲如一家。狂欢持续了三天三夜。

有朋自远方来:京城的王巩,于潜的诗酒和尚参寥。此二人,一个是名相王旦之孙;一个是云游四海的得道高僧。苏轼与之朝夕盘桓,高兴得手舞足蹈……

兴奋趋于平静,艺术方来照面。春日暖融融,苏轼祈雨于城东二十里的徐门石潭,得极品小词《浣溪沙》五首。

事业的高峰联结着艺术的高峰。苏轼知密州,也是这样的情形。这蛮有趣,深藏着若干意味。为数众多的苏学专家们研究过吗?

旋抹红妆看使君,三三五五棘篱门,相挨踏破茜罗裙。

乡村女孩儿急匆匆着裙抹妆、争看太守的模样跃然纸上。太守大人在干吗呢?众里寻他不见,他、他在哪儿呢?且看第二首:

麻叶层层苘叶光,谁家煮茧一村香?隔篱娇语络丝娘。
垂白杖黎抬醉眼,捋青捣䴲软饥肠,问言豆叶几时黄?

太守又是哪般穿戴、怎生模样?

簌簌衣巾落枣花,村南村北响缲车,牛衣古柳卖黄瓜。
酒困路长惟欲睡,日高人渴漫思茶,敲门试问野人家。

哦,苏太守和咱们村儿的男女老少是一家人呢:

日暖桑麻光似泼,风来蒿艾气如薰,使君元是此中人。

五首《浣溪沙》读不够。它所呈现的乡村风物真实得如同梦境。高度提炼的真实,随意涂抹的画面,都有这类效果。影像作品显然难以企及,差得远呢。

有个叫周济的古人说:"东坡每事俱不十分用力,古文、书、画皆尔,词亦尔。"这话讲到点子上了,细品苏东坡,方知什么叫举重若轻,什么叫随意而为,什么又叫天纵大才雄视古今。

元丰二年(1079年),苏轼迁湖州太守。

苏轼这个人,郁闷的时候要写诗,高兴了又口不择言。六年做了两任太守,政绩斐然,如果他在下一个太守任上稍事谨慎,回京师做大臣几乎没有任何问题。十几年前宋仁宗讲过,他有宰辅之才。他动用一点官场智慧,稳扎稳打,做宰相的可能性很大。然而他个性太鲜明,压抑性情,伪装起来迂回前进,对他来说太难了。生命冲动,冲到四十多岁,已是禀性难移。

苏轼赴湖州的途中,按惯例写《湖州谢表》。这种例行公文到他的笔下,竟然惹出大祸。

朝廷有一帮小人,一直在关注他。

其时王安石已经二度罢相,伤心地回老家打发余年。安石培养的新法接班人吕惠卿,为得宰相位反口咬他。双方斗争激烈,王安石的儿子王雱也卷进去了,结果是两败俱伤:王安石死了儿子,吕惠卿贬出京师。

熙宁初年一群重臣为国家前途的原则之争,现在变成了利益之争。吕惠卿这种小人,在他当政时起用了一批小人,而小人繁殖力强,迅速占据要津,将势力扩大到朝廷各部门。

小人猛斗君子,小人又恶斗小人……

宋神宗对小人保持着警惕性。但是小人脸上并未写着小人二字,清除小人,一向是令皇帝头疼的事。

苏轼惹祸,根源在沈括。

继汉代张衡之后,沈括是正史有传的科学家,《梦溪笔谈》的作者,堪称北宋一位百科全书式的人物。但沈括是官场小人,道德败坏。他曾攀附王安石,王安石却一眼看透他,对神宗说:"沈括是小人。"及至安石罢相,他马上诋毁新法,被神宗识破,贬出去了。

沈括的袖筒里时常藏着不止一封密信,他是告密的专家,是告密者的好榜样。几年前他从杭州带走了苏轼的诗集,回汴京仔细研究,写成报告呈给监察部门,称苏轼"词皆讪怼"、恶意攻击朝廷的新政。沈括此举,是希望在王安石跟前立一大功。可他没想到,王安石根本不予理睬。

这件事在朝廷影响却不小,苏轼辗转为官也曾听说,没往心里去。

事过几年,御史台的四个小人拾起沈括的伎俩向苏轼发难。

《密州谢表》有两句话,令这帮小人蹦起来了。

苏轼对神宗说:"知其愚不适时,难以追陪新进;察其老不生事,或能牧养小民。"

信手一笔讽刺朝廷的"新进",祸惹大了。追陪新进,指入京与新进共事。牧养小民,指太守牧养一方。汉代的州官称牧。老不生事,则暗讽新进们生事扰民。

四个新进小人宋史留名:李定、舒亶、张璪、何正臣。中间两个还是苏轼的朋友、同窗。当初沈括到杭州,也是同苏轼称兄道弟,却心怀叵测带走了苏轼的诗集。

李定曾以大逆不孝知名于天下,司马光斥之为禽兽。舆论沸腾,苏轼也曾写诗,而李定忍气吞声,咬牙写下日后加以报复的黑名单。

舒亶则是大有来头的小人,礼部考试曾拿了第一名,一生诗文有百卷之多。他和沈括一样,是知识渊博才华出众的小人。

宋史,尤其宋人笔记,关于这四个人的所作所为讲了很多。

现在他们研究苏轼,陷害苏轼,围剿苏轼。

能量大的官场小人,一般都有丰富的斗争经验,不会轻易地发动攻击。一旦展开攻势,必有几分胜算。

历史上的小人总是活蹦乱跳,谁来写一部"小人史"呢?

何正臣首先发难,李定唱压轴戏。以果断著称的宋神宗被他们弄得晕头转向。何正臣说:苏轼"愚弄朝廷,妄自尊大……一有水旱之灾,盗贼之变,轼必倡言归咎新法"。

神宗正疑惑,舒亶上札子称:"臣伏见知湖州进谢上表,有讥切时事之言,流俗翕然,争相传诵,忠义之士,无不愤惋!"

担任御史中丞的李定给苏轼最后一击,他对神宗写道:"知湖州苏轼,初学无术,滥得时名,偶中异科,遂叨儒馆,有可废之罪四……"

李定列出的四条罪状,均属言论罪。而赵宋立国百余年,对言论是比较开放的。宋神宗终于让御史台的言论搅昏了,感到苏轼问题严重,下令查办。

张璪是刑讯逼供的好手,数兴大狱,手段残忍。他负责苏轼的案子。

李定派一个叫皇甫僎的人星夜赶往湖州拿人。

# 6

苏轼五月到湖州任,眼下是七月下旬的一天,他在官府后院晾晒亡友文同的书画。文同是去年病故的,英年早逝,苏轼三天三夜不能睡觉。文同以画竹称雄当世,苏轼、米芾、黄庭坚等为之折服。苏轼亦画竹,得文同真传。

苏轼黯然铺开文同的遗作……

忽闻前厅响起急促的脚步声。皇甫僎到了。

皇甫拿苏轼,先拿腔调。苏轼这样的高官兼名流,落到他手上,他是不会轻易带走的。他持笏立于官厅的中央,脸色铁青,一派威严。两个全副武装的台卒目光凶狠。苏轼心里没底,颇惶恐。二十余口家人瑟瑟躲在屏风后。整个场景像精心导演的一出戏。

皇甫玩苏轼玩够了才宣读诏令。原来不那么严重。罪不至死。

这皇甫僎一生为这件赴湖州拿苏轼的"美差"自鸣得意。事实上他也的确"永载史册"了。宋人笔记说,皇甫僎"拿一太守,如捉小鸡"。

几艘官船戒备森严,押送苏轼赴京。苏轼与长子苏迈在一条船上,夫人王闰之及其余家小在后边另一条船里。行至宿州,大批兵丁上船搜查,呵斥连连,动作极为粗野,估计与皇甫僎的授意有关。"围船搜取,老幼几怖死。"苏轼在写给朋友的信中记载了当时的恐怖情形。兵丁撤走后,王闰之又哭又骂:"是好著书,书成何所得,而怖我如此!悉取烧之。比事定,重复寻理,十亡七八矣。"

可惜了,王闰之一把火,烧掉多少国宝。王弗若在,岂有此举?王弗在闺中便能念书,又因跟随程夫人数年而颇识大体。再者,兵丁已去,何必点火?从上述苏轼的亲笔记载看,王闰之对丈夫写写画画早就有意见了。书成何所得——写书有啥用呢?有啥用呢?许多人猜测,余下的小部分文稿及书画,是王朝云给藏起来了,她挺身护宝,冒犯夫人却为了苏轼。此间她十七八岁,已长成亭亭玉立美少女。除了琴棋歌舞,她的书法也大有长进了。跟随苏轼六年,王朝云有三向:向学、向美、向善……

苏轼被押至京师,关在乌台。乌台是御使台的别称,是关押要犯的牢狱,有深井一般的牢房,窄小而四壁阴湿。狱中有大树,栖息着数百只乌鸦,早晚呱呱乱叫,扑动它们黑色的翅膀。乌台二字,源自这些乌鸦,也含有黑狱的意思。汴京城内,流传着有关乌台的种种恐怖故事。这是鬼都不想去的地方。

苏轼入狱,遭狱卒毒打、诟辱通宵。

当时,有个叫苏少容的囚犯关在乌台,他做过开封府尹,亦因得罪御史台那帮小人而下狱,狱中赋诗十四首,序言说:"子瞻先已被系。予昼居三院东阁,而子瞻在知杂南庑,才隔一垣。"苏少容诗中有:"遥怜北户吴兴守,诟辱通宵不忍闻。"

吴兴即是湖州。

接下来是疲劳审讯,李定为主审,舒亶为助手。张璪专施刑具,以肉体的折磨摧毁苏轼的意志。是否仍有诟辱、拳打脚踢,现在我们无从知晓。苏轼出狱后的诗文只字不提,包括苏少容记下的情形。

奇耻大辱,谁能说出口呢?

我们据此猜度,"性不忍事"的苏东坡,也有终身不讲之事。

李定绞尽脑汁罗织苏轼的罪名,不分昼夜研究苏轼写下的每一个字。朝中大臣,地方官吏,凡与苏轼有书信往还的,一律派人取证。案子闹得很大。李定是右相王珪的人,王珪在神宗面前力诋苏轼。案件牵涉二十四人,其中有范镇、司马光、张方平这些熙宁新法的强有力的反对者。"乌台诗案"的性质昭然若揭了:这是明目张胆的政治陷害。驸马王诜是苏轼的好朋友,他送给苏轼的茶、药、纸、墨、砚、一张鲨鱼皮、一款紫茸毡……皆成物证。连苏轼托王诜裱画三十六轴,没付钱,都成了一桩罪名。

一次又一次的提审,惊起乌鸦,叫声凄厉。

案子不顺手时,小人就暴跳如雷,扑打苏轼。

笔者真不忍,细节的想象到此为止吧。

小人丧心病狂,而牢狱之外的"救苏运动"也是紧锣密鼓地进行着。苏辙上书皇帝,愿以在官之身换取兄长的平安,言辞非常谨慎,生怕触怒皇帝。以太子少师致仕(退休)的张方平,居金陵,派儿子张恕急速进京,直奔登闻鼓院投书。书中慷慨激昂,称苏轼一代奇才。岂知张恕胆小,徘徊半天不敢投。不过,这倒是件好事:以神宗的刚强性格,看了张方平的上书,很可能反而对苏轼不利。苏轼这样的奇才竟然下狱,这不是指责皇帝是昏君吗?张恕不敢投书,正是担心这个。

以刑部侍郎(相当于司法部副部长)致仕的范镇,亦不顾家人的反对,毅然上书皇帝,乞免苏轼一死。

形势朝着有利的方向发展,苏轼免死罪,似乎已成定局。李定、舒亶大为恐慌:苏轼今日不死,将来必成大患。舒亶狗急跳墙,竟上奏折,要把收受过苏轼讥讽文字的大臣全杀掉。他派人到杭州,取回了苏轼咏双桧的两句诗:"根到九泉无曲处,此心惟有蛰龙知。"他如获至宝,急忙呈送主子王珪。

王珪拿着诗稿对神宗说:苏轼确有不臣之意。

神宗问:何以见得?

王珪说:陛下犹如飞龙在天,苏轼公然声称与陛下合不来,反求知音于地底之蛰龙。

神宗说:不能这么比附吧。他自咏桧,干朕何事?

王珪还想申辩,一旁的章惇开口了:如此解读诗文,恐怕人人都有罪。

二人退朝后,章惇质问王珪:你想害死苏轼的全家吗?

王珪涨红了脸,搪塞道:这是舒亶讲的。

章惇站在宫殿外的台阶上大叫:舒亶的口水你也想吃吗?

章惇也是北宋的一个奇人,此人日后与苏轼恩怨纠缠。

舒亶发难失败了,右相王珪还在神宗跟前碰了一鼻子灰,遭章惇一顿臭骂。北宋政坛蛮有意思,论官职,章惇比王珪差了几级,却能当众骂宰相,令这位政府首脑落荒而逃。

李定为苏轼诗案的主审官,有一天上朝,他拦着王安石的小弟弟王安礼,警告说:苏轼反对你大哥,你可不能替他说话。王安礼拂袖而去,在神宗御座前为苏轼讲了很多好话。李定恼怒,却又不敢惹这个大丞相的弟弟。

"乌台诗案"牵动四方,杭州、徐州、密州的百姓纷纷为苏轼祈祷。后宫内,太皇太后曹氏、太后高氏,都为苏轼求情。曹氏病重,神宗欲大赦天下为祖母消灾求寿,高太后说:你也不用赦天下,只放了苏轼就够了。

高太后是神秘消失的宋英宗的皇后,后来对苏轼眷顾有加。她的年龄可能比苏轼小几岁。

李定、舒亶、王珪,发动最后的舆论攻势,不择手段,对大臣们或裹挟或威胁,朝野刮起了攻讦苏轼的旋风。宋神宗又举棋不定了。

张璪则对囚犯苏轼封锁外面的消息,每日恫吓,比如追问苏轼祖上五代。按宋律,只有死刑犯才追问五代,苏轼自忖性命难保,藏下平时按量服用的青金丹,准备吞金而亡。偏偏有一天,他收到一个死亡信号:送饭的人送来了一条鱼。入狱前他与长子苏迈曾有约定:送鱼意味着难逃死罪。

苏轼万念俱灰了,彻夜不眠,思前想后,格外怀念弟弟苏辙,凄然写诗:

圣主如天万物春,小臣愚暗自亡身。百年未满先偿债,十口无归更累人。是处青山可埋骨,他年夜雨独伤神。与君世世为兄弟,更结来生未了因。

这已经是一首绝命诗了,一家十余口托付给弟弟。表达兄弟情,这可能是人间最感人的诗。后来高太后读到此诗,泪如雨下。

其实送鱼的人不知情,送错了。那一天苏迈有事委托他人探监,忘了叮嘱他。苏轼受煎熬,却写下千古诗篇。

神宗为苏轼的案子十分头疼,宋朝历来重视言官,御史台的言官们群攻苏轼,他不能不慎重考虑。怎么办呢?他想了很久,想出一个主意,派一小太监潜至乌台,观察苏轼的动静。几天后太监回宫报告:苏轼夜里睡觉,大抵鼾声如雷。

皇帝一拍大腿:看来苏子瞻心中坦荡,并未藏奸嘛。

神宗这一招,倒胜过现在公安部门的测谎器。

这时候,一个关键人物出来讲话了,他就是闲居金陵的王安石。他有札子呈给神宗,朝廷百官紧张注视着,打听着,亲者、仇者分成截然相反的两派。神宗敬安石如父执,天下皆知。

札子的内容公开了。王安石说:"安有盛世而杀才士乎?"

一锤定音。

乌台诗案结案:苏轼以团练副使贬黄州,不得签书公事。涉及此案的司马光、张方平、范镇、王诜等二十二人,各罚铜,三十斤、二十斤不等。王巩最惨,贬到岭南。从案发到结案历时一百二十多天,爱戴苏轼者喜极流泪,一帮小人向隅而泣⋯⋯当时就有《乌台诗案》一书刊行于世,可见影响之大。

赵宋立国以来,这是第一次震动朝野的文字狱。整个过程像一部大戏,一波三折,悬念高潮迭起,各色人等活跃。而本文限于篇幅,还省略不少。

几千年历史本身够精彩了,眼下历史剧的作者们,如果按下浮躁多读几本书,想必不至于老是感叹题材雷同角色撞车吧?

苏轼携长子离开京城赴湖北黄州,时在元丰三年(1080年)的正月新年。满城鞭炮声,苏氏父子黯然离去,顶风冒雪,打马出城门。其他眷属寄居南都(河南归德)。

# 7

苏轼赴黄州,照例上谢表,语气和《湖州谢表》不同了,但毫无乞怜之态。乌台的折磨,贬所的荒远,一路上还有御史台的台卒押着,从三州太守一变而为戴罪之身。普通人很难承受这个。巨大的精神压力,谁能处之泰然?苏轼给皇帝上谢表,不卑不亢:"伏念臣早缘科第,误忝缙绅⋯⋯亦尝招对便殿,考其所学之言;试守三州,观其所行之实⋯⋯"苏轼并不回避讲自己的才学和实干,至于神宗看了谢表会怎么想,他也不去计较。这些通常容易被忽略的地方,却能说明苏轼过人的勇气。以他个体生命之强悍,意志之坚韧,举止之平和,古今罕见。黄州可谓见证的开端。

黄州(今湖北黄冈市)在大江之滨,地势高低不平。苏轼暂居城内的寺庙定惠院,开门见山。他念佛、沐浴、梳头、钓鱼、采药,投身于日常生活。也长时间打坐,斜倚山坡看云,慢慢清理思绪。他顶住了压力,现在却要拆掉"千斤顶",让通身的感觉朝着自然与人事细腻敞开。——伟人的转身,真是叫人叹为观止。他念佛并不吃斋,一切随缘又随意。北宋两大高僧,佛印和参廖是他的好朋友,他们互相影响,留下许多妙趣横生的掌故。他沐浴梳头皆有讲究,比如梳头,早晨怎么个梳法,中午又怎么梳法,他还研究梳头与睡眠的关系,兴致勃勃地向别人推广他的成功经验。他采药,尝百草,攀峭壁,后来与人合著一部颇有价值的医书。他的烹调手艺更不一般,将孔圣人的教导抛在脑后,君子不妨近庖厨,发明的美味佳肴数不清,今日尚有"东坡肘子"、"东坡鱼"、"东坡羹"、"东坡泡菜"……他还收集沙滩上的小石头,或因形状、或由色泽。黄州收获颇丰,共计二百九十八枚"细石"。他琢磨两处私家园林,不厌其烦给人家提意见。他和渔夫、樵夫打成一片,软泡硬磨要听父老讲故事,村里家家户户的大事小情儿的,他听不够,还想听祖祖辈辈传下的鬼故事……荆楚大地鬼魅多多,有屈原的作品为证。

一个人,如果他既有经天纬地之才,又能醉心于周遭,纵情于生活,那他就跟神仙相差无几了。东坡生前,已被人呼为"坡仙"。

古代人杰,如嵇康、葛洪、李白,苦苦寻仙不得一见,身上却有了仙气。这挺有意思。可惜近现代,仙气或神性在生活中消失殆尽。西方哲人界定为"祛魅",希望人类有朝一日能"返魅"。也许五十年,也许二百年,人类将收敛狂妄自大,重新回到敬畏天地的良好心态中。

生活的智慧,现代人需要学习的东西太多太多。回头看看苏东坡这位全景式的生活大师,方知我们有多么单调、贫乏、浮躁、狂妄。

人间万事,没有什么东西可以宣称比生活更重要。生活的意蕴层由若干核心元素构成,包括苏轼强调的风俗、道德。行文至此,我们要加上神性、诗意、日常趣味、个体差异。金钱或物质基础乃是题中应有之意。种种核心元素,去掉一个生活就要出问题;去掉一半,生活将趋于面目全非。而放大其中的某个元素,后果同样堪忧。

"物质"跑出很远了,"精神"当奋起直追。说到底,人之为人,除了精气神,余下还有什么呢?

前面曾提到,苏东坡比现代人更现代,可能不无道理吧?

苏轼有七律《初到黄州》,前四句云:

> 自笑平生为口忙,老来事业转荒唐。长江绕郭知鱼美,好竹连山觉笋香。

据我所知,日本人特别崇拜苏东坡。一般公司职员,因竞争激烈而易犯心胸狭窄的毛病,比如从高级主管降到中级主管,人就受不了,要自杀。学习苏东坡,心胸为之一变。

苏轼初到黄州,其实内心也很孤独。黄州太守徐君猷待他好,却仅限于为他安排居所,接触甚少,时常宴饮更谈不上。毕竟他是罪臣。著名信件《答李端书》说:"得罪以来,深自闭塞,扁舟草履,放浪山水间,与渔樵杂处,往往为醉人所推骂,辄自喜渐不为人识。平生亲友无一字见及,有书与之亦不答。"

野店喝点劣酒,常被醉汉推骂,苏轼反而感到高兴。推几下骂几句,可比京城那帮小人的持续围攻好受多了。混迹于庶民、草民多好。苏轼从这样的角度感受事物,看似寻常,其实非凡。这才叫修炼。亲友躲着他,"有书与之亦不答",他自然会不舒服,但字里行间的痛苦隐而不彰。这叫高贵。

苏轼琢磨孤独,试图从孤寂中提取生命的能量。历代高僧都有这能耐。城郊有座安国寺,他常去焚香静坐,眼观鼻,鼻观心,物我两忘,"表里翛然,得垢秽尽去之乐"。然而生命的律动不可休止,他写信给朋友说:"若世之君子,所谓超然玄悟者,仆不识也。"古人书信,自谦称仆。

苏轼之向佛,重两点:静与善。动辄得咎,退而为静,静又反观生命的律动,以期重新跃入生活的激流。所以海氏《存在与时间》说:静是动的变式。没有纯粹的静观。苏轼求僧问道几十载,始终是静寂与律动的两栖者,他的努力方向,就是把异质性的东西集于一身。他成功在路上,因为没有终点可言。毋宁说他像个钟摆,摆荡于生命的两极之间,他赢得了这个"之间",赢得了"永动"。

苏轼多欲而向善,既是反求诸己、三省吾身的结果,又取决于他对"恶"的领域的深广体验。不知恶,焉知善?

有趣的是,苏轼始终相信善的地盘更大一些。犹如佛法无边,能使恶魔皈依。

顺便提一句,经院学者们常把儒释道挂在嘴边上,像一帖万灵膏药。学者图省事,开口闭口都说:儒释道……针对历史文化,这类极易流于空泛的大词还是少用为好。思想需要细心。

苏轼于元丰三年的二月抵黄州,五月,苏辙带着一支队伍过江来与他汇合。这支队伍,主要是女人和孩子。大半年离别恍如隔世。夫人王闰之,见了苏轼情形会怎样呢?继续埋怨吗?这一层且撇下,我们来看王朝云。眼下的王朝云十九岁,艳光四射。过了十几年她三十多了,苏轼还写诗赞美她的容貌:"素面翻嫌粉涴,洗妆不褪唇红。"雪白的肤色,鲜红的嘴唇,天生丽质不需妆扮。她是在伟人身边绽放的一朵鲜花。苏轼志存高远,性情豁达豪放,本"不昵妇人",却与王朝云两情缱绻,阴阳调畅。他滋润了这朵鲜花,鲜花又催生了他的艺术灵感。黄州是苏轼的"井喷期",佳作有如钱塘江的潮水一浪赶一浪,依我看有两个因素:一,苦难中朝着自然与审美的转身;二,佳人的爱情热烈而又绵长。

政治理想跌入低谷,却有美神、爱神携手而来。

对此深有体验的歌德曾说:美好的女性,导引我们向前。

徐太守为苏轼另辟一居所:临皋亭。临皋亭属官府建筑,罪臣本不可以入住,徐太守为苏轼破例。新居不算宽敞,但周遭风景甚好,与武昌城隔江相望。苏轼《致范子丰书》说:"临皋亭下八十余步,便是大江,其半是峨眉雪水,吾饮食沐浴皆取焉,何必归乡哉。江山风月,本无常主,闲者便是主人。"

这段话有意思。苏轼念念不忘家乡,才会安慰自己说:何必归乡哉。江水半是峨眉雪水,而家乡眉山几乎就在峨眉山下。

谁是江山风月的常主呢?苏轼说是闲人。闲人又是什么人呢?显然不是无所事事的人。忙于政务是忙人,身处江山是闲人,但苏轼的闲,不如说是另一种忙碌。他忙着生活。忙着静观天地万物的律动,应对纷至沓来的灵感。这忙,却不是追名逐利的匆匆忙忙。人的眼睛一味去盯功利,视野、胸怀会收缩,享受生命的能力会降低。这是一条铁律。苏轼提供了相反的、也许是最具说服力的例证。

生活远比功利宽广。生活的完整性比什么都重要。

王朝云青春烂漫,而苏轼差不多十年前就自称老夫了。年龄相差二十八岁。眼下朝云十九岁,苏轼四十七岁。就一般情形而言,年龄是悬殊了。但苏轼这样的男人情况特殊,他是越活越精神。男女间的年龄感基本上是个现代概念,古代不同。朝云初入苏家,便是苏家的人了,她没有什么需要去克服的心理障碍。苏轼称赞她"敏而好义",可见她是机敏的女孩子,潜心学习,琢磨生活,对环绕着苏轼的家庭氛围很敏感。她和王闰之处得比较融洽。王闰之不大吃醋,估计是朝云努力的一种结果。苏轼此间表扬老婆的诗句"妻却差贤胜敬通"则可能含有鼓励的意思,希望老婆继续大度,不要学汉朝冯敬通的著名悍妻。

也许曾经有过一场微妙的三人舞,慢慢过渡到双人舞。

黄州,是双人舞的高潮。

苏轼的诗文书简,几乎不提儿女私情。这与西方诗人不一样。士大夫文人讳言家中事,碰上炽烈的爱情也要按捺着,而西方诗人马上就要大写特写。所以西方爱情诗多,有些诗人一生歌唱爱情。礼教对情感有严格的约束,放大忠义孝悌,抑制男欢女爱,豪迈如苏轼也不免。士大夫抒写的男女情,一般都是宴乐游冶,官妓们唱主角。男女很不平等,一对一的爱情体验付之阙如。

对人性的刨根问底,可能是中国传统文化的一大弱项。

坚实的、自由的、大面积的个体成长艰难。就杰出的士人而言,拥有民本社会的理想诚然宝贵,但缺了人本,民本难免脆弱。民本需要人本所提供的强大支撑。

苏轼和王朝云在黄州的爱情细节,我们现在看不清。这"看不清"却呈报出了某种东西,呈报出历史的隐匿。

不便张扬的爱情令苏轼激动。对他来说,升华欲望却不难。黄州五年,他留给后世的艺术瑰宝真是数不过来。

> 大江东去,浪淘尽,千古风流人物。故垒西边,人道是,三国周郎赤壁。乱石崩云,惊涛裂岸,卷起千堆雪。江山如画,一时多少豪杰……

这首《念奴娇》,豪放词中推第一。它透出波澜壮阔的历史感。历代大文人,历史感是必备的东西。目光不能穿越数百年,焉能写出好作品?即便写眼下,写周遭,没有宏阔视野的参照,小情绪、小感觉肯定挡不住,它们争先恐后要出来。三苏父子当年在老家眉山的书房"南轩",读得最多的可能是史籍。苏轼贬黄州,还把几十万言的《汉书》抄了一遍。抄书是他的读书方法之一。书法那么好,和抄书亦有关吧?抄书的时候意在别处,性情反而容易直泻笔端。苏轼的书法珍品如《寒食帖》,是他随意而为的巅峰之作。

为人、为官、为艺术,苏轼皆随意。随意是个关键词。

这随意却始终伴随着逆境中的修炼。犹如杜甫的沉郁顿挫,李白的自由奔放,学是学不来的。

历史感通向人生思索,前后《赤壁赋》是思索的产物。茫茫大江之上,一轮明月照着苏轼的沉思。前赋云:"壬戌之秋,七月既望。苏子与客泛舟游于赤壁之下……少焉,月出于东山之上,徘徊于斗牛之间。白露横江,水光接天。纵一苇之所如,凌万顷之茫然。"画面如此动人,沉思又指向何处?

"寄蜉蝣于天地,渺沧海之一粟。哀吾生之须臾,羡长江之无穷。挟飞仙以遨游,抱明月而长终!"

这里,庄子浮出水面了。

古代文人的思考一般都会碰上老庄。老庄玄奥,苏轼的思考却紧贴自然与人事。他探讨《易经》的学术著作《易传》也是"切于人事"。他不是哲学家,却是思想者。他对生活、历史、自然充满了哲思。他是洞见式的,点点滴滴的,既有宏观的把握,又有微观的进入。而他出色的汉语表达,让思绪显得清晰、优美。"且夫天地之间,物各有主,苟非吾之所有,虽一毫而莫取。惟江上之清风,与山间之明月,耳得之而为响,目遇之而成色,取之不尽,取之不竭。是造物者之无尽藏也……"

造物者赐予人类无尽的宝藏。苏轼若能看到他身后的一千年,会吃惊地发现,宝藏原来有限,经不起人类折腾。

齐万物,等生死,同荣辱忧乐……苏轼与庄子相隔千年而互为知音。哲人迈向虚无的身形何其潇洒。虚无涵盖一切,包括积极进取。这里有一种宇宙式的乐观主义,容积无限大。今人动不动斥为消极,是因为他们无力洞察虚无。褒扬它的艺术性,批评它的思想性——类似的两分法,在古典文学的研究中随处可见。把思想视为现成在手的东西,摆出一劳永逸的权威性,今天敲敲这个,明天打打那个。生活中苦苦追问的思想者,在一片敲打声中自动隐匿。然而思考若有效,总会获得重新出场的契机。

赋体散文,《前赤壁赋》是巅峰之作。

中国文化的源、流,到苏轼这儿,呈现出逼近天然的融合之势。

《后赤壁赋》写自然的神秘。苏轼过生日,偕同两个客人再游赤壁。"江流有声,断岸千尺,山高月小,水落石出。"苏轼独自攀上危险的峭壁,"二客不能从焉"。二客中的一客,即是前赋中的那位"客有吹洞箫者"。据学者考证,他名叫杨世昌,是黄州有名的道士,闲云野鹤般自由,又体魄强健,无论寒暑、雨天或晴天,"泥行露宿"满不在乎。然而这位杨世昌,攀峭壁的本事不如苏轼。我不知道苏轼是不是有一点夸张。

文中描绘的怪石、枯木,也是苏轼画画常用的题材。

在黄州,他的书法绘画跃上了一个新台阶。襄阳米芾慕他的名,不远千里前来拜访他。米芾只有二十几岁,是个书画天才,恃才傲物,见了谁都不低颜色。米芾先到金陵拜会王安石,然后到黄州谒见苏轼。米芾对这两位闻名天下的大人物,"皆不执弟子礼,特敬前辈而已"。

苏轼满心喜欢接待米芾,没有一点前辈名流的架子。二人切磋书画,有时候争得面红耳赤。各有心得,则急于告知对方,于是都有了长足的进步。

苏轼以前单画竹,现在把枯木怪石搬到画面中,画竹石图、竹木图。新创文人画意境,在绘画史上留下了一笔。他写字画画,随写随赠,黄州有个叫王十六的秀才,年轻没顾忌,常常开口求字画,三年间求得的作品竟然多达百余件,日后运往汴京、洛阳等地卖得好价钱。

而苏轼对自己的书画能卖钱,不是很在意的。为官十几年也没啥积蓄,答王巩诗云:"若问我贫天所赋,不因贬谪始囊空。"

贬黄州的第二年,朋友往还渐多,他感到手头吃紧,把铜钱吊在屋梁上,计划开支。一个月下来若有盈余,他另存于竹筒中,用作款待好友的专费。举家厉行节约,王闰之堪称节约能手,昔日的太守夫人,眼下衣裳有补丁,金钗银簪送进了当铺。乳娘任采莲更有高招:将一块用盐水浸泡过的咸猪肉悬于饭桌旁,小孩想吃肉,便望望咸猪肉。这叫"咸肉止馋法",二十世纪五六十年代的眉山尚有流传。苏迨、苏过年幼,望着猪肉不眨眼时,任采莲会说:快拨饭,不怕咸呀?苏过告发哥哥盯着咸猪肉看了好几眼,任采莲又说:不管他,咸死他!

一桌喷饭。苏轼哈哈大笑。朝云的笑容虽有节制,却也像一朵绽放的桃花。饭后,苏轼出临皋亭沿大江散步,通常由朝云陪着。"月出于东山之上,徘徊于斗牛之间……"二人听着江声缠绵起来,呼吸渐渐急促。回家,掩门,上床。

苏轼暮年重养生,屡称男女之事为"伐性之斧",可见他对这把"斧头"原本是深有体验。黄州数年,青春妙龄的王朝云玉润珠圆,苏轼与她耳鬓厮磨,双双享受肉体的盛宴。平时却不谈这个。诗笔画笔不关儿女情。黄庭坚赞美说:"坡翁胸有万卷,笔无点尘。"

在今天看,却多少有些遗憾吧。苏轼崇拜陶渊明,和遍陶诗,漏掉渊明向往佳人的《闲情赋》。佳人日夕在身边,大文豪偏偏不提笔。有一首苏轼的"婉约派"力作《蝶恋花》,王朝云最爱唱的,姑录全词如下:

　　花褪残红青杏小,燕子飞时,绿水人家绕。枝上柳绵吹又少,天涯何处无芳草?
　　墙内秋千墙外道,墙外行人,墙里佳人笑。笑渐不闻声渐消,多情却被无情恼!

轻盈。曼妙。谁能说苏轼不谙风情呢?

黄州的朋友越来越多,造访的客人走两个来三个,家里的开销捉襟见肘。苏轼又最怕朋友少的,即便是乡野之人、农夫、白丁,只要上门了,他必定留客吃饭。黄州这地方也不是年年风调雨顺,碰上旱灾雨灾怎么办呢?为长远计,苏轼不能不想办法。太守徐君猷真是一个好人,他解决了苏轼的难题,把城东一块废弃的兵营拨给苏轼,约五十亩坡地。苏轼率领全家开荒种地,除荆棘、搬瓦砾,挖水渠,合家老小挥舞着锄头扁担,每天累得一身汗。远道而来的朋友,比如眉山人巢谷,陈慥

(陈希亮的儿子),京师小吏马梦得,杭州高僧参廖子,见此情形,二话不说下地干活,加入了垦荒队。马梦得与苏轼同年,人挺逗,插科打诨,唱歌翻跟斗,苏迨、苏过老喜欢跟在他屁股后头。艰苦的耕耘苦中有乐……

麦子种下了。初春一片新绿,入夏满目金黄。

东坡诞生了。苏东坡三个字,从此响彻千年中国历史。

陆游《入蜀记》写他亲眼所见:"早游东坡,自州门而东,冈垄高下,至东坡则地势平旷开豁。有屋三间,一龟头曰居士亭,亭下面南一堂颇雄,四壁皆画雪,是为雪堂。又有四望亭,在高阜上,览观江山,为一郡之最。"

根据陆游的描述,今日黄州再造东坡不难。

凡热爱生活的人,想必都会热爱它:那风中的麦浪在心头荡漾……

日本、德国、美国的汉学家,惊叹苏东坡应对磨难的力量竟如此之大。高官更兼文豪,下苦力轻描淡写,凸显给世人的,倒是沁人心脾的诗意景象。须知耕种绝非易事,家中十余口,没一个是种田好手,苏东坡事事请教老农,东坡附近的农民都成了他的朋友。他写诗,幽默而又豪迈:"腐儒粗粝支百年,力耕不受众人怜。"

雪堂四壁的雪景出自他的画笔。堂前匾额四个大字:东坡雪堂,是他的手迹。这高雅之处却是谁都能来,城里的穷秀才、村中的流浪汉、蹭酒喝的、打秋风的、讲新闻说旧事的。主妇难免皱眉头:这要吃要喝的……其实客人也知趣,一般不会空手来。苏东坡用家乡话打趣:来就来嘛,何必又提又抱又扛的。

有一天他在雪堂忙碌,等客上门,忽然说:"吾上可陪玉皇大帝,下可陪卑田院乞儿。"

上下几千年,能出此语者,恐怕只有苏东坡。

他能穿越社会各阶层,洞察各领域,以伟岸之躯融入茫茫大地,既汲取能量,又广施悲悯。贬黄州无权无钱,他还拼着一张老脸,大力革除江对岸武昌城(鄂城)溺女婴的陋习,让数不清的女婴存活下来,长成待嫁的姑娘家,减少光棍汉。

是中国文化铸就了他的伟岸。我们为此甚感欣慰。

他又说:"吾眼中无一个不是好人。"这该是耶稣的境界了吧? 他可不是说大话。日后有个人,弄得他家破人亡,使他九死蛮荒。这不共戴天之仇,他却在有能力报复的时候轻轻一挥手,饶恕了对方。还提醒对方保重身体。

通过他,我们才知道,悲天悯人并不是一句高调的空话。

他诠释了人之所以为人。他提纯了人类的文化基因。他向我们这些自以为是的现代人示范,人的精神,可以喷发到什么样的高度和广度。

苏东坡常被人拉去喝酒。他曾自酿蜜酒,折腾半年,请人喝,紧张地期待评价。然而客人喝下蜜酒拉肚子,他只好宣布酿酒失败,以后继续研究。在朋友家饮酒,闻到酒香他人就醉了一半。祖父苏序豪饮,这基因没传给他;他久经官场文坛却锻炼不出来,一辈子遗憾酒量太小,不知道这是怎么回事儿。不过,他写醉书、画醉画、填醉词却满在行。稍不留神就是千古绝唱。且看《临江仙》:

> 夜饮东坡醒复醉,归来仿佛三更。家童鼻息已雷鸣,敲门都不应,倚杖听江声。
>
> 长恨此身非我有,何时忘却营营?夜阑风静縠纹平,小舟从此逝,江海寄余生。

善于做考证的胡适先生曾表示疑惑:家童怎么会鼻息如雷鸣呢?联系苏东坡考场上也要杜撰,胡适释然一笑。

这首词很快传到太守府,徐君猷慌了,"以为州失罪人",跑到苏东坡的寓所一看,才松了一口气。东坡正在堂上高卧,并未"小舟从此逝,江海寄余生"。

从词中透露的时间看,苏东坡在江边呆了半夜。倚仗听江声,却听见了人事纷扰世事喧嚣。苏东坡心向自由而置身人世,不避人生喧嚣。他的生存姿态就是这样。他揭示出自由的价值,而自由既在江海又在人世,二者形成特殊的张力。生活的热情有多高,对"虚无"的体验就有多深。苏东坡是虚无的占位者么?他如此眷恋人世,因之而嗅到虚无的气息,不由自主要朝虚无的领地跑。那是他返身朝着人世发力的一块基地吗？他那厚地高天般的胸怀和视野，来自虚无这种稀有元素吗？

我拜读中外大哲，常有这类感觉。

哲人总有相通处，哪怕隔着语言、地域和各自的历史。哲人之所思，为人类生活持续地提供普适性价值。

苏东坡作为一名好官，是民本的；作为坚实而丰富的个体，是人本的。人本并非官本的对应物。人本通自由。自由又通向什么呢？

研究苏东坡，如果想避免一再走入故纸堆的话，不妨将眼界拓宽一些。要想把他活生生带到当下，须做些别样功课。比如一个人类学学者，可能会在东坡身上看到很多新东西。

笔者学力有限，仅能讲一点猜想。

我们回到黄州吧。苏轼贬到黄州，一变而为苏东坡。他在民间，在野地，在爱情的光照中，在亲友的环绕下，出乎意料地精神抖擞，形象鲜明，盖过了他身为官员留给人的好印象。历史上像他这样的好官并不罕见，但是作为艺术家，作为人的韧性、丰富性的阐释者，他是罕见的。身处逆境而笑声爽朗，一般人做不到，所以称他坡仙。他浑身散发的仙气和李白有不同：李白天马行空大鹏展翅，而东坡归属大地的广袤与神秘。

换个比喻说，李白像天仙，东坡如地仙。

不过坡仙也会生病的，眼疾、痔疮，害他两个月不能出门。于是有传言：东坡已仙逝。越传越像真的，而且传出千里之遥。居许昌的范镇听到了，立刻放声大哭；神宗皇帝吃不下饭，连连叹息："才难，才难！"高太后的反应史料不载，她是苏东坡的崇拜者、后来的保护神。

病情稍见好转，东坡一溜烟出门去了。

有一天他骑马外出彻夜不归。家人、朋友四出寻找未见踪影。原来他睡在一座桥上，桥柱赫然有新词：

  照野弥弥浅浪，横空隐隐层霄。障泥未解玉骢骄，我欲醉眠芳草。

  可惜一溪风月，莫教踏碎琼瑶。解鞍倚枕绿杨桥，杜宇一声春晓。

他自序云:"酒醉,乘月至一溪桥上,解鞍曲肱少休,及觉,乱山葱茂,不谓人世矣。"

不知道行人碰见他会作何感想。多半蹑手蹑脚绕开他颀长的身躯。天亮了,布谷鸟唤醒他。

王朝云有了身孕,他欢天喜地,有时整日不出门,围着孕妇转,听胎动,做美味,洗小衣。夫人王闰之、乳娘任采莲倒闲着没事儿干了,皱不完的眉头,嘁不停的嘴。苏东坡端详朝云说:兴许是个女孩儿……前边已有三个男孩,添个女孩儿多好。然而生下来的还是男孩,眉角格外像他,抓周单抓书和笔,东坡朝云相视而笑。取名苏遁。遁者,逃亡矣。京师斗不过小人,逃向民间总是可以的吧?《洗儿诗》云:

人皆养子望聪明,我被聪明误一生。唯愿孩子愚且鲁,无灾无难到公卿。

东坡郁闷时言辞尖刻,高兴了,却又要讽刺人。做官做到公卿,原来有诀窍:愚蠢加鲁莽。

苏东坡讲的聪明,是指政治远见及与之相应的良好操守。而事实上,官场小人绞尽脑汁弄权术,翻云覆雨,将愚且鲁变成了他们的聪明。

苏东坡贬黄州五年,快满五十岁了,否极泰来,仕途向他抛出了赏心悦目的曲线。他还将被自己的聪明"误"下去,直到停止呼吸。

# 8

宋神宗起用苏轼的心思由来已久,宰相王珪几番阻挠,未能如愿。北宋政坛,王珪是个史家公认的小人,倒不全是因为他在"乌台诗案"中屡向苏轼下毒手。他以见风使舵出名,巴结术炉火纯青。熙宁年间王安石当政,他巴结王安石胡须上的虱子。虱子爬来爬去,神宗也看见了,但没说话。到王安石自己察觉了,伸手捏住它,正欲按惯例掐死,王珪忙道:荆公且慢,这是一只不同寻常的虱子! 安石奇道:何以见得虱子不寻常? 王珪摇着圆头说:曾经御览,屡游相须。

这是一则著名笑话。

王珪培植党羽很有一套,有时皇帝也奈何不了他。元丰五年,神宗想让苏轼修国史;六年,想任命苏轼为江宁太守,都被王珪以种种理由拦下。其时朝廷正向北辽用兵,这事就搁下了。元丰七年,神宗动用不轻易使用的"皇帝手札",不与执政商量,直接下令复起苏轼。复起的第一步,授苏轼汝州团练副使,本州安置。汝州(今临汝)离汴京很近了。

　　苏轼依依不舍离开黄州。临皋亭涛声依旧,五十亩东坡麦苗青青,雪堂的离别酒喝了一茬又一茬……"我家江水初发源,宦游直送江入海。"当年在杭州写下的诗句,宿命般画出他的命运轨迹。当官就是马不停蹄,这州三年那州两年的,有时候途中走数月,到任只几十天,又调走了。于是有了"宦游"这类词语,令人感慨万端。

　　把宦游列入人类学的研究课题,想必很有趣吧?

　　苏轼一生,宦游四十余年,足迹半中国。

　　元丰七年春他起程向汝州,陈慥送他直到九江。这位侠肝义胆的眉山青神县汉子,曾从他居住的歧亭七次到黄州看望苏轼,每次往返四五百里。他和苏轼气味相投,都是古道热肠。还有一个眉山人巢谷,值得浓墨重写的普通人,行事很神秘。苏轼倒霉的时候他总会现身,苏轼得意了,他又飘然而去。

　　这次苏轼赴汝州,巢谷提前数日不辞而别,却交给苏轼一个祖传药方"圣散子",叮嘱说,千万不可示人,但关键时刻可以一用。苏轼并未十分在意,他这些年收集的药方多了。

　　几年后在杭州,这"圣散子"救活了成千上万的疫病患者。苏轼万分感激巢谷,却不知巢谷身在何处……

　　苏轼现在到了九江地面,陈慥返回,大和尚参廖前来迎接,陪苏轼畅游庐山。山中盘桓多日,诗人哲人合而为一。名山得了名诗《题西林石壁》:

　　　　横看成岭侧成峰,远近高低各不同。
　　　　不识庐山真面目,只缘身在此山中。

　　诗人看山峰却看见人世了。寥寥数语,说尽多少事。

人生就是不断地总结,领悟,参透,千思量万琢磨懂得了一点道理,却已两鬓斑白,再是喜悦也难掩苍凉……

金陵的王安石正苍凉着,变法大业未竟,备受小人折磨,儿子死了,他伤心归故里,隐居于半山,骑驴瞎转,口中不停地念叨着谁也听不清的言语。也许是念叨受苦受难的天下苍生吧,为他的变法失误深自忏悔。

听说苏轼要来,王安石激动了好几天。他亲自到江边迎接,苏轼登岸施礼,说:轼今日野服拜见大丞相!王安石执苏轼的手笑道:礼数是为我辈而设的吗?二人大笑,一句话胜千言,泯去旧日的恩恩怨怨。

王安石苏东坡,携手游金陵,促膝交谈不知疲倦。历史,文学,国事,家事,虽然时时有争论,友情却暗生,并且迅速走到阳光下。王安石迫切希望苏轼卜居金陵,朝廷那边由他说去。苏轼感动了,辗转几处买田,皆不如意,只好辞别荆公。

王安石又送别,望着苏轼远去的背影喃喃自语:"不知更几百年,方有此等人物!"

历史巨人的话,分量当然不轻。

认识到苏东坡的价值,王安石是第一人。欧阳修对苏轼的评价仅限于文学。而在王安石眼中,苏轼是政治奇人、文化伟人。

苏东坡造访金陵期间却发生了一桩惨事:未满周岁的遁儿夭折于舟中。王朝云悲痛欲绝。东坡写诗哀号:

> 吾年四十九,羁旅失幼子。幼子真吾儿,眉角生已似……我泪犹可拭,日远当日忘。母哭不可闻,欲与汝俱亡!故衣尚盈架,涨乳已流床。感此欲忘生,一卧终日僵……

年轻的母亲、刚满二十四岁的王朝云,其状之惨,谁也不忍心去详细描述。

也许是丧子之痛,也许是黄州诗意生活的习惯性诱惑,使苏轼有了买田隐居的念头。这念头一动,立刻招来八方呼请,范镇请他去许昌,王巩请他去扬州,张方平请他去南都……古人讲究千金卜居,千金择邻,有苏东坡这样的人做邻居,真是一种幸福。东坡分身乏术,为难了。

老朋友蒋之奇力邀他去常州,到宜兴的一座山中买田,他去了,买下一块可年供八百石谷子的田地。有了这块地,一家十几口,吃饭是不成问题的。他还有退休金嘛。于是两上《乞常州居住状》,恳请朝廷批准。

过了数月,朝廷终于批准了他的请求,他的欣喜溢于言表。书法兼随笔名作《楚颂帖》是此间写下的:"吾性好种植,能手自接果木,尤好栽橘。阳羡在洞庭上,栽柑橘易得,当买一小园,种柑橘三百本。屈原作楚颂,吾园若成,当作一亭,名之曰楚颂。"苏轼性好种植,始于当年回老家丁忧,手栽青松三万棵。今日眉山市东坡区土地乡的苏家陵园,犹见千亩松林。夏秋风大时,"短松冈"松涛阵阵。

《楚颂帖》与书于黄州的《寒食帖》,是苏轼书法的两大代表作。后者现藏于台湾的故宫博物院,真迹。这可是伟人、文豪、书画巨擘的亲笔书法呀,我想到它,心就怦怦跳。如此绝世珍品,能运送到伟人的故乡展出一回么?

东坡另赋《菩萨蛮》云:

买田阳羡吾将老,从来只为溪山好。来往一虚舟,聊从造物游……

阳羡即宜兴,东坡待在这地方,溪山美朋友多,杭州、扬州、金陵等地,朋友往来很方便。活动半径大,日常韵味足,具有相当完整的"生活世界"。它对东坡的吸引是不言而喻的。另有一层,却为朝云考虑:家庭生活安定了,不复舟车劳顿忽东忽西,她或能再生一个孩子,重新做母亲。

东坡为自己、也为家人勾勒了未来生活的图景。

然而朝廷又生大变故,刮起了新政旋风。苏东坡在常州忙着规划栖居,这旋风移动速度奇快,刮到他头上了,刮得他离地三尺随气流飘荡,手中的规划图不知飞向何处去……

宋神宗驾崩,小皇帝哲宗只有十岁。高太后摄政,改年号为元祐,显示出对仁宗嘉祐时代的强烈向往。

高太后发起"元祐更化",找谁来辅佐她呢?

洛阳的"独乐园",一位老者埋头写巨著,转眼便是十五年。他就是司马光,王安石的老对头。关于独乐园,宋人笔记多有描述,它既是史学中心,又是隐形的政治枢纽,各类政要连年穿梭。司马光字君实,人称温公。他是公正而温和的大人物,像王安石一样不近女色,平时有点不苟言笑,但并不呆板。有个幽默故事:他夫人上元节想到街上看灯,临走时跟他打个招呼。他说,家里不是有灯吗?夫人笑道:街上人多热闹,名为看灯,实为看人嘛。司马光眼皮子一翻:莫非老夫是鬼呀?夫人顿时乐了,出门后跟其他贵妇嘀咕,这故事很快传遍了洛阳。

在一般百姓眼中,司马君实几同圣人。他到京城,若是被人发现了,一定会发生交通堵塞。王安石熙宁变法,由于来势太猛而祸及城乡,所以民众对马司光寄予厚望。

司马光组内阁,上表推荐人才,苏轼赫然在册。另一个宰辅大臣吕公著,也向高太后推荐苏轼。高太后真是喜上眉梢。喜从何来?她一向对苏轼青眼有加,只碍于神宗,不便插手朝政。神宗一去,她垂帘听政,正考虑用什么方式起用苏轼,却接到两个重臣不约而同的推荐,她不高兴谁高兴呢?如果她夹带了一点私心,不便立刻重用苏轼,那么司马光、吕公著的荐表,确实来得正是时候。

高太后下旨,任命苏轼知登州(山东蓬莱)军事州,掌军政大权。苏轼领旨谢恩,但在给朋友的书信中,表明他反应平淡:"一夫进退何足道。"他又得调整心态,撇下刚买的宜兴田,隐藏了苏东坡,而让"屡犯世患"的苏轼再度粉墨登场。

前路说不准。却总得上路吧。

举家掉头向山东……

走了三个月,登州任上仅五天,新的任命复至:升苏轼为礼部郎中。全家人床还没睡热呢,又起程了。

不过苏轼动作快,五天干了两件大事:请求朝廷变更当地的军事部署,免除食盐专卖。后者源于他的一贯主张:民间贸易自由。盐、铁、酒、茶的专卖他都反对,而且走到哪儿反到哪儿,手中无权就挥动诗笔。他终极的政治理想是富民强国。

伟人的掉头何其干净利落!归隐田园,以后再说吧。

他还抽空到海边看了海市蜃楼,写下长诗《海市》。

刚到京师,他升为中书舍人,在宰相手下干活。半年后,再升翰林学士知制诰,负责起草圣旨的工作,官三品。升迁如此之快,百官为之瞩目,苏轼自己也晕头转向。他刚五十出头,居翰林院要职,这不是明摆着要当宰相吗？中唐及北宋翰林院,均被视为储备宰辅之地。而苏轼具备宰相的才能,宋仁宗早就讲过,那是二十多年前的事了。司马光年迈,身体又不好,君实一旦退下,子瞻定会补缺……朝廷这些议论,其实对苏轼不利。还朝不到一年,他成为舆论的焦点,关注的中心。于是拆台的小人应运而生,由小人的逻辑所推动,站到苏轼的对立面,百般与他纠缠。

苏轼回汴京三年多,避小人如避苍蝇。然而苍蝇一直盯他,围着他嗡嗡叫。

当时政局复杂。司马光主政,朝着"贤人政治"的方向努力,他德高望重,庶几能够控制局面。高太后支持他恢复仁宗朝的旧制:毕竟仁宗在位四十二年,治理国家有一整套成功的经验。司马光勤勤恳恳,几至呕心沥血,豁出老命要让国家走上正轨。不过他犯了一个走极端的毛病:尽废熙宁新法。他外表温和,内心与王安石一般固执。王安石的新法实施近二十年,有些明显失败了,却也不乏成功的例子,司马光一概推倒,有害于朝廷法度的连续性,不利于官员团结。朝廷各部门,许多官员是"熙宁人物",他们嗅到了危险,必定联手反抗。

掌枢密院(枢密院在兵部之上)的章惇跟司马光正面为敌,毫不示弱。这个章惇也是北宋一大怪才,有时行事像英雄,有时直接是魔鬼。他敢当着太后的面对司马光大吼大叫。司马光称:免役法有五害。章惇上书几千言,力加驳斥,不给司马一点面子。二人闹到太后的御座前,章惇竟然咆哮:"他日安能奉陪吃剑！"他牛高马大的,咆哮有如狮子吼,有记载说,连老虎都怕他。然而司马光面色凝重,不予理会。这位目光能穿越千年的历史高人,其"内力"哪里在章惇之下。

苏轼跟章惇是同年进士,凤翔曾有过交游。乌台诗案,章惇在紧要关头呵斥宰相王珪,苏轼一直铭记着。现在他十分为难。宰相府,枢密院,他两边走动,试图缓解政府首脑与军事首脑之间的矛盾。

更麻烦的却是:苏轼和司马光政见又不合了,不同意尽废熙宁新法。原则之争,苏轼不让步。当年反对王安石,他位卑职小已经跳得很厉害,眼下他位高权重,把司马光弄得非常头疼。议事每每不合,谈不拢,温公渐渐看苏公有些不顺眼了,"始有废公意"。

苏轼的性格也令司马光不愉快。大臣们聚集的场合,一般都听政府首脑讲话,苏轼却要嚷:温公不能让我等说几句吗?司马光回答:好,你讲吧,我不讲。

苏轼当仁不让讲起来了,司马光却慢慢朝屏风后或花园走去……

苏轼回家,犹自气呼呼的,半夜还在嘀咕:司马牛,司马牛!

王安石人称拗相公,司马光又是司马牛,苏轼怎么办呢?难办。

司马光执政不足两年,由于劳累过度,几乎是死在办公桌上。高太后大恸。雄心勃勃的"元祐更化"、大力推行的"贤人政治"失掉肱股之臣。她再有能耐,要镇住七翘八拱的百官、派系林立的政局,确实力不从心了。

荆公、温公都是说一不二的铁腕人物。而封建政权的格局,要么需要独裁皇帝,要么需要铁腕大臣,否则就镇不住朝堂,管不了百官。司马光去世,高太后痛哭,她哭的正是这一点。有学者称高太后为"女中尧舜",她有尧舜之心,却无尧舜之力。也许她真有过让苏轼当宰相的念头,但政治这东西讲究"势",时殊势易,苏轼备受小人的围攻,"谤书盈箧",她不得不摁下自己的、也许含有某种情愫的念头。

前面提过,高太后是苏轼诗文的忠实读者。而她年轻守寡,独居深宫若干年。苏轼每有新词,她必吟诵再三,安排宫中乐人演唱。事实上,这也是几十年来大宋皇室的一个传统,后来又传到了徽宗、高宗、孝宗。宋孝宗视苏东坡为隔代知己,精读了苏轼卷帙浩繁的全集。

司马光去世的另一个后果是:攻击苏轼的小人空前活跃。以致高太后迫于形势,在京城之外为苏轼安排一桩美缺。此系后话。

公元1087年前后,也即宋哲宗元祐初年,苏轼在汴京日子滋润。他长胖了,有了肚子,放在今天可能二尺七八的腰围吧。他个头本不矮,照样有身材,有形。苏辙也做京官,高而瘦。苏轼《戏子由》说:"常年低头诵经史,忽然欠身屋打头。"两兄弟同受太后的恩典。两家人又住得近,常常抬腿就过去了;合起来有几十口之多。苏辙的妻子史夫人,生女孩差不多生了一打,每次分娩都格外紧张,巴望男孩儿,却又是女孩儿……苏辙说:没事儿,没事儿,女孩儿挺好的呀。

眼下的苏辙有了北方口音。苏轼一直讲西蜀的眉山话。

苏轼自创一种帽子,高筒、短檐,殊不知戴了几回,全城都流行起来了,呼为"子瞻帽"。京城的儒生,外地的考生,几乎没有不弄一顶子瞻帽盖在头上的。一般后生乃至中年男人皆仿效,逢节日,有时清一色的子瞻帽流动于大街小巷。皇宫里伶工演杂戏,两个优伶各戴子瞻帽,互相夸耀学问,小皇帝扭头看苏轼看了很久,高太后抿嘴笑笑。

司马温公之后,苏子瞻是全国首屈一指的大名士。

他下班回家,有个摩腹的养生动作,下人开玩笑,说他的肚子里全是文章。唯有王朝云说:先生一肚子不合时宜呢。

苏轼大笑。

欧阳修之后,苏东坡又是公认的文坛领袖,书画宗师。门庭若市,车如流水马如龙,翰林大学士,如驻春风。宫中太监老往苏宅跑,太后的御赐之物一件接着一件,小到一包茶,一盒酥,大到一匹马,一盏堆金砌玉的金莲烛。如此显贵的门第,能进去喝杯茶就足以炫耀于人了。士大夫的信条:能处富贵,能安贫贱。谁是楷模呢? 当然是苏东坡。对寒士他有求必应,对达者也尽量帮忙。这些方面资料多证据足,宋人一千多种笔记,很难找到一种不提苏东坡的。

秦观、黄庭坚这样的大文人,不过是他的门下士;米芾、李公麟这样的大书法家大画家,俱为他的子侄辈和追随者。高太后的女婿王诜、张方平的女婿王巩是他的忘年交,终生的好朋友。现存于眉山三苏祠博物馆的《西园雅集图》,见证了北宋文苑艺坛的一桩盛事:画面上十六个人,全是名噪当时的人物,在王诜的豪华府第雅集,或书、或画、或弹琴、或与美姬交谈。穿黄色道袍居中而坐的是苏东坡,正运笔写字。身后名流闲观、佳丽翘首。

王诜有一房宠姬,名叫啭春莺,美艳绝伦,苏轼也为她倾倒,写《满庭芳》赞美她。王巩更有意思,他是名相之孙,名臣之婿,从小娇生惯养的,却因"乌台诗案"受牵连,贬到了广南蛮荒瘴疠的柳州,一去十年,学苏轼泰然处之,居然做到了,俨然是苏门嫡传弟子。王巩的漂亮侍妾,复姓宇文,名柔奴,一直跟随他身边,受苦受累毫无怨言。苏轼很感动,特为柔奴写一阕《定风波》,下片说:

"万里归来年愈少,微笑,笑时犹带岭梅香。试问岭南应不好?却道此心安处是吾乡!"

此心安处是吾乡,原是柔奴的句子,苏轼身边的一个人默默记下,并与柔奴成了一见如故的好友。她是二十五岁的王朝云。

女子不变节,男人却能变脸:画《西园雅集图》的李公麟,后来露出了另一副嘴脸——苏轼倒霉南迁,他在大街上相遇却装作没看见,以扇遮面而过。苏轼一笑置之,不当回事。

"吾眼见得天下无一个不是好人。"

就像一个快乐的人,看什么都快乐。

苏轼在汴京的文字佳作不多。以前也这样。京师的富贵荣华,难以形成强烈的艺术冲动。写字画画倒常有。书画风雅事,于生命冲动的诉求比之文字稍逊一筹。他变成了文艺理论家,分析自己的作品说:

吾文如万斛泉涌,不择地皆可出。在平地滔滔汩汩,及其与山石曲折,随物赋形,而不可知也。所可知者,常行于所当行,常止于不可不止,如是而已矣。其余虽吾亦不可知也。

这段文字,是古典文论的经典。苏辙感慨地说:"东坡黄州以后文章,辙虽驰骤从之,而常出其后。"

做弟弟的,怎么追也追不上。哥哥的身影永远在前边。

苏轼说:"某平生无快意事,唯作文章,意之所到,则笔力曲折,无不尽意。自谓世间乐事,无逾此矣。"

这话值得玩味。写文章是与造物同游,描绘自然诉说人事,天风海雨汇于笔下,以一人体验千万人,等于让个体生命无限延伸。深谙各类世间乐事的苏东坡,把写作行为推向生存体验的制高点。

写作与语言同在,而语言是"存在"的家。语言隐藏着生活的全部密码。

苏轼论画云:"论画以形似,见与儿童邻。"

绘画的变形、重神似,他是先驱者之一。

他写字用的笔、纸、砚、墨十分考究。索字的人太多,他不轻易动笔了。不过，朋友以至于朋友的朋友，都知道他有两个弱点：一是见不得好纸墨，见了手会痒的；二是请他喝美酒，醉后必有醉书。比如送他南唐李煜常用的澄心堂纸，他必定眼睛发亮，呼笔墨伺候。他爱用的笔叫"张武笔"，现已无考。

翰林院有个姓韩的同事，更有绝招：凡事不面谈，专门给苏轼写信，意在得到苏轼的亲笔回信。

黄庭坚说："蜀人极不善书，而东坡独以翰墨妙天下，盖其天资所发耳。"

苏轼自己讲书法的感觉："吾醉后乘兴作数十字，觉酒气狒狒从指间出矣。"

苏轼的书画真品，现珍藏于海内外的，有四十六件。

## 9

元祐四年，苏轼出任杭州太守，锦衣玉食的日子在人间天堂得以延续。当年的通判，现在的龙图阁学士兼地方大员，飞黄腾达不在话下。重游西湖，"不见跳珠十五年"。但苏轼这个人，为官要做事的，绝不会忙着去享受。他有巨大的名望，有高太后这样的后台支撑，即使做个享乐型的庸官，谁会责怪他呢？以官场进退术来看，他做庸官效果更佳，京城那帮争名夺利的小人将不复记挂他。相反，他做出成绩了，小人则不会放过他。他这种正人君子，一旦当宰相统率群僚，贪官庸官将无地自容。木秀于林而风必摧之。苏轼的悲剧，也许正源于此。

江南好山水、好茶、好酒、好女人，苏轼也欣赏，也享受，却严格限于忙完了郡务之后。杭州一年半，他治运河，开六井，浚西湖，筑苏堤，设"安乐坊"治病救人，惩治有官方背景的黑帮头目……在临安（杭州）的地方志上写下了重重的几笔。他又张弛有度，忙里偷闲游山戏水，居然把办公桌搬到西湖边上，"欲将公事湖中了"。他跟禅宗大和尚佛印比试机锋，与江南名妓琴操较量顿悟，留下的佳话载入《五灯会元》，害得后世文人郁达夫专程到杭州，看完了八卷临安志，未见琴操一段情。

伟人的一年半，不得了。

当时西湖淤塞过半，苏轼连上奏折请求朝廷拨专款整治。而他的特殊身份,"两浙西路兵马钤辖",又使他能调动官兵协同十万民工奋战西湖。为赶工期,他不分昼夜地巡视在工地上,吃民工饭,喝民工水,一点不勉强。

杭州之有西湖,苏轼居功第一。命名,写诗,疏浚,堪称三部曲。难怪杭州人在他活着的时候就为他建生祠,家家户户供他的画像,"饮食必祝"——喝水吃饭皆为他祝福。

过了十年,吕惠卿守杭州,毁掉了他的生祠。

元祐五年,杭州洪涝之后又遇大旱,疫病流行。苏轼手头的宝贝药方"圣散子"派上了大用场。药价相当便宜,一服只收一文钱。苏轼率先拿出五十两黄金,带动富豪捐赠,办起了慈善医院,"千钱活千命"——这是他宣传"圣散子"的广告诗,浓墨写在安乐坊的大门前。

可惜他走后,安乐坊只维持了数年。慈善事业后继无人。

高太后召他还京,想委以重任。小人一蹦八丈高,拼命排挤他,官场推手,政治打手,有名有姓的七八个,全冲着他来了。像一群野狼驱赶一头雄狮。太后也无能为力。苏轼还京三个月,又带领全家人上路宦游了。

接下来的两年多,出知颍州、扬州、定州。所谓"二年阅三州"。三地各有建树,史料确凿,包括苏轼本人的诗文、书信和奏折。用勤政爱民这类词来形容他,再平常不过了。他爱民的冲动源远流长,有权无权都一样,只不过权力在手,作为更多而已。颍州亦有西湖,苏轼写下著名的五言诗《泛颍》。

颍州、扬州、扬各半年后,朝廷告下:苏轼以兵部尚书召还。又兼端明殿学士兼侍读,做哲宗皇帝的老师。此前他已是龙图阁学士,一身而双学士,有宋代的翰林院不多见的。高太后确实器重他,却未必出于私心,他在京城、在地方都干得那么好。苏辙时任门下侍郎,相当于副宰相。兄弟俱荣耀,"内翰外相",有些个官员非常紧张:这不是把持朝政了吗?苏轼或苏辙有朝一日真的当上宰相,他们必定没戏。于是,这些人条件反射动起拳脚,先下手为强。苏轼还在从扬州到汴梁的路上,种种诬陷就像箭一般飞向他了。

入京,他请辞兵部尚书,高太后倒是恩准了,却让他担任礼部尚书。他再辞,乞一郡,比如出知越州(今绍兴)太守,太后不允。苏轼惧怕谣言,可是有她在呢,一切替他担着。

苏轼硬着头皮上,专心一件事:做帝王师。

宋哲宗已长到十七岁,快要亲政了,但没有具体的时间表。小皇帝很不耐烦,每次上朝,太后在前他在后,他抱怨说:"朕只见她臀背。"这少年有心理疾病。凡高太后宠信的人,他都不喜欢。苏轼煞费苦心准备的教材,他听得心不在焉。侍读的地方叫迩英殿。教皇帝读书称"经筵"。苏轼教哲宗始于元祐初年,是小皇帝的老师傅了,却是越教越艰难。想让皇帝学习唐太宗,这发育迅速的男孩儿却迷上汉武帝:大权在握,后宫八千……哲宗小小年纪,对女色的经验已积累了不少,宫中猎艳频频得手。苏轼在这边绞尽脑汁,他在那边与宫女滚作一团。

苏轼只能仰天长叹。

子由劝哥哥说:我们尽力就行了,只求问心无愧……

而苏轼想得很远。

古代士人,做帝王师是他们共同的最高理想。教出一个好皇帝,胜做百年好官。

苏轼对哲宗一筹莫展。他身上始终有高太后的影子,他不可能去掉这影子。一切努力均被它抵消。偏执少年阴郁的目光,盯着影子不放,却又不明说。

苏轼晚年的命运被三个人所决定,一为高太后,二为宋哲宗,第三个是大魔头……

大魔头现身之前,先有口齿锋利的小动物围咬苏轼,从元祐初咬到元祐末。此系史家公论,并不是笔者情感用事。贾易、赵君锡、黄庆基、张商英等十余人,因围攻苏轼而名留史册。乌台诗案之后又有竹寺诗案:神宗去世两个月,苏轼曾于扬州竹西寺题诗:

此生已觉都无事,今岁仍逢大有年。山寺归来闻好语,野花啼鸟亦欣然。

皇帝死了,苏轼居然"闻好语",这是什么性质的问题?小人拿这个说事儿了。当时苏轼从贬谪之地黄州起复,沿途访旧看田,心情不错,流露笔端,却让贾易、赵君锡捏了把柄。事情闹得很大,高太后直接干预,苏轼才躲过一劫。

苏轼做地方官一般没事,回朝廷总有麻烦。

眼下他的一大罪名是:推荐蜀人及门下士做官,形成所谓蜀党。他结党营私。

元祐八年(1092年)的四五月,谏官黄庆基等,连上七个奏章弹劾苏轼,小人反指伟人是小人,其中说:"苏轼天资凶险,不顾义理,言伪而辩,行僻而坚。故名足以惑众,智足以饰非,所谓小人之雄,而君子之贼者也。"

应当承认,这姓黄的以君子自居的小人,言辞功夫不差。

朝廷沸沸扬扬了,欲巴结苏轼者,转过身去磨刀。然而宰相吕大防一改平时的面团形象,站出来主持了一回公道。高太后乘势发力,罢免了黄庆基。

苏轼苏辙松了口气。蜀人门士雀跃欢呼。

可是天有不测风云,这一年的夏末、中秋,苏轼生命中两个极为重要的女人仿佛携手而去:王闰之病逝,高太后骤亡。

高太后临终前,安排苏轼出知定州军事州。

苏轼在接踵而来的悲痛中起程。按惯例,他离京前要面辞皇帝,哲宗却找借口不见他。

苏轼仓皇出京赴任所。定州(河北定县)是当时的军事重镇,苏轼干了一年多,军政两摄,渐渐理出头绪。朝廷没动静,他安下心来。哲宗毕竟是他多年的学生,虽然离京时没见他,却命人塞给他一包茶叶。

苏轼品御赐好茶,品出了师生情谊。

一家子,就在定州待下吧。干到致仕的那一天,迁江南宜兴定居。苏轼还对朝云许愿,要带她去老家眉山看看,在二老及王弗的墓前上香烧纸。

前景看好,至少过得去。长子苏迈,讨欧阳修的侄孙女为妻,并已踏上仕途,现任常州某县的县尉。

眼下的苏轼五十九岁了,也许再过半年就能退休。就他永远高涨的生活热情而言,退休后的生活更像生活……

这时候,那个大魔头现身了。

大魔头不是别人,却是苏轼近四十年的老朋友章惇。

章惇害苏轼,苏轼可能至死都想不通。

学者们也有疑问。章惇害苏轼,好像理由不够充足:这人怎么回事儿?专拿朋友动刀?他当年不是挺身而出救过苏轼吗?哲宗亲政,改元绍圣,清除了一批"元祐骨干",本无意对苏轼发难。章子厚(章惇字子厚)做宰相,却把矛头直指苏子瞻。也许他的动机是除掉这个潜在的政敌、宰相位的竞争者。

章惇是蛊惑力极强的人,玩小皇帝于股掌之中。

他是父亲与其岳母私通的产物,一辈子心怀鬼胎。年轻时高大威猛,和京师贵妇鬼混,贵妇开玩笑提到他的出身,他立刻翻脸要用绢丝勒死她。凤翔有鬼屋,几十年闹鬼,无人敢进去,章惇却进鬼屋住了三天三夜,屁事没有。鬼都怕他。苏轼曾拍着他的背预言:子厚日后能杀人!

殊不知,事隔三十余年,章惇的屠刀架到了苏轼的脖子上。

绍圣元年(1094年)四月,朝廷告下:苏轼"责知英州(广东英德)军事州"。

按宋制,"责知"某地,马上就要启程的,不像迁升可以磨磨蹭蹭。一夜间全家卷铺盖。走出几百里,第二道命令又至:降为从六品官。走到南都城外,苏轼写信给朋友说:"某旦夕离南都……英州之命,未保无改矣。凡百委顺而已,幸勿深思熟虑。"

果然,六月走到当涂,第三道谪命来了:苏轼,责授建昌军司马,惠州安置,不得签书公事。

苏轼被降为罪臣,六品官、两学士及相应的俸禄一律取消。

三改谪命,都是章惇所为。这个超级政治打手,出手异常凶狠,务必要让挨打的人趴下,再也直不起腰。苏辙同样被章惇赶出了汴京。

"兄弟俱蹿"……

秦观、张耒、黄庭坚等"苏门学士"均遭贬黜……

苏轼面临着万里投荒。他的抉择是:带苏过一人远赴贬所,翻过大庾岭到惠州。苏迨带领其他眷属到宜兴去,和苏迈同住。家人不同意,但老人态度坚决:这事儿没得商量。家人哭成一团。唯独朝云沉静,她也决定了,和王巩的爱妾柔奴一样,随心爱者到任何地方,"此心安处是吾乡"！苏轼劝她没用。

苏家的几个家臣家妓，各得若干银两细软，各奔前程去了。

所有这一切，就像一台戏。

然而什么样的戏剧，能揭示出苏东坡的内心？

九月，过大瘐岭。岭在今之江西省大庾县南，广东南雄县北。号称大庾五岭，分隔内陆文明与南国炎荒。宋朝不杀大臣，惩罚最重的，就是贬到岭南去。

五岭八峰一个多月，山中的遭遇一言难尽。

苏轼十月抵惠州，暂住合江楼，楼下是奔腾的东江。当地官员以礼相待。生活清苦，蔬菜缺，肉更少。惠州是个小城，杂居着汉族、客家族等，发音奇特，内地人听不懂。

苏轼将息数日后，开始用他一向平和而又幽默的眼光打量周遭了。他在写给苏辙的信中说："惠州市井寥落，然犹日杀一羊，不敢与仕者争买，时嘱屠者，买其脊骨，骨间亦有微肉……意甚喜之，如食螃蟹……"写信不谈别的，专说吃羊脊骨的方法，如何炙烤，如何用木针挑出骨间的微肉，给人美滋滋、香喷喷的感觉。末尾却说，这么细致挑吃羊骨，"则众狗不悦矣"。

佛印大和尚则写信来安慰他。这是历代高僧最著名的书信之一：

子瞻中大科，登金门，上玉堂，远于寂寞之滨，权臣忌子瞻为宰相耳。人生一世间，如白驹之过隙，三二十年功名富贵，转眼成空，何不一笔勾销，寻取自家本来面目！……三世诸佛，只是一个血性汉子。子瞻若能脚下承当，把富贵功名贱如泥土，努力向前，珍重，珍重！

大彻大悟的和尚，也给了苏轼一份力量。

苏轼善于各方借力，不管是在书本上，还是在生活中。融会贯通中国文化的精髓，修炼成钢铁骨头，却不失血肉之躯。而这向来是佛教的两难，西方哲学家如叔本华的两难：无限的欲望导致无限的痛苦，倒不如冷却成石头。苏东坡不冷却，始终保持躯体的热度和柔软度。他甚至学会了向各种各样的苦难借力。

翻遍史籍,修炼到如此境地的,可能只有苏东坡。

冬天,他移居惠州嘉祐寺。有一篇意味深长的短文《记游松风亭》:

> 余尝寓居惠州嘉祐寺,纵步松风亭下,足力疲乏,思欲就林休息。仰望亭宇,犹在木末,意谓如何得到?良久,忽曰:此间有什么到不得处!由是,如挂钩之鱼忽得解脱。若人悟此,虽兵阵相接,鼓声如雷霆,进则死敌,退则死法,当恁么时,也不妨熟歇。

恁么:这么。熟歇:好好休息。

这短文,当选入中学生课本。

次年,东坡吃上惠州的荔枝了,欢愉之情掩不住,挥笔写道:"罗浮山下四时春,卢橘黄梅次第新。日啖荔枝三百颗,不辞长作岭南人。"

他和惠州人打成一片,源于两件事:一是造桥,二是种药。

连接东江两岸的原是一座简陋的浮桥,江流湍急,每年都有不少人落水,被浪头卷走、吞没。东坡建议修桥,惠州官府却苦于拿不出钱来。东坡写信给子由,动员弟媳史夫人拿出皇宫多年的赏赐。其实不需动员,东坡开了口,史夫人二话不说,拿出了价值数千金的东西,派人急送惠州。她手头就这点钱了。

桥成之日,东江两岸全是欢呼声,三日不绝,许多人喜极而泣:东坡先生早一点到惠州该有多好!

东坡写诗描绘盛况:"父老喜云集,箪壶无空携。三日饮不散,杀尽西村鸡。"而瞅着鸡血遍地,他又心生怜悯,为杀生感到难过。不得已,找到一句安慰自己的话:世无不杀之鸡……

惠州瘴毒弥漫,常有疫病流行,而当地人不大懂得医药。东坡率先种药,托人从广州买药材。居所前后种满了药材,就像在黄州的东坡种麦子。他又开方瞧病做起了郎中。经他带动,官府宣传,惠州从此药材渐多,郎中渐多。他还发明了"秧马",一种快速插秧的农具;他替广州人设计"自来水工程",大大缓解了广州的饮水困难……

有人实在不理解他,"无病而多蓄药,不饮而多酿酒",这是干吗呢?不是有悖人的自私天性吗?"劳己而为人",莫非其中有啥见不得人的动机？东坡回答，他干这些事全是为了自己："病人得药，吾为之体轻；饮者困于酒，吾使之酣适，盖专以为己也。"

苏东坡真像雷锋叔叔。

他又打坐，炼丹，做美食，酿酸酒，写和陶诗，真够忙的。

他试验独居，不与朝云同房，却感到十分艰难。反观他涉及私生活的书信，他和朝云的性生活是令人满意的。服从养生的法则而尝试去欲，其动力，是为了活着北归。

惠州府温都监的女儿温超超，因崇拜而热恋他，他软语劝慰。他和朝云外出转悠，有时单为避开这热烈女子。

北方的朋友们书信不断。陈慥致信说，要到惠州来看望他，他回信批评老朋友："莫作女儿态矣。"

却有杭州的和尚名叫卓契顺的，从江南走到岭南，几千里路，只为送一封家书。卓契顺是佛印门下弟子，佛印为送信的事犯愁，卓契顺说：惠州又不是在天上。他揣了信就上路，跋山涉水到惠州，人都走变形了，见了东坡却没甚言语，一味地傻笑。在场的人无不抹眼泪，倒是东坡视为寻常，问卓契顺想要点什么。卓契顺说，想要一幅先生亲笔写的陶渊明《归去来辞》。十几天后卓契顺返回杭州。一切平淡得如花开水流。

然而一朵鲜花却凋谢在惠州。

王朝云死于瘴毒。

东坡种了那么多的药，未能挽救她的生命。

死前仿佛有预兆：她老唱"枝上柳绵吹又少，天涯何处无芳草"，唱着，眼泪直流。此后东坡终生不听不书这首《蝶恋花》。

临终前她口诵《金刚经·应化非真分》："一切有为法，如梦幻泡影。如露亦如电，应作如是观。"

有着惊人美丽的王朝云葬于惠州丰湖之六如亭。后世凭吊者络绎不绝。去年我到惠州，拜谒朝云墓，为永不凋谢的鲜花献上一束鲜花。而惠州一位老教授，每年都去献花……

且看东坡为朝云写的墓志铭："东坡先生侍妾曰朝云，字子霞，姓王氏，钱塘人。敏而好义，事先生二十三年，忠敬若一。绍圣三年七月壬辰卒于惠州，年三十四……"

朝云感动了上帝,她死后第三天的夜里风雨大作,天亮,人们在她墓旁发现了五个巨大的脚印。东坡闻讯,带苏过亲往察看,于栖禅寺设供佛事,写《荐朝云疏》:"……既葬三日,风雨之余,灵迹五踪,道路皆见。是知佛慈之广大,不择众生之细微,敢荐丹诚,躬修法会。伏愿山中一草一木,皆被佛光……"

三个月后,东坡为朝云作《西江月》:

玉骨那愁雾瘴,冰肌自有仙风。海仙时遣探花丛,倒挂绿毛幺凤。

素面翻嫌粉涴,洗妆不褪唇红。高情已逐晓云空,不与梨花同梦。

黄州多少欢娱……

惠州无限伤悲:"驻景恨无千岁药,赠行惟有小乘禅!"

人已去,美景空。

年逾六旬的老人,还能挺住吗?

苏过很孝顺,东坡给朋友的信中多次表扬他。老人的饮食起居,"独过侍之,凡生理、昼夜、寒暑所须者,一身百为,不知其难。"

东坡的三个儿子都一样,包括儿媳妇,包括他的朋友、学生,无不感染他的气息,受他的影响。伟人引力大,磁场强。

有趣的是,章惇派个与苏家有世仇的人到广州做官,借刀杀东坡。这仇人却变成了东坡的好朋友。

贬惠州的第三年,东坡在白鹤峰营造新居,打算长住。长子苏迈带着他的三个孙子以及苏过的妻儿到惠州来了。新居落成,官民同贺,一家子乐融融。

此间东坡情绪好,又展露仙容了,欣然命笔:"白头萧散满霜风,小阁藤床寄病容。报道先生春睡美,道人轻打五更钟。"

这首题为《纵笔》的小诗传到京师了,大魔头笑道:苏子瞻还这么快乐吗?贬他到海南儋州去。

一纸令下,全家人再次恸哭于江边。白鹤峰的新居刚住了两个多月。

苏东坡携苏过从广州下船,行至滕州与苏辙相会,兄弟盘桓二十天分手,竟成永诀。子由此时贬到了广东南端的雷州半岛。"嗟余寡兄弟,四海一子由。"这份兄弟情足以成书的。本文省略太多。

东坡贬惠州,两年零七个月。

传说东坡过海,船上放着一副空棺。

儋州比惠州更荒远,《儋县志》说:"盖地极炎热,而海风苦寒。山中多雨多雾,林木阴翳,燥湿之气不能远,蒸而为云,停而为水,莫不有毒。"

长途水路颠簸的老人,到贬所病倒了。病稍愈,杜门默坐。他写道:"至儋州十余日矣,淡然无一事,学道未至,静极生愁。"

可是没过多久,他对这地方有了新的感受,《书海南风土》云:"岭南天气卑湿,地气蒸溽,而海南尤甚。夏秋之夜,物无不腐败者。人非金石,其何能久?然儋耳颇有老人,年百余岁者,往往而是,八九十岁不论也。乃知寿夭无定,习而安之,则冰蚕火鼠,皆可以生……"

东坡喜欢吃肉,但儋州无肉可吃。本地人吃老鼠、蝙蝠、蜈蚣。苏辙到雷州,因吃进去的东西又呕吐出来,体重骤减。东坡寄语老弟,说自己也能吃熏鼠了,体重反而有所增加。

蝙蝠、蜈蚣之类,以老饕餮自居的东坡,大约也要尝尝吧?

他居住的地方是几间破官舍,比杜甫的茅屋更糟糕,不仅漏雨,而且漏树叶。有一天早晨在风雨中醒来,满身都是湿漉漉的黄叶。儋州太守张中,实在看不过去,冒着暗助罪臣的风险,找借口用官钱修缮了破官舍。后来因此获罪,掉了官帽。

儋州人懒得开荒种稻,主食为薯芋,和锅煮,天天顿顿如此。吃惯美食的东坡尽量每顿吃饱。而岛上一度闹饥荒,海上数月风波险恶,琼州(今海口)那边的粮食运不过来。东坡父子练龟息法,将食量减到最低,朝初升的太阳做深呼吸,要将热能化为体能。这叫"阳光止饿法",据说还有效。

居无所,食无肉,出无友,读无书,写字作画没纸墨……

张中又帮他,替他介绍当地的黎族朋友,做翻译,沟通言语。东坡学海南土语,黎人学他用眉山语音讲的"官话"。时至今日,海南儋县仍有两个村庄讲眉山话。

东坡性好动,没朋友很难受的。黄州是这样,惠州儋州亦如此。他终于有了几个朋友,其中像黎子云兄弟,几乎每天见面,你来或我往。有一天东坡外出串门喝下几杯酒,归家迷路了。当地民居看上去都差不多,家家户户的围栏一模一样,形同迷宫。他吟诗说:"半醒半醉问诸黎,竹刺藤梢步步迷。但寻牛矢觅归路,家在牛栏西复西。"

有个七八十岁的老太太,常看东坡不眨眼,一日,忽然说:内翰昔日富贵,一场春梦!东坡从此亲切地称她"春梦婆"。

他沾酒就上脸的。小孩儿觉得他好奇怪,争看他,追赶他。他扭头一笑,诗已出口:"寂寂东坡一病翁,白发萧散满霜风。小儿误喜朱颜在,一笑哪知是酒红。"

他当然不甘寂寞:溪边古路三岔口,独立斜阳数过人。

海南常有雨,忽来忽去的。黎人送他斗笠和木屐,走路吧嗒吧嗒,斗笠遮去漫天风雨。昔日曾有名篇《定风波》:

> 莫听穿林打叶声,何妨吟啸且徐行。竹杖芒鞋轻胜马,谁怕?一蓑烟雨任平生。
>
> 料峭春风吹酒醒,微冷,山头斜照却相迎。回首向来萧瑟处,归去,也无风雨也无晴。

对所有的逆境中人,《定风波》宛如一颗定风丹。也无风雨也无晴,这境界不易学。它是人类巅峰人物的寻常体验。

当时有尢名画家作《东坡笠屐图》,太感人了,观者欲掉泪时,却又不自觉地微笑。

孔子、庄子、陶渊明,连同一地风俗满目黎庶,全在苏东坡的身上。

道士吴复古,飘然过海看他来了。眉山人巢谷,和东坡自黄州一别十几年,从家乡起程,以七十老翁之躯,万里迢迢赴岭海。东坡富贵时,巢谷总是在别处。简单的行囊中又不知藏着什么类似"圣散子"的灵丹妙药。他绝不能让东坡死于瘴毒。可他筋疲力尽走到了梅州,缓得一口气又向海南,却累死在新州道旁。东坡、子由闻噩耗,相隔数百里,同声恸哭。

巢谷亦如三苏父子，是眉山人永远的骄傲！

太守张中果然掉了官帽。一帮狗衙役将东坡赶出了官舍，父子几天吃住于污池旁。不得已，桃榔林下草草盖房子，东坡为之命名"桃榔庵"。黎族父老兄弟，数十人来帮忙，他们头上没有官帽，不怕得罪远在京师的凶神恶煞。史料显示：东坡在儋州，章惇也不放过他。"时宰欲杀之"，故事还充满悬念。

然而苏东坡居然开始讲学了，皇帝的老师，转而教诲黎家子弟。椰林深处书声琅琅。色土为墨阔叶作纸，课本却在东坡先生脑海中——这才叫脑海呢。我们这些人，只能叫"脑溪"、"脑河"吧？

苏东坡居海南，教出了海南有史以来的第一个进士：姜唐佐。这里却有辛酸故事：唐佐原是琼州人，过海求学，临走向先生乞诗，东坡写下两句："沧海何曾断地脉，珠崖从此破天荒。"并许愿说，等唐佐考上了进士再写后两句。后来唐佐高中，先生已在九泉。苏辙续写成篇："锦衣不日人争看，始信东坡眼力长。"中国诗歌史，这悲喜故事绝无仅有。

好官吴中要调走了，与东坡父子情深，迟迟其行。临走那一天，不睡觉，和东坡座谈通宵。他原是军人出身，而兵学乃苏氏家学之一，言语投机，不知东方之既白。

朝廷又起变故。宋哲宗二十几岁就一命呜呼，大概纵欲过度，以身屡试那把东坡讲的"伐性之斧"。徽宗上台，章惇随之失势，也贬到雷州去了。弹劾章惇的谏官，是一个叫任谷雨的眉山人。

朝廷又想起了苏东坡。

公元1100年的六月，东坡得以奉诏北还，离儋州，黎人数百哭送于海边。惠州、梅州（子由贬谪地）、常州的亲人们也在哭，喜极而泣。

# 10

八月，东坡走到广西桂林，却传秦观的死讯。东坡最得意的弟子英年早逝，老师欲哭无泪，数日食不下咽。

一路伤心，慢慢将息。九月抵广州，逗留四十天上路，吴复古得讯追赶他。这个一生以道路为家的道士却死于道路。东坡旧悲未去再添新伤。

次年四月,抵江西南昌。南昌太守叶祖洽开玩笑问:世传端明(学士)已归道山,今尚游戏人间耶? 东坡答:途中碰上章惇,趸回来啦。

说章惇,倒遇上章惇的儿子章援,带着一封千字长信呈给东坡,言词诚恳,言下之意却希望东坡登相位后放过他父子。东坡就地回复,也是一封长信,提及章惇时说:"轼与丞相定交四十年,虽中间出处稍异,交情固无所增损也。闻其年高寄迹海隅……"书信背面还写了专治瘴毒的药方,荐与章惇备用。

耶稣是西方传说。东坡乃东土伟人。

六月中旬,船行于运河赴常州,两岸百姓上万人争睹东坡的风采。他头戴小帽,身穿小背心,坐在船舱里,环顾左右说:"莫看杀轼否!"

江南百姓,祝他早日做丞相,造福于天下。

官员中也盛传他将出任宰辅。

沿途赴宴。回船继续向常州。七月,船舱里异常闷热,东坡腹泻。老友钱世雄及儿孙在他身边。抵常州登岸,居城里一个朋友的家。他曾在常州买过一所房子,却听街上的一位老太太哭儿子不孝卖掉祖业。细问之下,方知原来他是买主,于是把房子退还老太太,购房款也不要了。

现在,病转沉重的东坡,住进朋友家。三个儿子迈、迨、过,环侍病榻。他长时间瞅着一幅画,李公麟为他画的像,旁边有他的题诗:

心似已灰之木,身如不系之舟。问汝平生功业? 黄州惠州儋州。

这样的诗,令我们无言。一切解释都是皮毛。

"九死蛮荒吾不恨,兹游奇绝冠平生。"这是他对惠州儋州五年生活的总结。加黄州恰十年。

七月十三日病况好转,次日又高烧,热毒大作。强撑病体写《与钱济明书》:"某一夜发热,不可言。齿间出血如蚯蚓者无数。细察疾状,专是热毒,根源不浅,当专用清凉药,已令人用人参、茯苓、麦门冬三味煮浓汁。余药皆罢也。庄生闻在宥天下,不闻治天下也。三物,可谓在宥矣。此而不愈,则天也,非吾过也。"

十八日,自知难起,唤三子于床前,说:"吾生不恶,死必不坠(地狱)。"

二十七日,恶化。面壁饮泣。不肯转身向亲人。

杭州径山寺长老维琳赶来了,俯到他耳边大声道:"端明勿忘西方。"

东坡答:"西方不是没有,但个里着力不得。"

钱世雄喊:"至此更须着力!"

东坡闭目答:"着力即差!"

钱世雄还要问:"端明平日学佛,今日如何?"

东学答:"此语亦不受。"

溘然长逝。时为1101年7月28日。

我不知道用什么可以形容苏东坡的死。我想起了恒星的爆炸,坍塌收缩成白矮星,演变成黑洞。

其黑洞般的精神伟力,足以吸引我们这个蓝色星球上所有的万物之灵。

举国震悼不消细述。东坡的弟子李鹰在祭文中说:"道大莫容,才高为累……皇天后土,知一生忠义之心;名山大川,还千古英灵之气!……"

东坡诗存二千七百首,词三百余阙,文数千篇,包括一千七百封书信。这要部分归功于宋代印刷术的发达。

北宋以后读书人,没有不读苏东坡的。

尚有学术巨著《易传》及《论语说》,后者未能传世,是中国文化一大损失。东坡读孔子,会读出一些什么呢?生活的大师,对有点过于严肃的儒学圣人会有哪些重要的补充?

我个人对苏东坡总的印象是:他能看见生活。

看见生活不容易,小到柴米油盐,大到国家、历史。换句话说,他具有总体把握生活的能力,纵向千年,横向万里。

他既能看见普通人眼中的生活,又能看见普通人看不见的生活。宏观微观都胜人一筹,所以,称他为生活的大师。他对生活永不衰减的热情和无穷无尽的想象力,在今天已构成巨大的谜团,并且有可能未被解开就自动隐匿。

如果他的丰富正好对应我们的贫乏的话,那么,对他的研究、靠近就只能说刚刚开始。

苏东坡看见的生活,能通向现象学创始人胡塞尔的"生活世界"么？笔者尚蒙昧,只模糊感到,全球化令生活逼近工业生产模式的"生活世界危机",亟待呼唤尚能眺望的人类智慧。

中国文化的核心要素集于东坡一生。这给当代留下了巨大而纷繁的研究课题。可惜他的研究者,大都思维成定势,知识结构趋于固化。一席教职,几张教授表,又导致年复一年的低水平重复。大量研究东坡的文章,东坡本人恐怕是看不下去的(古人不乏眼力,却又失之过度简约)。

见叶不见树,见树不见林,是为病根。

无力从大处着眼,难免鸡零狗碎。难免处处碰上故纸堆。

难以容忍的是戏说,迎合市场的低级趣味胡编乱造。

拿什么做结束语献给苏东坡呢？

海德格尔《什么是思想》一文中,引用荷尔德林的诗句：

> 思想最深刻者,热爱生机盎然。

2007年6月27日

# 柳　永

（北宋　987？—1053？）

柳永老是在离别,转身,上路,好像在一个地方待不长。这是什么原因呢？南北繁华地,他清瘦而挺拔的身影穿梭于市井,出没于绮陌红楼。"忍把浮名,换了浅斟低唱。"柳永死于道路,妓女们凑钱安葬他。她们哭呀,她们又闹,她们在悲痛的时候也牢记着自己的职业要求:欢笑。墓中的柳永瞅着她们。

柳永

对潇潇暮雨洒江天,一番洗清秋。渐霜风凄紧,关河冷落,残照当楼。是处红衰翠减,冉冉物华休,唯有长江水,无语东流。

不忍登高临远,望故乡渺邈,归思难收。叹年来踪迹,何事苦淹留?想佳人妆楼颙望,误几回,天涯识归舟。争知我,倚阑杆处,正恁凝愁!

柳永这首《八声甘州》,常读常新。即使相同的感受,也令人读不够,不知道这是怎么回事。少年读,青年读,中年再读,早已倒背如流了,却照样被它呈现的画面所打动。欲加赏析,总觉得勉强。它是如此绵密而自足,外来的词语很难插进去。赏析多半是费力不讨好的。词学大家如唐圭璋先生,赏析此词,妙处亦有限,"味道"一般。这究竟是什么原因呢?

古人说:诗无解;诗无达诂。固然是经验之谈,却也简单带过去了。古人对诗词的评论往往三言两语,点到为止。也许他们深知:说多了乏味。如果是面对一首歪诗,批评的词语倒是能够一拥而上,施以拳脚。好诗自足,矜持,漠视那些试图靠近她的文字。

背景交代,知识性的补充文字则另当别论。但严格说来,这类文字对作品本身并没有直接关系。它是工具性质的,用完即可退场。作品还在那儿,补充文字的进入与撤离,她似乎没感觉——她是一位不打算嫁人的佳丽。

针对一首好词,除去必要的补充文字、勉为其难的赏析之外,我们还能做些什么呢？

感受。联想。

萨特说,写作行为是召唤。作者写完了,只完成了作品的一半,读者参与进去,才构成完整的写作行为。没有阅读,就没有作品。萨特本人很能阅读,为谢奈的一本小说写序言《圣徒谢奈》,一口气写下几十万字,大大超过那本小说。

而这首《八声甘州》,我读出了柳永的形象,他走动的身姿,他伫立的情状。清瘦,有点像写《迟桂花》、《春风沉醉的晚上》的郁达夫。

柳永笔下,多男女缠绵,却没有给人留下多少阴柔的印象。相反,倒是有些阳刚的东西。他用情未必专一,但并不婆婆妈妈拖泥带水。长期厮混于青楼妓馆,和妓女们打成一片,容易染上猥亵气、轻佻气。想想施耐庵笔下的西门大官人,极尽玩弄妇人之能事,一见美娘子眼珠子就转个不停。而古往今来的男人,有些家伙满肚子坏水,对良家女子也会露出一副猥客相。柳永差不多一生都在妓女们中间走动,反而有几分神清气爽。这里边藏着什么秘密?

缠绵、离别、羁旅、情愁。这些世俗意味强烈的字眼,在柳永的词作中闪闪发光。再看另一名篇《雨霖铃》:

> 寒蝉凄切。对长亭晚,骤雨初歇。都门帐饮无绪,方留恋处兰舟催发。执手相看泪眼,竟无语凝噎。念去去千里烟波,暮霭沉沉楚天阔。
>
> 多情自古伤离别,更哪堪冷落清秋节。今宵酒醒何处?杨柳岸晓风残月。此去经年,应是良辰好景虚设。便纵有千种风情,更与何人说!

两个名篇都写秋天。

和柳永"执手相看泪眼"的女子是谁呢?我们不知道。风尘女子亦多情。宋代妓女各种各样,官妓、家妓、营妓、私妓、歌妓……有不卖身的,有心性高的,有修养胜过一般士大夫的。柳永喜欢的女子,素质想必不会差,外貌、伎艺、内心,均属上乘。至少过得去。词中这位女子,能让柳永风情千种,她本人,也该是意态百端、令人难割难舍的吧!

都门帐饮：汴京城外设帐宴饮饯别。时为黄昏，刚下过一场暴雨。二人举酒时，言语并不多。该说的都说过了。柳永这人，多半不唠叨，倒是有点善于沉默。停在汴河岸边的兰舟乃是离别的符号，它指向楚地的千里烟波。

"今宵酒醒何处？杨柳岸晓风残月……"

句子潇洒，带出诗人潇洒的风格。

是连夜出发呢，还是翌日清晨登舟远行？

柳永老是在离别，好像在一个地方待不长。无论对哪个红颜女子有多么牵肠挂肚，他还是要走。这是什么原因呢？若是求取功名，应该留在京城，可他却一再离开，朝着遥远的、陌生的城市出发。江南繁华地，他清瘦而挺拔的身影时隐时现，今天苏州，明天杭州，后天又可能去了金陵。李太白"仗剑远游"，目标很明确。柳永浪迹天涯，动机却显得模糊。他兜里没几个钱，对名山大川兴趣有限，一味盯着城市的街巷，盯着那些有妓女出入的楼台馆阁、瓦子勾栏。那是他展露才华并证明自己的地方吗？他的事业，连同他的生计原是系于烟花巷？

读柳词我有个印象：他一直在转身。向朝廷、向心爱的女子和熟悉的城市转过身去。他走了，一般是下水，孤舟漂泊。岸上有一个或几个女子朝他挥手……

柳永原名柳三变，字耆卿，排行老七，所以又称柳七。家乡是现在的福建省武夷山市。父柳宜，曾在李煜的南唐做过监察御史，"李国主器之……柳宜多所弹射，不避权贵，故秉政者尤忌之。"南唐灭，柳宜转仕北宋，官至工部侍郎。柳宜去世时，柳永约十三岁。

这是一个士大夫家庭，以儒学为家学，以科举考试为进身之道。柳宜的品行、性格，对柳永会有一些正面的影响。柳宜为官几十年，估计家财有限。柳永在父亲去世后的几年间，可能经历了家境由富裕而渐趋困顿的变化。此间他家在扬州。又从扬州迁回福建老家。

关于柳永的记载，零零星星散见于野史笔记诗话。正史没他的名字。

二十几岁他赴京应考，榜上无名。过几年再考，还是名落孙山。郁闷之至，挥笔写下对自己贻害无穷的名词《鹤冲天》：

黄金榜上,偶失龙头望。明代暂遗贤,如何向?未遂风云便,争不恣狂荡。何须论得丧,才子词人,自是白衣卿相。

烟花巷陌,依约丹青屏障。幸有意中人,堪寻访。且恁偎红翠,风流事,平生畅!青春都一饷。忍把浮名,换了浅斟低唱。

这首词惹祸了。虽然没人来抓他,治他的文字罪,可他一生的命运都搭进去了。他出色地表达了所有落魄才子的不满情绪,俨然是"民间遗贤"的代言人,公然以烟花巷对抗金銮殿。"风流事,平生畅!"这像什么话?简直是流氓的宣言,是对儒家理想、士子抱负的无情践踏。写得越好,传得越开,影响越是恶劣。

柳三变考不上进士,却因踏上科举之路而获得了某种身份。他的自甘堕落,是冲着朝廷的。仕宦人家子弟,牢骚不同于普通草根阶层。他坠落给朝廷看。明代:盛明时代。争不:怎不。恣狂荡:放纵狂荡。白衣:平民(官员着紫袍、绿袍)。一饷,短暂的意思。

"忍把浮名,换了浅斟低唱。"这句子多好。三年一度的礼部考试,一人登科十人落榜,京师大小客栈,垂头丧气的考生比比皆是。他们借酒浇愁,寻花问柳,甚至聚众闹事。自有科举以来,这消极情绪何曾间断?情绪总该有表达,何况是这么多人汇集起来的情绪。翻遍唐诗宋词,柳永的表达为最佳,他把吞吞吐吐、欲说又止的"隐形叙事",变成酣畅淋漓的直抒胸臆。

年轻人总得有点脾气,考不上,喝酒去!管他的浮名厚禄远大前程,一概拉倒。青春多美妙,可它眨眼就没了,如何珍惜?寻来意中人浅斟低唱。宋太祖的《劝学歌》称:"书中自有颜如玉,书中自有黄金屋。"可事实上,年少登科者寥寥,白首白衣者多多。即使高中了,当大官了,还不是为了天天摆酒宴,歌女佐酒浅斟低唱?柳三变眼下过的,不正是这种日子吗?

柳三变颇为得意:那边落黄榜,这边入红楼。"幸有意中人,堪寻访。"他有了一位意中人,艺名唤做虫虫,据说是苏州人,色艺俱佳。

虫虫唱这首《鹤冲天》,唱成了名角,唱成了流行歌手。请她去演唱的上等府第、豪华歌厅排着长队呢。她挣了钱,不断塞到柳永手里。柳永起初推辞,后来接受了。虫虫说,她出名也好,挣钱也罢,没有柳永特意为她填新词,那是不可能的。她挣十两银子,该有三两记到三变哥哥的账上。

虫虫一番话,把柳永点醒了。原来歌女的走红,确实有他一份功,拿点银子不用惭愧。此后伸手接钱,他也不忸怩。他花钱厉害,出手大方,银子、镯子、簪子……随手就花出去了。现在叫烧钱,当时叫销金。

宋人记载说:"柳耆卿居京华,暇日遍游妓馆,所至,妓者爱其有词名,能移宫换羽,一经品题,身价十倍。妓者多以金物资给之。"

虫虫的走红,使柳三变成了"抢手货",师师、安安、瑶瑶、贝贝,一群彩蝶似的,围着三变哥哥翩飞。

妓女用艺名,透出她们的辛酸。她们是卑贱的群落,不要说身份,就连爹娘起的名字也得瞒下,出不得口,写不上纸。时间一长,可能把自己的名字都忘了。而柳永为她们填词,多少能唤起她们的自尊。

两宋九百词人,柳永写妓女最多。他是娱乐场的专业作家,靠一管毛笔吃饭。汴京城消费高,歌台舞榭又是销金窟,他一待十几年,没看家本事是不可想象的。他这行当,同样会有激烈竞争,只不过他灭掉的竞争对手,我们看不见罢了。

柳永赢得了庞大的读者群,却得罪了一个皇帝。皇帝是宋仁宗。这个在位四十余年的皇帝,史称明君。他在深宫里也欣赏俚词俗调,却不能容忍柳三变这种人煽动考生藐视仕途。从皇帝的角度看,他不无道理。皇帝有皇帝的道理,柳永有柳永的道理,两个道理冰炭不容,谁吃亏呢?当然是柳永。

柳永第三次考试,考上了。宋仁宗临轩放榜,划掉了柳永的名字,并张开他的金口说:"且去浅斟低唱,何要浮名!"

《鹤冲天》使柳永栽了。十年寒窗苦,落得苦上加苦。

从此浪子越发抬头,他自嘲又讥讽皇帝自称:"奉圣旨填词柳三变。"返回烟花巷,虫虫抚慰他,师师请他吃酒,贝贝为他跳舞……京城所有妓馆,盛传他奉旨填词。

其实他一再奔考场,歌女们是比较紧张的。踏上仕途,他一变而为上等人,不会再为她们写作。他灰溜溜回来,她们既为他叽叽喳喳抱不平,又窃喜不已。虫虫说:考不上才好呢,金榜题名,没啥了不起!十年一觉汴京梦,赢得青楼薄幸名!

其时汴京的繁华,不在盛唐的长安之下。市民社会的兴起,"非农业人口"剧增,为柳永的写作提供了基础。

柳永,柳七,柳三变,柳耆卿,后来还有柳屯田,这浪子头上名号多了。汴京娱乐场的姐妹们通常叫他三变哥,而杭州女子则叫他七哥。七哥有一首描绘杭州的《望海潮》,不独歌舞厅传唱,全城市民也争诵,并传遍了江南。

东南形胜,三吴都会,钱塘自古繁华。烟柳画桥,风帘翠幕,参差十万人家。云树绕堤沙,怒涛卷霜雪,天堑无涯。市列珠玑,户盈罗绮,竞豪奢!

重湖叠巘清嘉,有三秋桂子,十里荷花。羌管弄晴,菱歌泛夜,嬉嬉钓叟莲娃。千骑拥高牙。乘醉听箫鼓,吟赏烟霞。异日图将好景,归去凤池夸!

杭州十万户,当真都在竞豪奢么?柳永写城市,写风光,写富豪,写高官,这些东西好像天然相连。他屡试不中,未能入仕途,却对前呼后拥威风十足的官员抱着奇怪的好感,拿西湖风光去配他。而身在官府的文人反倒不这么写,比如白居易、欧阳修、苏东坡写西湖,王安石写江南。风光就是风光,清风明月不用花钱买。柳永《望海潮》如此下笔,不是偶然的。

请看柳永写苏州:"万井千闾富庶。"

写金陵:"万家绿水朱楼。"

写扬州:"酒台花径仍存,风箫依旧月中闻。"

写汴京,不是称帝里就是称帝京、神京。

柳永每到一地,眼睛看什么,脑子想什么,是比较清楚的。他的眼睛总能看见他想看的那些东西,忽略不少,夸张许多。"平康酒楼"的多少,"消费水平"如何,他一眼就能看清。平康是唐宋妓馆的代名词。而妓女们有理由对客人的钱包敏感。

这首众口称颂的名词,可作别样看的。

昔日仕宦人家,今日浪迹天涯,高贵身份尚在柳永的潜意识中频繁活动。而作家是身份的超越者,洞察各阶层。大作家的目光笼罩社会穿越历史。才子型的作家则充分调动他的才气,写他感兴趣的东西。这也不坏,有利于文字表达的多样性;解构"文以载道"的正统,使之疏松。柳永不同于司马相如,除了一首《醉蓬莱》,一般不搞肉麻的歌功颂德。他年复一年在青楼混,价值观受妓女影响:毕竟有钱有闲者,方能置身于灯红酒绿。时下有论者强调柳永的人民性,这人民二字有点吓人的。柳永都"人民"了,杜甫、白居易、苏东坡将如何"人民"法?拔高柳永一如贬低柳永,对把握他的特质没啥好处。学者的所谓冷静,却常常没头没脑来一股激情。也许坐冷板凳日久,冷得不耐烦了吧?

今之福建、河南、浙江、江苏、湖南、湖北、山东、陕西,都曾留下柳永的足迹。也许还到过四川,他有描绘成都的作品。成都也是"自古繁华"。哪儿繁华柳永就奔哪儿去,这无可厚非,他毕竟要吃饭。他是经过了长期的努力才找到属于自己的生存路数。其艰辛重重,只有他本人清楚。他走的这条道,前辈文人没走过呢。浪荡子表面上无拘无束,想走就走,其实不那么简单。更多的时候是想走不能走,想留不能留。

一个宋代妓女可能适当跳槽,小范围迁徙,即使交通方便,她也不会走得太远。而生计与青楼紧密相连的柳永,为何频频动身,一走就是几百里上千里呢?老在一座城市混,莫非他混不下去?也不喜欢和某个女子谋求白头到老?

我猜测,还是生计问题。

靠色艺生活,长待一地没问题。拿文字换钱,则需要换地方,几首好词不足以吃到老。但城市变了,旧词顿成新曲,一群女孩子又咿咿呀呀围到他身边。其间会有意外,说不准的。总之,靠着百余首词,靠着移宫换羽的音乐才华,柳永数十年辗转南北东西,肚子不曾吃亏,出手阔绰时或有之。怀揣官妓写给官妓的介绍信,从城市跳到城市,名山,古村,文化伟人遗迹,他不大看得见的。历史感也付之阙如。

而北宋诸大家,波澜壮阔的历史感、悲天悯人的大关怀是其共同特征。柳永在这个群体之外。边缘人在边缘走动。边缘却不多余。柳永的写作,契合了新兴市民阶层的审美情趣,以他的俗,同士大夫们的雅分庭抗礼——

我是浪子我怕谁;我是俗人我怕谁……
于是,"凡有井水处,皆能歌柳词。"
"不知书者尤好柳词。"
我们来看看柳永的俗:

> 昨宵里,恁和衣睡。今宵里,又恁和衣睡。小饮归来,初更过,醺醺醉……
> 空床辗转重追想,云雨梦,任欹枕难继……好景良天,彼此空有相怜意,未有相怜计。

词写睡觉,和衣反衬裸体。这还算雅,但马上就写到云雨梦了。末句很舒服:空有相怜意,未有相怜计。

再看更俗的:

> 师师生得艳冶,香香于我情多。安安那更久比和,四个打成一个。幸自仓皇未款,新词写处多磨。几回扯了又重挪,姦字中间著我。

三个烟花女,一个柳三变,调笑,嬉戏,做拆字游戏。这类场景写进诗词,许多人会喜欢。但是有个界线,再往下就低俗了。翻阅柳永《乐章集》,枕头,衾被,鸳帐,睡觉,买醉,买欢,已蜂拥至笔下。

柳永漫游会稽一带,登山临水,身上的狎客气渐渐淡去,五脏六腑清新。雅词《夜半乐》,堪称柳词上品:

> 冻云黯淡天气,扁舟一叶,乘兴离江渚。渡万壑千岩,越溪深处。怒涛渐息,樵风乍起,更闻商旅相呼……
> 望中酒旆闪闪,一簇烟村,数行霜树。残日下,渔人鸣榔归去。败荷零落,衰杨掩映。岸边两两三三,浣纱游女,避行客,含羞笑相语……

清新,洒脱,画面生动,意境浑阔。浣纱女避行客,含羞笑相语,这多美,胜于妓馆的打情骂俏。山和水,向来有消解欲望的文化功能。自然之气,是能够淡化脂粉气的。所谓雅,就活动于这个层面,很微妙,上升或下滑,均易走形变调。

词分三片,第三片老调子又来了:"绣阁轻抛,浪萍难驻……"

柳永的羁旅词,末了常是惨离别,泪眼要么望盈盈女子,要么望杳杳神京。三五首可称佳作,多了则犯忌。

柳永的创作热情,跟市民趣味有太多的关联,歌厅酒楼要能够接受。新词不卖钱,歌女们看了摇头,柳永会着急的。

还是吃官俸好啊。

柳永四十七岁,终于考上进士了。花白头终于有了一顶乌纱帽。做了地方小官,后迁余杭县令、屯田员外郎等职。不过柳永一直想做京官。宋代京官与地方官,待遇差别大。所以京城官员外放,常常还挂着京官的头衔。从地方调京城,或挂个京官头衔,称改官。为了改官,柳永花了不少力气和银子,包括请名妓去疏通。而侯门深似海,柳永费尽周折才踏进了宰相府,宰相名叫晏殊。此人名气甚大,眼下的电脑上有连词的。

晏殊,晏几道,北宋文坛父子双雄。晏殊名词多,其《浣溪沙》云:

> 一曲新词酒一杯,去年天气旧亭台,夕阳西下几时还?
> 无可奈何花落去,似曾相识燕归来。小园香径独徘徊。

晏几道更厉害,绝妙好词俯拾即是。《鹧鸪天》写歌舞女子佐酒乐事:

> 彩袖殷勤捧玉盅,当年拼却醉颜红。舞低杨柳楼心月,歌尽桃花扇底风。
> 从别后,忆相逢,几回梦魂与君同…

柳永选择晏府,看来是经过考虑的。对方虽是大官,却也是文坛大手笔。柳永行走江湖若干年,坎坷都不用说了,世人皆知。人老登仕途,小官钱少又卑微,看不完的上司脸;老骨头频繁调动,说上路就上路……再说他要求并不高,改官而已,不敢奢望某个肥缺。

晏府的高门槛他居然迈进去了,急匆匆喜滋滋。

然而一盆冷水等着他。

大宰相不冷不热。小公子不见踪影。

柳永便搭讪,没话找话。说到共同的爱好文学创作了,晏殊问:"贤俊作曲子词否?"柳永答得巧妙:"只如相公,亦作曲子词。"晏殊笑道:"本人虽作曲子,却不曾道'针线闲拈伴伊坐'。"

"柳遂退。"

没有胡搅蛮缠。

不难想象柳永出侯门的模样。当初一句"忍把浮名,换了浅斟低唱",得罪宋仁宗,现今又是"针线闲拈伴伊坐",吃当朝宰相奚落,旧闷添新闷,怏怏离京城。

晏殊不愿视柳永为同道,代表了相当一部分士大夫文人对柳词的评价。而被晏殊所奚落的句子摘自《定风波》:

自春来,惨绿愁红,芳心是事可可。日上花梢,莺穿柳带,犹压香衾卧。暖酥消,腻云亸,终日厌厌倦梳裹。无那。恨薄情一去,音书无个。

早知恁么,悔当初,不把雕鞍锁……镇相随,莫抛躲。针线闲拈伴伊坐。和我!免使少年,光阴虚过。

晏殊有偏见。此词甚佳。

是事可可:无情无绪的,事事无可无不可。酥:头油。亸:云发披散垂下。伊:他,少妇远方的意中人。和我:兼有爱我陪我之意。

柳永描摹日常情态,逼真、随意、通俗。少妇的风流宛转落不到实处。上午压香衾,下午倦梳裹,好模样俏身段,缺了一双爱抚的手。——挨千刀的薄情郎呀,你你你、你在何处?为何没个音书?正与哪方女子恣狂荡醉厮磨?少妇悔呀恨的,诸般情绪,还是落不到实处。没奈何。情爱要胀破。神思恍惚:挨千刀的回家啦,恩爱小夫妻过上了寻常好日子,闲拈针线伴伊坐。坐不够的坐,少年光阴不虚度。

晚唐五代花间派词人,温庭筠,冯延巳,写这类妇人情态是高手。

……眉翠薄,鬓云残,夜长衾枕寒。梧桐树,三更雨,不道离情正苦。一叶叶,一声声,空阶滴到明。

柳永独具的特色,是《雨霖铃》、《八声甘州》、《戚氏》等,单凭这几首,足以雄视文坛。

他到余杭做县令,对百姓不错,小有政声:"抚民清静,安于无事,百姓爱之。"当然他也得意:浪荡子一变而为县太爷。大半辈子郁闷,适当显摆不为过吧?凡有涉及妓女的案子,他一般都向着妓女。比如妓女受欺负,他主持公道很迅速。

余杭县令之后,柳永迁泗州判官、华阴县令、西京灵台令等。一把老骨头,东颠西簸。市井赢得的巨大名声,却是官场诟病的无穷由头。仕途肯定不顺畅,不然,以他的性格,要诉诸辞章的,慢词长调,娓娓道来。

身影依然在路上。羁旅依旧,住了客栈又住客栈,孤灯孤枕孤眠。风流倜傥不再,昏昏欲睡当前。记忆涌逼。武夷山下美少年,父亲,母亲,诗书;考试,落榜,转身。一座城又一座城,一朵花又一朵花。——哦,那些花呀,那些个夹杂着芬芳和异味儿的名字。没完没了的娱乐,无边无际的惆怅……

名篇《戚氏》写于何时,不清楚。

《戚氏》创慢词之最,212个字。情绪饱满,跌宕起伏。凭借它和前面提到的《雨霖铃》等,柳永在文学史上的地位,风雨不动安如山。

晚秋天,一霎微雨洒庭轩。槛菊萧疏,井梧零乱,惹残烟。凄然。望江关,飞云黯淡夕阳间。当时宋玉悲感,向此临水与登山。远道迢递,行人凄楚,倦听陇水潺湲。正蝉吟败叶,蛩吟衰草,相应喧喧。

孤馆度日如年。风露渐变,悄悄至更阑。长天净,绛河清浅,皓月婵娟。思绵绵。夜永对景,那堪屈指,暗想从前。未名未禄,绮陌红楼,往往经岁迁延。

帝里风光好,当年少日,暮宴朝欢。况有狂朋怪侣,遇当歌对酒竞留连。别来迅景如梭,旧游似梦,烟水程何限。念利名,憔悴长萦绊。追往事,空惨愁颜;漏箭移,稍觉轻寒。渐呜咽,画角数声残。对闲窗畔,停灯向晓,抱影无眠!

这么长的一首词,几乎不需要注释。

关于《戚氏》,似乎没啥好说的。诗人自叹身世,句句讲得明白。也许较好的法子,是吟诵、背下、回味。忘了也行,词语给出的情绪会不知不觉植入体细胞,像一块用纳米技术制作出来的电脑芯片。

柳永填词,几次提到与屈原同时的宋玉。宋玉善于悲秋,也好色,写过《登徒子好色赋》。柳永只提悲秋,不提登徒子。

主流文坛的压力,柳永写作时有考虑吗?

作品传向后世,柳永也感兴趣么?

柳永死于道路。死因无考,卒年无考。大约活了六十来岁。一贫如洗,也没个亲人在身边,遗体寂然。据说妓女们闻讯后,互相传消息,凑钱安葬他。润州(江苏镇江)的柳永墓,年年有妓女聚集,唱他的词,招他的魂。其中有从金陵、扬州等地特意赶来的女子,为他献一束花,抹一把泪。场面颇动人,时称"吊柳会",延续近百年。妓女是卑贱的群落,受凌辱还强颜欢笑,士大夫文人对她们生存细节不屑一顾,而柳永为她们发出声音。她们叫他七哥,三变哥哥,耆卿老爹,屯田大官人。凭吊柳永,也是自伤没人疼少人怜的烟花生涯。常有几个女子抱头痛哭,哭成一团,哭倒在地。平时自称心如止水的,反而哭得最凶,眼泪怎么也止不住。

哭够了,她们又笑起来,咯咯咯,嘀嘀嘀,哈哈哈。打趣,追逐,猜谜语,吃东西。她们必须牢记自己的职业要求:欢笑。

并且比谁笑得更好看。

墓中的柳永瞅着她们。

北宋真宗、仁宗朝,社会相对富足,文化高度发达。汴京一百多万人,什么人都有,三教九流齐备,商业、手工业、服务业兴旺,超过盛唐的长安。妓女的队伍随之壮大。朝廷提倡官妓,其他类型的妓女纷纷涌现,占据城市的繁华地段。汴京带了头,别的城市又来追赶,江南尤甚。各级官员多为文人,其赏心乐事,多歌舞留连。晏殊父子,张先,欧阳修,都不乏描绘宴乐的佳作。连稍后的司马光这样的大学者,王安石这样的大政治家,也不得不对妓女作出反应。但柳永和他们不同。柳永和妓女打成一片,吃住行与各地妓馆紧密相关。

妓通伎。分两大类:艺妓和色妓。二者并无截然分界,具体情形复杂多变。她们又接触各色人等,折射市民社会的斑驳光影。

柳词的动人处,主要是他行走的身姿。唐诗宋词,写遍人生情态,柳永卓然特立,形象鲜明。看不出他活着的时候有多么在乎身后名。他写作是为了生计。受主流文化长期排斥,估计他本人也不复自信。市井流传一时而已,他可不敢奢望杜甫讲的千秋万载名。

柳永的转身,上路,驻足,凝望,将"羁旅行役"这种人生情态推向极致,用文字凝固成经典画面。他的流传,理由充足。秦观、黄庭坚等人悄悄学他。后来的姜白石、周邦彦、吴文英、李清照等宋词大手笔,都在他身上汲取营养。

苏东坡显然在乎他,曾以调侃的口吻批评秦观说:"不意别后,君学柳七填词。"苏东坡又指出,柳永的一些句子,如"渐霜风凄紧,关河冷落,残照当楼","唐人气象不过如此"。

东坡毕竟是东坡,心里怎么想,嘴上就怎么说。而北宋大文人,公开称赞柳永的寥寥无几。

柳永背向文坛,却终于被皇皇文学史所接纳。

他外形潇洒,行事利落。长年出入妓馆的男人往往油腔滑调,柳永却给人留下沉默的印象。"永日无言,却下层楼。"行者的心中常有情绪激荡。而情绪饱满的男人,一般说来话不多。

仕宦人家子弟,一生流浪,这中间形成巨大而持久的张力。

再来读一首《玉蝴蝶》吧。

望处雨收云断,凭阑悄悄,目送秋光。晚景萧疏,堪动宋玉悲凉。水风轻,蘋花渐老;月露冷,梧叶飘黄。遣情伤。故人何在?烟水茫茫。

难忘。文期酒会，几孤风月，屡变星霜。海阔山遥，未知何处是潇湘。念双燕，难凭远信；指暮天，空识归航。黯相望，断鸿声里，立尽斜阳。

秋天的残照、残阳、斜阳，在柳永笔下，因充满了人生意绪而光芒四射。

立尽斜阳。柳永真能伫立。

断鸿有声，长江无语……

柳永擅长调，能铺叙，拓宽了词的意境，增添了宝贵的市井气。市民社会既已大规模成形，催生相应的文学形式势在必行。大众需要娱乐，娱乐需要浅显明白花样翻新，异于深沉的艺术审美。精英与通俗是并行的两条河，有交叉，有泾渭。古今中外皆然。文学大师爱好通俗作品的例子举不胜举：像萨特，旅行途中永远捧一本侦探小说；像维特根斯坦，专爱看好莱坞的西部牛仔电影。然而两位影响全世界的文学和哲学大师，从不写文章谈侦破或枪战。他们深知文化应该朝什么方向发力。

柳永的传世名篇，经过了宋代文人的严格筛选，这几乎一目了然。细读柳词集注，会发现，推崇他、品评他的，还是学养深厚的人物，而不是贩夫走卒、"引车卖浆者流"。《八声甘州》、《雨霖铃》、《戚氏》这些经典作品，当时市井的接受程度，恐怕在"换了浅斟低唱"、"针线闲拈伴伊坐"之下。烟花女子可能更喜欢"姦字中间著我"这类游戏句子。

由此可见，今天我们欣赏的柳永，是介于雅俗之间的、由前辈文人交到我们手中的柳永。

一部中国文学史，其主流不言而喻。

北宋以苏东坡为首的杰出的士大夫文人，其境界，其胸怀，足以令人高山仰止。他们的目光穿越历史，洞察当世，投向比历史还要遥远的未来。范仲淹、欧阳修、苏东坡、王安石、司马光，一连串的历史巨人，他们所看到的承平繁荣，和柳永眼中所呈现的景象有很大的区别。柳永看不到承平外表下的危机四伏，看不到统治集团的腐化堕落。北宋官员，骄奢淫逸是常态，比如有名相美誉的吕蒙正，仅每天喝一碗鸡舌汤，就要杀掉一百只鸡。晏殊家里,长年累月摆酒宴,上流人士川流不息。钱从哪儿来?从苛捐杂税来。有人做过统计,北宋的赋税,远远高于盛唐。皇帝默认官员的挥霍,念念不忘他的统治。百姓的日子,远不是"竞豪奢"、"嬉嬉钓叟莲娃"所能概括的。

柳永长期在底层走动,视阈亦有限,他能看见的,都是他想看的那些东西。士人的超越性,他可不感兴趣。他善于往高处看,高楼,高官,高消费,高高在上的皇权。这位浪子,却浪得不够彻底,未能形成抗衡皇权的民间的价值系统。举例来说:烟花巷的苦难,姐妹们的辛酸,他那支擅长铺叙的笔下空空如也。

有研究柳永的当代学者,把柳永和杜甫拉扯到一块儿,真是奇谈。不要说杜甫了,就说白居易的《新乐府》、《秦中吟》其大关怀,与柳词不可同日而语。

柳永在他所在的地方,自有闪光点。挪动他,拔高他,费力又不讨好,何必呢?

市井气则良莠难分、泥沙俱下,宋以后的元曲,称得上市井味儿最浓的作品了,却哪里还有多少唐宋气象?自《诗经》、《楚辞》、司马迁、两汉乐府、魏晋风骨……一股大气贯穿下来,确立了文学的高贵品格。解构它是为了丰富它,在它的板结处来点儿松动。跃跃欲试扳倒它,甚至想方设法消灭它,以市井、市场的名义取而代之,除了证明作家的愚蠢,还能证明什么呢?

2007 年 6 月 24 日

# 欧阳修
（北宋 1007—1072）

……欧阳修在洛阳一待三年,异常活跃,带着他的小个头、近视眼和近乎神经质的举止。二十五六岁风华正茂,什么都想试试,白天用功夜里胡闹……他成为一代文化宗师,他做了国家级的政要,面部表情却永远丰富,想说就说想唱就唱想醉就醉。他是中年人学习的好榜样,是古往今来老年魅力的排头兵……

# 欧阳修

欧阳修颇似白居易,性情,才华,仕途,可比之处甚多。他是易感的男人,能深入风景与情事,此二者,使他写出了不少好作品,却也因敏感而易受伤。他一生情事多,虽然有些情事称艳事更恰当。其中有两桩见不得人的私情,可能是别有用心者扣到他头上的脏帽子,朝野哗然,几至下狱。头一桩使他气愤了好几年,后一桩,则使他积郁成疾,提前走到了坟墓边。

欧阳修的小词非常出色,我们先来欣赏一首《蝶恋花》:

庭院深深深几许?杨柳堆烟,帘幕无重数。玉勒雕鞍游冶处,楼高不见章台路。

雨横风狂三月暮,门掩黄昏,无计留春住。泪眼问花花不语,乱红飞过秋千去。

一个政务繁忙的国家政要,却能写出这样的诗句,伤春情状格外感染人。为什么?盖因当时,为美政与写好诗尚能并行不悖:既能政绩斐然,又能诗意盎然。章台路为妓女聚集处。宋代官员,携妓成风。欧阳修显然是歌楼舞榭的积极分子,却有某种原因的。

另外,北宋文坛称领袖者,唯欧阳修而已。他推行由韩愈首倡的古文运动,朝着运思用事两个方向,带动一批文化精英,把语言从佶屈聱牙、浮华奢靡中解放出来,影响后世,居功甚伟。

他个人的修养非常全面,是《唐书》和《新五代史》的作者;是金石专家、是古琴演奏家、是高明的棋手、是"文人书法"的开创者、是心胸开阔的君子、礼贤下士的高官、发现良马的伯乐……更能醉心于日常生活,哪儿有快乐,他就往哪儿奔。文化的全能和生活的全能,二者兼具,今人几乎不可想象,遑论与之比肩。而欧阳修的学生苏东坡,在这条道路上走得更远……

欧阳修长得难看。

这让人有些遗憾。他长得像嵇康、孔明或苏东坡该有多好:面如冠玉,龙章凤质,每一个毛孔都散发着逼人的英气。

欧阳修瘦小,苍白,眼睛高度近视,"面白过耳,唇不包齿"。由于敏感于自己的容貌而显出几分神经质。我估计,这种敏感,直到暮年还残留在他身上。如果他平庸,他就多半是难打折扣的丑鬼。如果他邪恶,则一定是妖魔。

可是欧阳修如此优秀,丑不丑就无所谓了。

今人有个词:丑乖。

长达半个世纪的人世修炼,使这张面孔朝着有趣、庄严、和蔼发展。一个国家级的领导人,面部肌肉却异常活跃,换句话叫表情丰富。毋宁说,这张著名的丑脸是朝着英俊的方向,虽然进展缓慢。

郁达夫曾赞美鲁迅是中国第一美男子,附和的人至今不绝。我记得有一年纪念先生诞辰,不少年轻的女性网民一腔火热深情、恨不得嫁给先生。她们懂得先生的内心,因而爱上先生的容貌。这是个体对个体的倾慕、礼赞,与人山人海光棒乱舞的"追星族"有天壤之别。

欧阳修的面孔,是个值得研究的课题。西方人的面孔、身体研究建树颇多,并且是在哲学的层面上。这令我们汗颜。欲迎头赶上,却不知路在何方……

欧阳修从他的客观意义上的丑脸出发,一辈子生活在漂亮女人们中间,这里边定有奥妙。什么样的奥妙呢?

本文也拟把这个严肃(!)的问题纳入视野。

今年(2007)是欧阳修诞辰一千年。

欧阳修字永叔,生在四川绵阳,当时称绵州,和李白是同乡。尚在吃奶的婴儿期,随宦游的父亲欧阳观迁江南泰州。四岁,父死,享年五十九岁。母亲郑氏,时年二十九,拉扯一儿一女,不改嫁。宋朝的寡妇改嫁不难,比如范仲淹的母亲。郑氏出自名门,识文断字,养育并教育儿子,如同苏轼的母亲程氏。程氏能通晓《汉书》。

欧阳修的三叔欧阳晔在随州做推官,郑氏携儿女投奔他,生活了二十年。当时欧阳晔四十五岁,容貌、性格都像他大哥欧阳观。推官掌司法,月俸一万五,而当时一斗麦子仅卖十钱。举家宽裕,两个家犹如一个家。欧阳修想知道死去的父亲长什么样,郑氏笑道:"尔欲识尔父否?视尔叔父其状貌起居言笑,皆尔父也。"欧阳修的青少年,认叔父如生父。而母亲与叔父彬彬有礼的亲密状态,也在他的记忆中闪烁。

有些事他一生不提,比如父亲的第一任妻子姓甚名谁。

古人讲伦理道德,忌讳许多,宁愿带着若干秘密躺进坟墓。

随州蔽塞,欧阳修一待十八年,刻苦学习,要走仕途。参加科举考试却两考不中,于是移居三百里外的汉阳,投谒一个叫胥偃的人。这人可了不得,翰林学士兼汉阳知州,欧阳修一无名小辈,如何靠近他呢?呈上文章,如同白居易在长安向顾况献上自己的佳作。胥偃是汉阳文坛的领军人物,看文章不会走眼。宋代科举,大致承接唐朝,以诗赋取士,只多了策论,也即议论时政的文章。但考生最好有一点背景,有大官或名流的推荐。一般说来,推荐还算公允,真有才华的人,总能找到热心肠的举荐者。

以欧阳修当时的境况,不可能提着什么值钱的东西去敲门。

门,却向他敞开了。

胥偃看欧阳修的文章,乐了。不仅接见这年轻人,而且请吃肉。什么肉不得而知,估计不是普通肉食。欧阳修当日回客栈,回味着这不同寻常的肉,兴奋到天亮,写答谢信,充满感激地提到"一肉之赐"。请吃肉是个信号么?汉阳知府的朱漆大门,从此向小城青年欧阳修敞开。

欧阳修拜胥偃为座师,住进了高墙深院。

门生是一种社会身份,是走仕途的桥梁和阶梯。

深院有深闺,一个少女的身影时常晃动,她是胥偃未许人的二女儿。欧阳修岂敢奢望?一面读着书,一面隔着墙洞望望她的身影而已。他门第低微,又长成那样,在女性跟前常常不知所措。记得在随州,有个姓李的姑娘曾当面批评他的五官,说:你怎么长得这么难看!那些天,他不断对着铜镜将超短上唇使劲往下拉,试图盖住牙齿。其实他的牙齿生得不错。就是上唇不争气,怎么拉怎么弹回去……

既然抬头见人要羞涩,要苍白,不如埋头用功吧。

文字能见人的。文字是欧阳修的另一张脸。

胥知州看他用功,请吃肉就是家常便饭了。并且用一种奇怪的眼神打量他,暗示说,二女儿将来出嫁,不求门当户对,但求夫婿有出息。欧阳修唯唯。仍然不敢朝自己身上想,却加倍用功了。

胥偃升官调京师,欧阳修随行。胥偃的二女儿十四岁,上车下船一路蹦跳。她看欧阳修的脸已经断断续续看了两年,习惯了,觉得这位二十四岁的大哥哥长得比较特殊而已,性格、学问都招人喜欢。一年后她嫁给欧阳修,似乎是一件顺理成章的事。欧阳修高中进士,名列十四。而这一年的金榜,放出去的进士近千人。中进士,官帽就拿在手中了,另一只手牵着娇滴滴的新娘子入洞房。兴奋加兴奋,加到日上三竿。

当年宋真宗曾写《劝学文》昭示天下:"书中自有颜如玉,书中自有黄金屋……"

欧阳修搂着颜如玉,住进黄金屋。

他和胥小姐亲吻缠绵的细节,想必很有趣。唇短不需启。近视眼看花容月貌,看了又看。

其间却有个插曲,提醒欧阳修重新把注意力放回自己久违的丑陋。

不是新婚的娘子看他不顺眼,是主考官晏殊看他不顺眼。

晏殊写词享有盛名,为人却不咋的。他是贵族出身,长得高大而红润,于是认为男人的外表都应该向他看齐。他整人,看不起人,做王安石的手脚,对柳永冷嘲热讽。按惯例,主考官在考完放榜以后要接见名列前茅的考生。欧阳修兴冲冲赶去,恭候车驾多时。晏殊的豪车来了,打帘朝欧阳修一望,皱眉头说:"原来是个目眊瘦弱少年!"竟然不下车,径自去了。

欧阳修掉下了辛酸泪:金榜题名洞房花烛,还是未能抵消丑陋。所幸岳丈官大,晏殊不敢做手脚。

欧阳修仕途第一站,是到西京洛阳去做推官。

洛阳几十万人,是仅次于东京汴梁的大城市。文人多,文坛热闹。

钱惟演做知府,他是吴越王钱俶的儿子,既是最高长官,又是名诗人,拢集了一批诗人到他旗下。喝酒,写诗,冶游,喧哗。上流人士兼文化精英,享受当下,名播后世。杨亿编《西昆酬唱集》,收录十七个诗人的作品,北宋文学史,因之而有西昆体。张先、富弼、梅尧臣、苏舜钦等,都是当时的活跃分子,于生活每有领悟,随手写成小纸片,集句成诗。官场努力,文坛争雄,两股力互不干扰,有时还能相得益彰。这颇有趣。写诗作赋并不是跻身仕途的敲门砖。做好官,写好诗,不矛盾的,有些人卓然而为一代名臣。苏东坡说过,自唐以来,以诗赋而为名臣者不可胜数。

唐宋读书人之所谓修身,盖在于贯穿一生的人文修养。今日更有持续了百余年的西学东渐,人文一途,宏阔悠长。凡为读书人,当把人文修养放在首选,对生活、生命的单向度保持警惕,为技术主义、物质主义带给人类的整体危险敲响警钟。

如若不然,具有历史性的人文资源,将变成历史学的唠叨。它的价值将自动隐匿。

诗意的生活,并不依赖于能源。这是本源意义上的"节能减排"。

而诗意一旦退场,灾难将以难以察觉的方式逼近我们。每一个人都在劫难逃。当资本—技术的逻辑全面攻占天空和大地,即使跑到喜马拉雅山建别墅也没用。

谁能精确地向我们指出,我们不是处在气候大灾变的可能性之中?谁又能断言,我们的祖辈的幸福指数不及现当代? 快乐以单纯为前提。快乐是一种能力:在简单的事物中与快乐照面,如同韩剧中的那些"小表情丰富"的面孔。

欲望汹汹是凶兆。欲望汹汹,情绪糟糕。糟糕复又汹汹,形成杀伤力极大的、循环往复的单调。这比数学公式物理定律更精确。

思。思之力正有待唤起。思考正未有穷期……

人文思考的严肃性丝毫不亚于自然科学的严密性。

我们且看欧阳修,这个自号"六一居士"的北宋男人懂得生活的真谛。

欧阳修诗、词、赋、古文俱佳。古文这个概念源自"文起八代之衰"的韩愈,时隔三百年,欧阳修紧紧把它抱在怀里,犹如稀世珍宝。当初在随州，他偶然得了几卷《昌黎先生文集》，一直带在身边，不肯轻易示人。韩愈号昌黎，昌黎二字，眼下电脑上有连词。欧阳修要把韩昌黎发扬光大。所谓古文运动，是大大超出了文学史意义上的"文学运动"的。古文重传道，同时向生活拓展语言的空间。道是孔孟之道，是知识分子向封建统治者提供执政理念，向士大夫提供修身标准。与之相应的"文"，变革势在难免，变四六骈文而为指向实事、明白晓畅的散文。这目标很宏伟，在北宋又有足够的氛围和可操作的空间，先在文人中间搞实验，然后以变更科举的方式向读书人广泛铺开。唐宋散文八大家，北宋占六个，而欧阳修是旗手，旗下有三苏父子、曾巩和王安石。八大家带动四方，导致思想和语言的双重转向，扭转自汉赋以来的浮靡文风，并影响后世几百年。

北宋之为文化的大时代，证据充足。值得信任的陈寅恪先生说："华夏民族之文化，历数千载之演进，而造极于赵宋之世。"

赵宋帝国今安在？而文化，轻松穿越一千年，弥漫于当下，并越过当下。

顺便提一句，目前国内的一些所谓文学性散文，由于更高指向的缺失而小里小气、唠叨成风。更高是说：在全球化的背景之下，必须朝着赢得全球视野的方向前行，方能回望、细腻打量周遭，无限贴近身边的事物。没有小题材，只有小眼光。

欧阳修在洛阳一待三年，异常的活跃，带着他的小个头、近视眼和近乎神经质的举止。二十五六岁风华正茂。什么都想试试，白天用功夜里胡闹。钱惟演风流，大伙儿跟他风流。诗人们闹起来没个完。张先、富弼、梅尧臣都生得相貌堂堂，梅尧臣身高超过一米八，又魁梧，红脸膛，声如洪钟，欧阳修与之滑稽配搭天衣无缝。此间的梅尧臣已是名播天下，但欧阳修对他讲："你是贾岛，我是韩愈。"梅尧臣颇困惑，斜睨欧阳修半天。韩愈一代文宗，而贾岛不过是个才华有限的苦吟诗人。有一天梅与欧阳发生激烈争吵，红脸滴血，白脸如纸，红白各自颤抖着，那钱惟演只捋须而笑。张先一边吟诗去：无数扬花过无影；心中事，眼中泪，意中人……夕阳西下，梅欧二人又谈笑风生了。一"姿容清丽"的官妓且歌且舞，美目流转，投向梅尧臣，掠过欧阳修。

又一日雅聚胡闹,欧阳修迟迟不来。及至,已是月上柳梢头,衣冠整齐的欧阳修携着鬓发稍乱的官妓呢。钱惟演大喊:罚酒罚酒……

官妓是登记在册的妓女,多罪人妻女,有诸般修养,她们可以不卖身,情愿以身"事之"则另当别论。此外还有私妓、营妓、浪妓、生活妓,后者类似针线活出色的临时女佣。妓女都有技术。加之"行业史"漫长,她们的脸上亦有尊严。现代影视剧凡涉及青楼,总是打情骂俏,媚眼乱抛,乃是因为编导演的想象力整体平庸,还原生活的能力无从谈起,倒是"心理投射"惊人的一致。而另一边,学者们以"多重人格"的套子瞄准唐宋文人,同样是心理投射的结果:自己人格分裂,于是看古人处处分裂。真相恐怕不是这样。欧阳修回家有娇妻出门有官妓,历代风气如此,他可没啥好分裂的。衙门着官服,灯下读古书,脑子里装着国事,文事,家事,风流事……所有这些事,并不发生剧烈冲突,冲突是今人的投射。正人君子、道德楷模的自我期许,并未因出入绮陌红楼而受影响。这一点要细思量。读柏拉图《会饮》可知,古希腊的几位大哲都是同性恋者,这传统延续到当代西方,比如1986年死于艾滋病的福柯。

精神与身体生长同步。

中国古代,虽然有孔圣人的种种规定,但他的隔代弟子们不断突破他亲手设置的欲望防线。原则性不丢,灵活性保留。

同属高官和正人君子,王安石、司马光、韩琦是与欧阳修、范仲淹相反的例子,不好色。苏东坡介于两者之间。这"三派",未闻因妓女问题而发生道德冲突。

北宋妓女之盛过于唐朝,却没有发生社会伦理道德的大面积滑坡。上有孔孟之道,下有民间习俗。

道德不关风与月……

欧阳修之成为妓馆的积极分子,也许和他绝对称不上英俊的面孔有关。他兴头足,后劲大,有官有才有趣,跟着老贵族钱太守又不愁花销。日复一日的,身体的自信心悄然上浮。据猜想,他往姑娘们中间蹭,蹭出了本领,蹭来了青眼与鲜花般的笑容。概言之,经过不懈的努力,欧阳修蹭上了一个姹紫嫣红的平台,丑脸笑对明眸皓齿,越过它的先天布局,赢得后天的"丑乖"。

真不容易，面孔被赋予人生的意义。而一张英俊脸，如果它一味滞留于英俊的话，会趋于空洞，并因空洞向滑向英俊的反面。"奶油小生"不受欢迎，可能症结在此。

欧阳修善琴，也能随妓女舞一通，曼舞劲舞，掺入胡人步法，风格异于熟悉汉宫舞的张先。填词更是拿手活，诸妓不请，或请得不恭，欧阳先生不会动笔的。

《南歌子》云：

> 好个人人，深点唇儿淡抹腮。花下相逢，忙走怕人猜。遗下弓弓小绣鞋，刬袜垂来，半鬈乌云金凤钗。行笑行行连抱得，相挨。一向痴娇不下怀。

写少女与情郎幽会，显然有李煜"花明月暗飞轻雾"的影子。好个痴娇不下怀！艳词之艳，止于娇羞情态，正常男女谁不喜欢？又有一首是这么写的："弄笔偎人久，描花试手初。等闲妨了绣工夫。笑问双鸳鸯字、怎生书？"

家中与娇妻缠绵，亦如这般描绘。

可是胥氏命短，刚生下一子，染病不起，竟然西去，不到十八岁。欧阳修痛苦万状。《胥氏夫人墓志铭》："胥氏生子未逾年，以疾卒，享年十有七。后五年，其所生亦卒……清冷兮将绝之言语犹可记，仿佛兮平生之音容不可求……"

次年写长诗《绿竹堂独饮》："……忆余驱马别家去，去时柳陌东风高。楚乡留滞一千里，归来落尽桃与李。残花不共一日看，东风送哭声嗷嗷。洛池不见青春色，白杨但有风萧萧……"

胥氏染病时，欧阳修出差去随州，故云"楚乡留滞一千里"。

此诗和泪写下，号啕之声可闻，与欧阳修描写妓女的诗，可作分类欣赏。对妻子一往情深，却并不妨碍他去游乐宴饮。

现代男人的偷偷摸摸，乃是特殊的时代背景所形成的张力所致。它本身，一定是阶段性的。

欧阳修继娶杨氏，亦是十七岁的高官的女儿。亦命短，十八岁夭亡。杨氏十分娇艳，行动如弱柳扶风。欧阳修和她"有过于画眉者的夫妇之私"。汉代张敞为美妻画眉,后代传为佳话。欧阳修犹过之,日日与杨氏如胶似漆。偶有离别,杨氏流泪:"花似伊,柳似伊,花柳青春人别离。低头双泪垂。"

这些夫妇私语,妓女们也爱拿去传唱。

情爱总有相通处。

欧阳修投向女性的细腻目光,颇似白居易。

欧阳修蹧女性,多半与丑脸有关。而白居易,三十七岁前因打着光棍而热切地向往着男欢女爱,导致日后蓄妓成僻。由此可见,情爱力量有多大。依愚见,情、爱、欲,应当成为当代理论研究的重大课题,没有三五十年的潜心研究,恐难有大建树。西人的大量著述可作参考。

萨特三岁,一目丧失了视力,又个矮,于是整个成长期觉得丑。漂亮而博学的终身伴侣波伏瓦,不厌其烦地提醒他:你一点都不丑,你英俊……萨特总是摇头,顽固地认为自己丑,置其名满全球的巨大声誉而不顾。萨特一辈子生活在俏丽的欧美姑娘们中间,艳遇不断。而里程碑式的皇皇哲学大著《存在与虚无》,不乏讨论性爱的篇章。

欧阳修、白居易,与萨特有可比的空间。

毕加索的情人们,个头全都高出他半个脑袋……

欧阳修鳏居两年后再娶薛氏,薛氏的父亲官更大:户部侍郎,相当于财政部副部长。其时欧阳修调京城,仕途看好。

欧阳修在仕途,同样冲劲大,三十岁,得罪了宰相吕夷简。事因范仲淹起,范仲淹当时任吏部员外郎,地位较低。他有权言事,指责吕夷简任人唯亲,在朝廷各部门安插朋党;还画了一张《百官图》,当众质问吕夷简。《百官图》有名有姓有头像,将宰相的权力网络抖出来了,姓吕的气得咬牙出血。而范仲淹作为吏部大员,发誓要拿勾结成风的官吏开刀。不过有一次言事,他又让宋仁宗不高兴。他建议迁都洛阳。"洛阳险固而汴为四战之地。太平宜居汴,即有事必居洛阳!"范仲淹是军事家,从军事的角度看汴梁与洛阳,显然言之有理,但仁宗听了很不舒服。这个自以为强大的皇帝要在千里平原上做太平之君,对北辽、西夏的威胁置之脑后。范仲淹强争,连写《四论》,严厉批评为政者的盲目乐观、苟且偷生。仁宗发怒,吕夷简趁机落井下石,动用宰相的权力将范仲淹贬出京师。

欧阳修上书抢救。欲扑火,却把自己给点着了。

范仲淹贬江西饶州太守,欧阳修贬夷陵县令。

两个北宋名臣,从此结下深厚友谊。

夷陵是座小山城,官风民风纯朴。欧阳修因力杵权贵遭贬谪,赢得广泛尊敬。上司拨专款为他一家人建居所。日子优哉游哉。次年调湖北干得县令。新夫人薛氏跟随他上路,并无一句怨言。欧阳修五年三娶皆得良妻,不知道是碰运气呢,还是一般士大夫家庭的姑娘都具有良好的修养。毕竟立国七十余年,几代人诗书传家。

贬谪三年后,欧阳修被朝廷召回,任职于馆阁,参与编撰北宋最大的一部书目《崇文总目》。又在皇家图书馆遍览史籍,写史论若干,为史学家欧阳修打下了基础。

薛氏生一子,取名欧阳发。一家老小乐融融。

学者欧阳修的生活,非常安静。

汴京的娱乐场所比洛阳更多,欧阳先生没感觉。他是具备多种可能性的优秀男人,除了为官、为学、为艺术,不会被其他的角色长时间霸占。扎女人堆告一段落了。他有正事,有将要开始的伟业,真是忙不过来呢。此间对他来说,安静就是忙碌,忙着读、写、思。

一双近视眼,读破万卷书……

所谓优秀人物,角色转换了无痕。古代官员,有此能力者多多,欧阳修更是出类拔萃。这当然与修身有关。

到庆历三年(1043),国家突然进入非常时期。北宋军与西夏战,打了败仗,皇帝着急了,痛感国力下降的根本原因是官员整体"庸贪":既平庸又贪婪。整顿吏治刻不容缓,谁来主持呢?欧阳修已升任翰林学士知制诰,上章力荐范仲淹、韩琦为执政,同时连章弹劾吕夷简。这叫"举贤辟佞"。弹章中有"夷简罪恶满盈,事迹彰著"的句子,几乎让宋仁宗失尽颜面。这个吕夷简,做了二十四年的宰相!他罪恶满盈,皇帝难辞其咎。然而国运比龙椅更重要,仁宗痛下决心罢免了吕夷简,起用范仲淹为参知政事(副相),韩琦为枢密副使(军队副统帅)。

这一年,范仲淹等发起声势浩大的"庆历新政",矛头直指贪官庸官。同时改革赋税,抑制豪门大族。欧阳修新任"知谏院",居言路要津,全力配合,担当新政的理论家和舆论家。他奋笔书写的著名的《朋党论》,公开亮出朋党的旗帜,鼓吹贤人政治。"臣闻朋党之说,自古有之……大凡君子与君子以同道为朋,小人与小人以同利为朋!"

不幸被他言中:小人同利为朋。本来小人与小人斗争激烈,一旦发现君子是最大的敌人,小人立刻团结起来了。为了既得利益,小人迅速组成的集团是豁出命去的集团,战斗力强,火力分布隐蔽,诡计多端。

小人集团的首领,是掌兵权的枢密使夏竦。论职位,范仲淹是他的副手。

新政与反新政,展开一场恶战。

欧阳修重炮连发,弹劾十余官员,措辞和弹劾吕夷简的一样激烈。翻翻《文忠集》,真是令人感慨。儒家文化深入了血液的政坛人物,其大无畏,可不是写在纸上的空言。

小人疯狂反扑,联络王公贵戚。利益联盟挑战道义军团。

宰相是什么态度呢?

其时晏殊为相,这根系复杂的老贵族,深谙所谓政治谋略,一味关注哪边的势力更大。他不表态。"一曲新词酒一杯"……

小人集团的攻击一波接一波,仁宗也架不住。

新政风暴,一年收场。范仲淹、韩琦、富弼又被贬出去了。

贪官庸官额手称庆,转眼又交火,按小人的规律行事,各施狠招,抢战利品:范仲淹等人腾出的京师官位。

欧阳修则于庆历五年遭遇"张甥案":有人弹劾他,说他和领养的"甥女"张氏有染。这姓张的妇人,是欧阳修的妹妹的已故老公与前妻生下的女儿,四岁寄养欧阳家。长大了,嫁给欧阳修的侄子欧阳晟,过几年,却与仆人勾搭成奸。奸情败露,官府问罪,张氏惧,咬上了欧阳修,说她出闺前早就被欧阳修勾引过了。这事立刻让新政的反对者拿去做文章,引得朝野哗然。人伦事大,私通养女和挟妓风流不可相提并论的。

报复他的官员一拥而上。

欧阳修百口难辩。仁宗并不相信,却苦于找不到帮助他的理由。新政官员纷纷落马,而仁宗本意,是想保住几个人的,以免旧势力猖獗、坐大。其中就有忠直的欧阳修。不料出了这档事儿。

欧阳修贬滁州,时年四十岁。做京官正处于上升势头,身佩御赐的"绯鱼袋"。这种荣誉性的佩饰,通常是升官的信号。升执政也是可能的。

因家丑而出京,欧阳修更想不通。车马上路,闷闷不乐。

滁州(安徽滁县)是一座富庶的山城,州县人口十万,扬州、江宁遥遥在目。青山绿水,野鹤闲云,欧阳修乐起来了。

别以为他假乐。

官场失意,又遭恶意中伤,很多官员要颓唐,一蹶不振,抱怨,纠缠,生病,乃至不起。"台上狗都撵不跑,台下风都吹得倒。"古今例子多,统计数字庞大。这说明什么呢?说明盯利益的官员蛮可怜的,生存逼窄,短视,无趣,气量小。而所有这些是有着逻辑关系的,它们环环相扣。上台风光,下台踉跄。

毋宁说,所有的风光都是为踉跄打前站。

其实这台上的所谓风光,未必经得住仔细考察:一味盯私利的家伙脸上要绷着,肌肉僵硬,血液不畅。那些个贪官,半夜三更怕敲门……

当官如果不想这样,那就早作准备学学欧阳修。一学他为百姓胸怀坦荡,二学他的诸般修养。我们来看后者。

修养入骨髓。遇事则发。

美感可不是说说而已,美感是一种能力。人在官场日久,这种能力不降反升:山和水像个久违的情人。仁者乐山智者乐水,这与现代旅游意义上的东奔西走是南辕北辙。寸寸贴近山水肌肤,非有审美的境界不可。古代文人不缺这个。入则仕,退则山水。退,又是一种能力,能退之人,妩媚的山水敞开酥胸接纳他。不能退的倒霉蛋,你即使把他放在云蒸霞蔚的峨眉仙山,他照样愁眉苦脸,因为他忍不住还要盘算。他被各种各样的算计锁定,锁死。他跟林子里的虫子差不多,即使他入住总统套房,踩着超豪华地毯有模有样走动,还是很像虫子打转。

欧阳修到滁州不久,于城南的丰山下建了一个丰乐亭,并写《丰乐亭记》。后来他写信对梅尧臣说:"去年夏中,因饮滁水甚甘。问之,有一土泉在城东百步许。遂往访之,乃一山谷中。山势一面高峰,三面竹岭回抱。泉上旧有佳木一二十株,乃天生一好景也。遂引其泉为石池,甚清甘。作亭其上，号丰乐亭，亦宏丽……"

　　写信如叙家常，全无浮华文采。宋人信札颇耐读，纸上文字靠近口语。这细微处，是能看出"古文运动"的一个努力方向的。朝着世俗化，却又不失文化传承之所谓"雅"。窃以为，北宋士大夫文化的巨大生命力，是恰好在雅与俗之间，是两边受力。雅俗分流，往往两败俱伤。宋文化滑向元、明之俗，则已俗得无趣，沙里淘金费工夫。而时下由媒体单边推动的、各类文化产业化的强力催生之物，一味追求受众面，瞄准利润，其俗不可耐必成常态。文化，如同物种之多样化，生活方式之多样化，一定是亿万年、千百年点点滴滴积聚而成。它的价值取决于它生长的缓慢，绝不是相反。缓慢意味着：保存生长过程中的全部细节。

　　缓慢生长这个词，在今天意义重大。读懂了它，方知一切快餐性的东西，是如何对应于动物式的浅表性生存。方知人之为人应该拥有哪些特征。由于生存向度的空前混乱，人在这个星球上由西方强力意志主导的所作所为，已如百年魔怪舞翩跹，迷途知返恐已晚也，更何况执迷不悟。

　　北宋文人的生存向度，值得今天的中国人焚香再拜以师之。

　　返回传统，比稀里糊涂忙着"与国际接轨"好。生存有了根基，才不至于上当受骗，因接轨而"见鬼"。

　　我们来看欧阳修的一首小诗《丰乐亭游春》：

　　红树青山日欲斜，长郊草色绿无涯。
　　游人不管春将老，来往亭前踏落花。

　　春将老，是把春季视为若干层次。苏轼有词句："春未老，风细柳斜斜。"欧阳修眼睛不好，感受季节却细腻。早春，阳春，暮春，初夏……丰乐亭是休憩之所、聚集之地，上有古木森森，下有清泉淙淙。亭与山，仿佛向来是一体。圆圆的落日斜斜地挂着，偏偏绿又无涯；夏季将至也。三五游人，丰乐亭前闲踏落花。人是有情趣，景色自丰富，丰乐反衬寡乐：名牵利绊之人，走到哪儿都看见单调。

　　诗人何在？酒和音乐何处飘香？请看号称北宋第一散文的《醉翁亭记》：

环滁皆山也,其西南诸峰,林壑优美,望之蔚然而深秀者,琅琊也。山行六七里,渐闻水声潺潺,而泻出于两峰之间者,酿泉也。峰回路转,有亭翼然临于泉上者,醉翁亭也。作亭者谁?山之僧智仙也。名之者谁?太守自谓也。太守与宾客来饮于此,饮少辄醉,而年又最高,故自号曰醉翁也。醉翁之意不在酒,在乎山水之间也。

若夫日出而林霏开,云归而岩穴暝,晦明变化者,山间之朝暮也。野芳发而幽香,佳木秀而繁阴,风霜高洁,水落而石出者,山间之四时也。朝而往,暮而归,四时之景不同,而乐亦无穷也。

至于负者歌于途,行者休于树,前者呼,后者应,伛偻提携,往来而不绝者,滁人游也……

已而夕阳在山,人影散乱,太守归而宾客从也。树林阴翳,鸣声上下,游人去而禽鸟乐也。然而禽鸟知山林之乐,而不知人之所乐。人知从太守游而乐,而不知太守乐其乐也。醉能同其乐,醒能述以文者,太守也。太守谓谁?庐陵欧阳修也。

古文描绘风景,看来比白话文强。全篇二十一个"也",十三个"者",犹如反复回旋的复调。文字如泉水之溢,一派天然。人,亭,山,泉,鸟,皆含醉态:酒醉,色醉,情醉,意醉。真是好极了,画图难足。景色的层次分明而流畅,四季循环尽收眼底。欧公一双近视眼,试问今日谁能敌?美政之余书写美文,一张丑脸多么生动!几百个常用汉字,醉倒多少后来人。

好文章都是诗。诗人是自然永恒的温柔情人,不会对天空和大地施暴。

而眼下总有一些人,病毒的意志发作,一见土壤松软就来气,恨不得硬化九百六十万平方公里的土地。所以,严重的问题是教育这些人,给他们人手发一份《醉翁亭记》。同时郑重建议:在派往美丽南极的科考船上,增加一位诗人。事实已逼近:诗意的退场,诸神的缺席,与全球变暖有着清晰的逻辑关系。

我们今天与醉翁留下的文字同乐,这快乐不污染环境,不消耗能源,更不会建立在别人的痛苦之上。

写文章有啥不好？语言在当下所能做的实事，丝毫不比盖楼修路筑坝的人们做的更少。或许更多。

人类之祸福，往往存乎一念之间。没有什么可以推广到全宇宙的永恒进步的观念。当科学一旦变成了迷信，将比它大力破除的迷信危害更多。这几十年，西方哲人对科学技术反思多矣。而汉语中，同样深藏着祖先的智慧。

再看滁州太守欧阳修。他写诗为文，都提到"滁人"，也即当地的普通百姓。杰出的文人为官一方，眼里都有老百姓，骨子里巴望着政通人和、上下和谐的局面。审美的卓然姿态，悲悯的博大情怀，似乎有某种内在联系。大诗人好像都是君子，没一个是小人。比如李白的性格有毛病，但李白显然不是小人。小人工算计，鬼头鬼脑，写诗也只能写几首歪诗。

庆历七年（1047年），欧阳修再次致信梅尧臣，说："某此，愈久愈乐，不独为学之外，有山水琴酒之适而已。小邦为政期年，粗有所成。固知古人不忽小邦有以也。"

为政粗有所成，是欧阳修谦虚，他为滁州人做了不少好事，修水利，建城市的排水系统，上表请朝廷减赋税，整顿不良官吏。十万滁人感激他，他爱去的丰乐亭、醉翁亭，成了滁人的常去的地方。有妇女、后生，单为一睹太守的醉颜，相约走几十里山路，"亭前伫望，良久不去"。此间欧阳修已开始撰写七十四卷的《新五代史》。为政著书之余，方有可爱的醉翁形象：那字里行间透出的由衷的喜悦。如果他不务正事，一天到晚聚众取乐，这餐馆那酒楼公款消费，那他写下的多半是狗屁文字。

胸有正气者，能写好文章。真善美，三位一体。假恶丑亦然。

欧阳修在小邦滁州干了三年，被调到大邦扬州做太守。

扬州属淮南东路，历来是繁华地，南北交通枢纽，军事重镇。欧阳修的官职，是领京官衔，知扬州军事州。他总揽军政大权，还要迎来送往，与一拨接一拨的外地官员周旋，忙坏了。夜深人静又铺开纸笔写大书。半年，政务军务理出个头绪，他忙中偷闲优哉游哉了，盖了一座平山堂，亲手设计，指挥施工。堂在南郊的蜀冈上，背靠古木森森，面向冈下的沃野千里。宋人叶梦得记载说："欧阳文忠公在扬州，作平山堂，壮丽为淮南第一。"

　　古代文人为官,一般都懂建筑艺术,并参与细节,从选址、选材到风格创意。欧阳修在小城建丰乐亭,于大城修平山堂,花的是官银,却不是官府专用。扬州人好游冶,从此多了一个足以向外地人夸耀的去处:平山堂。欧阳修在堂前种下了一棵柳树,扬州人亲切地称它"欧公柳"。蜀冈曾经刮大风吹歪了柳树,人们赶紧去扶正,培土。民心如此。但凡是个好官,人民自会爱戴、亲近。歪官斜官,人民群众惹他不起,躲得远远的,冷眼看他吃喝玩儿,豪华官车来去威风,年复一年,糟蹋百姓的血汗钱。小民憋着气等待时机,比如等歪官调走的那一天,一齐上街吐唾沫,跺脚,放鞭炮。

　　天闷要下雨,人憋要出气。

　　欧阳修建了壮丽的平山堂,兴犹未尽,又挥笔为它填词,留下一首与建筑相匹配的传世佳作。《朝中措》:

　　　　平山栏槛倚晴空,山色有无中。手种堂前垂柳,别来几度春风。
　　　　文章太守,挥毫万字,一饮千钟。行乐直须年少,樽前看取衰翁。

　　词是欧公调离扬州后写的。苏东坡最爱这首词,欧公去世多年后,东坡提笔写道:"记得醉翁语,山色有无中。"不过有人指出,既然写晴空所见,为何说山色有无中呢?是不是与欧公的近视眼有关?此一说在扬州流传,绝妙佳句,原来出自眼疾。欧阳修听到了也不生气,倒是莞尔一笑。他本人幽默,自能欣赏幽默。再者,他知道扬州人的笑声里,含着对他的爱意呢。

　　欧阳修调颍州做太守,扬州的继任者姓薛。这薛太守不晓事,也在平山堂种下一棵柳,传令下去,州县官员一律称"薛公柳"。此人不算太坏,一庸官而已,平时喜欢摆谱,拿腔捏调,像我们熟悉的一些个地方官。他派人打探,民间是否称他种的柳树为薛公柳,然而他很失望:除了部属及部属的几个有毛病的亲戚,没人称什么薛公柳。他喝闷酒生气,寻思动用权力命令全城的百姓称颂薛公柳,被幕僚劝止。

姓薛的一调走,薛公柳即被人砍断,连根拔掉。

平山堂里,单留一棵枝繁叶茂的欧公柳。

这事儿多有记载。欧阳修居扬州仅一年,政声竟如此之好。却也不奇怪,异日他的学生苏东坡在登州(山东蓬崃)做了五天太守,就干了三件大好事,留下"五日登州府,千载苏公祠"的美誉。真是有其师必有其徒。欧阳修又隔代师从韩昌黎白居易,白居易则紧跟杜甫……杰出文人为美政,不消再举例。

颍州有西湖。天下西湖三十六,颍州西湖的风光仅次于杭州西湖。欧阳修写颍州西湖,写绝了,如同稍后的苏东坡写杭州西湖,也写绝了。大诗人所到之处,山水生辉。伟大的眼睛,伟大的笔,怎不令享受着他们的语言艺术的我辈一再感激?

不,说感激是不够的。我们应当感恩。

《采桑子》十首,全是写颍州西湖,古代学者夏敬观评价:"十词无一重复之意。"我们选三首拜读。

轻舟短棹西湖好,渌水逶迤,芳草长堤。隐隐笙歌处处随。
无风水面琉璃滑,不觉船移,微动涟漪,惊起沙禽掠岸飞。

画船载酒西湖好,急管繁弦,玉盏催传,稳泛平波任醉眠。
行云却在行舟下,空水澄鲜,俯仰留连,疑是湖中别有天。

群芳过后西湖好,狼籍残红,飞絮蒙蒙,垂柳阑杆尽日风。
笙歌散尽游人去,始觉春空,垂下帘栊。双燕归来细雨中。

第一首人少:轻舟短棹。第二首人多:急管繁弦,玉盏催传。第三首独自一人:始觉春空……双燕归来细雨中。三首词的情绪有连接,留连、热闹之后归于沉寂和冷清。情绪有此规律,古与今同。玉盏催传可能类似击鼓传花,玉盏停在谁的手上,谁就饮酒一杯。不消说,捧玉盏的多是玉手。姑娘们闹成一团,她们笑呀,叫呀,太守欧阳修在她们中间。画船歌舞游西湖,酒香更兼脂粉香。奔五十的男人欧阳修左抱右拥么?这不大可能。秀水与娇娃,诗人并不偏心,除非他是明清小说中讲的那种色中饿鬼。哦,他早就不饿了。他的目光投向她们又掠过她们,滞留于绿波间,随风起灵感,诗句缓缓地、一个字一个字地走出来。三首词俱有空灵感。"行云却在行舟下……疑是湖中别有天。"感官若被肉欲塞满,写不出这样的句子。官妓佐酒助诗兴,北宋可谓盛极一时,空前绝后。那么多好诗词,鲜艳着、鲜活着她们的面容和身影,文学史应该为她们记一功,抹掉甚或指责,不公平。

末一首,我个人特别喜欢。"狼藉残红,飞絮蒙蒙……始觉春空,垂下帘拢。"伤春情怀动人。伤春,是因为对春天的体验太深,从头到尾看她走过。我亦伤春,伤二十年前的春天,今日不可复现也。四季永远成追忆。想念孩提时的一湾春水,想得噗噗掉眼泪。不说也罢。欧阳修笔下弥漫着淡淡的忧伤,"双燕归来细雨中",这多舒服,意蕴悠长。不独这一句,其他的句子都让春雨给淋湿了。又不同于杜甫随风潜入夜的春雨。双燕归来……它们扇动翅膀穿过蒙蒙细雨,咿呀之声可闻。

文化者,以文化人,以美育人,以情动人,以理服人。这样的诗,什么样的白痴能够一次性消费它呢?

而文化的产业化瞄准利润,把人抛在一边,近乎本能地朝着一次性消费。不是说产业化一味不好。一味的产业化肯定不好,是文化的灾难:资本欢庆胜利之日,就是文化死亡之时。

这里,事物本身所呈现的分寸感,干系重大。

现在有人不是叫嚣着要从课本中驱逐鲁迅吗?下一个轮到谁?曹雪芹、李清照还是欧阳修?

欧阳修四十六岁的这一年,母亲郑氏去世,享年七十有二。他受母亲的养育之恩,又从母亲口中听到父亲的种种故事。丁忧期间他追思父母,后于熙宁三年写下动人的《泷冈阡表》。母亲贤而知礼,父亲堪称良吏。欧阳修四岁,父亲已去世,他在母亲身边长大,备受母性的温柔呵护,令人联想杜甫和白居易。三个大文豪,都不乏慈悲心,性情亦多有相通处。杜甫因遭遇天下大乱而变得坚硬,拖着一家十口辗转数千里,广大的悲悯洒向带血的土地。欧阳修白居易生活在和平年代,于政坛皆有锋芒,于生活则沉醉于富贵温柔乡。不过,二人都容易受伤。

欧阳修当年被诬陷与养女张氏有染,至今耿耿于怀,有机会就要狠狠地发泄一通。

丁忧结束后他官运更好,以丁忧前的应天(河南商丘)府知州迁吏部郎中,充龙图阁学士,又晋爵,食邑八百户,佩紫金鱼袋。作为吏部高官,他兼任"流内铨",掌官吏进退赏罚,由于其正直,庸官贪官盯上他了,先下手为强,通过太监向仁宗讲欧阳修的不是。欧阳修任流内铨仅六天,即被迫辞职,一气之下闭门写《唐书》,不复于吏部视事。同时写长诗,动不动就数百言。不久,新的任命下达:判三官院。这官职掌武官的升降赏罚。欧阳修管不了文官,就去管武将。北宋抑武人,这类例子多。起因是开国皇帝赵匡胤担心武人造反。

当时的宰相陈执中,是个典型的庸官,而庸官的一大特点是聪明,凡事执两端,原则性模糊,利益图清晰。他的家人族人大肆敛财,他眼花耳背,什么都不知道。所以表面上的庸官,暗地里往往是贪官。欧阳修弹劾陈执中,言辞异常激烈,一如当初弹劾吕夷简。他总是对宰相毫不客气,如果能攻皇帝,他一定会攻的。这大无畏,亦如白居易,令人感动复感慨。朝廷叫他出使辽国,他迟迟其行,直到陈执中下台才放心上路。

欧阳修带着一群将卒,向北远走茫茫大漠,往返六千里。他在马背上迎着漫天黄沙吟诗:"旷野多黄沙,当午白日昏。风力若牛弩,飞沙还射人……"

他非常吃惊地发现契丹人全民皆兵:儿童能走马,妇女亦腰弓……

出使顺利,回京受通令表彰,欧阳修又要升官了。

这一年的五月汴梁一带持续大雨,黄河泛滥成灾,京师内涝成泽国,死人无数。大雨甚至淋垮了社稷的祭坛,宋仁宗震惊,下诏百官反思朝政阙失。天灾起于人祸,古人是这么认为的,这很好。敬畏天地是常态。现代人迷信科技,自以为弄懂了全宇宙,欺天攻地是常态。当生产力低下时,战天斗地是可以理解的。生产力高度发达了,却还是要对自然界大举进攻:比如联合国出台环境报告,说北冰洋因全球变暖而迅速溶化,几个周边国家的唯一反应,却是摩拳擦掌要抢资源。

背向敬畏天地,人类总有一天要断子绝孙。

说这些我欲哭无泪……

大雨大灾中的欧阳修又干了一件大事:把一代名将狄青给参掉了。

狄青时任枢密使,最高军事长官。欧阳修参他的理由是:军中威望太高,怕他灾乱中哗变。皇帝准奏,狄青失兵权,一年,郁郁而终。

两个宰相一个枢密使,栽在欧阳修手里。

他一手参人,另一手荐人。北宋他荐人第一:荐包拯、富弼、韩琦、吕公著、文彦博、王安石、司马光、曾巩、三苏父子……这些人几乎全是北宋名臣。也有看走眼的,比如力荐恶狗般的吕惠卿。吕善于伪装,欧阳修让他给蒙了。

欧阳修能荐这么多人,也和他任科举主考官有关。

嘉祐二年(1058年)的礼部试,是宋代科举考试的转折点,也是宋文化的转折点。而完成这次重大转折的,就是欧阳修。他蓄力已久,并有了一个团队。他要借"高考"来推行的古文运动,事实上是思想运动,所谓文以载道,无非是让天下举子扩大心胸和视野,扔掉雕词琢句的骈骊文。北宋科举,分诗、赋、策问三大块,其中的赋即是四六骈文,时称太学体,用险韵,求僻字,直追以司马相如为代表的汉赋。欧阳修亦是骈文高手,却是宗师六朝小赋,比如陶渊明的《归去来辞》。初盛唐是浮华文章的鼎盛期,像唐太宗,虽有贞观之治,却很喜欢空洞华丽的词藻。大概这位开国明君,暗地里希望像汉武帝那样拿语言做排场。

语言的排场,乃是权力的变式。

欧阳修变科举,显得十分轻松。三年一次的礼部试由他主持,称知贡举,另有范镇、王珪等人协助他。这些人都是举足轻重的大人物。梅尧臣为小试官。成千上万的考生"中夜起坐,裹饭携饼,待晓东华门外"。进考场个个紧张,有人抽搐有人昏倒。几位考官则于经院饮酒赋诗。欧阳修《归田录》记载:"凡锁经院五十日,六人者相与唱和,为古律歌诗一百七十余篇……笔吏疲于写录,僮史奔走往来……"

这一年的进士榜,放出去877人,创历届之最。这八百余人为官各地,播下古文也即思想运动的种子。

京师的礼部试,又带动省试、乡试。全国的读书人,于嘉祐二年改变了寒窗用功的方向。宋代士大夫文化之雄浑博大,欧阳修居功甚伟。

不过,麻烦随之而来。

锁经院五十日,诗写舒服了,酒喝安逸了。醉翁骑醉马,摇晃出大门,忽见满街的书生朝他冲来,团团围住他的高头大马,喊口号的,拽衣袖的,要拉他下马,暴打一顿。幸有士卒闻讯赶来,欧阳修才打马溜走。

《四朝国史》记载:"欧阳修知嘉祐二年贡举,时士子尚为险怪奇涩之文,修痛排斥之,凡如是者则黜……场屋之习,从是遂变。"

欧阳修的儿子欧阳发回忆:"榜出,士人纷纷惊怒怨谤。其后稍稍信服,而五六年间,文格遂变而复古。"

有新思维的人高中,沿旧习者落榜。

考生中有苏轼,名列第一。因是闭卷糊名考试,考生各有代号,欧阳修怀疑这么出色的文章可能出自他的弟子曾巩之手,为避嫌,把苏轼录为第二。

如果没有嘉祐二年的变科举,苏轼未必能考上。

而苏轼考不上,不歪歪扭扭走仕途,其巨大的文化能量就聚集不起来,强劲喷发更无从谈起。众所周知,苏轼是文化的全能者,是在文化的巅峰期继往开来的大宗师,伴之以不可思议的人格魅力、生命活力,足以垂范后世千万年。宋以后的士子,没有不读苏东坡的。顺带说一句:我们是深感苏轼生命的丰富性,很可能上下五千年罕有其匹。至少查史料难觅匹配者。他强于任何皇帝、将军、富豪、好汉。原因很简单:他提升了人之为人的境界。他是令现代人目瞪口呆的生活大师:对生活永远高涨的热情和无穷无尽的想象力,像恒星一般燃烧。可惜今人对他的理解太少太少。由于工业化的无限分工,全能式的人物渐成稀缺资源,物质的丰富反倒带来精神的空前贫乏,模式化走俏,千篇一律盛行,"现实通道"的逼仄固若金汤。什么手机人电脑人、白领金领……往后就是稻草人。再不回首仰望巨人,我们将变成昆虫蚂蚁。

一个苏东坡,胜过十万影视明星。

没有欧阳修,苏东坡或许早已淹没。历史有偶然性。王东坡李东坡,出不来的。文化的高峰削掉一截,将大大影响传承。

欧阳修看苏轼的文章,"不觉汗出,惊为异人"。他在京城奔走呼号:"老夫将放他出一头地……三十年后,无人道着老夫也!"多么可爱的老头,多么敏锐的眼力。他五十好几了,而苏轼不过二十出头。以他文坛之至尊,朝廷之显赫,却毫无被今天学界文坛视为"护身符"的身份意识,发现苏子瞻,如捧大宝贝,八方宣扬。果然如他所料,三十年后,谈欧阳修的人少了,天下士子把目光投向苏东坡。

欧阳修荐苏洵,别是一段佳话。苏洵是揣着成都镇守张方平的介绍信来见欧阳修的。这张方平是欧阳修眼中的老怪物,号称千杯不醉,脾气大,性子倔。庆历年间二人因政见不合而反目,十年不打招呼。张方平让苏洵去见欧阳修,说明他深知欧的为人。苏洵一介穷布衣,从僻远的蜀地到那繁华京师,踏进欧阳府却毫不费力。凭什么呢?凭才华。欧阳修向朝廷写《荐布衣苏洵状》,真诚而富于见地,显然是细读了苏洵呈上的全部文稿之后才提笔。他视力差,也没有眼镜可戴。他又给张方平写回信,两个老头从此修好。一般认为,是欧阳修与张方平联手,将三苏父子推上了政坛文坛。

唐宋散文八大家,北宋占六席。三苏父子,王安石,曾巩,全是欧阳修的学生。

散文是相对于骈文而言,当时叫古文。与现代的叙事抒情散文是两个概念。严格说来,古文指向政治、文化的未曾分流的源头。在欧阳修、王安石、苏东坡等人眼中,文化就是政治,政治也是文化。士人们热烈向往的、生活浑然一体的尧舜时代,二者何曾分家?

专家学者常说:古代文人首先是走仕途,其次才写文章。这话似是而非。是形而上学主客体分离的一种不良后果。唐宋士大夫的为文与从政,很大程度上是一回事儿。文,几乎包含着华夏历史的全部信息。选择古文乃是选择价值体系。

窃以为,对这个问题的辨析十分重要。

语言艺术,必须承载价值体系。也许一切艺术都不能宣称例外。

海德格尔有一段话,从两个方向给我们以启迪:"少一点文学,多一点文字的保养;少一些哲学,多一些思想的细心。"

保养文字意味着:保存并护送人类的智慧到未来。

而思想何以成为思想,学院派教授们鲜有思考焉。

思想的特征是"上手性",而不是现成在手。换言之,思想是在追问事物的过程中自动前来照面的,具有时间性,甚或瞬间性。思想以自身的力量为助推,不以切近的现实指令来勾画自己的目标。否则,思想将失掉固有的地盘而沦为附庸。

笔者读西方大哲偶有所悟,不敢卖弄于方家……

嘉祐四年,欧阳修加封龙图阁学士,权知开封府,是全国最大的地方官,后任即为包龙图。嘉祐名臣真是接二连三。但欧阳修力辞,提出两个理由:一,身体不好;二,写《唐书》。宋仁宗再给他加封食邑,他只好硬着头皮上,为政之余挤时间写历史大书。此后几年间他不断升官,升至枢密副使、参知政事,参与领导中央了。令人惊奇的是,为政如此繁忙,为学又如此严谨,欧阳修还能腾出几只手,写诗,填词,作赋,挥毫,推广古文,研究金石书画,品茶,品酒,弹琴,对弈,欣赏并指点歌舞伎,主持文坛的超级沙龙,睁大病眼挑人才……欧阳修以身示范,带动一大批追随者,在北宋这个特殊的时期,将中国传统文化推向最高峰。

这个文坛领袖光辉夺目,并且后继有人:文化的集大成者苏东坡。

张方平到东京,欧阳修与他斗酒,一斗百余杯,大笑而起,脚下不乱。醉翁真可爱。几乎是个美男子呢。

我们向他致敬!

步入人生的秋天了,欧阳先生宝刀不老,写下《秋声赋》:

> 欧阳子方夜读书,闻有声自西南来者,悚然而听之,曰:"异哉!"初淅沥以萧飒,忽奔腾而砰湃,如波涛夜惊,风雨骤至……予谓童子:"此何声也?汝出视之。"童子曰:"星月皎洁,明河在天,四无人声,声在树间。"
>
> 予曰:"噫嘻悲哉!此秋声也。胡为乎来哉?盖夫秋之为状也:其色惨淡,烟霏云敛;其容清明,天高日晶;其气慄冽,砭人肌骨;其意萧条,山川寂寥……草拂之而色变,木遭之而叶脱;其所以摧败零落者,乃一气之余烈……"
>
> "嗟乎!草木无情,有时飘零。人为动物,惟物之灵。百忧感其心,万事劳其形,有动于中,必摇其精。而况思其力之所不及,忧其智之所不能……"
>
> 童子莫对,垂头而睡。但闻四壁虫声唧唧,如助余之叹息。

欧阳先生夜读书,忽然释卷,悚然而听秋声:如波涛夜惊,风雨骤至。其实这是一个晴朗的秋夜,欧阳修听到的秋声,更多的是他的心声。以悲秋而知名的宋玉曾感慨:夫秋之为气也……欧阳修为之惊奇的,就是这看不见摸不着的"气"。气不是气流,它是统摄万物的抽象的东西。春秋气温相近,但春天主繁荣,秋天主肃杀,其间所蕴藏的自然的奥妙,至今不能解。四季循环的谜团,捏在上帝手里。天体物理学家所描绘的宇宙,与"事实上"的宇宙相去甚远。人是进化过程中的追问者,仅此而已。问自然,问人事,问生死。问不出最后的答案,却要无穷无尽地问下去。

欧阳修在一片秋声中忍不住要追问,而童子听虫子叫忍不住要打瞌睡。童子只对"现实"感兴趣:比如明天吃啥穿啥干啥。唯有读书人才思考无用的东西,固执地相信无中生有。欧阳子与童子,区别大焉。犹如马克思的追问:一个哲学家和一个搬运工究竟有多大的距离?人类文明既是干出来的,又是"想"出来的,并且归根到底是想出来的。干得多想得少,吃亏吃到老……所以中国的传统智慧有"无为"之说。无为就是不干蠢事,而不干蠢事的前提是思考,知道什么是蠢事。所谓远见卓识,一定是在纷繁复杂的人事中艰难生长,对应急功近利鼠目寸光。可叹的是,童子始终代表着一个巨大的群体。童子活在当下,并且"日趋当下"。他认为劈柴扫地才是实事。在他看来,欧阳大人的叹息,和秋虫唧唧一样都是催眠曲。

欧阳修任童子睡,并不叫醒他,对他讲道理。孔圣人早就讲过:民可使由之,不可使知之;唯上智与下愚不移。欧阳修不搞启蒙教育,后果严重:童子所代表的勤于干而懒于思的群体越来越庞大,终于反制封建时代的文化精英。

欧阳修晚年幸福日子滋润,中枢的位置上一待八年。为政为文,醇酒妇人。一面是严肃而有成效的工作,一面是赏心悦目的日常生活,要精神有精神,要身体有身体。自号醉翁尚嫌不足,又自号"六一居士":集古(金石遗文)一千卷,藏书一万卷,琴一张,棋一局,酒一壶,再以一翁流连沉醉于五物之间,是谓六一。他笑起来像个孩子。他心里特阳光。平时滔滔不绝谈天说地,却不夸自己的文章,如同蔡京不夸书法,晏殊不夸风流,王安石不夸治国,司马光不夸品德,苏东坡不夸豪放。宋人喜欢生活在别处,意在凸显生命的潜能。文化的巅峰期,使完整的生活世界得以初现。文化精英有足够的能力朝着世俗化,却又不失士子品位。有庄严的大视野,于是有韵味儿十足的小细节。

宋人的生存姿态,对今天是个提醒。

宋人活得认真。生活的意蕴层环环相扣。社会对个体行为的评价系统呈多元化,风俗厚,道德淳,敬畏天地,审美成风尚,视汉语为家园,权钱价值观远不足以覆盖一切,"一眼看穿"的计算型思维并未随着商品的丰富而统治人的大脑。道德型人格呈压倒优势,无论在官还是在民。社会生活的完整性,维系着个体的幸福感。人,是各式各样的,各有追求,于是各呈风貌:你喜欢不是我喜欢……即如狎妓,欧阳修有这爱好,他的弟子曾巩、苏辙、王安石、苏东坡却不近女色,"不昵妇人"。

所有这些,值得思考。

物质时代,如果物比人大,价值取向单一,那就没多大意思了。大面积的颓废是必然趋势:无聊的后面还是无聊。

欧阳修的词,犹如白居易的诗,能穿越社会各阶层,高门深院寻常巷陌,皆有广泛传唱。六十岁前后,不断有人向他报告,他的哪首新词或旧作又风靡了哪一座城市。高兴了他就自己谱曲。比如著名的《蝶恋花》,据说当时有好多种唱法,宫廷、市井、文士雅集,曲调各有不同。谱子今已不传,而佳句在焉:

谁道闲情抛掷久?每到春来,惆怅还依旧。日日花前常病酒,不辞醉里朱颜瘦。

河畔青芜堤上柳,为问新愁,何事年年有?独立小楼风满袖,平林新月人归后。

末两句空灵,收拾了前边铺开的春愁。

这不像出自一位高官之手,但宋代高官有此能耐者多也。官场固然复杂,利益固然诱人,却未能令人绞尽脑汁、全身心投入其中而难以自拔。这里修身是关键。早年蓄志用功,中年还在努力,活得丰富而又坚实,尽可能拓展生存的境域,融合异质性的东西。于是有了暮年持续的优哉游哉。优哉游哉可不是种花养草,它是广泛的修养激活生命潜能的一种人生情态,白发苍颜,朝气蓬勃。

中国老男人,如果希望自己有点魅力的话,不妨学学欧阳修。而老年的魅力由中年所决定。依此类推。

再来欣赏一首《浪淘沙》:

把酒祝东风,且共从容。垂杨紫陌洛城东,总是当时携手处,游遍芳丛。

聚散苦匆匆,此恨无穷。今年花胜去年红。可惜明年花更好,知与谁同?

诗人怀念一位洛阳女子,她是谁呢? 二人曾携手游遍芳丛,可见相处的时间不短。分手匆忙,遗恨无穷。失掉的花总是好花,一别多年后,好花与谁同?

欧阳修的青春浪漫,在洛阳、滁州、颍州留下了诸多痕迹。追忆到死不能休。

他四岁丧父,一直随母亲生活,性情温柔细腻,如同白居易。又面丑,目眊,于是竭力混迹于姣好的面容、精致的五官、婀娜多姿的身段。他高中进士之时,却由于长相而受大人物晏殊白眼,受刺激大,越发踊跃于绮陌红楼。他的种种人生奋斗,不乏自卑与超越的成分。

就内心的强大而言,欧阳修不及苏东坡。其生命冲动,不及苏东坡的流光溢彩和惊天动地。

倒更像白香山,性情有某种脆弱,容易受伤。

京师做宰执的第八年,欧阳修遭遇了一桩奇耻大辱:朝野盛传他和儿媳吴氏有染。这叫"帷薄不修",而民间称"扒灰",犯了人伦大忌。当年说他勾引养女,现在又是私通儿媳,旧伤口再猛插一刀,哗哗流血。

这浪子是怎么扯起来的? 原来,欧阳修夫人的堂弟薛宗孺当官犯事儿,求欧阳修救他一把。欧拒绝,这薛宗孺落官,"怨修切齿",攻击堂姐夫的私生活,要死大家死一块儿。和欧阳修有宿怨的朝廷官员蒋之奇,拿这事儿做起文章,连章弹劾,八方宣讲,细节毕现,仿佛他亲眼所见。欧阳修气得几乎吐血。诸大臣为他辩护,连刚做皇帝的宋神宗都写信给他,对他的品德毫不怀疑。他大病一场,病愈心灰意懒。尽管蒋之奇遭黜,可他实在不想在京城待下去了。上表乞外放,到三百多里外的亳州做太守。

举家搬迁,从此不踏汴梁一步。

东京成了欧阳修的伤心地。帷薄事件余波不息,身心两伤。

帷薄指帘子后面发生的那些事。

亳州任上,欧阳修慢慢恢复生机。爱民如故,执政轻松。写《归田录》,这是一部类似《世说新语》的故事性很强的笔记,六十年人与事,林林总总,庞杂而生动。又著《六一诗话》,点评唐宋诗人,是中国文学批评史上的第一本诗话。亦为宋诗走出一条有别于唐诗的道路理清了思绪,为后来宋诗的代表人物如苏东坡、黄庭坚、陆游打下了基础。

文坛领袖老当益壮。而政治神经一如既往地保持敏感。

儿子欧阳发在京师不断写信,向他报告朝廷的新动向。

王安石将有大动作。

熙宁变法推开时,欧阳修以兵部尚书、京东东路安抚使的身份知青州军事州。王安石是他的学生,学生显然对老师有期待。朝廷重臣,多反对来势甚猛的新法。欧阳修德高望重,弟子满天下,他的态度受朝野高度关注。

青苗法颁行全国,欧阳修坚决反对。

青苗法是官府向农民放贷,本意并不坏,但具体操作的过程中却让官府受益、农民受损。欧阳修动用东路安抚使的权力,下令一路之内,抵制青苗法。

此举得罪了王安石和宋神宗。

熙宁三年(1070年),欧阳修改知蔡州(今汝南)。这是他的漫漫仕途的最后一站。蔡州毗邻颍州。

颍州有他的庄园,他有空就去住一些日子。朝廷加封他特进兵部尚书、上柱国,食邑四千户,实封一千二百户。"特进"是荣誉衔,预示他可以光荣退休了。

退休后长住颍州西湖畔。

> 天容水色西湖好,云物俱鲜,鸥鹭闲眠,应惯寻常听管弦……
> 残霞夕照西湖好,花坞蘋汀,十顷波平,野岸无人舟自横……
> 平生为爱西湖好,来拥朱轮。富贵浮云,俯仰流年二十春……

欧阳修漫步西湖边,总是让一个从洛阳来的漂亮歌妓搀着。纤手作玉杖,美貌衬风景。他望望湖面又望望人面。眼睛越发不济。雾中看花挺好。杜甫说过的:老年花似雾中看。

湖中画船起歌声,却是他当年写的《采桑子》。

洛阳女子爱唱他的另一首佳作《生查子》:

　　去年元夜时,花市灯如昼。月上柳梢头,人约黄昏后。
　　今年元夜时,月与灯依旧。不见去年人,泪湿春衫袖。

她对欧阳修说,洛阳、汴京的姐妹们,没有不会唱《生查子》的。欧阳修拍她的手,笑道:你有个去年人吧？可别泪湿春衫袖。

过了一会儿,又问:我笑起来的样子难看吗？

洛阳女子认真回答:您不难看,真的不难看。您慈祥……

欧阳修捋须笑了。纠缠他一生的难题,终于得到圆满的解答。

轮到洛阳女子提问了,她说:您写的《玉楼春》中有两句,人生自是有情痴,此情不关风与月。情痴而不关风月,它关乎什么呢？我想了好长时间,想不通,请您教诲。

欧阳修徐徐道:这个……三言两语也讲不清楚。关乎文化吧。

歌女皱了细眉揣摩:文化……

这一年,欧阳修六十五岁生日,苏轼、苏辙专程来颍州看望他,盘桓半个多月。洛阳女歌喉婉转,苏东坡翩翩起舞,"插花起舞为公寿"。曾巩来了,张方平来了,王安石司马光寄来贺诗贺信。

苏轼到杭州去做官,欧阳修送他上路。

道路绵长而弯曲。苏轼伟岸的身影渐行渐远。

欧阳修的眼泪夺眶而出。

他流的是喜泪。中国文化的接力棒,传给了一个更为强有力的人。

次年,欧阳修因病卒于颍上,享年六十六岁。

2007年9月3日

# 王安石
（北宋 1021—1086）

高人的确有高招，善理财不是编故事。一张大网撒下来，民间财富藏不住。赵宋立国百年，好比一潭深水，大鱼老鳖有的是。王安石的龙睛能穿透深潭，小鱼小虾悉数打捞，犹如巨鲸张口，一次就能吞下成吨的鱼类……可是王安石终于闹得众叛亲离爱子夭亡了，他徘徊钟山喃喃自问：你真的是一位比诸葛亮还诸葛亮的高人吗？

王安石

## 1

王安石字介甫,晚年因封荆国公,故人称荆公。江西临川人。生于宋真宗天禧五年(1021年)。

宋真宗是赵宋王朝的第三个皇帝,接下来是在位四十二年的宋仁宗。王安石受世人瞩目,是在仁宗后期和神宗前期,大概三十年左右。神宗后期,他隐居在金陵蒋山(钟山)。

赵宋立国百年,天下无大事。而此前的晚唐、五代十国,干戈四起纷争不息,也是百余年。两个百年相比较,乱世治世分明。不过,封建王朝的一般规律是,几任皇帝之后,各种矛盾趋于激化。一片太平盛世的叫喊声中,乱象悄然纷呈,并且势不可当。北宋有识之士辈出,识乱象者,并非仅仅一个王安石。

仁宗朝有三冗:冗官,冗兵,冗费。

出于统治的需要,官僚机构不得不日趋臃肿。官员俸禄高,挥霍无度,皇帝又鼓励他们挥霍。皇帝本人的后宫,则是挥霍的典范。皇帝的家天下靠各级官员支撑,官员奢侈,皇帝放心。

皇权的另一个强大支撑是军队。朝廷认为外患不如内忧,一百多万军队放在京师附近和各重要州郡,牢牢守护着金銮殿,雄视全国三百州。为防止军人生乱,又制定了一整套使军队频繁调动、官兵隔膜、军权互制的措施,稳住了军心,却导致战斗力空前下降。士兵不会骑马拉弓而善于做小买卖,汴梁城到处摆摊设点,百姓习以为常。庞大的军队要吃饭,军官要比照文官花销,开支巨大,占了财政总收入的七成以上。

钱从哪儿来呢?从几千万百姓身上来。

北宋的赋税比唐朝高出许多,岁入也翻了若干倍。

三冗是老问题,几十年居高不下,国库日见空虚。而北辽与西夏又长年袭扰虎视眈眈,一旦打大仗,赵宋江山难保。

历史到了这样的时刻,有识之士应运而生。

不过,这所谓有识之士,有合作的空间,更有对立的可能。

司马光斗王安石,是北宋政坛一出大戏。中间还有一位两边不买账的苏东坡。用现代术语打比方,苏东坡是保守党,王安石是激进党,司马光则是节约党。

君子争原则,小人抢官帽。北宋这一出角色众多高潮迭起的大戏,至今令人扼腕、赞叹、深思。

王安石的父亲叫王益,辗转各州做通判。王安石生在宁江军通判府,没过多久就迁往别处,随父宦游,从幼年游到少年。后来在金陵大致安定下来。他家人多,有三个妹妹三个弟弟。他是宋人笔记交口称赞的少年天才,据说凡经他的眼睛看过的文字,一生不忘。《老学庵笔记》说:"王荆公目睛如龙。"《钱氏私志》云:"安石视物如射。"可见他的体貌特征,眼睛异乎寻常。他生得牛耳虎背,走路埋着头,作趋奔状,猛一抬头时,不是自己吓一跳,就是把别人吓一跳。这种蹿着走的习惯,可能是早年跟随父亲的时候养成的。

王安石的许多被传为趣谈的生活习惯,可能也和他长期的居无定所有关。

他一般不洗澡,很少换衣服……

九岁那一年他随父亲入蜀,蜀道上有座梓潼神庙,常有神异显灵,"士大夫过之,得风雨送,必至宰相。"王益当时担任提刑官,巴不得将来做宰相,特意绕道梓潼,烧高香拜神庙。父子刚刚跪下,忽听外面风雨大作。庙里的和尚失声叫道:显灵啦!王提刑又惊又喜,念念有词谢过神灵,拉着儿子匆匆走人。此后数年密不声张,紧张关注着自己升官的迹象。然而毫无迹象。及至王安石青云直上,人们才恍然大悟:那一天梓潼神庙大风雨,原来是送给王提刑的儿子王安石的。

庆历二年(1043年),二十二岁的王安石,考进士高中第一。却被枢密史晏殊做了手脚,张榜时名列第四。

庆历三年,范仲淹、欧阳修、韩琦等朝廷重臣,发起"规模阔大"的庆历新政,"明黜陟,抑侥幸,择长官……"十条新政,头三条都是拿官僚开刀,从朝廷到地方,掀起整顿吏治的大风暴。王安石待官无事,不动声色地瞧着。

不到一年,新政收场。范仲淹等人斗不过庞大的既得利益集团,被摇摆不定的老皇帝贬出了京师。

王安石对朋友感慨地说:君非不明,臣非不贤,惜乎未得良机也。

古代君臣讲遇合,时机非常重要。宋仁宗已经做了二十五年的皇帝,变革决心有限。捅出了娄子,得罪了豪族,变革大臣们立刻成为政治的牺牲品。

王安石琢磨着。

王安石被派到扬州做判官,顶头上司是太守韩琦。韩琦出生于高官门第,自己也出色,兼具军政才能,是北宋名臣之一。他的领导作风,不同于欧阳修的,是看年轻人不大顺眼。而王安石的个性,又很难讨人喜欢。扬州繁华地,娱乐场所多。王安石有时早晨点卯迟到,衣冠不整冲进衙门,韩琦会冷冷地抛下一句:年轻人,劝你趁着精力充沛多读几本书。言下之意,是王安石把旺盛的精力用到妓女们身上去了。

王安石的脸涨得通红,眼睛死死盯着墙角。却始终不置一词,不向上司作任何解释。

其实他夜里攻书很晚才躺下。年轻人又睡不醒。他是胸怀大志的人,向来对歌舞场烟花巷不屑一顾。而受了上司的莫大委屈,他一声不吭。这件事,宋人多有记载,很能表明王安石的个性。这种不羁不屑,后来直接影响他的施政纲领和执政风格。宋人说:"安石,牛形人也,故敢当天下先。"

牛形人,再配上龙的电光般的眼睛,王安石的形象便跃然纸上。

韩琦知道了王安石夜里用功,并不觉得这是王安石的什么优点。这年轻人,他已经看不顺眼了。上级一旦看下级不顺眼,下级的优点也会变成缺点。王安石嗜古书,认得许多冷僻古字,太守府的幕僚们十分佩服,惟独韩琦不欣赏,于是幕僚寻思着改变看法,向长官靠拢。

有人认不得古字请教韩琦,这面如冠玉的太守用鼻腔表态:嗯,嗯,本官忙着呢,找那个王安石吧,他认的古字多。

王安石研究古字由来已久,颇自得。偏是自我感觉良好处,又受上司恶意讥讽,气得牛背高耸,龙目喷火。还是不吭声,只于日记中一笔一画地写下九个字:韩琦貌美,余一无可道。

安石一生勤写笔记,事事记得分明。不难看出,这也是一位活得很较真儿的人。他的书法相当有力,为黄庭坚、米芾所推崇,《墨庄漫录》云:"王荆公书清劲峭拔,飘飘不凡,世谓之横风疾雨。"

牛形人,龙眼睛,横风疾雨……

韩琦貌美,穿戴也讲究,公共场合尤其留意装束。下属皆仿效,一个个弄得有模有样。唯独王安石官服不洗,官带歪系。韩琦斜睨他,他不理会。下次还这样。

王安石年纪轻轻就已经是王安石。个性四十年不变。

扬州磨勘三年之后,二十六岁的王安石回汴京长时间待官。上司的评语对他不利。困惑近两年。父亲已去世,京师官员万千,没人帮他一把。待官的年轻人,多如夏季苍蝇乱飞。王安石也辗转敲门,写求职信。唐宋六百年,风气如此。宋朝所谓冗官,一个官位至少三个人,称去官,在官,待官。中了进士,磨勘三年后又待官翘望者,遍布京师。

王安石《上张太傅书》阐述志向说:"某愚,不识事物之变,而唯独古人是信。闻古有尧、舜也者,其道大中至正,常行之道也。得其书,闭门而读之,不知忧乐之存乎己也。"

王安石关起门来读得津津有味的书,也许是载有尧舜事迹的《尚书》等。从春秋到汉唐,皆不入他的眼,所以说"不识事物之变"。一般士大夫所奉行的孔孟之道,在他眼里也并非至高无上。对一个一心追随尧舜之道的人来说,孔孟之道有什么高不可攀的呢?

王安石读的古书,有些今已不传。他的历史眼光,显然不同于和他同时代的欧阳修、司马光、苏东坡。欧阳与司马俱有史学巨著,而苏东坡,则被今人陈寅恪称为"最具史识的人"。王安石比他们看得更远么?他所看到的三千年前的尧舜时代,究竟是怎么一回事?

他一头钻进古书,同时洞察时事,深厚的历史感辅之以强烈的现实感。他自视甚高,看不起"流俗之人"。

京城待官到二十八岁,官帽终于来了。

此后数年,王安石在鄞县(今宁波)、舒州任县令和通判,基层经验日益充足。他对修水利、兴学校、整顿官吏、改善农民的处境都有十分浓厚的兴趣,以他的才干,治理州县绰绰有余。干一行深入一行,比如修水利,他是公认的专家。兴学校、改课本、质疑朝廷以诗赋取进士,又堪称教育改革家……这牛形人干什么都劲头足。所过之处,皆有政声。

宁波人至今怀念他,为他建纪念馆,保留他的若干遗迹。

此间他已娶妻吴氏,生一子,取名王雱。这个异日绝顶聪明的儿子,带给王安石的,有骄傲,有烦恼,更有无尽的悲伤。

## 2

嘉祐元年(1056年),在地方干得出色的王安石调往京师任群牧判官,从事畜牧业。从州县跳到京城去做官,称改官。改官并不容易,一般需要活动。王安石能进京,可能是由于朝廷大臣兼文坛领袖欧阳修的举荐。

王安石是个关心家庭的人,进京后将弟妹拢集到身边,操心他们的仕途和婚嫁。弟弟王安国、王安礼先后登上仕途,有趣的是,二人到后来,都不肯附和哥哥的变法主张,分歧很大,一度导致反目。而一般职业官僚不会这么干:三兄弟同朝做官,正好结党营私。

师生之间,朋友之间,讲原则性的,亦不乏例子。比如欧阳修,不厌其烦地向朝廷举荐王安石,但到了王安石轰轰烈烈搞变法,事关国家前途、苍生祸福,欧阳修以他一贯的价值观坚决抵制新法,在他的职权范围内冒着被撤职的危险自行主张。

王安石本人,也为他的治国理想付出了沉重的代价。

北宋政坛君子多,君子几乎全是文人。文人自幼阅读圣贤书,价值判断清晰。要他乱来,可不那么容易,他得首先拆卸自己的价值系统,断掉深入泥土的根系。文人有迂腐,更有正直。北宋立国百年后,官场仁人君子尚能呈现大面积的生长态势,这现象不值得认真考察么?

王安石居京师两年,又外放,做常州太守,迁江东提点刑狱,一如既往地政绩卓著,断案公正。朝廷召他还京,让他担任三司度支判官。三司是盐铁、户部、度支的合称,掌国家财政收支。王安石埋头研究经济,大约起于此时。他对周朝的"泉府"特别感兴趣。泉者,钱也。他发现《周书》的大部分篇幅都讲利,和亚圣孟子重义轻利的主张不一样。

汴京商业发达,王安石喜欢独自上街溜达,观望那些大大小小的商铺。有时和农民、僧道、士兵们交谈。

这一年他四十岁。

他在京师有了一些名声,原因有三个:1.当初考进士,差点拔得头筹;2.做十余年地方官,干得不错;3.才高傲物,性情古怪,社交场合我行我素。

嘉祐初年的王安石有不少趣谈。

他认识了年轻气盛的苏东坡,领教了脾气火暴的苏老泉(苏洵)。他和苏老泉,一见面就互相不喜欢。名震京师的眉山三苏当中,王安石对性情温和的苏辙倒是有好印象,后来组建变法机构,把苏辙拉进去担当重任。却不料苏辙由于持有不同政见而处处跟他闹别扭。三苏,一个比一个令他头疼。尤其是苏老泉,不止一次当众给他白眼,还写《辩奸论》流传官场,认为他的古怪举止表明他是伪君子,胸中藏有大奸。

这四个人,均属"唐宋散文八大家"。加上欧阳修、曾巩,宋代的六位占全了。欧阳修的豪华府第,常有大家名士聚会,诗酒酬唱,歌舞留连。苏老泉一介布衣,对"财政部"要员王安石爱理不理。王安石呢,同样还以不屑。欧阳修以恩师的身份居中调停,却不管用。苏老泉连讥带讽,王安石闭目养神。有一天傍晚在欧阳府后花园,昏昏欲睡的王安石突然睁眼,将目光射向老泉,老泉一愣,随即以眼还眼。

眼睛打仗,难解难分。宋人笔记描述:四目皆如射,如利箭破空……

老泉回家,对两个儿子说:介甫鼠辈耳,不足与谋。

老泉平生所学,乃是《战国策》,言谈夹带策士的味道。当初在眉山,他把此书弄得很神秘,故意让苏轼偷去,如饥似渴阅读……而王安石在欧阳府中公开表示,《战国策》是旁门左道。苏、王二人相抵牾,这可能是主要原因。二苏(苏轼、苏辙)誉满京师前程似锦,老苏不希望王安石来搅扰。

没过多久,老泉去世,王安石松了一口气。

王安石又认识了司马光,两个人一见如故,钦佩对方的才学和人品。不是你拜访我,就是我拜访你,从早晨起谈到半夜三更,互为知己,抵足而眠,友谊看来是天久地长。

王安石是开封府尹包拯的座上客。包公是黑脸,安石也是黑脸。黑脸劝黑脸喝点酒,怎么劝也劝不下去。包龙图何等声望？王安石却横竖不给面子,于是,满堂宾客摇头。司马光也在座,他平时不饮酒,但这样的场合要举杯。他回家写日记:"介甫终席不饮,包公不能强也。某以此知其不屈。"

王安石照例不洗澡,不换衣服。好朋友和他在一起,很是丢面子,又不敢明说。怎么办呢？他们想出了一个主意:到高级寺庙洗沉香木桶浴,希望王安石能上瘾;并以新衣服偷换他肮脏的旧衣服。王安石浴后很舒畅,穿了新衣便走,浑无知觉。朋友们窃喜。但过一阵再请进山泡一回高级澡,他不去了,说浪费时间。

他脏。老婆吴氏却因此患上了洁癖。原委是这样:既为夫妇,总是要同房的,同房之后,吴氏拼命洗刷,呆在浴室几个时辰不出来。好在中年后房事大大减少了,吴氏也完成了生儿育女的重任。有一年搬家,王安石欲退还公家的雕花大床,吴氏死活不肯。王安石也不跟她争,只脏衣破鞋、率领几只虱子躺了上去,俄顷,鼾声大作。第二天从朝廷下班,那雕花床已不见踪影。

吴氏夜里很少伺候丈夫,心里过不去。买来一个貌美而又善解人意的小女子,作为丈夫的生日礼物。可是"礼物"当天就被辞退了。

王安石的夜晚,有大堆古籍相伴。家里庙里皆然,青灯一盏照千年。

有一次宋仁宗请臣子钓鱼,王安石"忝陪末座",一条鱼没钓起来,却把盘子里的几十颗球状鱼饵吃光。仁宗皱眉头,"视之良久",他照吃不误。

王安石对日常物事视若无睹,他究竟想些什么呢？

王安石给皇帝写过一封九千多字的长信《上仁宗皇帝言事书》。苏东坡也给皇帝写长信。北宋士大夫,直接给皇帝写信的,远远不止他们两个。而这些大臣们未必担任着谏官、言官。他们通盘考虑国家大事,有了想法就写信,观点丝毫不隐瞒。大臣之间的争论更是家常便饭,有时在皇帝跟前也大吵大闹。

广开言路,是赵宋立国之本。士大夫说错话不治罪,干坏事不砍头。谏官们甚至可以"风闻言事",不必对言论的真实性负责。唐朝的谏官属丞相管,宋朝的谏官则直接受皇帝的领导。大胆说话,有制度保障。高官多是文化人,而文化人相对单纯,培养政客的多重面孔有难度。文人学者,于治国理念上往往是一根筋,不善于见风使舵。要他转变立场,除非你能够说服他。良好的修养源自长期的学养:满脑子子曰诗云,很难一肚子坏水。

人文修养好,当官不乱搞……

王安石绞尽脑汁写长信递上去,未见回音。仁宗既不在便殿"召对",也不叫宰执传话。王安石为此苦闷了半年。他了解仁宗,老皇帝想保持现状。可他也是四十多岁的人了,仕宦二十年,担心来日无多——谁知道老皇帝能活多久呢?

信中有些句子,后来广为流传:"臣于理财,固未尝学,然窃观前世治财之大略矣。盖因天下之力,以生天下之财;取天下之财,以供天下之费!"

王安石以理财为先的变革思路露出了端倪。朝廷不是缺钱吗?为什么不取天下之财以供天下之费?

宋仁宗不理睬王安石的变革长信,但对王安石本人是信任的,委以重任,叫他出使辽国。整整一年,王安石经河南向河北,饱览了塞上风光,绕道返回,写诗无数。对一个诗人来说,这当然是美差。

回京述职,受表彰。朝廷命他同修起居注,待在皇帝的身边,记录天子的言行。这莫大的恩宠,一般官员求之不得,可王安石不受。他上了七次辞状,隔数月,又上五次辞状。朝廷不允。双方拧上了。朝廷的官吏把敕书送到他家里,四处寻他不见:原来他一直蹲在厕所里。官吏左等右等,不耐烦了,将敕书放在桌上,扭头便走。刚走到大门口,忽听身后脚步声急,那黑脸虎头的王安石追了上来,硬将敕书塞还官吏。

这件事传遍了百官。王安石辞官的次数和方式,创下官员之最。

他不愿到老皇帝身边去修什么起居注。

朝廷终于让步,改命他为翰林学士知制诰,舍人院办公,起草诏令。他接受了。

皇帝下诏,由翰林学士负责文字工作,俗称"撰词头"。能登翰林院者,自是笔力不凡,他们起草的诏令,不单富于文采,更有个人发挥。这一类文章,现散见于宋人文集,翻翻颇有趣。很有些官方文件,可作美文欣赏。

王安石任知制诰两年多。

老皇帝居于深宫,偶尔露一回面,接受百官的朝拜。他的身体状况是国家机密,太监们讳莫如深。王安石又忍不住了,写《上时政疏》,批评皇帝说:"以臣所见,方今朝廷之位,未可谓能得贤才;政事所施,未可谓能合法度。官乱于上,民贫于下。风俗日以薄,财力日以穷困。而陛下高居深拱,未尝有询考讲求之意……"

和上次写万言书一样,皇帝没理他。

值得注意的是,此间的王安石尚看重风俗。几年后苏轼反对新法的一大理由,却是指责他破坏风俗。

嘉祐八年(1063年),皇帝终于死了。

这一年,王安石的母亲去世,他辞去官职,回江宁(金陵)丁母忧。三年内,一心感念母亲的大恩,把朝廷抛到脑后。宋朝的丁忧制度十分严格,除了皇帝,所有的人都必须丁忧。丁忧也叫服丧、居丧。对官员来说,丁忧还意味着,任何官职都是可以由别人来顶替的。丁忧之时,社会身份悬空。

王安石是孝子。他一直睡在母亲的灵堂,地上只铺点麦草。守孝之人不能把自己弄舒适。冬天也是这样。入夜,一根烛,几卷书。三年一千天,烛光照着这个怀念母亲的中年男子。他瘦了,也更黑了,眼睛的亮度却有增无减。他研究经学、史学,揣摩人性,猜想五行(金木水火土)。他开始创立自己的学说:荆公新学。

丁忧,挺好。

有个太守朋友派人来送信,王安石正席地而坐。送信的人只当他是府中老仆,把信给他,要他呈送学士。王安石接过信拆开便读。送信人大怒,呵斥道:大胆仆役,这信是你能拆看的么?旁人急忙提醒:他便是舍人院的王学士呀。送信人惊出一身汗,顾不得叩头谢罪,转身便走,边走边嘀咕:好个王舍人,好个王舍人……

舍人,学士,在宋朝是了不得的称号。类似现在的中国科学院院士。

居丧期满,朝廷以原官召回王安石,他以身体差为由,拒绝赴京。诏令屡下,他屡辞。双方又拧上了。朝廷不能强迫他,更不能开除他。不独王安石,其他官员也常有这种情形,包括一些小官。

仁宗之后的英宗,是个病歪歪的皇帝。朝政交给他母后。

蓄志已久的王安石,对这病人和垂帘听政的妇人不感兴趣。

他闲居江宁,拿一点俸禄,开几间课堂。授徒讲学,名播四方。古之圣贤皆如此。

江宁一带及附近州县,常有官员向他通报各类政务、吏事。

他关注农民,写诗感慨农民的非人处境。高门大户罕有他的身影。

他每天熬夜,一支笔在纸上随意画着。

朝廷使者从汴京来了,手拿诏书怀揣官帽,一路羡煞多少士子。而王安石待之以礼,拒之以辞。视富贵如粪土,拿朝廷当儿戏——江南江北,盛传着他的离奇故事。仕途那么窄,想挤上去的人又那么多,要做上京城的高官,更比登天还难。所有这些世俗的东西,王安石无动于衷。

他快到知天命的年纪了,莫非一点不心慌?

牛形人视物如射,可能已经射到了历史的深处,并以此建立自己的坐标,把握自己的历史机遇。这大概就是所谓高人。高人的特征是历史感强,对时间的感觉异于常人,他眼中的十年二十年,只在弹指一挥间。而常人的目光能抵达一两年就算有远见了。

辞官,讲学,行事古怪,三件事带给王安石一个相同的结果:提升知名度。这中间有自我炒作的成分么?人活世上,总有追求,不求利,可能求名。古今圣贤,谁见过无名氏的身影呢?连隐士都会在儒家圣典《论语》中留下他们的大名。孔夫子讲隐士谈逸民,时时显得很恭敬。

如果没有宋神宗,王安石会隐于江宁么?这事儿难说。他写诗做学问的劲头亦大,朝文化的方向努力,或能成一代宗师。

世间事多偶然。必然性远不能解释一切。

江宁的几年,王安石显然做了两手准备。如果英宗寿命长在位久,他的政治抱负很可能付之东流。

他在钟山唱歌,在金陵街头踽踽独行,一副隐者姿态。他喜欢骑毛驴,山道上晃晃悠悠。他不算卦。时常在驴背上望天不语。山风吹来了山雨,淋湿他的三寸胡须……

天气多变,人寿无常。英宗很快死掉,神宗坐上龙椅。王安石在江宁写了一首耐人寻味的《古松》:

> 森森直干百余寻,高入青冥不附林。
> 万壑风生成夜响,千山月照挂秋阴。
> 岂因粪壤栽培力,自得乾坤造化心。
> 廊庙乏材应见取,世无良匠勿相侵。

寻:八尺。廊庙指朝廷。王安石自视为国家的栋梁之材,跃跃欲试了。他还不是一般的大树,孤标直上,插入青云。乾坤给他生长的力量,地上的粪壤不值一提。

王安石盯上了血气方刚的宋神宗。

## 3

宋神宗年少时读书用功,一如王安石。他叫赵顼。二十岁当皇帝,面对百官常常显得忧心忡忡,眼睛在几个宰辅大臣身上扫来扫去。唐介、赵抃、曾公亮……他们都老了,面皮打皱,齿落发稀,走路慢吞吞,上朝要打瞌睡。

神宗做太子的时候,最不想看的就是父皇英宗的病容。国家就像病人。这话是苏轼讲的,他印象很深。当年宋太宗被北方的契丹人追杀,身中两箭,侥幸逃脱;随行嫔妃却被掳走……神宗对臣下提起此事,泪流满面。这是国耻。而眼下却年年向北辽、西夏输金求和。堂堂大宋帝国,一百多万军队,这算什么事儿啊!

然而富弼对神宗的复仇心理不以为然。神宗召富弼谈话,从正午谈到黄昏。富弼说:"陛下临御未久,当先布恩泽。愿二十年口不言兵!干戈一起,所关祸福不细。"

神宗默然。

老臣看出这年轻人锐意勇为,心思都写在脸上,又提醒说:"人君好恶,不可令人窥测。可窥测,则奸人得以附会其意。陛下当如天之鉴,人之善恶皆所自取,然后诛赏随之,则功罪无不得其实矣。"

神宗点头。

这段话,显然是这位三朝重臣的经验之谈,是行之有效的帝王术。富弼不愧是老狐狸,他知道该怎么点拨新皇帝。为人君者,不能动声色,必须显得莫测高深。人君当如天,天不语,却对天下善恶洞若观火,以和风扬善,以雷霆罚恶……宋神宗年少有志,又身处一群学问、智慧均系一流的大臣之间,成长迅速。他虽然二十岁登基,给人的感觉却已有几分老成。不能以通常意义上的二十岁去判断他。

当然,宋神宗的意志力的运动方向,还是可以称作血气方刚。他身体好,精神抖擞;对美女兴趣有限,也许是因为来不及上瘾。旺盛的精力付与纷繁的国事,血气一冲十八年,终于未能持久。

王安石这个名字,对神宗来说,几乎如雷贯耳。他有个近臣叫韩维,议事常有精辟之语。他表示赞许时,韩维总是说:"这不是我的观点,是我的朋友王安石讲的。"而京师盛传王安石的大名,甚至有不少高官视之为"圣人复出"。神宗迫切想要见见这位百年不遇的高人,诏下,却遭到王安石的婉拒。

神宗纳闷了:这王安石对先帝这样,对朕也这样。真有病呢,还是挟名自重另有图谋?

高人本难求。刘备求孔明,三顾茅庐方请得大贤出山。神宗不生气,复命王安石任江宁太守,王安石没上辞状,接受了。

王安石此举,可能真有点玩弄高人名头的意思。他掌握主动,也把握分寸。如果拒绝做江宁太守,他就过分了,惹神宗生厌。高人之为高人,来点手段亦正常:孔明先生不是让刘玄德顶风冒雪白跑了两趟吗?

高人的"出",有讲究的。《古松》一诗说:"廊庙之材应见取,世无良匠勿相侵。"这话反过来说:世有良匠,稀世大材就亮出躯干任他砍伐。王安石已经做好被砍伐的准备,但朝廷人事复杂,他这一出,务必直抵皇帝左右,不能按常规一步步往上爬。政治时机稍纵即逝,等他爬到皇帝身边,一切已是明日黄花……姜太公、诸葛亮也是这么考虑的吧?高人的高明处,就是要打破常规,绝不能从基层干起。

由此可见,技术层面的政治智慧,在宋代,已经高度发达。

神宗想着王安石,王安石也想着神宗。君臣二人却不能见面,神交而已。王安石学姜太公一点不着急,稳坐钓鱼台。人生到了最关键的时刻,这牛形人把牛劲按下,气定神闲的样子,治理州郡毫不费力。他坐等年轻皇帝的召唤。

我读王安石的史料,发现此人的确有些招数。他是诗人、学者,却又能对政治老谋深算。而这两种东西由它们各自的惯性所推动,向来不易糅合。也许北宋有这个气场。文人主政绵延百年,生长出奇特的、令后世感到惊讶的脑袋,并且不是呈单个,是长出一批。学术与政治,尚在分流的途中,尚有产生交互作用的空间。

黄庭坚说:王介甫终日目不停转。

这模样酷似阴谋家。但王安石谋国不谋家。政治手段服务于他的政治理想。

他在江宁,几乎独自勾画着重振帝国雄风的蓝图。

而蓝图一旦实施,所有的人都将大吃一惊。

宋神宗果然忍不住,频频问他的大臣:王安石这人怎么样?

神宗的言下之意是:王安石能当宰相吗?

皇帝这么问,他希望得到的回答一目了然。朝廷官员,谁都关注着新皇帝的每一个念头。其中不乏揣摩之辈:思绪和皇帝保持一致。揣摩这种心态的流行程度,历来是检测官场风气的有效试剂。揣摩风行,真相消隐。揣摩生附会,附会生阿谀。上级想听奉承话,下级便苦练阿谀本领。大家都来揣摩,揣摩就必有竞争。

立国百年后的神宗朝,揣摩未成气候。

赞成王安石当宰相的,倒不是附会宋神宗。宋人马永卿《元城语录》说:"当时天下舆论,以金陵王安石不作执政为屈。"司马光直接给王安石写信,称:"窃见介甫独负天下大名三十余年,才高而学富,难进而易退。远近之士,识与不识,咸谓介甫不起则已,起则太平立可致,生民咸被其泽。"

安石为宰相,朝野呼声大。温公对荆公,评价尤高。

然而朝廷反对的声音也很大。左相韩琦对神宗说:"安石为翰林学士则有余,处辅弼之地则不可。"参知政事(副相)唐介说:"安石好学而泥古……若使为政,必多所变更。天下必困扰。"

看来京师的大臣们,对隐于江宁的王安石不是不了解。

最有趣的是侍读(皇帝的老师)孙固,神宗接连四次问他,王安石究竟怎么样?孙固每次的回答都一样:"宰相自有其度,安石狷狭少容。必欲求贤相,司马光、吕公著、韩维其人也。"

最后一次,他索性写在纸上,懒得再费口舌。

孙固,《宋史》有传。单凭上述记载,他就显得可爱。

皇帝的意图碰上了来自四面八方的阻力。

这事儿耐人寻味。

宋神宗一如唐太宗,被他心直口快的臣下搞得不愉快。不愉快却要忍着。宽松的格局得来不易,既定的言路不可堵塞。他要珍惜。他也必须珍惜。

熙宁元年(1068年),诏下,召王安石入京为翰林学士。朝野紧张关注着。王安石似乎不当一回事儿,迟迟其行,途中又走了几个月,写诗,会友,游山戏水。

高人之"出",何其潇洒。

王安石抵京,刚到阁门报到,神宗就"越次召对",破例在便殿和王安石谈话。由于事关重大,这次谈话被后世学者反复书写。王安石一身破官服,气宇轩昂入宫。太监带路,一路上都在讨好他。

北宋大臣厉害,太监说话像蚊子叫。这一点,盛唐也是望尘莫及。

神宗对王安石的穿戴早有耳闻,此刻微微一笑,表示理解。

神宗赐座,安石也不推辞,在龙椅前坐下。

神宗问:"治国以何者为先?"

安石答:"治国以择术(统治术)为先。"

神宗问:"唐太宗如何?"

安石答:"陛下当师法尧舜,唐太宗何足道哉!"

神宗说:"愿闻其详。"

安石侃侃而谈:"尧舜之道,至简而不繁,至要而不迂,至易而不难。但末世学者不能通晓,以为高不可及耳。"

神宗不禁动容,趋前说:"卿再言之。"

安石捋须而笑:"陛下倒不必急在一时。今以天下之大,人民之众,百年承平,学者不可谓不多矣。而虑无人助治,是陛下择术未明,推诚未至,即使有贤人,亦将为小人所蔽,卷怀而去。"

安石说到兴奋处,连比带划的;又起身踱步,双目闪闪发光,两臂交叉挥舞。这情形,仿佛再现了诸葛亮在茅庐中对刘备的那一番高论。国家的未来,只在他的三寸不烂之舌。

王安石忽然朝殿门走去,神宗急忙唤他,好像担心这位贤人"卷怀而去"。

王安石退。上《本朝百年无事札子》。这是他写给皇帝的第二篇大文章。第一篇写给宋仁宗,石沉大海;现在写给宋神宗,石破天惊。文章在历数了朝政的各种弊端之后,总结说:"天下无事,过于百年。虽曰人事,亦天助也。"

高人高论。当时除了王安石,也许再无人把话说到这种程度,尖锐,难听,透彻。国家百年承平,三分在人事,七分在天助。换句话说,国运长久不过是碰了运气而已。神宗前的英宗、仁宗,他们近五十年的文治武功,几乎被王安石一笔勾销。

> 伏惟陛下知天命之不可常,知人事之不可急,则大有为之时,正在今日!

神宗把王安石的奏书连夜读了好几遍,热血沸腾,夜不能寐。有几个关键词,火苗般在他眼前跳动:"变风俗,立法度。""当务之急,理财为先。"

翌日上朝,百官济济一堂,神宗只看见王安石,只听到王安石发出的声音。朝堂孕育着大风雨,所有的官员都面色凝重。

退朝时,神宗又留下王安石单独谈话。

皇帝的心思昭然若揭了。王安石的治国主张,以"邸报"(官方小报)的形式流布于京师。变革的细则未出台,其方向,其力度,已令人拭目以待。

高人之"出"收效显著。七月,王安石游汴梁八角镇的西太一宫,三十多年前他随父宦游到过此地。他在道观的壁上挥笔题六言诗:

三十年前故地,父兄持我东西。
今日重来白首,欲寻陈迹都迷。

诗句含蓄,想说的话都在言外。几十年人事感慨,透出他此时际会风云、即将大展平生抱负的心境。后来苏东坡读到壁上的原作,叹曰:"此老野狐精也。"

然而高人之外另有高人,感觉不对劲了。八月,朝廷按惯例举行郊祀(祭天地),神宗也依例赏赐中书、枢密二府。他初登皇位,对政务和军事两大机构当有所表示。国库再吃紧,皇帝手上可不能吃紧。多少官员等着这一天呢。针对这件看似不起眼的事,司马光与王安石针尖对麦芒了。

这一年河朔受灾,朝廷为救灾款大伤脑筋。司马光请神宗免了对官员的赏赐,把钱用于灾区。神宗征求王安石的意见,王安石不同意。他说,国用不足,是由于理财不善,靠节约解决不了大问题。区区万贯赏赐,何必大惊小怪?

司马光冷笑:善理财者,不过是加赋税、刮地皮而已。

王安石摇头:君实此言差矣。善理财者,民不加赋而国用丰饶。

司马光愤然抨击:真是岂有此理!天地所生财货百物,不在官府就在民间。变尽法子夺民财,其害甚于加赋!

两个大人物,治国方略严重对立。都是心中雪亮的人,几句对话下来,已知对方路数。老朋友要翻脸,实在是因为分歧太大。原则问题,毫无妥协的余地。不伤及个人私谊是不可能的。司马光从欢呼王安石到抨击王安石,前后不过数月光景。介甫要兴风作浪,置天下苍生于不顾,君实怎能袖手? 这位胸中激荡着历史风云的大学者,亦能洞察当世。他是主张"养民"的,同时约束全国的官吏,使他们各守其责,厉行节约。也许他此间并无一整套治国的措施,但王安石的变革意图初露,他立刻嗅出了危险,并将自己毫无保留地、迅速地置于王安石的对立面。

皇帝面前的几句简单争辩,却有刀光剑影。

大人物的念头,对国家举足轻重。

司马光的个人生活相当简朴,以至造访他的朋友抱怨说,到他家,不要说酒不能足肉不能饱,就连蜡烛也惜着用,一次只点一根。烛台却是皇宫所赐,称金莲烛,能点一圈火,烛照十丈开外。司马光这不是浪费宝物吗?可是去他府上的人,除了苏东坡,谁也不敢提醒他再点一根烛。冬天,造访司马光的人明显减少,因为客人与之对谈,他从不生炭火……

王安石同样不奢华,他连酒都不喝。近女色更谈不上。一个北宋高官,如果他拒绝酒色,就等于拒绝了高官的生活方式和社交圈子。而王安石享有盛名,则说明像他这样的异类,尚未逸出一般官员的视线,成为某种怪物。一般官员是既想奢华,又想"圣人复出",让大宋帝国在百年之后能持续地繁荣下去。

皇帝也这么想。

他对声称"善理财"的王安石寄予厚望。

民不加赋而国用丰饶……王安石究竟有哪些高招呢?

## 4

熙宁二年初,王安石官拜参知政事。同期,请置"制置三司条例司",神宗当日批准。这是一个全面推动新法的领导机构。三司相当于财政部。新机构放在财政部,表明新法的主要目标是理财,充实国库。这个条例司,显然独立于朝廷的权力格局之外,它直接听命于皇帝,不受中书、枢密二府的任何约束。变革也涉及军事,最高军事长官枢密使却无权过问。

王安石变法度,先变机构。权力运行要畅通。条例司的人选由他自己定,三员大将,吕惠卿、章惇、曾布。就个人能力而言,这三个人确实非常出色。王安石把苏辙也拉进去,任检详文字。苏辙写过一篇文章,痛陈朝廷的若干弊端,王安石表示赞赏,请苏辙参与他的变革大业。

王安石既是变法的理论家,又是实践者。他亲自执笔,笔下"横风疾雨",书法和书写的内容完全合拍。横风疾雨扫九州……

条例司一经组建就异常忙碌,起草新法的工作有序展开,各办公室几乎每夜都是灯火通明。朝廷的其他部门,工作量骤然减少,很多官员闲着没事干,观望的、焦急的、骂娘的,白天佯装镇静、半夜奔走敲门的……百态纷呈。

议论蜂起,举朝哗然。

四月,条例司派出八个钦命提举官分赴各路,考察农业、赋税等,为制定条例提供依据。路,是州以上的有专业区分的行政单位,提举官不专设,因时而定。也许是王安石有意安排,八大提举官,于同一天同一时刻离开汴梁,八支队伍,车盖摇摇马蹄嗒嗒,市民聚道围观,有略知内幕者,悄声散布着朝廷将有大动作的小道消息。

京城百姓的政治神经,向来敏感。

王安石是制造轰动效应的大师。短短几十天,新法已酿成必行之势,邸报一份接一份,山雨欲来风满楼,由京师波及全国。

王安石一口气推出三个大法,交给朝廷讨论。他稳操胜券,因为皇帝比他还急,频频催问他的进展情况。日理万机之余,他独自溜出去,沿着汴河散步,穿便服,蹬草鞋,像个山里的老农民。没人认识他,他觉得很有趣。而他心里想的,笔下写的,即将掀起全国范围内的大风暴。他自语、自笑、自露表情,细长的手指头还在空中画着什么符号,旁人怀疑他是疯老头。

王安石对吃穿行毫不在意,面容,身形,比实际年龄要大。

此刻他感觉好极了,举国上下,满朝文武,将随着他的念头的每一次波动而受影响。历史高人,雄视古今。高卧隆中的诸葛亮能与他等量齐观吗?区区一蜀国,怎能比大宋帝国?

有统计说,当时的人口已近一亿。京师一百五十万人,城市规模和人口数字俱称世界第一。单看巍峨的宫殿、大片的豪宅、人头攒动的街市,繁荣也不假。王安石一心想让这繁荣局面再维系一个百年吗?高人为了高远的目标,要让国家暂时休克吗?

细腻进入王安石的内心世界,非笔者能力所及。

包括他的动机在内的许多事,恐怕已成千古之谜。

王安石这个人,颇善于沾沾自喜。他不介入社交,偶有闲暇就神出鬼没,皇上、部下往往不知他的行踪。可是有一个人一直在找他,见一次吵一次,他躲避,这个人就写信,或在街头堵住他。此人是他最老的好朋友曾巩。当初一同考进士,算来已近三十年。

曾巩反对他,态度极其坚决。说服不了他,曾巩自请离京,放弃京师繁华到遥远的越州去了。曾巩此举,是不想和王安石发生更大的正面冲突。王安石黯然神伤。

但这仅仅是个开头。

王安石搞变法,应该说理由充足。士大夫普遍认同,变法有舆论基础。早在仁宗朝,苏轼就撰文说:"夫天下之未平,英雄豪杰之士,务以其所长,角奔而争利,唯恐天下一日无事矣,是以人人各尽其材……而天下既平,则削去其具,抑远刚健好名之士,而奖用柔懦谨畏之人。不过数十年,天下靡然无复往时之喜事也。"

苏轼撰文时二十几岁,议论很精辟。承平日久,各级官员容易昏睡,墨守成规,不思进取。北宋官场有个流行词:享国。皇帝享国,官员享国,到处都有歌舞宴乐的享受。到神宗朝,享国一百年了,日子真舒服。然而"三冗"问题日趋严重,国家财政空虚,一旦打大仗,凶多吉少。王安石说:百年无事,亦天助也。但是天命这东西却是猜不透靠不住的,百年之后,还能支撑多少年,谁的心里都没数。皇帝希望江山永固,却又难以回避摆到明处的历史现象:汉代江山姓刘,唐朝江山姓李,大宋江山姓赵,往后姓啥呢? 多少皇帝啊,国运长的几百年,国运短的几十年,甚至几年……

变革是大势所趋。但怎么变,又是一个大问题。渐变还是骤变,对天下苍生,"所关祸福不细。"

二者有如冰炭不容。

苏东坡终其一生,是坚定的渐变派。他形容渐变说:要让白昼不知不觉变成黑夜,不能从酷暑一下子跃入严冬。

牛形龙睛包公脸的王安石,大力推行骤变。这头野牛要发足狂奔,牛车上拉着大宋帝国、几千万黎民百姓。

谁是谁非呢? 数百年来,学者们争论不休。

王安石动作快,上半年成立制置三司条例司,下半年,三个大法出台。

七月,颁行均输法。

九月,颁行青苗法。

十一月,颁行农田水利法。

另有涉及徭役、商贸、军事的免役法、市易法、保甲法、方田法,正紧锣密鼓地炮制着,书写着。据说条例司的官员,除了苏辙,全都受到王安石书法风格的影响,横着来竖着去的,宛如风雨交加。

高人率领着一批年轻人,呼哧呼哧拉大车。高人捋须而笑,年轻人活蹦乱跳。可是这拨年轻人却大半是小人。他们天生是小人么?未必。急于进身,迅速往上爬,才使他们摇身一变而为小人。王安石亲自排练的大戏,自定为英雄角色,岂料小人七手八脚把他变成悲剧人物。这个后面再谈。

王安石倚仗皇权顺利了,朝廷大臣步履蹒跚。

针对五位执政重臣,当时的官场流行五个字:生老病死苦。怎么讲呢?王安石生,曾公亮老,富弼病,唐介死,赵抃苦。

曾公亮七十一岁了,长期做宰相,养成了凡事悠着点、观风向看局势的作风。王安石这么搞,他不表态。可是新法与反新法的斗争必然激烈,有着敏锐政治嗅觉的曾公亮,不得不掂量他还有多少"悠着点"的空间。

富弼明确反对王安石,对皇帝说:"大抵小人唯喜生事,愿深烛其然,无使有悔。"神宗听不进去。生事有啥不好?不生事坐享富贵就好么?不过,神宗对富弼这位三朝老臣非常尊重,虽然他心里偏向王安石,却对富弼礼数周到恩宠有加。变革大业,神宗希望富弼帮他一把,可是君臣的心思不对路,各自的殷切希望都落空。王安石春风得意马蹄疾,富弼脚痛,数月不出家门。他上章十几次辞相位,做个地方官。神宗不得已,终于批准。老臣临行别君王,君王流泪了。问他谁可替代,富弼举荐文彦博。神宗沉默良久,反问:王安石如何?富弼不答。再问,亦不答。富弼一走,神宗把一个叫陈升之的人扶上了宰相位。

唐介对王安石有宿怨。他是火爆脾气,口才一般,偏偏喜欢辩论。当众与王安石辩新法是非,辩一次输一次,回家生不完的闷气。恶气憋成了背上的恶疮,竟然一命呜呼。

唐介死了,赵抃冲上去,也和王安石辩论,还是辩不赢,气呼呼回转阁内,弹指叫苦。熙宁二年,赵抃叫苦不迭,执政办公室,人人听够了他的唉声叹气,看够了他的愁眉苦脸。次年乞外放,到杭州做了知州。他叫苦,倒出了苦水,庶几避免了生恶疮……

王安石作为新法的理论家,非常能辩。四个执政,没一个是他的对手。赶走三个,气死一个。他在家里练习辩术,墙上一大堆论敌的影子。去掉四个,又生出五个……司马光、苏东坡、范纯仁,个个是顶尖高手,王安石能逐一将他们打败吗?范纯仁是范仲淹的儿子,正直、博学均如乃父。

还有老上级韩琦,还有恩师欧阳修……

究竟是为什么,熙宁新法招致这么多人的反对?

先看影响面最大的青苗法。乡下的农户,每年到了春季的时候,要向地主借贷,夏秋还钱,半年加息三分以上。青苗法从地主手中夺利,以官方贷款取代私人贷款,半年取息二分。王安石的本意是好的,抑制了地主,又减轻了农户债务。他以前做县官州官,搞过试验,很成功。但青苗法推行全国三百州,问题层出不穷。首先是地方官吏为政绩搞强行摊派,并暗中加息,勒索农民。农民还不起官债,举家逃亡,官府派人追捕,关进监牢。逃亡的农户多了,青苗法的补充措施紧急出台,将十户农民结为一保,其中若出现逃亡户,其他农户要赔偿逃亡户欠下的官债。这就把富裕户也牵涉进去了。一户跳墙,九户慌张……其次,一般农民没见过大把的钱,贷款到手,心花怒放。尤其是那些不知艰辛的后生,一溜烟扔下锄头就跑,进城吃喝嫖赌,过上了城里人的日子,再也不想回家。苏轼写诗形容:"杖藜裹饭去匆匆,过眼青钱转手空。赢得儿童语音好,一年强半在城中。"

再看让朝廷获利最多的市易法。这是王安石的商贸大法,把原本属于商人的利润收入国库。汴京是商品集散地,商人做买卖,大小商家各有赚头。王安石让官方资本进入市场,成立"市易务",等于购销批发总公司,兼营银行业和典当铺。资本的运行有权力作后盾。商家须从总公司进货,或用现款,或以财产作抵押。货源和批发价均由官方控制,商人的利润空间大大萎缩,亏本的,破产的,不计其数。可是生意还得做下去,商人不做买卖,难免要喝西北风。于是,年复一年的,大宗银子源源不断流入官府。王安石兴奋之极,下令在全国十几个大城市全面铺开,设市易务,而京城的市易务升格为提举市易司,掌控全国的下属机构。

变法的第一炮:均输法,也是在商人手中夺利。

另外,王安石大搞专卖,盐、铁、茶、酒、绢、矾等,由官方严格控制。这些物资,以前也专卖,但民间私贩多,朝廷管不过来,只好睁一只眼闭一只眼。基本物资的巨大利润,朝廷与民间共享。王安石要调整这个绵延百年的利益格局,不惜动用各地的军队打击私贩,确保专卖。抓人,甚至杀人,后者通常针对有武装的私贩。有一年,单是两浙(浙东、浙西)地区,因贩私盐而入狱的就多达一万七千人。产盐地的人,竟然三月不知盐味儿;深山老林也禁卖私酒……

免役法,方田法,均有生财的高招。前者一改大多数民户须服徭役的"差役法",人人可免役,但要按户等出助役钱,以前受照顾的贫下户、单丁户、女户不免;后者通过重新丈量全国的土地,登记造册,按地势及土质优劣定税额,严防土地隐瞒和偷漏税。因当时瞒报的土地数额巨大,方田法收效显著。

保甲法,则是王安石的民兵制度。规定以十户为一保,五十户为一大保,十大保为一都保,挑选有财力和能力的人担任保长、大保长和都副保正。每户选一丁,农闲时操练武艺。每一大保选出"巡警"五人,捕捉盗贼,强化治安。保内出现了杀人越货的罪犯,知而不告,连坐治罪。按王安石的设想,这个遍及天下的民兵组织,和平时期维护秩序,打起仗来补充正规军。

保马法,农田水利法,都是调动民间力量的思路,节省财政开支。

同时整顿军队,"减兵习战",深得宋神宗赞许。

"介甫终日目不停转",他在江宁一待五六年,脑子里转的东西,大抵如上述。有些源自古法,比如青苗法源自周公的"泉府";市易法取自汉武帝倚重的理财高手桑弘羊。熙宁年间十来个新法,此二法为重头戏。安石看古书,直接看到当下。令人诧异的,是他坐在书斋里想出来的新法大都具有可操作性。没有讨论草案的班子。从成立制置三司条例司到新法出台,仅半年光景。一经推行,翻江倒海。高人的确有高招,善理财不是编故事。一张大网撒下来,民间财富藏不住。赵宋立国百年,好比一潭深水,大鱼老鳖有的是。王安石的龙睛能穿透深水,小鱼小虾悉数打捞。犹如巨鲸张口,一次就能吞下成吨的鱼类。

国库看涨,皇帝高兴。

年轻皇帝想打仗,雪宋太宗之耻……

熙宁三年(1070年)的正月初一,王安石写了一首《元日》:

爆竹声中一岁除,春风送暖入屠苏。
千家万户曈曈日,总把新桃换旧符。

屠苏:屠苏酒。古人元日相聚,习饮此酒。曈曈日:太阳光辉灿烂。桃符:桃木板上画门神,驱邪气,图吉利。新年换新符,迎接万象更新。

诗写得轻松自在。王安石心情蛮好。新法初试锋芒,一切都在预料中,包括反对他的声音。干大事,成大业,没人反对才叫奇怪呢。波及全社会的重大举措,势必伤害一些人的利益。这很正常嘛。古往今来皆如此。辅佐成王的周公旦那么厉害,不是还有一群小人围着周公狂呼乱叫吗?王安石觉得自己跟周公不相上下了。牛形人奋力向前,身后拖着庞大的帝国。一亿人啊,这可了不得,城市人口两千万!

王安石破例喝了酒,醉醺醺满街走。这是他快乐的小秘密:神不知鬼不觉,溜出家门,离开阁门。衣衫破旧如当年,甚至跣足、散发、不洗脸。吕惠卿为他介绍了一种洗面的方法,用芫荽汁反复洗,效果好。王安石模仿孔子的语气说:"天生黑于予,芫荽其如余何?"又有朝廷太医想为他去黑,说他的面色是"垢汗"所致,建议用澡豆,一洗了之。王安石说:"天生黑于予,澡豆其如余何?"

这头大黑牛,难怪人称拗相公。

这一年他五十岁,知天命了。自负三十年,视天下为流俗,以"三不足"安身立命:天命不足惧,人言不足畏,祖宗之法不足守。这是他的战斗口号,又拿去做官员考试的文章试题。几个大臣联名上奏,乃止。

天命,人言,祖宗法度,对所有官员都具有神圣性,凛然不可犯,比皇命更要紧。王安石这头黑牛"敢当天下先",一代高人,玩历史于掌股之上。

然而大戏刚刚拉开了序幕,高潮在后面。

## 5

王安石熙宁变法,主要想触动两种人的利益:一是大地主,二是大商人。当时土地兼并普遍,商业竞争激烈。乡下的富豪,城里的巨贾,呈迅速生长的态势。王安石眼力好,看透了这一层,集中火力向这两个强势集团开战。江山是皇帝的江山,国库焉能空虚?把商贾和地主的利益拿走,在他看来倒是顺应了天意:皇帝就是天子嘛。他的变法思路,不同于范仲淹的,是不触动"冗官"。他甚至反对节约,提倡官员享受,得到应得的俸禄和赏赐。也许这是他减少变法阻力的一种策略吧?范仲淹的失败,败在他首先拿官吏开刀,使本来支持"庆历新政"的宋仁宗,迫于形势而翻脸,将其逐出京师。

王安石为官,一辈子廉洁自律,却对部属宽松,全不计较小节。吃点喝点,玩玩娱乐场所,他佯装没看见。他是工作狂,倒鼓励他手下的年轻人准时下班。若加班,一定奖赏丰厚。他的人才观,是把才干放在首选。几员大将中,吕惠卿在朝廷可以说臭名远扬,因他公然宣称,除了王安石通不买账;章惇是他父亲与其岳母的私生子,是能量巨大恶名昭著的魔头;李定公然不服母丧,闹得全国舆论总攻击;沈括阿谀奉承、下绊子插软刀的本领,和他广博的学问不相上下……这些人在条例司活跃得很。王安石领导他们,通过他们又掌管几十个后生,在熙宁之初的两三年内,工作效率奇高。黑牛弹琴,"百兽率舞"。

王安石看重的德,只限于部属忠于皇上和他本人。这一条绝不含糊。却也形成了他的软肋,经不起攻击的。

王安石一手掀起的新政风暴,对一般官员并无损伤;对部属,更提供了进身的快速通道。可是令他想不到的是,几年后腹背受敌:官员在前面横身挡路,部属在身后反手捅刀……

条例司一群干将,唯有苏辙,是公开反对王安石。君子对君子,针锋相对在明处。青苗法试行之初,苏辙认真研究后,发现弊端甚多,建议王安石要慎重。王安石说:"君言诚有理,当徐思之。"可是过了一个多月,京东转运使王广渊禀报:"放青苗钱,年可获息甚巨。"王安石决定向全国推行。苏辙几番与他争辩,力陈青苗法将对农民造成莫大的伤害:"虽曰民不加赋而国用丰饶,然而法术不正,吏缘为奸,搭克日深,民受其害!"王安石不耐烦了,反问苏辙:"你想换个部门工作吗?"苏辙一气之下递上了辞呈,并上疏皇帝:"每于本司商量公事,动皆不合,臣已有状申本司,具述所议不同事,乞另除一合人差遣。"

苏辙被调到河南府做了推官。

当时苏辙三十二岁,苏轼三十五岁。兄弟二人服父丧,在老家眉山丁忧三年,刚回汴梁不久,双双卷入反对王安石的斗争。按今天某些人理解的官场路数,他们回到久违的京师,应该观察动静,辨认风向,以免仕途栽跟头。王安石的权力如日中天,他们不趋附也罢了,却又何必赤膊上阵对着干?这里边究竟藏着什么玄机?

答曰:无玄机。

一切皆坦然,可以摆到阳光下的。兄弟二人,由他们的修养所决定,把天下苍生可能遭受的灾难视为自己的灾难,条件反射般地跳起来了。儒家文化的精髓注入血液,使他们有了一种"文化本能"。达则兼济天下,这可不是奇怪的高调、脱口而出的空话。铁肩担道义,妙手著文章。这话意味着:文章和道义,具有某种源头上的亲密关系。只有在源头上方能理解:何为知识分子的超越意识;只有在源头上方能领悟:为什么说百姓的幸福重于泰山,而区区一顶乌纱帽轻如鸡毛。

语言,潜藏着人类生活智慧的全部密码……

苏轼、苏辙,价值观一致而性情迥异。苏轼激烈,苏辙温和。苏轼猛打猛冲,苏辙稳扎稳打。兄弟俩官都不大,而影响力非同一般。尤其是苏轼,越职言事,超常发挥,变换攻击策略,调动他的浑身解数抗击王安石。熙宁初年的汴京城,数他最忙:史馆发议论,写奏章;两上皇帝书,三敲宰相门;面对宋神宗毫不客气,联络高官结成统一战线……

不过,我们先看陕西人司马光,如何狠斗王安石。

司马光长期治史学,是个绵里藏针的人物,混合了经验主义和理想主义,而政治原则性有如钢铁。王安石从江宁到汴京,他曾为之欢呼,给予极大的舆论支持。御史中丞吕诲对王安石早有防范,袖章(奏章笼于衣袖)弹劾,司马光还说:"众喜得人,奈何论之。"可是时隔数月,司马光感觉不对劲了,立刻对王安石倾力发难。二人本是老朋友,又同为翰林学士知制诰,皇帝的左右二膀……可是这些"关系",一夜之间变得一钱不值。道不同,要反目。没有任何妥协的余地。司马光连写三封长信,要王安石悬崖勒马、"改过从善",在他看来,一系列新法必将置天下人于水深火热之中。青苗法,均输法,市易法,变暴敛为巧夺,使"财聚于上,而散于下"。司马光眼中的王安石,已经是另一副面孔了:

用心太厚,自信太过……尽变更祖宗旧法,先者后之,上者下之,右者左之,成者毁之,弃者毁之!

司马光是保守派,而保守并不是贬义词。一个国家能延续百年、"粗至太平",肯定是有原因的。有很多东西值得保存并守护。守护是说:护送成功的经验到未来。所以,保守本身就具有前瞻性,保存、护送而出色者,有能力打通历史与未来。保守与激进,都有一个度的问题。把握度的分寸,其难度,大于保守或激进的抉择。

三封长信七八千言,总结出王安石的四条严重错误:生事,征利,侵官,拒谏。而所有这些,已经导致"士夫沸腾,黎民骚动"。写到最后,司马光提醒这位昔日的老朋友说:"谄谀之士,于介甫当路之时,诚有顺适之快,一旦失势,必有卖介甫以自售者矣。"

王安石不以为然,不相信他一手提拔的亲信会出卖他。

他回信反击司马光,《答司马谏议书》,称得上一篇好散文,立论明确,论据清晰,情绪饱满又不温不火,变法之志因受到强劲攻击而愈加坚定。信中说:

窃以为与君实游处相好之日久,而议事每不合,所操之术多异故也……今君实所以见教者,以为侵官、生事、征利、拒谏,以至天下怨谤也。某则以为:受命于人主,议法度而修之于朝廷,以授之于有司,不为侵官;举先王之政,以兴利除弊,不为生事;为天下理财,不为征利;辟邪说,难壬人,不为拒谏。至于怨诽之多,则固前知其如此矣……

王安石表示,不可能如司马光所言,"一切不事事,守前所为"。熙宁诸法,开弓没有回头箭。

二人尖锐对立,半辈子友谊难以为继,绝交不可免。

司马光在历史的紧要关头力敌新法,要"救天下之民"。王安石也强调"膏泽斯民"。看来都是以民为本,但谁更真实呢?不可能二者皆真实。一方为真,另一方必定有假。

没过几天,神宗的御座前又有一场争辩,吕惠卿出场,王安石旁观。吕惠卿辩不过司马光,转而恶语相向,进行人身攻击,闹得皇帝出面调停。司马光始终"气貌温粹",而吕惠卿脸铁青,手发抖,骂人之后长时间说不出一句话。

旁人议论说:一个陕西人,一个福建仔,怎生厮合得著!

王安石一直不动声色。他不能在气度上输给司马光。

这一年王安石正式拜相。而神宗施行平衡战略,升司马光为枢密副使,司马光不受。他上章对皇帝说:"陛下诚能罢制置条例司,追还提举官,不行青苗、助役等法,虽不用臣,臣受赐多矣。"

这一段载于《宋史·司马光传》的话,今天读来,亦令人十分感动。司马光真是一位好官。这番话也是下赌注:以自己的名望和才干,促使皇帝调整治国大略。如果皇帝采纳他的意见,他就留下。否则走人。留在枢密院,必定配合王安石,他做不到。而走人意味着什么呢?意味着全家几十口卷铺盖,离开生活了若干年的繁华京师。

神宗不作正面回答,这"不回答"却已经回答了。下旨,旧命重提,请司马光担任枢密副使。司马光再上辞状,以含有忠告和警告的口吻对皇帝说:今言青苗之害者,不过谓使者骚动州县,为今日之患耳。而臣之所忧,乃在十年之后,非今日也。

司马光断言:十年之后,百姓无复存者矣。

百姓不复存,跑光了死绝了,君王毛将焉附?不知道宋神宗读了这个辞状会怎么想。

司马光走了。去洛阳一待十五年,埋头写他的《资治通鉴》。无力改变本朝皇帝,且做后世帝王师……

满朝文武关注他的离去。各部门"大抵默默",唯有条例司拍手称快喝酒庆祝。王安石去掉了最大的对头,赶走了三十年的老朋友,既高兴,又惆怅。条例司的庆功宴他不参加,独自溜上街头。

高人击退了另一个高人,那滋味却有点怪。汴河旁杨柳下,王安石回想着御史中丞吕诲的那张脸。吕诲曾于四五月两度弹劾他,言辞比司马光更火爆:

> 臣伏睹参知政事王安石外示朴野,中藏巧诈,阴贼害物……徒文言而饰非,将罔上而欺下,臣切忧之!误天下苍生,必斯人矣。如安石久居庙堂,必无安静之理!

吕诲列出王安石十大罪状,弹章却被神宗封还。吕诲乞外调,六月举家离京……王安石此刻的思绪,跳跃于吕诲、司马光之间。谏官走了,对头走了,宰执大换血,宰相府枢密院均听命于他。朝堂之上,唯有他一个人的声音才是声音,其他的声音都灭掉了。黑牛、野牛、铁牛、蛮牛……四蹄对付八方,双角抵垮劲敌。王安石有过一丝一毫的反省吗?也许有吧。然而高人行事,哪能中途改弦更张?他自视为一头巨牛,足踏大地头撞青天,奋勇向前。

司马光将行,神宗请吃饭,希望他举荐一名谏官以替代吕诲。司马光举苏轼。神宗当时应允,下来转问王安石,王安石一口否定。苏轼这个人,比吕诲更难缠,怎能让他当谏官?

神宗无奈,只得"听命"于王安石。铁腕宰相说一不二。

其时苏轼任职于史馆。王安石不让他当谏官,就能阻止他发出声音吗?

王安石心里,委实没底。

熙宁三年将结束,又是新年将至,王安石还有心情写去年《元日》那样的诗吗?他感到奇怪的是,接连几夜做梦,梦里都有苏轼。苏轼化身为大力神,手执铁索来套他的牛脖子……

王安石拜相前后,苏轼两次上书皇帝,一次与皇帝直接对话。言辞尖锐激烈,对皇帝丝毫不留面子。今天读来,真是令人感慨:古之君子,确实能把百姓的祸福置于个人的命运之上。当时的情形,一般人都能看清:宋神宗力挺王安石,其变革意志不可动摇。皇帝要朝东,"食君之禄"的臣子们偏要向西,这是什么缘故呢？盖因变法事关重大,为臣者,稍有远见良知,则很难做出别样选择。如果是一般朝政,大臣们糊涂一点未尝不可:干嘛非得跟皇帝、也跟自己宝贵的乌纱帽过不去呢？

这里,孟子的"民贵君轻"浮出水面。

达则兼济天下。吾善养吾浩然之气……

熙宁新法来势太猛,激活了潜伏在士大夫血液里的"文化本能"。反对王安石是群体现象,从高官到小吏,各个层面都有勇士。姑且不论是与非,单就站出来讲话的勇气而言,已经足以垂范后世。

朝廷发不出声音,不少官员就选择离京,到州县,继续和王安石对着干。

查一查史料,例子不胜枚举。

苏轼官小能量大,又"性不忍事",所以他能超常发挥。仁宗朝他是变革的鼓吹者；英宗朝他在陕西凤翔历练、在老家眉山思考；神宗上台,骤行新法,他亮出反抗者的姿态,和王安石斗争到底,一直斗到他为官各地、万里贬谪岭南炎荒。渐变与骤变不两立。然而苏轼与王安石,又是另一种意义上的心照不宣的朋友,政治严重对立,文化高度认同。元丰年间在金陵,二人促膝谈心谈不够。这事颇奇特。北宋高人的胸怀,看来不是虚构。苏轼遭遇乌台诗案,王安石在他性命攸关的时刻施以援手。

苏轼反对王安石,何以如此激烈？原因简单:"所操之术多异故也。"(王安石语)苏轼小时候的生长环境,与王安石形成鲜明的对照。一个长居蜀地温情环绕,一个随父宦游备尝奔波的艰辛；一个从常识出发,读书破万卷又返回到常识；一个追慕远古圣贤,无限忽略当下,对日常生活之"意蕴层"不屑一顾……这种种差异,最终影响各自的价值观,形成对立。

苏轼并不一概反对熙宁新法,但新法来势太猛,他不可能反对五个赞成三个。针对极端,要用另一种极端反制它。

苏轼年轻,精力旺盛,旋风般在京城刮来刮去,官小声音大,位卑名头响。朝廷王公大臣,一半是他的朋友,另一半是他的崇拜者。英宗的遗孀高太后,堪称他的"粉丝"。神宗如果忘了吃饭,那一定是刚刚读到苏轼的新作……

我们来看苏轼反对王安石的理由:

> 国家之所以存亡者,在道德之深浅,而不在乎强与弱;历数之长短者,在风俗之厚薄,而不在乎富与贵。道德诚深,风俗诚厚,虽贫且弱,不害于长而存。道德诚浅,风俗诚薄,虽富且强,不救于短而亡。

苏轼为何这么讲呢?他不赞成国家富强吗?其实这番话具有很强的针对性。他所担心的,是朝廷挖空心思夺民财,百姓遭殃。历史上教训多,而苏轼对历史了如指掌。他维护民间的自由贸易,反对官方资本垄断市场,对市易法深恶痛绝。我想,这和他的祖辈在眉山纱縠行世代经营小产业有关,商人赚一点钱,天经地义。再看青苗法,青苗法之前有常平仓和广惠仓,农民青黄不接时,有国家的储备粮平抑物价。这本来挺好,是惠民的举措,而青苗法一颁行,却让农村的富户贫户一同遭殃。国家放债,权力资本运行,"年可获息甚巨",朝廷是通吃天下的大赢家。

再者,风俗与道德,维系着社会生活,也是国家长治久安的柔性实力,与军力的强大、国库的充实有异曲同工之效。破风俗,毁道德,将使国本动摇。苏轼是生活大师,能看到王安石的龙睛看不到的生活中的细微层面。

苏轼说:"夫兴利以聚者,人臣之利也,非社稷之福。省费以养财者,社稷之福也,非人臣之利。"

朝廷大刮地皮,对谁最有好处呢?对官吏最有好处。苏轼这是跳出自己的利益圈讲话,并且一针见血。朝廷倡导敛财,各部门、各州县必定"兴利以聚",变尽法子搞钱,绞尽脑汁生财。"利孔百出,不专于三司。"——以前财政部门干的活,现在所有的部门都抢着干。官员利字当头,必定横征暴敛,制定各种苛法,滋生众多酷吏。"兴利以聚财,必先烦刑以贼(害)民。"百姓的日子过不下去,谁是终端受害者呢?是皇帝。江山易主社稷改姓,皇帝可能连西北风都喝不成,因为皇权的更迭往往伴随着血腥,他将直接去西天。

苏轼寥寥数语,暗示了这些言外之意。神宗也不傻,能看懂的。

苏轼和司马光一样提倡厉行节约,省费以养财,从皇宫和官员手中取利,以养天下。这些话,私心严重的官吏谁愿听?而所谓私心,是被朝廷的风气给鼓动起来的。人性本自私,但私欲断不可膨胀,社会、文化的一大功能,无非是将私欲限制在某种程度上。个体的能量要释放,整体的和谐更须维系。所谓健全社会,无非是在二者间取得平衡。如果官风撼动民风,全社会持续地见利忘义,大鱼吃小鱼,小鱼吃虾米,动物本能充分调动,丛林法则盛行人世,那将是一种什么样的可怕景象?

事实上,全社会的和谐,对个体的幸福至关重要。义利并重,而不是一方吃掉另一方、大家都变成乌眼鸡。有道德,有风俗,有审美,有情趣,概言之,有生活之意蕴层,或曰生活的完整性。短暂者(人)活动于其间,充满劳绩、不避艰辛而诗意栖居,当比动物完全依赖"遗传指令"活动于它的凶险区域,实实在在要强一些。

人是万物之灵,这灵在何处,却需要追问的。这个短句,远不能说已然符合了"充足理由律"。而提问的方式,将带出生存之向度……

苏轼的民本思想,同时闪烁着人本的光辉。

苏轼引用孟子的哲学家般的语言提醒皇帝:"其进锐者,其退也速。"

财是聚起来了,却不会放在国库官厅不动。官员要花销,要讲排场。北宋官僚比盛唐更奢侈,一些名臣亦不免。享国百年之后,还要提高享乐的档次吗?藏富于民,则消耗速度慢,一般小民挣钱辛苦,哪有大手大脚坐吃山空的传统?

十年蓄积的民财,一年就可能被刮走吃空,所以苏轼对皇帝说,"其退也速。"

《再上皇帝书》火药味儿十足了:

> 陛下自去岁以来,所行新政,皆不与治同道。立条例司,遣青苗使,敛助役钱,行均输法,四海骚动,行路怨咨……今日之政,小用则小败,大用则大败,若力行不已,则乱亡随之!

苏轼对皇帝,一点不客气。"皆不与治同道"等于说,皇帝之所为,全是乱搞一气!照这么强行搞下去,好端端的一个国家,乱亡随之而来!

话说绝了。

然而宋神宗还是不生气。估计是做好了心理准备。新政推行以来,他几乎每天挨骂,习惯了。老祖宗立下的家法,开言路,不治言论罪,这一点他不敢丢。苏轼严厉批评他,这已经是第三次了。熙宁三年他对苏轼示以恩宠,突然在便殿召对,苏轼劈头就说:"陛下求治太急,听言太广,进人太锐!"

苏轼还跑去敲曾公亮的门,希望老宰相出面,劝皇帝收手。曾公亮叹息说:"上与安石如一人,天也。"

知谏院范镇,以朝廷第一谏官的身份弹劾王安石,恶斗了几个回合,斗不过,自请离京。苏轼去送行,对范镇说:"公虽退,而名益重矣。"范镇怅然答:"天下受其害,而吾享其名,于心何忍!"

按宋制,官员求去,要荐人代替。范镇举荐的孔文仲,参加了当年的"制科"试,这种考试,通常是升官的信号。孔文仲却在考场上写下九千言,力论新法不当。考官宋敏求定为优异,王安石大怒,将孔、宋二人赶出京师。岂知苏轼饱蘸浓墨,手书孔文仲的文章若干份,在百官中传阅。他的书法太棒了,官员们"索阅甚急",生怕看不到。

王安石狠狠盯上了苏轼。

大宰相看这史馆小官非常的不顺眼。

他的手下谢景温,翻旧账弹劾苏轼,说苏轼几年前在回眉山丁忧的途中用官船夹带私货。事情闹大了,韩琦、欧阳修出面,指出这根本不可能:苏轼的父亲去世,包括英宗在内的各方赠银近千两,苏轼一概不收,怎么会官船夹私货赚几个小钱?

谢景温呈报王安石,王安石不表态。他不想一棍子把苏轼打死。才华横溢的苏子瞻,打死可惜了。但苏轼必须走。王安石与神宗商量,神宗的意思是"与知州差遣。"王安石不同意,让他的宰相办公室(中书)另拟一道命令:苏轼通判颍州。神宗改了一个字:通判杭州。

此间的王安石,几乎和皇帝平起平坐。

不过,他倒无意网罗党羽架空皇帝。一切只为国家,他没有私心杂念。家里还是老样子,府第很寻常:一座普通官宅。有人讨好卖乖,请神宗赐给他一所豪宅,他把这个人连降三级。

夫人吴氏又给他张罗漂亮小妾,他大发雷霆。

夜里睡不着,王安石徘徊中庭,凌晨给皇帝写信,希望鲜花丛中的年轻人不要迷女色。君臣合力,让熙宁诸法冲破一切阻力。

王安石犹如纤夫,拉着大宋这条船逆水而上。急流险滩,纤绳勒进肌肉,他咬牙瞪眼不吭气。还使出拳脚,对付一拨又一拨强悍政敌:这个尚未打趴下,那个又冲上来了。今天赶出京师的,明天到地方生乱。清理外部环境刚有起色,内部又闹将起来……王安石纵有三头六臂,比诸葛亮还诸葛亮,可他能把一艘万吨巨轮拉到他的目的地吗?

# 6

王安石有一首《桂枝香》,咏六朝古都金陵,宋词同类题材中称第一:

> 登临送目,正故国晚秋,天气初肃。千里澄江似练,翠峰如簇。归帆去棹残阳里,背西风、酒旗斜矗。彩舟云淡,星河鹭起,画图难足。
> 　念往昔、繁华竞逐,叹门外楼头,悲恨相续。千古凭高对此,漫嗟荣辱。六朝旧事如流水,但寒烟衰草凝绿。至今商女,时时犹唱,后庭遗曲。

六朝:吴、东晋、宋、齐、梁、陈。商女:歌女。

这首词,情、景、史交融,无疑是大手笔。王安石忙于治国,偶尔填词,俱称佳作。波澜壮阔的历史感涌到笔端。他要让大宋帝国江山永续,避免六朝五代的悲剧重演。

然而困难重重,阻力来自各个方面。大臣们原则性之强,出乎他的预料。不是两三个,而是一大批,老中青梯次分明。这些人不惧高压,不怕丢乌纱帽,离京到州县,照样和他较劲。这究竟是为什么?他触动了国家的根本利益了吗?难道国库不是日益见涨吗?官员们的俸禄

（包括灰色收入和地方小金库）有增无减,却非但不领情,反而跟他缠斗不休。

王安石会意识到,他的对手和他一样,把国家的根本利益摆到了个人利益之上。他触动了根本,这些人才不顾一切反对他。莫非他错了大方向?他拽着帝国在错误的道路上越走越远?

王安石勤写日记,少有反思。他的变法思路,可能四十岁就趋于成型了,酝酿若干年,五十岁得以强劲实施。他认为自己看清了历史,真理在他这一边。冥顽不化的是他的对手,而不是他王安石。

对他来说,眼下有两件大事:神宗的态度和变法派内部的团结。先看后者。

变法骨干曾布,曾巩的弟弟,制置三司条例司成立之初,已在王安石手下工作,堪称年轻的变法派元老。他哥哥与王安石闹翻,并未影响他继续留在条例司。王安石称赞他说:"法行之初,众议纷纷,独惠卿与曾布始终不易。"可是到了熙宁七年,市易法在京城试行两年后推行全国,曾布忽然掉转枪口瞄准新法。也许忍无可忍了,曾布上疏皇帝,竟然说:"历观秦汉以来,衰乱之世,恐未之有也。"他独自上街调查,询问过往行人,又说,市易法"是挟官府而为兼并之事……所召问行人,往往涕咽"。他还发现官员借专卖做起了大生意:"近差官往湖南贩茶,陕西贩盐,两浙贩纱。"

曾布越过王安石,直接向神宗报告,王安石大怒。而曾布不等他开除,已自行离开了条例司。曾氏兄弟,一如苏氏兄弟。更让王安石着恼的是,他自己的两个弟弟也唱起了对台戏。王安礼,王安国,几乎是他这个当大哥的一手拉扯成人,又送上仕途。他上班很累了,转与家人团聚,希望郁闷的心情得以舒展,绷紧的神经得以松弛,可是安国、安礼动不动与他辩论。双方动怒,一度失和:不见面,见了面也绷着脸不说话。

王安石真是很伤心哪。

他手下有个变法理论家,程颢,程颐的哥哥,二程俱为著名的理学家。这程颢像苏辙一样主张变法,王安石将其收于麾下。苏辙率先调走,程颢心里打鼓了。他原是崇尚仁义道德之人,却发现自己糊里糊涂成了搜刮民财的"帮凶",于是,马上拍屁股走人,携家人到贵州去做小官。贵州的穷乡僻壤,挡不住他的慷慨陈词,一封接一封长信写给皇帝、大臣。程颢站到了"敌人"的阵营里,全身披挂,挥舞着理论武器,单挑王安石。他曾经做过新法的吹鼓手,甚感内疚,所以指斥新法格外起劲。俨然弃暗投明,奋力洗刷身上的污点……

王安石真是很沮丧哪。

皇帝又如何呢?事实上,皇帝也动摇了。

韩琦罢相后去了大名府,几年间没闲着,走乡串户,做了大量调查,并选择时机上疏皇帝,针对青苗法下结论说:"是官放息钱,与初抑兼并、济困乏之意,绝相违戾。欲民信服,不可得也。"神宗本已受到大臣们的夹击,韩琦再来一重炮,终于身子不稳了。年轻人彻夜不眠。翌日,小范围讲话说:"琦在外,不忘王室,真忠臣也。朕始谓法可以利民,不意乃害民如此!"

神宗一席话,显然说给王安石听。

王安石火冒三丈,挥笔疾书,狠狠质问皇帝:这么三心二意的,天下事何事可成?

神宗沉默。王安石辞职。

君臣斗了一个回合,以臣子的胜利而告终。新政风暴席卷全国,王安石中途撂挑子,神宗可承担不起。于是殷殷挽留,亲往宰相府。王安石收回辞呈。

新法继续推行。城里也搞起了青苗贷款,官吏忙着收息或抓人。到处可见神色慌张的流浪汉。大商户冷清,小商户关门。官员得意,百姓颓唐。王安石的眼睛只看国库的进账数字。

熙宁六年(1073年),一代名臣文彦博借华州山崩,掀起新一轮的舆论潮,称市易法导致天怒人怨。"聚敛小臣希进妄作,侵渔贫下,玷累朝廷。"神宗再一次动摇了。百姓能欺,天却不好惹。"天不祚宋",大宋皇帝可就惨啦:天下大乱,皇帝滚蛋!

王安石挺身而出,当着神宗的面,伸出两根瘦而有力的手指,"指天而语":谁知天意如何?人之所为,亦不必合天意!

这惊世骇俗的言语,倒使神宗惊魂稍定。文彦博重重的一击不见效,乞外放,到河阳(今河南孟县)去了。

新法风暴接着刮,风势却已减弱。神宗与王安石见面,总是露出一副做了亏心事的样子。二人几年合谋,以钢铁般的意志谋取天下财利,谋到头,却发现朝廷富了,民间穷了。这不会捅出什么大娄子吧?小民欠官债吃不起饭,背井离乡,失掉安全感……他们总有一天要造反。神宗视察国库也不那么兴奋了。用兵北辽,战火烧到河北,他耳边只听见士卒哀嚎、银子哗哗往外倒。古人讲慎用大兵,恐怕是有些道理的吧?

神宗身形不稳:刮出去的风暴又反弹回来,刮到了御座前。

王安石使出牛劲给皇上挺着。

这时候,历史性地出现了两个人,基本上结束了王安石的政治生涯。

郑侠,一个不懂拳脚的真正的侠士,王安石当年的学生,京城毫不起眼的上安门门吏。福建福清人,学识渊博,宅心仁厚。郑侠家里穷,踏上仕途后全家老小眼巴巴望着他。王安石认为他是大才,几次想提拔他,被他拒绝了。原因非常简单:郑侠认为新法害民,拒绝到王安石手下干。如果他去干了,岂不是白读了一肚子圣贤书?郑侠是君子,君子固穷,不干他确认的坏事。君子的念头往往单纯:一旦拒绝了,叫他改变念头比挪动山岳还难。而古今总有些人介于君子和小人之间,明知伤人害理,昧着良心还是要干。昧良心是说他还有良心可昧。而小人行事讲究干脆,早就把良心清除干净了。小人还会反问:良心值几个钱?小人有小人的理论基础。

郑侠执意待在上安门,有他自己的考虑。他每天看见大量的流民涌入繁华京师,一再为之震撼。他寻思着,要把他的震撼传入深宫。怎么办呢?写信吗?许多高官写信上章没结果,皇帝要么"留中不发",要么"封还词头"。他决定画《流民图》,配上文字呈给皇上。估计他是个丹青好手,又倾注了慈悲之心。他的画笔下,有骨瘦如柴的老者,伤心哭泣的大汉,蓬头垢面的村姑,吞吃垃圾的儿童……最悲惨的是官军押着的几个囚犯,可能是一家人,短衣、赤脚、形如饿鬼,身上却还背着拆房子拆下来的椽子:这是仅剩的家产了。郑侠流着眼泪画图,脑子异常清醒。他意识到,正在干着的这件事,就是他的平生伟业!对王安石的这一击,必须一击成功。为天下苦难苍生,他对不住老师,也愧对多年贫穷的家人。

郑侠动用他手中的一点权力,谎称有急事越职上奏,调驿马驰送深宫。宋神宗反复看《流民图》，双泪长流。太皇太后曹氏，太后高氏都哭着指责他。神宗的弟弟更是恨得脸色苍白，兄弟俩在后宫激烈争吵，神宗动怒说：朕治国无能，你来吧！

说罢，拂袖而去。

此事传入宰相府，王安石一声长叹。手下问，是否将郑侠抓起来问罪？王安石摇头说：不必。

可是吕惠卿却瞒着王安石，以擅调驿马的罪名将郑侠投入大牢。郑侠每日挨打，吃猪食，仕途也毁了。不过他显得很从容，有时还乐得直笑。听说神宗皇帝直接下令停止青苗、市易诸法，开皇家粮仓救济流民，他顿时泪如雨下……

再看吕惠卿。

吕惠卿这个人，据说很能干，在条例司人称"护法沙门"。他是一辈子都认为自己了不起的那种小人。熙宁初年他宣称：对古人他只崇拜孔夫子，对今人则只知王安石。跟随王安石七八年，他暗暗生出另一副嘴脸，拆主子的台，献媚于皇上。他把王安石给他的亲笔信披露给神宗，信中有"勿使上知"等语，神宗一看脸就黑了。吕惠卿审时度势，眼瞅着王安石受郑侠一击元气大伤，他再施以拳脚，轻轻的一推，便使这牛形巨人仰面倒下。他公开叫板王安石了，排挤王安国，恶斗王雱，并使后者三十三岁就丢了性命。他使王安石伤心伤肝伤脾，因为他最了解恩师的身子骨。

郑侠，吕惠卿，一正一邪，终于将王安石推下台。

郑侠继续蹲大狱，吕惠卿蹿上宰相位。

后者脸都笑烂了。变尽法子欺下，硬行"手实法"，比之青苗、市易更凶险；百计罗织党羽，巩固权势。

吕惠卿执政十个月，王安石卷土重来。时在熙宁八年二月。

小人也会失策：他中伤王安石上了瘾，转使神宗生疑。而神宗前一年同意王安石辞职，实属形势所迫，君臣情深，只不表露而已。小人得志便猖狂，也属规律性的东西，吕惠卿取代了王安石的相位，还想取代王安石在宋神宗心中的地位，实在是不自量力了。多此一举反露狐狸尾巴。朝廷攻他的人一哄而上。神宗面对烂摊子，恳请王安石出来收拾。

王安石从金陵火速回汴京。

吕惠卿被贬出去了。

然而恶狗虽逃亡,尖利犬齿犹在。王安石抖擞精神,重新担起国家的大梁。也许他在金陵的十个月,已有冷静之后的反思,要纠正新法的某些偏颇。犯错的是他,纠正错误也唯有他:他独断专行的这些年,朝廷长出了一茬唯唯诺诺的平庸脑袋——所谓政治生态,往往是这样的。

王安石再度与宋神宗携手,整顿朝政的工作正艰难展开,却发生了一件伤心事,使这强自支撑的铁牛再伤元气,彻底趴下了。

独子王雱一命呜呼。

王安石的这个宝贝儿子,打小就奇怪。五岁的时候,有客人牵来一麞一鹿,问他哪个是麞哪个是鹿。"雱实未识,却道,鹿边是麞,麞边是鹿。"他天资惊人,走仕途不凭父亲的恩荫。他对父亲推崇备至,认为超过孔圣人,"光于仲尼"。有趣的是,王安石也认为儿子堪比圣人,时人不无嘲讽地说,这叫"父子相圣"。可是小圣人显然略逊一筹,他讨老婆生下一子,老看婴儿长得不像自己的尊容,"貌不类己",于是百般恫吓,做鬼脸,作狮子吼,活活把婴儿吓死在摇篮里。这还不算,王雱掉头转与老婆缠斗,逼老婆供出奸情。小两口豁出性命大闹,王安石出面主持离婚,将儿媳判给看门人做老婆。熙宁初,王雱进了条例司,主持《三经新义》的编撰工作,将父亲得意的学术著作改编成科举考试的全国通用教材。工作出色,父亲对儿子很满意。却又担心儿子的坏脾气。

王安石在家里与宾客谈新法,为朝廷大臣的普遍反对而犯愁,王雱从屏风后跳出来说:"把韩琦、富弼捉来一刀杀了,岂不省事!"王安石与众宾客愣在当场。

宋人笔记说,荆公治国的主意,不少出自王雱奇形怪状的大脑。

熙宁七年王安石罢相,王雱留在京师恶斗吕惠卿。次年王安石复相,吕惠卿滚蛋,王雱摆出痛打落水狗的架势,连上奏章,猛追穷寇。不料吕惠卿反咬一口,将王雱的一些见不得人的事儿抖搂出来,惊动神宗。以王雱的性格,干出格事家常便饭,朝廷舆论哗然,更有人借题发挥,攻击复相不久的王安石。

王安石回家,狠狠批评儿子生事添乱。

王雱寻仇,寻得一腔闷气化解不开,背生恶疮,不治而亡。

而吕惠卿贬谪多年后"杀"回京师,官运看好,直到徽宗朝。他活到八十多岁,小人命长……

王安石老年丧子,万念俱灰。

他再也打不起精神应对万分复杂的朝政。这一年的天空惊现彗星,举国谈彗色变,元老们反应奇快,将他与"灾星"联系起来。

朝廷他实在待不下去了,于是再度罢相。神宗苦苦留不住,他去意已决。

熙宁九年的秋天,王安石秋风落叶回金陵。

不久,宋神宗改国号为元丰,祈望扭转国运,百姓丰衣足食。

## 7

王安石仿佛一夜间就老了,须发皆白,牙齿摇动,走路慢吞吞,看人看半天。初看浑如患上了老年痴呆症,其实他做着自我调节,恢复一点元气。他居于金陵城外十几里的"半山",有个小庄园。他骑驴出行,一般避免进城,因为他的弟弟王安礼做了金陵太守。兄弟间的裂痕修复缓慢。与其见面就争吵,倒不如不见面的好。

春日懒洋洋,王安石在山道上转悠,或骑驴,或步行。一个老兵跟着,没甚言语。驴和老兵轮番引路,走到哪儿是哪儿,王安石不问。他对"路"迷茫了,厌倦了。山风忽起,送来了山雨,淋湿老人的白胡须。王安石仰面看云雾,回想十年前的那位际会历史风云的高人。他真的是高人吗?如今,半信半疑的高人吟出两句诗:

当年诸葛成何事?只合终身做卧龙。

他把这两句写成条幅,挂到墙上。书法依然遒劲。

说到底,他和诸葛亮都未能干成什么大事。

原因何在?

王安石却不想去追究了。山风山雨送来了、又刮走了很多东西。历史谁能说清?犹如阴阳五行,变来变去的,无物常驻,一切皆流。

他一心为朝廷,却闹得众叛亲离。

众叛亲离真难受……

他下决心给因政事而得罪的朋友们写信,一口气写出几十封,写完又踌躇:这些人能原谅他吗?还认他是朋友吗?

他把写好的信都烧了。

有一天他骑驴出去,破例让几个门人跟着。走到山坡上,忽然一声长叹:司马十二,君子人也。"言之再四,众莫知其意。"

司马光排行十二。

王安石喃喃自语:洛阳独乐园的倔老头,你还好吧?你那本大书写得怎么样啦?吕惠卿那小子做宰相时,每月派人到洛阳问候你的起居,你面无表情一声不吭。都说我介甫牛,你司马君实比我更牛……当初你连写三封信说我的不是,写完你就绝交,一绝十五年哪。也许你是对的,我有错,可是咱们不都是为了国家吗?何必闹到绝交的地步?

山风转向时,王安石又念叨苏东坡:子瞻啊,这些年你受苦啦,乌台诗案差一点去了西天,贬黄州五年,开荒种地……可是你写了多少好东西啊,你这家伙,肚子里装满珠玉,张口天地生辉。依我看哪,像你这样的天赐伟才,五百年才能出一个。不,也许八百年。你会到金陵来看望我这个失掉权势的老头么?你是苏东坡呀,你会来的,会来的……

有一阵王安石迷上了驴拉人赶的江州车,车上一左一右两个箱(厢)子,安石坐一箱,顺路捎个老农或村妇,坐另一箱。江州车咿咿呀呀,王安石嘟嘟哝哝。

驴子歇息时,王安石坐于路边泥地上观书。起身时,随手拍拍屁股上的尘土,拍不干净的,老农老兵咧嘴笑。

老农坐了两回江州车,王安石就送他一顶帽子。老农裹头巾不戴帽的,转眼卖掉,王安石又去赎回来,拿小刀剖开夹层,"灿然黄金",老农傻了眼。王安石说:别卖了,灾荒年派个用场。

帽子是神宗送的。

安得帽子千万顶,送与田间辛苦人……

王安石于普天下的农人有愧么?

他惦记神宗,神宗也惦记他。老相国生点小病,京城的太医就赶到金陵来了,一住数月,慢慢为他调理。

他有了精气神,弄起久违的学术。编唐诗,撰《字说》,抄《金刚经》,写《老子注》,修订《三经新义》。

他迷上禅宗,写诗有了禅味儿:

> 云从钟山起,却入钟山去。
> 借问钟山人,云今在何处?
> 云从无心来,还向无心去。
> 无心无处寻,莫觅无心处。

问到无心,不问了。其实他该追问下去:无到深处方见有。

古人的追问,往往止步于"无"的门前……

我们今日读西哲,也许有了一个契机:能敲敲这扇隐藏着满园芳菲的小门。

安石长于五言、六言诗,七绝也好,如《游钟山》:

> 终日看山不厌山,买山终老待山间。
> 山花落尽山常在,山水空流山自闲。

青山绿水,化解几十年人事纷扰。

然而有一个人始终化不掉,横亘在心。那福建人吕惠卿。国事,家事,都让此人给搅乱了。王安石一生所望,毁在他手上。王安石退金陵,不复提吕惠卿三个字,一提如"口塞蛆粪"。他只称福建子。夜来做噩梦,定与福建子有关。他绕床达旦,于壁上大书福建子数百遍。

写一遍,就去掉一点恶人的阴影么?

几年后,却连吕惠卿也原谅了。如同苏东坡原谅害得他家破人亡的章惇。

世事如烟山水长在。山水间更有释迦、老庄、艺术。高人此间更像高人。

元丰八年神宗驾崩,年仅三十八岁。王安石黯然,食不下咽。神宗太好强,屡命攻西夏。岂知永乐城(今陕西米脂)一战,损兵四十万。神宗闻败讯,当庭放声大哭。由此种下病根,竟至不起! 王安石泪眼望着汴京方向,千言万语欲诉不能。

臣子理财,君王好战。呕心沥血多少年,落得这般下场。

两个钢铁般的意志碰到一块儿,也许不是什么好事……王安石陷入沉思。

宋哲宗登基,还是个十岁的小孩儿呢。高太后听政,复起司马光。安石听下人报告,只淡淡说一句:司马十二作相矣。下人又报告说,司马光进京城,全城百姓夹道欢呼,上房上树者不计其数,以至踏碎瓦折断树,闹出许多民事纠纷……王安石无言以对。

看来,新法真的苦了百姓。

王安石对此缄口不言。

熙宁新法被逐一废除。有一天王安石忍不住叫喊:连免役法都废掉啦?他横竖想不通:"安石与先帝议之两年乃行,无不曲尽。"自免役法施行以来,发现错误就改,各地成效显著,官民称善。一贯反对新法的苏东坡,后来也赞成免役法、方田法……

王安石晚年倾力而为的著作《字说》,则被司马光列为毫无价值的书籍,禁止士子阅读。王安石愤愤不平,呼来纸笔,大书司马光数百遍,写出一身汗。他掷笔靠在柱子上,想半天,然后叹息说:"司马十二,君子人也。"

下人困惑地望着他。

司马光为相,苏东坡升官。苏东坡起于黄州,取道金陵看望王安石,人未到先带信,王安石那个高兴劲儿啊。隐于金陵七八年,来看望他的人真是不够多,尽管他的小庄园不砌围墙。他跑到江边去迎接,苏东坡一袭布衣从船舱里走出来,深施一礼说:敢以野服拜见大丞相。王安石大笑,执东坡手曰:礼数是为我等而设的吗?

高人拉着高人,几天不肯松手。踏遍钟山,游遍诸寺,谈禅谈诗谈学术,也谈政治得失。当苏东坡说,司马君实尽废新法的举措不当时,王安石暗暗生感激,浊泪于两只老眼中打转,背过脸去。苏东坡察觉了,只不说破。

大文豪向王安石献上一首诗:

骑驴渺渺入荒陂,想见先生未病时。
劝我试求三亩宅,从公已觉十年迟。

王安石拱手称谢。又请教动与静的道理,苏东坡随口答:动出于精,静守于神,动静即精神。

　　王安石拍手称妙。

　　他这一辈子,是否于动静二字参悟太浅?不善守静,于是伤神,于是动辄得咎。须知守静即行动,不作为乃是作为……人间道理多哇,人已走到墓穴旁,还是想它不透。

　　苏东坡走了。

　　王安石的心空了一块。曾巩、曾布又来看他,慰藉老人深深的落寞。弟弟王安礼,终于走进半山的小庄园。

　　可是他身体虚弱,似乎百病缠身,需静养护元气,如同一个百病缠身的国家。

　　静亦难。

　　元祐元年(1086年)的春天,园子里花红草绿,王安石写下一首著名的《新花》:

　　　　老年少忻豫,况复病在床。
　　　　汲水置新花,取慰以流芳。
　　　　流芳在须臾,吾亦岂久长。
　　　　新花与故吾,已矣两可忘。

　　这是王安石的绝命诗,超旷有哀声。

　　暮春的山道上,老人骑驴的身影摇摇晃晃。恍惚有个递状子喊冤屈的村妇,拦道而哭。老人下驴时,村妇忽又不见。

　　几天后王安石去世,享年六十六岁,寿同欧阳修、苏东坡。

　　葬礼格外冷清。当年追捧他的人一个都没来。

　　宋哲宗追赠为太傅。苏轼制诰词《王安石赠太傅》云:"敕。朕式观古初,灼见天意。将有非常之大事,必生稀世之异人……用能于期岁之间,靡然变天下之俗。具官王安石,少学孔孟,晚师瞿聃……"

　　值得注意的是,朝廷尽废熙宁新法,却称赞王安石"靡然变天下之俗"。这话含有深意。折腾了十七八年,官风已败坏,欲中伤诋毁王安石者比比皆是,而司马光以病躯付国,坚决朝着"贤人政治"的方向努力。司马光在写给另一位宰相吕公著的信中说:"不幸介甫谢世,反复之徒,必诋毁百端。光意以为朝廷宜优加厚礼,以振起浮薄之风。"

在其他场合,司马光表达相同的意思:"介甫无他,但执拗耳。赠恤之典宜厚。"

此言令人想起王安石语:司马十二,君子人也。

君子与君子之间发生的故事,今人当细读,当深思。

司马光为政一年,累死在宰相府。死前嘱托吕公著:"光以身付医,以家事付子,唯国事未有所托,今以属公。"

这段寻常家语,乃是千古名言。

然而乖戾的小皇帝一旦大权在握,马上自用一批人,又折腾开了,排斥、贬谪元祐大臣,朝政付于章惇、蔡确、吕惠卿之流。

"元祐党争"陡起,野火般蔓延开来。

此时距女真族铁骑南下、北宋灭亡三十余年。

## 8

公元十一世纪,王安石一手发起的熙宁变法,其规模,其力度,前所未有。他是缩短还是延长了大宋王朝?历史学家们众说纷纭。王安石富国的理想不能说没有实现,徽宗朝的枢密院大臣安焘说:"熙宁、元丰之间,中外(中央和地方)府库无不充衍。小邑所积钱米,亦不减二十万(贯)。"

然而上有国库之丰,"下有钱粮之荒"。国富导致民穷。元祐五年,苏轼在杭州给朝廷写调查报告说:江浙一带"家家有市井之欠,人人有盐酒之债。田宅在官,房廊倾斜,商贾不行,市井萧然"。

次年,苏轼又说:"浙中州县市井人烟,比二十年前不及四五(成)。"

富甲天下的江浙犹如此,其他地方可想而知。

民欠官债,都是在熙宁年间欠下的。

苏轼做扬州太守时,还发现了一个奇怪的现象:丰年不如凶年。乡村父老说:凶年节衣缩食,犹可糊口;丰年要交积欠,胥吏在门,枷棒加身,老百姓反而活不下去。苏轼算了一下,全国有二十万从事催欠的吏卒,等于二十万只虎狼奔走咆哮于民间。

王安石可曾料到如此严重的后果?

他一心追随的上下和谐的尧舜时代,是这般景象么?

王安石无意害民。比如初行青苗法,原是减轻农民负担,抑制地主豪强,结果适得其反,为什么?

后人评价:法非不良,而吏非其人。

王安石长达十几年的基层经验,也包括他对官吏素质的考察。他治理州县井井有条,手下官吏,都向他看齐。可是他忘了,全国三百二十州,官吏素质参差不齐。大多数官员的智力紧紧围绕着一顶乌纱帽,他们行事只重两点:邀功与享乐。

朝廷、地方各部门,打着"取天下之财以供天下之费"的旗号,绞尽脑汁搜刮民财,"利孔百出"。这里讲的两个天下,内涵不同,后者只能是庞大的既得利益集团。在功利主宰一切的逻辑之下,官风败坏,带坏士风民风。而北宋皇室高度尊崇的亚圣孟子,曾语重心长地告诫:"上下交征(争)利,其国危矣。"

王安石的理财高招,其客观效果,原来是打通搜刮民脂民膏的各种渠道。渠道一经通畅,天下人所生财富源源不断流入官府。宋神宗打了几次大仗,国库未打空,各级官员"享国"如常。

事实上仗也没打赢。王安石富国有术强兵无方。

变革不触动官员利益,是王安石的另一大失误。不知道他是怎么想的。熙宁变法于政治这一大块,反不如"庆历新政",不拿冗官贪官开刀。财呼呼聚于上,也哗哗散于上。百姓遭殃。官僚阶层或明或暗的利益渠道固若金汤。到徽宗朝,更是奢侈糜烂成时尚。

终于一蹶不振。宋江、方腊、女真族……

在生产力提高的空间非常有限的古代,无限放大财利理念,必然导致这样的结局。

另外,我个人觉得,王安石轻视日常生活,对他的治国理念有不易察觉的重大影响。他是感性不足而理性有余的,这妨碍他看到生活的细微之处。他不懂"生活世界"为何物。道德、风俗、民心,这些维系着国家长治久安的极其重要的柔性实力,在他的视野之外。苏东坡小他十几岁,却比他看得辽阔而细腻。动与静,速与缓的辩证关系,他显然欠思考。钢铁意志,视物如射,形成许多盲点,而"求意志的意志",又使盲点自动隐匿。这就麻烦大了。悲剧不免,无论对王安石个人,还是对天下苍生。

举他写文章为例,欧阳修曾批评说:长于议论而短于感情。

这位击倒过无数对手的雄辩家,情商可能不够发达。

王安石不贪女色不图富贵,既是优点又是缺点。如果他在追慕远古的同时又能按常态生活,宏伟的变革辅之以常识、常情,那么,他成功的面积会增大,失败的可能会减小。

熙宁变法,留给后人无穷思索。各式议论多多。

笔者不揣冒昧归纳两点追问:1. 富国还是裕民? 2. 重财富还是重生活? 后者略加辨析:财富的不顾一切的急剧增长,可能付出毁风俗灭道德伤人心的沉重代价,那样的话,财富将与完整的生活世界形成对立。

今日之绿色经济增长和幸福生活指数,使朝着生活完整性的努力现出端倪。社会朝着和谐,而不是相反。

中国古代的大文人,王安石是唯一影响了国家命运的人。而北宋也是文人学者成批涌入权力核心的绝无仅有的时代。读书人的知识储备,决定他朝着为文为官的两个并行的方向。犹如一台车,换道不难。北宋文人,已有文人的自觉意识,诗文训练并非走仕途的敲门砖。史学、文学、哲学、宗教,有独立于皇权的走势。不过士子们首先考虑的还是人之大欲:先养家糊口,再光大门楣。杰出的士子以天下为己任,削弱了个人荣华富贵的冲动。这政治传统,直接是儒家文化的产物。北宋百年,最为常态。政治、文化,是二而一的东西。文化冲动很大程度上是政治冲动,反之亦然。

王安石嗜古书,念念不忘尧舜,与杜甫"致君尧舜上"的抱负一脉相承。北宋呼唤尧舜的声音比唐朝更大。

如果王安石、司马光、苏东坡的三种声音能形成合奏,那该是一部什么样的交响曲? 性格决定命运,个体的命运又影响国家民族。介甫与君实,分别是两头插着新旧标签的犟牛。我个人是相信历史进程中不乏偶然性的。无处不在的历史必然性,令人怀疑是一种宿命论。

北宋中后期,变革声音大。王安石生逢其时。可惜性格因素制约太多,政治团队付之阙如……

好像该结束了。

王安石有《临川先生文集》传世,诗一千六百首,词二十余首,文数百篇。另有学术专著《洪范传》、《字说》、《老子注》残篇等。诗词多咏古,别呈气象。作为唐宋散文八大家之一,他的文风"刚劲峭拔",和他书法风格、人的风格一致。他的议论文独树一帜,因精辟而见平和,比之苏东坡、欧阳修,有过之而无不及。读《答司马谏议书》,能留下这印象。

我们来看他偶然写下的小词《千秋岁引》:

> 别馆寒砧,孤城画角,一派秋声入寥廓。东归燕从海上去,南来雁向沙头落。楚台风,庾楼月,宛如昨。
>
> 无奈被些名利缚,无奈被它情担阁,可惜风流总闲却。当初漫留华表语,而今误我秦楼约。梦阑处,酒醒时,思量着。

王安石亦作风流语,可惜风流总闲却。

王安石一生付与国事,是否也留下某些个人情愫的遗憾?

悖论是:如果他于个人情愫多一些体验,或许能够由己及人,由人而及于家国,将个体、群体一并纳入他的帝国蓝图。

赵宋王朝早已灰飞烟灭,而历史,永远记住了王安石。

2007年9月6日

# 陆 游
（南宋 1125—1210）

……时值隆冬，快过年了，偌大的陆家张灯结彩。然而岳飞父子的惨死，使所有的红灯笼透出血色。陆游和泪疾书岳飞的《满江红》……两个陆游：一个念念不忘北宋，一个时时怀念唐琬。《钗头凤》"杀死"了唐琬吗？爱国爱酒爱山川爱美女，恨一切卑鄙野蛮，爱与恨，成就了我们的顶级诗人。八十年一步一个脚印，八百年感动着中国……

# 陆游

陆游生在淮河中流的一条船上。

这颇具隐喻意义:南宋与金国恰好以淮水为界。中原沦陷,淮水见证了耻辱。陆游生于十二世纪二十年代的一个风雨如晦的秋日,茫茫淮水白浪滔滔,呜咽着华夏民族巨大的伤痛。女真族铁蹄翻飞,赵宋朝廷仓皇南移,失去大片河山,从此偏安于江南临安(今杭州)。

陆游仿佛命中注定,要承受这耻辱。

诗人的感受,持久而又深切。

他活了八十五岁,从呱呱坠地之日到奄奄一息之时,宿命般被伤国之痛纠缠着。一生写诗两万首。借酒浇愁愁更愁。

他是南宋的伤心歌手,做梦也写诗。而墙头挂着他的宝剑,他拔剑舞中庭,剑峰北指。

可惜空有一身剑术。

陆游在南郑挺戈杀死过猛虎,却未能一展平生抱负,"上马击狂胡"。

几十年辗转十万里,每天写诗。他是被称作"小李白"的,后来学杜甫。笔剑双绝,诗语顿挫。

他的书法,也给人以飞沙走石之感。

伤心人真是别有怀抱。

唐琬。这个名字是陆游心中的另一个伤痛,六十年不能消。青梅竹马,青丝红颜,她却落得孤坟向黄昏……

两大伤痛,怎么能承受!

于是放浪形骸,放纵山水,放声大笑或放声痛哭。

积郁太多,如何不放?

陆放翁三个字,倒比他的本名传得更广。

他是绍兴人,绍兴当时叫山阴。我于三月的细雨中徘徊沈园,想象陆游骑着毛驴仗剑入蜀。忽觉雨丝扑面,一缕情丝破蒙蒙雨雾而来:"红酥手,黄藤酒,满城春色宫墙柳……"

两个陆游:一个念念不忘北宋,一个时时追忆唐琬。

陆游这个名字,与爱国不可分,所以有必要先看他的时代背景。

北宋怎么就变成南宋了呢?

这是由于宋徽宗,还有蔡京之流。

北宋九个皇帝,徽宗最不成器,太能玩了。他是典型的风流天子兼败家子,宫内宫外,变尽法子取乐。狎妓,同性恋,他都是高手。他和臣下嬉戏,学汉武帝骑到大臣背上,闹得不像话,庄严的朝堂就像街市里的杂耍"勾栏"。大臣们都仿效他,争先恐后嬉皮笑脸。他在宫里装叫花子,招惹宫女寻刺激;他半夜翻宫墙,幽会汴梁名妓李师师,上瘾了,借口痔疮不上朝……熙宁年间王安石变法,以伤民为代价,为国家积累了相当可观的财富,宋哲宗消耗八年,宋徽宗挥霍二十七年。徽宗也善于在民间敛财,新创了不少鬼点子。

徽宗是书法大家,首创了妩媚而飘逸的瘦金体,徽宗又是丹青妙手,团扇面书画尤其出色。

奸臣蔡京则是宋代四大书法家之一,常与徽宗切磋。看来,"心正则字端"这类话信不得。文豪都是正人君子,书画大家则未必。这个有趣的历史现象值得深入探讨。

北宋末年,四十来岁的宋徽宗忙着糜烂,朝政付与蔡京。蔡京七十九岁了,耳背眼花,写字毛笔都拿不稳,索性将大权交给三个儿子。他家先后出了一窝大权臣,称霸京师,豪宅占地几十里,还搞扩建,一次就强行拆掉上千户民房。父子把持朝政,小人又培植小人:以"媪相"(阉人宰相)著称的太监童贯,以编小曲说俚语窜上高位的"浪子宰相"李邦彦,还有那踢球的高俅当上太尉,欺负英雄好汉。有人看不惯,上章弹劾,徽宗竟然说:"你们有高俅那样的好手脚吗?"

浪子李邦彦也很快踢上了,练得一身球本事,公然叫嚣:"踢尽天下球,赏尽天下花,做尽天下官!"

统治集团丧心病狂。

京城民谣吼道:"打破筒(童贯),拔了菜(蔡京),便是个清凉好世界!"

北宋对皇权的制约,本来有一套相对完整的制度,中书驳圣旨,台谏攻佞臣,却都被宋徽宗变着法子给弄掉了。蔡京堪称他的好搭档。君臣玩弄大宋江山于股掌之间。

绝对的封建权力导致绝对腐败。而绝对的腐败是朝着坟墓狂奔。

女真族的统治者窥探着,虎视着。类似等待时机的巨兽猛禽。

女真原是黑龙江流域的游牧民族,受北辽统治。长期的氏族社会,等级森严,战斗力强,男人能猎杀虎豹,女人也习武。其中的一支完颜氏势力渐大,立国为金,与辽朝耶律大石分庭抗礼。

北宋至徽宗朝后期,已逾一百五十年,金国仅十年。

文明患病。女真氏族却拥有某种原始的单纯,能在短期内聚力发力。

宋金联手击败共同的敌人北辽,宋廷收复了燕云十六州。徽宗很得意,认为自己完成了宋太宗的未竟大业。徽宗大搞庆功活动,金人却在盘算,吃掉这块更大的肥肉。

宣和七年(1125年)十月七日,金兵攻北宋。迅速拿下燕京,进军太原。

朝廷震动,百官失色。宋徽宗下令:"不准妄言边事。"

十月十七日,陆游生。是日淮水大风雨。

十二月,分两路进军的金兵会师于汴梁城下。徽宗慌忙撂挑子,做了太上皇。太子赵桓继位,是为宋钦宗。改元靖康。

金兵强攻汴梁,打得并不顺手。京城里的"二帝"却吓得屁滚尿流,要割地求和。太学生愤怒,在一个名叫陈东的学生领袖的带领下,抗议朝廷卖国,上千学生聚集十万民众,奔走呐喊,扔石头舞棍棒,痛打浪子宰相李邦彦及其走狗。

钦宗迫于形势,将蔡京、童贯等人贬出京师。

蔡京老贼未至贬所就一命呜呼了,五天无人收尸。他的儿子也没有好下场。蔡氏家族一败涂地。倒是蔡京、蔡卞的书法流传至今。坏人和好字,可以分开谈。童贯被毒酒赐死。

靖康元年的太学生请愿运动,令天下人肃然起敬。当时岳飞二十出头。陆游在摇篮中。辛弃疾尚未出生。

然而朝廷秋后算账,抓了几十个太学生枭首示众。同时拉拢陈东许以官职,瓦解大多数。官方认为,陈东带头闹事,无非是想"闹而优则仕"。可是陈东严词拒绝,后被宋高宗所杀,四十二岁的刚劲之躯被刽子手砍成两段。

金军继续强攻开封城。

城内守军二十万,兵力占据明显的优势。可是徽、钦二帝为皇权展开了争夺战。朝廷大臣各怀鬼胎。各部门的头头,大都是蔡京、童贯网罗的亲信,不乏踢球唱曲儿之徒,小人的小算盘拨得哗哗响。国家大事争吵不休,开不完的会,扯不完的皮。金军嘲笑说:"汝家议论未决,吾已渡河(护城河)矣。"

年底,城破。

金军铁骑入汴梁,烧杀抢、淫妇女。投汴河自尽的少女、少妇、老妇数以千计。米价暴涨,老鼠卖高价,树皮被啃光。人吃活人、吃死尸。金军后来打过了淮水,马踏扬州杭州,江南鱼米之乡也出现了人吃人的惨相:"人肉之价,贱于犬豚。"

统治集团的糜烂,葬送了大好河山。

以此反观《清明上河图》、《东京梦华录》,那繁华究竟是假象,不值得今天的学者津津乐道。如果王安石、司马光能活到徽宗朝,岂容假繁华唱高调!

靖康二年四月,金人在汴梁立了一个傀儡皇帝张邦昌,带数万俘虏北撤。俘虏包括徽钦二帝、王公大臣、嫔妃、宫女、民妇、倡优、士卒和各类能工巧匠。另有金银珠宝、文物典籍无数。车马出城走了三天三夜。

野蛮劫走了文明。

嫔妃宫女一路上被金卒骚扰、强奸。女人掉队或路边草中小便,金卒就一拥而上。轮奸至死者,抛尸荒野……

多少人牢牢记住了"靖康耻"——

"怒发冲冠,凭栏处潇潇雨歇。抬望眼,仰天长啸,壮怀激烈……"

长长的俘虏队伍中,有个弯身走路、东张西望的瘦高个,人称"秦长脚"的,后来摇身一变做宰相。他叫秦桧。

靖康二年五月,康王赵构在应天府(今河南商丘)宣布继皇位,是为宋高宗,改元建炎。即位不久,一路南逃。

高宗、秦桧,放到后面再谈。陆游的命运与此二人紧密相连。

几年后,南宋小朝廷在杭州站稳了脚跟。变杭州为临安,取临时安乐窝的意思。改元绍兴——绍兴的地名源于此。绍,始也。兴,中兴。从南宋初年这些名称看,好像皇帝终究要打回有列祖寝陵的巩县去。但事实上,其中有诈。皇帝的帝王术,历来讲究玩弄民意。

陆游的父亲陆宰,时任京西路转运副使,负责后勤工作。战乱中举家南撤,陆游未满周岁。他后来写诗说:"我生学步逢丧乱,家在中原厌奔窜。淮边夜闻贼马嘶,跳去不待鸡号旦……呜呼,乱定百口俱得全,孰为此者宁非天!"

陆家老老小小多达百口。陆游有两个哥哥。母亲唐氏,是宋神宗时的宰相唐介的孙女。陆、唐两家,俱属官僚世族,人丁兴旺。唐氏分娩前曾梦见秦观,因秦观字少游,于是她和丈夫商量,给儿子取名陆游,字务观。以唐氏三十来岁的年龄,不可能对死于徽宗初年的秦观有什么印象。但她痴迷秦观的诗词。陆宰则是当时的知名学者兼诗人,藏书之丰,闻于士林。

陆家要撤回山阴去。昼伏夜行。除了值钱的家什,还带了大量书籍。一路狼狈可想而知。时在靖康元年,汴梁尚未沦陷。陆宰南迁,看来是有远见的。保全家族很重要。一年后宋高宗"泥马渡江",仓皇南逃,身后跟着十几万中原的老百姓,哭天抢地,骨肉离散者不可估算。

到山阴,陆宰松了一口气。

他仕途并不畅,不到四十岁就请求"提举宫观",等于做庙务委员,拿半俸退休。他在城南重新盖了房子,称别墅,清风明月伴读书,著《春秋后传补遗》,同时教育孩子。

陆游的童年,弥漫着书香。

宋代士大夫家庭,一般都这样。

《宋史》说,陆游"年十二,能诗文"。

陆游后来自述:"吾年十三四时……偶见藤床上有渊明诗,因取读之,欣然会心。日且暮,家人呼食,读诗方乐,至夜,卒不就食。今思之,如数日前事也。"

少年陆游读陶渊明,读到痴迷状态。迷了多久他没说,估计有一阵。过两年,又迷王维、岑参。就像今天的小孩沉迷电脑游戏。所不同者,是文字敞开世界,而电脑收缩世界。网瘾如牌瘾,小孩大人均被小小的"瘾头"吸牢,直至生命被吸空。捧书卷与盯电脑守牌桌,具有本质性的区别。这是个大是大非的问题,谁在今天忽视它,谁就将付出生存质量的代价。

几千年文明所赋予人的丰富性,不读书断难领悟。

这种丰富性,但愿不要被"现代性"淹没才好。

就精神拓展的境域而言,今人不及唐宋多矣。这与物欲在短期内的泛滥有关。而我们期待着长远。

陆宰教育陆游,不可因北宋的文明败给女真的野蛮而置书卷于不顾。当时的士人,惜书如故。就连金军北撤,也抢了很多书。

令人遗憾的是,今天的某些官员,只知看文件,长年不读书。有些人,一生的聪明才智只付与官帽。而官风影响民风……

读陆游,我们会发现,他是一个活得非常较真的人。古人有这特点,陆游为甚。当然不是去一味计较个人私利。他活得心胸广阔。广阔通自由。而一味的利字当头,生存必定逼仄。大面积的利字当头,人人活得"单刀直入",生活的意蕴将无从谈起,社会的"交往空间"将受到空前的威胁。

中国古代智慧,对利字高度警惕,国人当能重新思考。

少年陆游成长缓慢,该有的环节全有。哪像现在的小孩儿老气横秋,提前敏感权、钱、欲。

陆游孩提时代学过剑术:绕着院子里的大槐树叱咤有声。不过,几天下来,没劲了。父亲隔着窗户瞅他,摇摇头,但不去干预他。

陆游后来写诗称:学剑四十年。是什么东西促使他学剑的劲头大增呢?

是家里来的神秘客人,是客人们激烈的举止和言论。

陆宰的朋友，几乎都是朝廷的恢复派，主战派：一定要收复北方领土，打回汴京去。可是宋高宗不这么想。

宋高宗是个投降派，享乐派：北方丢了，不是还有南方吗？汴京落到女真手里，他待在临安照样奢华。再者，他有个秘密心思，一旦打回汴京，他这龙椅多半就坐不成了，徽宗钦宗还活着。秦桧最能领会高宗的心思，领导一帮主和的大臣上蹿下跳。秦桧不仅是奸臣，很可能还是奸细：他是从女真那儿逃回来的，自称砍翻金卒得以逃身，却带着几房家眷、大宗的金银财宝。当时就有不少人认为秦桧是奸细。

秦桧到临安，三个月当上副宰相，喊出"北人归北，南人归南"的口号，一副投降派嘴脸，却暗合高宗心意。高宗见金国使者要下跪称臣，并宣称这是为了国家。

高宗与秦桧配合默契，主战派受排挤。

陆游小小年纪，耳边常有父亲与宾客的激愤言辞。他那颗稚嫩的心，烙下风起云涌的抗金战争的画面。

当时的情形是：女真的战斗力由于战线太长、战事持久而下降了，内部又分裂，完颜氏互相残杀。沦陷区抵抗侵略者的义军此起彼伏，动不动就几万、几十万。南宋将帅如张浚、刘锜、吴玠、岳飞、韩世忠等，在战争中学习战争，陆军和水师，东线和西线，几年打下来，已经摸透了敌人的战术，屡战屡胜。宋军大规模反攻收复失地，有几成把握的。放手一搏，战争的形势会朝着不利于敌人的方向发展。

然而宋高宗不想这么做。

此人是个念头清晰的昏君，他很清楚自己想要什么，专打私家算盘。中国历代皇帝，像宋高宗这种人，能列出一长串。紧要关头，私心膨胀。他的信条是：攘外必先安内。安内的重大举措，是效仿赵匡胤拿掉将帅的兵权。国仇家恨他可以不顾——连他的母亲都被金人掳去生孩子。一切只为做皇帝，大小且不论，江南江北也不管。这个铁一般的意志使他花招频出，最终杀岳飞，罢韩世忠，签下丧权辱国的"绍兴和约"……

而陆游是听着岳飞、宗泽、韩世忠的传奇故事长大的。

陆游十岁前后，家里几乎每天有造访父亲的客人，客人当中有文官，也有武将。他们大步流星而来，慷慨激昂而去。弹剑悲歌的，抱头痛哭的,含恨死去的……陆游受到的震撼,殊难以笔墨形容。看他自己的记录吧:"绍兴初,某甫成童,亲见当时士大夫相与言及国事,或裂眦嚼齿,或流涕痛哭……会秦丞相桧用事,变恢复为和戎……志士仁人抱愤入地者可胜数哉!"

恢复、和戎,是当时使用频率最高的两个词,截然分出了两大阵营。

练武有了动力。陆游念着岳飞、岳云、张宪、牛皋、杨再兴这些激动人心的名字,挥戟舞剑弄枪棒。书生亦是习武之人,目光如炬。到晚年,陆游还为自己的一双眼睛感到骄傲:"老夫垂八十,岩电尚灿灿。孤灯观细字,坚坐常夜半。"岩电指眼睛。又说:"目光焰焰夜穿帐。"

俗话说:练武先练眼。想想项羽或张飞的眼睛吧。

陆游暮年目光能穿帐,和他从少年起就夏练三伏、冬练三九有关系。

从他的诗句看,他是七尺男儿身,肌骨强健。

文武集于一身,就像他崇拜的岳飞。

床头案前,除了诗书还有兵书。读书到深夜,睡一觉又闻鸡起舞。

山阴城里的后生知他有武功,专门来会他,意含挑衅。陆游不示弱,于是打架难免,双方各亮招式,吐个门户。一般点到为止,却也有打得鼻青脸肿的时候。父亲的反应有点奇怪,非但不批评,反而袖手旁观。

练武之人,打架是有效的训练方法之一。难怪嗜武之徒动不动就要寻衅。今日武侠片,为打架找理由真是费尽心机。"打架文化",寻新卖点也难。打来打去,又飞又炸,终不如丛林中的狮豹扑咬来得痛快。

陆游打完架,拍拍衣裳转身回家,读他的陶潜岑参去了。

有个五官清丽身材苗条的小表妹总是跟他身后。她名叫唐琬。

陆游十七岁这一年(1142年),发生了一件令他刻骨铭心的事:岳飞被皇帝的毒酒赐死,岳云、张宪被斩首于市。

精忠报国的臣子,百战百胜的将军,死在宋高宗手上。

岳家军打过了淮河,长驱直入,打到朱仙镇,破了金兀术的核心战法"铁浮图"、"拐子马",对汴京形成了战略包围。待援军一到,收复京师如囊中取物。中原的义军群起响应,"还我河山"的吼声响彻大地。然而南宋小朝廷在临安拨他的小算盘,竟然在一天之内发出十二道金牌,命令岳飞收兵。岳家军黯然南撤,中原百姓哭成一片。岳飞过南阳,谒武侯祠含泪书写诸葛亮的《出师表》:"……汉贼不两立、王室不偏安……"

宋高宗不喜欢岳飞由来已久。为什么呢?因为岳飞"议迎二帝,不专于己"。岳家军纪律严明,所过之处无不受到百姓拥戴。将士只知效忠于岳帅。高宗最怕这个。韩世忠的军队人称韩家军,张浚的军队人称张家军……姓赵的皇帝岂不成了孤家寡人?这可不行。他要抢军队。宁愿不要北方领土。

几路大军回临安,兵权落入皇帝手。史称,这是宋代的"第二次削兵权"。岳飞被封为枢密副使。这位令金兵闻声丧胆的进攻型元帅,闲居不久即下狱,死于高宗与秦桧的密谋。

宋军打了胜仗,秦桧却与金国议和。军事上处于劣势的金国谈判使者威胁说,不杀岳飞,达不成和平协议。

高宗、秦桧很听敌人的话,同意杀岳飞。其中显然有蹊跷。秦桧与敌人究竟是怎么谈的,现在难觅真相。

《宋史·岳飞传》说:"秦桧以飞不死,己必及祸,故力谋杀之。"

而高宗不点头,秦桧杀岳飞也难。

朝野一片抗议声,岳飞未能免死,这说明:高宗、秦桧杀岳飞的决心很大。

岳飞手中已经没什么兵权,对高宗不构成威胁。可是他活着,就会对敌人构成巨大的威胁。问题出在秦桧。秦桧在朝廷培植党羽成气候,有能力威胁宋高宗。君相狼狈为奸又各怀鬼胎:高宗每次见秦桧,怀中都藏着匕首。

围绕着权力,历史上演了多少丑态百出的"大戏"啊。

秦桧要岳飞死,岳飞活不成。罪名至今成奇谈:莫须有。

而眼下有人试图为秦桧翻案,其用心,不足称善吧?

绍兴十一年(1142年),岳飞死前一个月,宋金"绍兴和议"达成,东以淮河,西以陕西大散关为界,北方六百三十二县归金国。并且年年向金人称臣纳贡。金人还有个附加条件:无论秦桧犯什么事儿,不得论罪。这是汉民族的敌人送给汉丞相秦桧的护身符。

使一杆岳家枪纵横天下的岳飞,喝下毒酒身亡。挥舞双铜锤所向无敌的岳云,落得身首异处……

临安发生的旷世悲剧,当天就传到山阴。

陆游闻噩耗,眼睛都直了,说不出话,哭不出声。

时值隆冬,快过年了,偌大的陆家张灯结彩。然而岳飞父子的惨死,让所有的红灯笼透出血色。陆游茶饭不思,半夜徘徊中庭,愤怒而又困惑。晨光曦微,残灯向晓,陆游和泪书写岳飞的《满江红》:

怒发冲冠,凭栏处,潇潇雨歇。抬望眼,仰天长啸,壮怀激烈。三十功名尘与土,八千里路云和月。莫等闲白了少年头,空悲切。

靖康耻,犹未雪,臣子恨,何时灭?驾长车踏破,贺兰山缺。壮士饥餐胡虏肉,笑谈渴饮匈奴血。待重头收拾旧山河,朝天阙!

宋高宗与敌人签下和约,俨然大功告成,从此高枕无忧,模仿徽宗大肆享乐。历代皇帝,多这类东西。平均寿命四十几岁,活该。吊诡的是,这宋高宗却活了八十多岁,娱乐到死。

"山外青山楼外楼,西湖歌舞几时休?暖风熏得游人醉,直把杭州作汴州。"

陆游成长期的精神环境,我们现在比较清楚了。爱国不是无缘无故的。针对陆游须追问:为什么他要比南宋一般诗人爱得更深?

陆游在山阴城南的家,也许称不上豪华,但毕竟不是普通人家。如果他父亲陆宰一味经营小日子,他就会长成另一种样子。那些常到陆家聚会的志在恢复的大人们,捶胸顿足,咬牙切齿,乃至哭爹号娘,给陆游留下的印象太深。爱国的种子悄然播下。爱与恨,盛开如并蒂之花。

爱不模糊,恨也清晰。情感的轨迹大致如此。而今人于爱憎趋于模糊,一些人倒宁愿混淆是非,混淆的背后,却是利益意图清晰。利字当头,是非靠后。当然这也不新鲜:原始丛林里都是这么干的。

也许任何事都有是非模糊的空间。但问题在于:模糊地带人太多,模糊的空间势必膨胀。这显然会损害全社会的健康向上。你也模糊我也模糊,没有一张脸是轮廓清晰:鬼与鬼打交道,大约是这般景象吧?

如果人是人的话,其生存向度,焉能朝着丛林、鬼蜮?

陆游从小爱憎分明,谁是敌人谁是朋友,他分得很清楚。情感教育的好环境,促使他日后活得明白而坚决。包括岳飞在内的古代优秀文人,都有这特征。

传统文化营养丰富。今天的"80后""90后",在踏入社会置身喧嚣之前,当能培养吸收营养的能力。养得精神强健,以抵御"模糊"的酸性进攻。

事实上,模糊与清晰的战斗尚在进行中。我们期待着,"清晰"反攻的号角嘹亮吹响。

对陆游来说,爱,犹如一粒奇妙的种子:它破土而出时,向天空向人世,亮出了异样的美丽花瓣。

花瓣上写着两个字:爱情。

唐琬是陆游的舅舅的女儿,她于陆游,犹如林黛玉之于贾宝玉。唐琬的外祖父唐介做过宰相,可见她生于高门望族。和陆家一样,唐家为避战乱从中原迁到江南的山阴。两家人往来密切。唐琬和陆游,有足够的机会培育爱情。唐琬生得娇美,有点弱柳扶风的韵味,却有白里透红的健康肤色。而绍兴这地方,最适合谈情说爱,烟柳画桥随处可见。男孩儿女孩儿又都是锦心绣口,泛舟镜湖,造访禹迹,拜谒兰亭。王羲之曾于兰亭写下"天下第一行书"《兰亭集序》。陆游的书法清瘦飘逸,字如其人。唐琬颇能欣赏。她善琴,能诗,会下围棋,具备贵族少女的修养。陆游诗剑双绝,唐琬佩服得五体投地。陆游慷慨激昂时,唐琬也会将她玉一般的手指攥成粉色拳头。陆游常把目光,不经意去看她的酥手。她要么缩手,要么掉头瞧了别处,羞涩之状可人。

陆游是爱上了,唐琬也爱上了。二人恋爱的具体情形,大约也类似宝哥哥和林妹妹,细节丰富。可惜陆游于此事记载甚少。他一生记下那么多事,独于这桩恋情的过程缄口不言。

古代文人多如此,一般不讲家中事。不会拿个人隐私去炒作。陆游则于这一层之外别有苦衷。

好在他留下了一首词、几首诗。

陆游娶唐琬,婚姻幸福。

然而陆游的母亲出来捣乱了,对唐琬没个好脸色。婚前并不这样。也许她看不惯小两口在她的眼皮底下黏黏糊糊。几千年婆媳不和,可能有着相似的心理结构。婆婆强势,媳妇辛酸。终于到了处不下去的地步,陆游另置宅子安置唐琬。小两口偷偷见面,缠绵不肯分手。爱情因受阻而愈演愈烈。陆母又来捣乱,强行拆散鸳鸯。这段高压之下的婚姻,大约持续了两三年。唐琬未能生孩子。也许有过身孕,却逃不过婆婆的眼睛。婚姻在最幸福的时刻中断。陆游另娶王氏,唐琬改嫁赵士诚。

于是有了惊心动魄的沈园邂逅。

时隔多久不详,当在两年以上吧。唐琬正努力适应第二个丈夫,却与陆游在风景优美的沈园不期而遇,彼此默默相望,目光怎么也挪不开。赵士诚主动向陆游打招呼,置酒款待。两个男人躬身施礼。瘦了一圈的唐琬俏立在风中,杏眼明亮。偏偏是春天,偏偏在沈园。爱情悲剧的各式经典情态应有尽有。陆游终于撑不住,情如井喷。当场挥毫,在沈园内的一堵墙壁上写下《钗头凤》。

唐宋诗人写诗在墙壁上,很常见的。普通民众能欣赏。名诗人题诗,围观者踊跃。好字好诗赢得喝彩,歪诗劣字没写完就被观众哄下台。陆游在山阴,十六岁已小有诗名,眼下二十六岁,伤心怀抱酿成绝唱《钗头凤》:

红酥手,黄藤酒,满城春色宫墙柳。东风恶,欢情薄,一怀愁绪,几年离索,错,错,错!

春如旧,人空瘦,泪痕红浥鲛绡透。桃花落,闲池阁,山盟虽在,锦书难托,莫,莫,莫!

岳飞殇国,陆游伤情。回肠荡气如出一辙。

陆游的文字太凝练,太具有穿透力。唐琬被击伤。她和了一首《钗头凤》:

世情薄,人情恶,雨送黄昏花易落。晓风干,泪痕残,欲笺心事,独语斜阑。难!难!难!

人成各,今非昨,病魂常似秋千索。角声寒,夜阑珊。怕人询问,咽泪妆欢。瞒!瞒!瞒!

唐琬瞒着老公,咽泪妆欢。赵士诚却很有绅士风度,陆游留在沈园的墨迹他一直保留着。没风度倒好。墨迹在,情爱熊熊燃烧,唐琬看一回伤一回,终于——凋谢了鲜花,葬送了红颜。

唐琬死,不过二十几岁。

时人记载说:"未几,(唐琬)怏怏而卒。闻之者为之怆然。此园后更许氏,淳熙间,其壁犹存,好事者以竹木护之。"

陆游的《钗头凤》"杀"死了唐琬吗?

这话虽不中听,却有几分真实。唐琬另适赵家,之所以怕人询问,盖因赵士诚有风度且待她好。如果赵士诚是一庸夫,她也犯不着咽泪妆欢,瞒得那么痛苦。我估计,赵士诚是在耐心等候她回心转意。治情病,时间是管用的。夫妻朝夕相处,日常细节多多,唐琬系于陆游的那份痴情,或淡去,或另辟一间心房安顿下来,留待老来回味。古今中外男女,这类情状屡见不鲜。

如果没有沈园邂逅,如果陆游不题《钗头凤》,如果赵士诚妒火中烧涂去墙壁上的墨迹,唐琬还会死吗?

而唐琬之死,又为原本出色的词作增添了动人处。

爱情悲剧,一波三折。

传向千古的诗篇,却以艳骨孤坟作铺垫。

过了五十多年,陆游还在为唐琬伤心。一再写诗,字字动人。他不敢走近唐琬墓,只在远处徘徊。心中是否有一点内疚呢?当时情不自禁,写下那些句子,刮起本已平复的情感波澜,他能挺住,而唐琬一个多情弱女子如何能承受?字句竟如刀,伤她的五脏六腑。

陆游会想:《钗头凤》害了她呀……

路近城南已怕行,沈家园里更伤情。
香穿客袖梅花在,绿蘸寺桥春水生。

城南小陌又逢春,只见梅花不见人。

玉骨久成泉下土,墨痕犹锁壁间尘。

　　陆游之所以受人敬重,讨人喜欢,只因两个字:重情。而重情的前提是活得认真,凡事投入。情,绝不是随便什么人想重就重的。人的生存乃是环环相扣。情之生发乃是自然而然。现在普遍流行的"用情",反其道而行之,是实用主义、工具理性泛滥的惊人恶果之一。情感的实用化趋势,导致情感世界的坍塌与收缩。而收缩既是空间意义上的,又是时间意义上的:情感不以自身为目的,必定导致短暂、游移、多变、诡谲。最后,变得狰狞阴森。
　　当海德格尔断言,现代人已被连根拔起时,就包含了上述意思。
　　按时下某些中国人的标准衡量,陆游很傻的,近乎傻逼。唐琬死了半个多世纪,陆游还在伤心。艳骨都化成灰了,坟前小树早都长成材了,伤心有啥用呢?
　　情感讲实用,良知讲实用,艺术讲实用,读书讲实用……结果是:人之为人的几项标志空前萎缩。到头来,生存诸环节的美好灰飞烟灭,实用讲来讲去,既伤人又伤己。
　　真到那一天,人们蓦然回首会发现,"实用"这东西最不实用。实用酿成了无数的悲剧。
　　看似无用之物,则可能通大用。咱们的祖先有这智慧。今天这么多科技,这么多精于算计的大脑,丢了祖先智慧多可惜。
　　如果钱权价值观持久地统摄生活,要"统"出大问题的。
　　铜臭一词有真理。祈愿不要恶臭熏天:每一个毛孔都滴着肮脏的血……
　　十二世纪的陆游,比之二十一世纪的许多国人,看生活远为广阔。拥有"地球村"这类概念的人们,其"现实通道"却是前所未有地趋于逼仄。这个世纪性难题,西哲如胡塞尔等洞察在先,针对乏味的科技世界,补之以多元的生活世界。
　　胡塞尔的现象学,海德格尔的现象学存在论,在西欧早已进入文化主流。我们应当有借鉴的能力。不怕殚精竭虑学着思考。
　　看不清当下,则很难回首过去。
　　就古代看古代,可能看不出一个所以然。传统文化,正遭遇老是自己碰上自己的"同质性尴尬"。要重新激活这潭水,可能需要引进大量的"异质性干扰素"。

笔者于此,也仅能讲点猜想。

陆游活得投入。投入才有丰富,像韩剧展示给我们的那些男男女女。韩剧赢在细节上。前提却是:生活中尚有保存完好的意蕴层,有大量可供选择的韵味儿十足的细节。

国内若拍表现陆、唐爱情的影视剧,恐怕得到韩国挑女演员。

"玉骨久成泉下土,墨痕犹锁壁间尘。"八十多岁的陆游,对六十年前的唐琬,毫不实用地怀念着。艳骨不存风流在,梅花落尽香如故。

他在山阴,前后共待了五十年。中间三十余年,宦游东部西部,浪迹十万里。

一步一个脚印。

这样的人,这样的生存,才叫过好每一天。

而不是被旋风刮得团团转,莫名其妙地刮掉几十年……


陆游十九岁曾到临安考进士,没考中。过几年再考,省试拿了第一名。殿试却榜上无名。秦桧做手脚,安插孙子秦埙,黜落"喜论恢复"的陆游。

陆游气得毛发倒竖,恨不能手刃秦桧,为国除害,为岳飞报仇。但丞相府戒备森严,围墙高达两丈,陆游又不会飞。

"绍兴和议"以后,秦桧开始了他的独相期,长达十七年。投降派一手遮天。谁要说打过淮河收复北方失地,秦桧就对他不客气。血性男儿受压抑。宋高宗过得很快活,日费千金。

陆游未能考中进士,拿不到官帽。他有两个哥哥,门荫也轮不到他,于是闲着。父亲陆宰已去世,留下一些财产和一万多卷书籍。陆游读书,写诗,交朋友。此间他做了爸爸。妻子王氏虽不如唐琬风流蕴藉,却能生孩子,生下一个男孩儿,又生下一个男孩儿……陆游乐得眉开眼笑。

陆游跟一位叫曾几的大诗人学诗,收获不小。曾几是个老头,是硕果仅存的江西诗派元老。江西派为北宋黄庭坚所创,写诗重技巧,在炼字、创意、对仗、音韵方面十分讲究。曾几寓居上饶茶山,陆游往茶山跑,盘桓多日,向老诗人请教。他后来回忆:"忆在茶山听说诗,亲从夜半得玄机。"

学诗很神秘,夜半得玄机。什么样的玄机呢?

陆游后来教训自己的儿子说:"汝果要学诗,功夫在诗外。"这话意味着,陆游年轻时,功夫在诗内。

曾几、张戒、吕本中、范成大、杨万里、陆游……这一群南宋诗人,日夕琢磨着诗歌的形式,研究杜甫。莫非他们忘了沦陷的北方?不是。他们都是主战的官员。但诗歌作为顶级艺术,与口号有别。愤怒出诗人,平和冲淡也出诗人。南北对峙旷日持久,生活还得继续下去。行军打仗需要口号诗,日常状态下高呼口号,却会显得不正常。

杜甫避战乱东奔西走,照样锤炼诗歌形式。

江西派苦苦学杜甫,易得皮毛而难得精髓。为什么不学李白呢?李白天马行空,神仙般的飘逸,南宋一般诗人,只能仰望、惊叹,而无从学起。杜甫毕竟有迹可寻。

伟大诗人气象万千,与之比肩谈何容易。苏东坡黄庭坚尚且不能,何况南宋诸诗人。宋词悄然而起,勃然而兴,终于和唐诗并称。却有几分意外的。

文学艺术的发展轨迹,意外是常态。

陆游是在四十多岁以后意外地变成"小李白"的。

十几年学杜甫,倒学成李白了。

也许这表明:陆游身上有李白式的迷狂。

不过直到死,他仍在琢磨杜诗。他的七律、七绝相当出色,不让苏黄。七十年兼学陶、岑、李、杜,使陆游成为南宋的头号诗人。

青壮年佳作寥寥。代表作唯有《钗头凤》,连同他的伤心故事传遍江南。

武艺还在练。十八般武艺,陆游对剑、戟、戈比较在行。戟的长度通常在枪之上,身材高大的男子,方能舞得称手。三国吕布的天方画戟,和张飞的丈八长矛杀得昏天黑地。陆游梦击金兵,常常从床上一跃而起,操得画戟在手。耳边战声犹激烈,窗外却是月如银。

他一度躲进穷乡僻壤研究孙吴兵法。《夜读兵书》:"孤灯耿霜夕,穷山读兵书。平生万里行,执戈王前驱。战死士所有,耻复守妻孥……

叹息镜中间,安得长肤腴?"

剑气腾腾,剑锋北指。

这同样是在锤炼着诗歌。

诗人梦想着成为一名战士,战死沙场光荣,守着妻小耻辱。这是唱高调吗?显然不是。特殊的历史情境,向来能够激发英雄气。

陆游三十四岁始做官,担任福州宁德县主簿。门荫一途走不通,改由保荐制度踏上仕途。宋朝官制花样多,官宦人家子弟,总有办法的。宁德待了一年,调福州。不久,又调到临安做敕令所删定官,负责起草法令。他认识了一个叫周必大的朋友,互相欣赏,又住隔壁,往还中有不少趣事。陆游后来以四言的形式追述说:"得居连墙,日接嘉话……邻家借酒,小园锄菜。荧荧青灯,瘦影相对。西湖吊古,并辔共戴。赋诗属文,颇极奇怪。淡交如水,久而不坏……"

这位周必大,日后官至丞相,在宋孝宗面前延誉陆游。二人一生交厚。周必大比陆游小,倒死在陆游前头,陆游为他写祭文。

淡交如水,久而不坏。此言源自《论语》:"君子之交淡如水。"而武人见武人,通常三杯酒下肚,就要义结金兰。

陆游骨子里是个文人。

绍兴三十一年(1159年),金主完颜亮南侵,打过了淮水。完颜亮率兵六十万,号称百万,兵分两路,同时进攻川陕和荆襄、淮南。宋高宗在枢密史张浚的鼓动下勉强同意迎敌。其时秦桧死去多年,朝廷主战派抬头。川陕有吴璘,荆襄有刘锜,两位名将对敌人构成很大的威胁。然而金兵来势汹汹,宋军王权部败于合肥,高宗闻战报,立刻慌了神。这皇帝患有严重的"恐金症"。早在靖康登位之初,他躲到扬州花天酒地,忽传金兵来袭,大惊失色,吓得丧失性功能,再也不能生育。现在王权初战不利,他又想逃,连夜制定了逃跑的路线:先逃到绍兴,绍兴若站不住脚,再逃福州。必要的时候解散政府,叫百官各投生路,单剩御林军保护他那随时准备航海的几艘楼船。

丞相陈伯康苦劝,高宗才惊魂稍定,把写好的逃跑手谕烧了。

其实,战争的局面,对完颜亮的军队并不利。金兵成分复杂,将帅长期不和,战斗力远逊于三十多年前马踏汴京之时。宋军反而同仇敌忾。刘锜的大军曾屡与金兵交战,几乎没打过败仗。金军将领闻他名头,先怯了几分,不敢交锋,完颜亮只得亲自上。两支主力在皂角林相遇,刘锜军大胜金兵,却迅速退到镇江,伺机再战。

此间,宋军与金兵隔长江对峙。

完颜亮主力南下,中原空虚了,各路义军趁机反击侵略者,声势渐大。均州知州武钜率领的人马,深入沦陷区,联合义军痛击金兵,一度收复西京洛阳。消息传到临安,朝野共庆。陆游在狂喜中写诗:"白发将军亦壮哉,西京昨夜捷书来。胡儿敢作千年计,天意宁知一日回……"

陆游调到枢密院任编修官,等于进国防部做秘书。他紧张关注战事。各式战报雪片般飞进枢密院。完颜亮制定了三日渡江的强攻计划,刘锜的大军能顶住吗?临安城议论纷纷,陆游也隐隐有些不安。那完颜亮足智多谋,行事果断。

这个节骨眼上,刘锜呕血身亡。

临安愁云惨雾。高宗又想跑。王公贵族蠢蠢欲动。

陆游绕床达旦……

然而大江对岸传来好消息:完颜亮被他的部属完颜雍杀死。几十万金兵北撤。

这是绍兴末年宋金交战的戏剧性事件:双方的主帅几乎同时身亡。

江南百姓都以为宋军会乘胜追击,东西两线大反攻,会同各路北方义军,趁敌人喘息未定,一举收复中原。可是百姓太天真,哪能吃透统治者的心思?宋高宗所担忧的,首先是军权旁落。焦点聚集在江淮宣抚使的人选上。这个职位意味着统帅东线宋军主力,朝野盛传,张浚将出任宣抚使。

张浚是几十年的老主战派,人望甚高,高宗则是几十年的老投降派,君臣各唱各的谱。高宗能让这样的将军手握重兵打到中原去吗?

皇帝下诏,让杨存中出任江淮宣抚使。

杨存中是他的心腹爱将,人气指数几乎为零。

百官哗然,陆游愤然上札子,不顾位卑职小,奔走呼号。

有趣的是:皇帝的诏令让四个给事中驳回了。给事中属于丞相门下,按宋制,给事中四人,"若政令有失当,除授非其人,则论奏而驳正之"。

简单地说,丞相手下的给事中,如果四人取得一致,对皇帝就有否决权。所以,宋朝皇帝要独裁,还得把丞相抓到手,比如徽宗抓蔡京,高宗靠秦桧。此间的丞相陈康伯亮出主战底牌,支持张浚。高宗欲行诏令,得先免陈康伯。这一来圈子绕大了,紧要关头,天下舆情将对他十分不利。

宋朝一如唐朝,制度和舆论都对皇权有制约。

高宗显然没料到,他的诏令被集体否决。这使他很没面子,于是寻思退位。金兵南下时他想逃,现在臣子反对他,他又想溜,学徽宗撂挑子。不过,他在位一日,就不会让张浚统兵北上。兵权这根弦他始终绷得紧。这可是他们赵家的传家宝。

前线战士摩拳擦掌,后方朝廷就这么耗着。

完颜雍赢得了喘息之机,迅速扑灭中原义军,站稳脚跟,拨十万精锐部队,严防宋军渡过淮河。

南宋的大好战机稍纵即逝。恢复成泡影。

陆游仰天长叹,几日茶饭不思。

他曾熟读兵书。这一年多,他研究过多少战略战术啊。他的身份是"国防部"秘书,却更像一位军事参谋。

"夜阑闻疾雨,起坐涕交流。"

他在梦中回到岳飞大破金兵的绍兴十年,奋勇杀敌,血染画戟。他和岳飞共饮,同唱《满江红》……

梦醒一切皆空。倏忽起坐,眼泪噗噗如疾雨。

陆游的记梦诗多达百首。爱国之情怀,岂是唱高调。

心爱的北国,心爱的女人,一辈子魂牵梦绕。

十二世纪的六十年代初,对皇帝,对陆游,都是命运的转折点。

五十七岁的宋高宗不得不让位给养子。他曾有个独子,死了,南渡后又不能生育。龙椅上他听到金兵就心惊肉跳,于是赶紧叫太子担大梁。三十六岁的太子登基,是为宋孝宗。

高宗退位后又做了二十几年太上皇,每日花销巨万。孝宗早请示晚汇报,尽孝为先,国事为后。宋廷等于有两个皇帝。高宗与嫔妃厮混,变尽法子要恢复性功能,四肢忙碌,大脑迷糊,但国家的重大决策,还得听他在酒池肉林中用鼻腔表的态。

孝宗出身卑微,尽管也姓赵,与皇室沾点亲,祖辈却只是北宋时的一介县丞。宋高宗选他做太子,看中了他卑微的心理特征。

老皇帝为自己谋划,可谓精细、实用。

孝宗资质本不错,既有理想,又有修养。从哲宗到徽宗、再到高宗,几个皇帝的流氓习气到他身上踪影全无。他颇似宋神宗,胸有大志。做太子十余年,勤于读书,比如精读了卷帙浩繁的苏东坡全集。这样的人当皇帝,自然想要有一番作为。

孝宗改元隆兴。起用张浚为右丞相兼大都督,统帅军队。

朝廷主战的声音忽然大起来了。

于是有了隆兴元年(1163年)的张浚北伐,却打得很别扭,先小胜后大败,十天就结束了,史称南宋"儿戏般的十日战争"。两员大将在前线不和:邵宏渊自恃有太上皇做后台,拒绝听命于主将李显忠,导致金兵反击得手。宿州战役,宋军被打得丢盔卸甲。李显忠退至符离集。

朝廷有两个声音,直接影响前线。

北伐也不占天时。完颜雍的军队已不似一年前仓皇北撤之时。

张浚上表,请求朝廷责罚。孝宗仍然让他掌兵权,要保住这面主战的旗帜。张浚一倒,以左丞相汤思退为首的主和派又将占上风了。

此间陆游升为镇江通判。镇江是大州,是战略要地,而通判为一州之副,参与军政大事,并有监督太守的职责。

隆兴二年三月初,张浚巡视江淮的军事布防,楼船战舰威武。这是主战的信号,天下闻而壮之。陆游"无日不相从",张浚也对他"顾遇甚厚"。他父亲陆宰,曾与张浚有交情。更为重要的是,陆游得以向张大帅显示抗金的决心和军事才能。他穿戎装,舞画戟,谈将略,大帅频频点头赞赏。

人生要讲机遇,陆游的机遇到了。三十九岁,正是年富力强。懂文化的宋孝宗对他印象颇佳,擅军事的张大帅命他连日相随。二十年的愤怒与企盼,有望一朝喷发。

命运到了转折的关口。也包括官运。此前一直干秘书。

然而……

一部南宋史,由太多的"然而"所组成。

绍兴十年,宋高宗以十二道金牌召回兵临汴京城下的岳飞;隆兴二年,又是这个高宗,从幕后伸出太上皇的脏手,罢免张浚。

张浚三月出巡江淮,四月被急召回临安,几天之内落兵权、罢丞相。内幕是:太上皇主持对金议和,先行罢免"鹰派"的领军人物。张浚下台,"隆兴和议"出台,老一套的割地赔款,并且额外加上一条:宋帝对金主称侄。

接下来,宋帝该叫金主爹爹。

宋孝宗有苦难言。

八月,一代抗金名将张浚,迎着萧瑟秋风踉跄回老家,死在途中。

陆游悲愤地写道:"张公遂如此,海内共悲辛。逆虏犹遗种,皇天夺老臣……"

过了二十二年,年届花甲的陆游愤怒未消,《书愤》云:

> 早岁哪知世事艰,中原北望气如山。
> 楼船夜雪瓜洲渡,铁马秋风大散关。
> 塞上长城空自许,镜中衰鬓已先斑。
> 出师一表真名世,千载谁堪伯仲间。

跟随张浚巡视江淮的那些日子,陆游一生不忘。

那是他离前线最近的日子:紧跟大都督,打回中原去。

执戟楼船多威风,可惜转眼成泡影。

战士不能杀敌,只能挥笔写诗……

但这事还没完。两年后陆游在南昌通判的任上遭弹劾,罪名是:"结交台谏,鼓唱是非,力说张浚用兵。"可见朝廷已呈一边倒的局面,主张收复失地的臣子反倒有罪。宋孝宗打了败仗又签和约,顾不了许多了。他的御座后面,还有一只大手。弄不好,御座将被它掀翻。

几年来,陆游竭力鼓吹迁都建康(今南京),把"行在"摆到前线,振军威,鼓士气,结民心。朝廷豁出去了,必使天下人振作起来。金人最怕这个。南宋虽是小朝廷,其综合国力还是远胜于金国。何况中原、华北,四十年义军如潮,从未断绝。女真族残酷压迫汉民族,要把汉人变成奴隶。但哪里有压迫,哪里就有反抗。

迁都建康,是主战派一致的主张。

然而投降派控制朝廷,迁都的声音在短时间内消失大半,陆游还忙着上札子,慷慨陈词,想说服最高统治者。不合时宜的真知灼见,往往衍成罪名。历史的每一页都有记载。其中的一页,写着陆游的名字。

撤职。官帽丢了。而一般的处分是贬官。哪怕流放,官身还在。

报国无门。仕途无望。四十出头的陆游,只身、匹马、孤剑,从江西南昌打道回浙东的山阴。

驿外断桥边,寂寞开无主。已是黄昏独自愁,更著风和雨。
无意苦争春,一任群芳妒。零落成泥碾作尘,只有香如故!

这首《咏梅》词,不妨视为陆游自己的写照。断桥边孤零零的一支梅,更面临漫天的凄风苦雨。梅花零落,化为尘土,却是香如故。陆游对沦陷的北方,对泉下的唐琬,都是这般情怀。死了也要怀念。而情感并无高下之分,陆游热爱国家眷恋女人,都值得我们对他肃然起敬。

陆游以梅花自喻。他爱梅,如东坡之爱竹,周敦颐之爱莲。其间盖有深意在焉。借此顺便提一句:眼下常用的国画题材梅兰竹菊,因其随意滥用而扬起"文化泡沫"。传统文化中的清洁精神,因泡沫而受遮蔽,而自动隐匿。

古人对这些东西,不轻易下笔的。

《咏梅》作于何时,至今无考。这反倒成全它,得以对应陆游的一生。看来是写在路上。他住过无数的客栈、驿舍。词有哀怨,诗人的心境就是这样。艺术乃是针对各类人生情态严格写实。写意,抽象,均在其中。

一树梅花,满天风雨。

毛泽东诗云:"梅花欢喜漫天雪",那是另外一种境界。

毛泽东和了陆游的这首名词,"反其意而用之"。

风雨送春归,飞雪迎春到。已是悬崖百丈冰,犹有花枝俏。
俏也不争春,只把春来报。待到山花烂漫时,她在众中笑。

写得太好了,百读不厌。

陆游在南昌掉了官帽,骑马回老家山阴。这些年做官有了一点积蓄,他在鉴湖边重新盖了十来间房子。陆家是山阴的大家族,城里有别墅,云门山有老宅。陆游四十多岁了,已是几个孩子的父亲,另立门户很寻常。新宅虽然称不上豪华,但环境优美:"吾庐烟树间,正占湖一曲。"

陶渊明来照面了。

"吾庐"为渊明首创,衍生为中国人至今不衰的情结:结庐在人境,而无车马喧。众鸟欣有托,吾亦爱吾庐。

经典描画,一派天然。

田园大宗师独创的审美境界,不需雕梁画栋,只要几间草屋就行。瓦房也可以。豪宅妨碍青山绿水。

质朴蕴涵丰富,诗人能够细察。

陆游有田产,一般不愁生计。灾荒年则难说。他的生活水平比渊明高,能吃肉,有美酒。缺红颜知己,于是追忆唐琬的点点滴滴,但不写渊明那种《闲情赋》。渊明无望于美妇,才写热烈奔放的《闲情赋》。陆游宁愿憋着。这个事儿日后再说。

陆游的性格不是有点像李白吗?

"慷慨心犹壮,蹉跎鬓已秋。"世事艰难,壮心落不到实处,又使他沉郁如杜甫。

而在乡村中的日常情状,更靠近陶渊明。且看陆游的名篇《游西山村》:

莫笑田家腊酒浑,丰年留客足鸡豚。
山重水复疑无路,柳暗花明又一村。
箫鼓追随春社近,衣冠简朴古风存。
从今若许闲乘月,拄杖无时夜叩门。

他在乡下转悠,从这村忽而转到那村,美滋滋的模样溢于言辞。渊明穷,"饥来驱我去,不知竟何之。行行至斯里,敲门拙言辞"。伟大的渊明辗转行乞,读来令人心酸。有这写在明处的窘迫作铺垫,后世追随渊明者,总要想方设法待在温饱线上。乡下盖几间房子,大抵衣食无忧,然后寸寸贴近山水肌肤。两宋文人，无一例外地崇拜陶渊明，包括"气吞万里如虎"的辛弃疾。这一层，不失为古典文学研究的有趣课题。

在乡下人眼中，陆游是做过大官的，属员外级别，又饱学，和蔼，所以尊敬他，亲近他。"拄杖无时夜叩门"，这一句透出他的惬意和随意。农人日出而作日落而息，入夜关门早，一般不串门。而陆游不拘什么时候，只要房内有烛火，他就抬手叩门。咿呀门开了，迎着他的总是笑脸。无时夜叩门，映照"简朴古风存"，如果人心不古，乡村盗贼奔走，谁还敢夜开门呢？恐怕家家户户弄个防护栏防盗门，有条件的豪宅，建个防暴队……

《雨霁出游书事》：

> 十日苦雨一日晴，拂拭拄杖西村行。
> 清沟泠泠流水细，好风习习吹衣轻。
> 四邻蛙声已阁阁，两岸柳色争青青。
> 辛夷先开半委地，海棠独立方倾城。
> 春工遇物初不择，亦秀燕麦开芜菁。
> 荠花如雪又烂漫，百草红紫哪知名。
> 小鱼谁取置道侧，细柳穿颊危将烹。
> 欣然买放寄吾意，草莱无地苏疲氓。

这西山村，陆游想必常去。下了十天雨，天刚放晴，乡间小路还泥泞着，他却迫不及待出门了。西村有朋友，类似渊明的南村，聚集着、散居着素心人。沿途访友，一路访春，那心境，嗬！拄杖是必要的，对付泥泞或沟沟坎坎，拄杖更是一个优哉游哉的文化符号：渊明拄杖，东坡拄杖，陆游拄杖。

权杖丢了，竹杖在手。

反观古今有些人，掉官帽像掉了魂儿似的，呆滞，病歪歪，走路贴墙儿，生怕见熟人。例子多得数不过来呢。为什么？因为这些个昨日的官员，唉，怎么说呢？他错把权杖认作人生的拐杖，拐杖一朝丢失，马上变瘸子，举止像白痴……

都是利字给害的。

人要讲一点修身。看看人家陆游修得多好。

官身不存,精气神在。

山阴的乡下他一待五年。

陆游又做官了。朝廷有他的名字。新任丞相陈俊卿,曾经和陆游同在张浚的幕府干过。陆游一纸贺信去,讨得一顶官帽来。仍是做通判。却通判到蜀中的夔州去。

一官万里。

"残年走巴蜀,辛苦为斗米。远冲三伏热,前指九月水。回首长安城,不忍便万里……"

他是先到临安办理相关手续,然后冒着酷暑从临安出发,舟行数月,途中每天写日记,半日一首诗。日记短的百余字,长的逾千言,却并非流水账似的记载,而是追思先贤、饱览风物,是浓缩了诗意的地理考察。泊舟登岸是常事,或逗留几个时辰,或盘桓两三天。过苏州、瓜州、黄州、沙头、江陵,舟望石门关,疾入瞿塘峡……

"渔村把酒对丹枫,水驿凭轩送去鸿。道路半年行不到,江山万里看无穷。"诗写于江陵,时在深秋。

蜀道艰难。陆游感慨地说:"少年亦慕宦游乐,投老方知行路难!"

杜甫曾在夔州写下《秋兴八首》、《壮游》等名篇。陆游一眼看见了忧国忧民的杜甫:"予读其诗,至'小臣议论绝,老病客殊方'之句,未尝不流涕也……少陵非区区于仕进者,身愈老,命愈大谬,坎壈且死,则其悲至此,亦无足怪也!"

陆游多么理解杜甫。

什么人就会理解什么人,这是一定的。

拖着一家子万里投荒,陆游并无怨言。他原本是一条血性汉子,跋山涉水不在乎。此去夔州,毕竟强于避战乱的杜工部,贬岭南的苏东坡。杜甫坚决,东坡达观,坚决与达观的背后都有强大的文化支撑,却又化为日常的一颦一笑,一举手一投足。陆游追随着他们的身影。

半年行不到,江山看无穷。想想陆游行路的身姿吧。

走仕途的切近考虑,一为报国,二为子孙。陆游有六个儿子,得为他们的前途着想。上了一定的官阶,能荫及子孙的。"辛苦为斗米",

这也令人联想杜甫。

待夔州一年多,陆游被调往川陕交界处的南郑。这是意料中事。朝廷正酝酿着对金作战。

南郑(今陕西汉中)是宋金对峙的西部前线。朝廷往西线集结兵力,准备从大散关一带向金兵发动攻击,出陇右,取长安。四川宣抚使王炎节制诸路兵马。陆游只身快马赴南郑,不忘写诗:"我行山南已三日,如绳大路东西出。平川沃野望不尽,麦陇青青桑郁郁。"

陆游入王炎幕府,做了高级参谋。

杀敌的机会来了。斗志改变诗风。

王炎擅长军事,精心布置了这次西线大战,专等孝宗皇帝下决心。

王炎幕府中的五六个高级参谋,陆游是其中之一。他随侍王炎左右,和大将们一块儿喝酒。宋史说,陆游屡向王炎"陈进取之策,以为经略中原必自长安始,取长安必自陇右始"。

当初在江淮东线,陆游登上张浚的楼船。现在于南郑西线,他紧随王炎。

前线时有摩擦,战争一触即发。

陆游的岗位是在大帅府,不大可能披挂上阵。不过他勤练武艺,尤其练戟、戈、骑马射箭。四十多岁的身子骨,雨天也在叱咤腾挪。有个王参谋嘲笑陆游,欲以文官之身,求取武将功名,岂不是白忙活?参谋嘛,动动脑子,不需动刀枪的。

陆游照练不误,箭法长进迅速,有力道能拉硬弓,有准头,百步之外曾穿杨。他目力好,对射箭有帮助。

"上马击狂胡,下马草军书。"

"切勿轻书生,上马能击贼!"

陆游是否打过仗,史料没有确切的记载。他后来写诗说:"我曾从戎清渭侧,散关嵯峨下临贼。铁衣上马蹴坚冰,有时三日不火食……"

诗中展现的场面,"三日不火食",应是一次长达数日的冬季急行军。

南郑附近的凤县,西县,两当县,定军山,陆游都去过。大散关下的鬼迷店,广元道上的飞石浦,都曾留下这位高级参谋英武的身影。也许偶有战事,与敌人有过接触,但战斗规模小,陆游未曾提及。如果他亲手杀死过一名金兵,一定会写诗的。

几十万集结在关中的宋军虎视已久,金兵非常紧张,步步设防,长安城外挖了三条护城河。东线同样吃紧,金兵调不过来。大散关战役,可望改写历史:宋军收复北方,将改变历史的走向。

然而朝廷迟迟不下命令。王炎不断派人,十万火急奔临安。宋孝宗的指示含糊其辞。兆头不妙。王炎对属下尽量不动声色,包括对陆游这样的高级参谋。王炎的作战部署,已经秘密深入到敌军营垒,一旦开战,几个据守要塞的金军将领将反水,配合宋军直取长安。

除了深忧朝廷内幕的王炎,没人相信这仗打不起来。

西线无战事。大军消耗着粮食,所幸这一年汉中丰收。

营妓们婀娜多姿的身影出现在军营中,却只有将军们、高级幕僚们能享受。中下级军官饱饱眼福而已。普通士卒翘首而望,啧啧嘴,拍拍腿。天寒地冻的,将军的营帐软玉温香……

陆游住南郑城内的宣抚司,他接触的营妓,都是花中选花,色艺双绝。恰好城外有座高兴亭,将军、幕僚,没事儿就去高兴。漂亮的营妓们各呈姿态,击筑吹箫弹琵琶,秋波横流。陆游半醉,挥笔写《秋波媚》:

秋到边城角声哀,烽火照高台。悲歌击筑,凭高酹酒,此兴优哉。

多情谁似南山月,特地暮云开。灞桥烟柳,曲江池馆,应待人来。

姑娘们一遍遍地唱着,哭着,笑着。

月明星稀,一个成都姑娘和陆游漫步于高兴亭下。

四川盆地云遮雾罩,姑姑们向来水灵。

多情营妓亦悲歌,慷慨壮士解风情。

这特殊环境中的男欢女爱,该是另有滋味吧?可惜陆游不留诗篇。岑参、高适、岳飞也不留。

陆游从夔州到南郑已是第二个秋天了,烽烟不起,内心焦灼。南宋三个进军的好时机:绍兴十年岳飞挺进汴京,绍兴三十二年完颜雍仓皇北撤,乾道八年(1172年)王炎部署西线战役——莫非全都泡汤、历史的悲剧一再重演?

"良时恐作他年恨,大散关头又一年。"

陆游这两句诗,把他的心迹写得明明白白。

软玉温香,怎比得金戈铁马!

挥剑的手,无奈伸向床头……

有一位当代著名学者,将陆游待在南郑的时光称为生活的高潮期。这高潮,却是挟带了因不能杀敌而郁积起来的能量。

于是有了杀虎的壮举。武松打虎可能是传说,陆游杀虎可不含糊。大散关一带多虎患,"道边新食人,膏血染草棘"。陆游常带士卒进山打猎,这一年的初冬踏雪入林,碰上了那只食人猛虎。他后来回忆说:"我时在幕府,往来无朝暮。夜宿沔阳驿,朝饭长木铺。雪中痛饮百榼空,蹴踏山林伐狐兔。眈眈北山虎,食人不知数。孤儿寡妇仇不报,日落风生行旅惧。我闻投袂起,大呼闻百步,奋戈直前虎人立,吼裂苍崖血如注!从骑三十皆秦人,面青气夺空相顾……"

秦地士卒,素有勇猛之名。三十名士卒都是身强力壮,陡然见猛虎,却吓瘫了,倒是年近半百的陆游挺戈而上。虎作人立,咆哮着,巨大的前爪扑他,咽喉却被锋利的钢戈刺破,虎血喷射。

虎啸时,陆游也吼。恶战不多时,虎死,人居然活着。

这可不是一首记梦诗。秦卒缓过神来,个个像做了一场噩梦。那一顿虎肉吃得!全军沸腾了,孤儿寡妇携壶浆,拜谢陆游大英雄。

狂欢之后悲从中来。英雄只能猎虎豹,不能收拾旧山河。

此时此刻,陆游的心格外靠近岳武穆。

打虎这件事,他后来在诗中反复提及。却向我们显现他不能临阵杀敌的悲怆心境。

王炎突然被朝廷调走了,幕府星散。陆游外出视察军情半个多月,回南郑城宣抚司,看见同僚们正板着脸收拾文件。

王炎倚树一言不发,只仰天长叹。他升官了,主持枢密院,相当于国防部长。可他心里清楚,枢密使的位置,不过是为他安排退休的一个体面的中转站。

从史料看,这事可能不怪宋孝宗,因为他同时在策划着东线进军。

皇帝身后有太上皇。老贼不死,敌人平安。

陆游调任成都府路安抚司参议官。

英雄受命离开前线,到天府之国去了。

事实上,前线已不复存在。东西两线无战事。

所有这些故事,发生在十二世纪七十年代。

陆游骑驴过剑门关,迎着蜀地的牛毛细雨。剑门七十二峰,峰峰向北,地质结构非常奇特。我在剑阁喝茶时正遇暮春小雨,满脑子陆游当年迤逦入关的形象:不知陆游的南郑时光,焉知诗翁向剑门?

衣上征尘杂酒痕,远游无处不销魂。
此身合是诗人未,细雨骑驴入剑门。

英雄气化入诗酒人生。

渭水岐山不出兵,却携琴剑锦官城。

此后三十多年,陆游对此耿耿于怀。

成都太舒服了。范成大后来做了地方长官,陆游又是闲职高官,诗人与诗人、艺术、生活都富于异乎寻常的想象力。酒肆歌台日复一日。南郑时,陆游身在战争和女人之间,战争终于未发动,而女人早已投怀。在成都断断续续的数年间,则是醇酒美妇鲜花。

梦向何处醒?边城号角声。

陆游"娱乐"之余,常常泪流满面。

"逆胡未灭心未平,孤剑床头铿有声!"

陆游的诗歌艺术像个大磁石,吸附若干元素:爱国爱酒爱女人,缺一不可。包括纯粹的、自然意义上的山山水水。

诗人乃是混成物。单一的材质难成大气候。

换句话说,诗人身处异质性的东西所形成的张力之间。

甚至可以这么说:诗人就是张力本身。

陆游一度离开成都去了嘉州(今乐山),"摄知嘉州",等于代理市长,干得好去掉代理二字。他筑堤,修岷江浮桥,搞阅兵式。公务井井有条,生活韵味儿十足。嘉州、眉州(今眉山)这一带,有多少前辈大师的英灵啊:岑参做过嘉州太守,人称岑嘉州;黄庭坚做过眉州青神县尉;而苏东坡的老家眉山近在咫尺。陆游对东坡,可谓崇拜得五体投地,他骑驴负剑,晃晃悠悠奔眉山而去,踏入桃花源般的眉山境,处处感到灵气袭人,不禁在驴背上惊呼:

"孕奇蓄秀当此地,郁然千载诗书城!"

盘桓眉山多日,陆游又结识了民间的奇人师伯浑。此人谈兵谈儒议天论地,滔滔如岷江之水。陆游受点拨茅塞顿开,敛衽再拜,呼师伯浑为"天下伟人"。

曾受毛泽东高度赞赏的南宋名相虞允文,也是眉山市仁寿县人。

"郁然千载诗书城",陆游可不是随便一说。过了很多年,他还在梦中重游眉山,叩访三苏故里之披风榭。他对成都,并无类似赞叹。益州类似扬州,以繁华扬名天下。江南却有兵乱之忧,蜀中受益于秦岭竖起的天然屏障。

杜甫形容成都:"晓看红湿处,花重锦官城。"

陆游描绘成都:"繁华行乐地,芳润养花天。"

他又调回成都了。可惜凌云山的大佛没看够,登峨眉山寻李白遗踪的计划也暂且搁下。

三月的成都真是花团锦簇,陆游走马看花也看不过来。名花须得好诗配,十首《花时游遍诸家园》,全城市民吟诵,歌女们谱成曲子争相传唱。

> 为爱名花抵死狂,只愁风日损红芳。
> 绿章夜奏通明殿,乞借春阴护海棠。

名花除了好诗配,还有别的能换喻吗?有的,有的,比成都的所有名花更娇艳的,是成都的女子。"芳润养花天",这是说,盆地温润的气候最能滋养女儿容颜。皮肤细,嗓音媚,五官俏,身材好,修养也不错。卓文君,薛涛,王弗,花蕊夫人,成都女孩子向来是视为偶像的。这个永远时尚的城市,至今漂亮女子多:街头一站,眼花缭乱。

陆游如此爱生活,不爱佳丽才怪。

海明威说过:世间万物,没有任何东西的美能与女人的美相提并论。

"风掠春衫惊小冷,酒潮玉颜见微赪。"

微赪:红而润。

陆游这两句诗,值得玩味。

陆游讨女人喜欢,除性格、才华、外形诸因素外,还有很重要的一点:欣赏女性的目光格外细腻。这倒跟他的视力好关系不大。他是用心去瞧,犹如苏轼看王弗,苏东坡看王朝云。细腻的目光好比春风拂过,鲜花才成其为鲜花,即使容貌寻常也动人。这是心灵的逻辑。而欲望的逻辑,乃是大手大脚囫囵吞枣,像猪八戒吃人参果,一口就下去了,美味全无。

今天处对象明天上床……时下两性的局面,丢失了多少细节!

其实不划算。人之为人,重在过程。

笔者曾写长篇小说《暧昧》,试图用百万言的篇幅,拓展两性间模糊的、诗意的空间,以抵御大面积的"一眼看穿"和囫囵吞枣。小说的背景,放在我熟悉的成都和眉山。

十二世纪七十年代后期,陆游和成都的一位漂亮女孩儿好上了。女孩儿姓杨,能写诗,会丹青,歌也唱得好。杨氏身份不详,可能是个小家碧玉。陆游纳她为妾,后来带她离开四川。绍兴大才子带走了成都美女。杨氏生一女,取名闰娘,小名女女,未满一周岁,却死在陆游的严州太守任上。陆游痛失女女,大恸,令人联想东坡哭他也是未满周岁便夭折的遁儿……

此间在成都,五十多岁的陆游和杨氏女孩儿,难以形诸笔墨的如胶似漆。他动了安家成都的念头。

四川境内他多处为官。总是转一圈又回到成都。

川西坝子太迷人,落脚要生根。

有一次他去了青城山丈人观,拜访九十多岁的上官道人,惊奇地发现老人住在树上,跷着二郎腿晒太阳。老人只吃松粉,冲鸟说话,对猿长啸,却拒绝与人交谈,"但粲然一笑耳"。古人用词考究,粲然,表明九十老道尚有一口好牙。

更奇的是,上官道人一见陆游便开口讲话,并且把养生与护国有机联系在一起,妙语奇语寻常语,惹得小鸟也倾听。

陆游爬上松树,体验上官道人的"巢居"。日后他在山阴的书房就叫"书巢"。

陆游下山时,带走了老人送他的几包松粉。不过老人叮嘱:养生,滋补,须与环境谐调。闹市吃松粉,不如吃面粉。

上官道人和陆游揖别时,意味深长地吐出一句:你家在山阴……

陆游从青城山打马回成都,回到灯红酒绿。销魂处,眼前却浮现了老道人的鹤发童颜。范成大笑着对他说:"务观啊,别忘了眉山苏轼语,性乃伐命之斧。"陆游笑答:"致能啊,你也别忘了,还有个眉州人、鼎鼎大名的彭祖,号称古今寿命第一,活了八百多岁。彭祖四大养生术,房中术居第二。"

两个大男人,相视大笑。

范成大字致能,时任四川制置使,后擢副丞相。他是南宋四大诗人之一,出身贵族家庭,对人相当宽容。宋史称,他是"凡人才可用者,悉致幕下,用所长,不拘小节"。

贵族究竟是贵族,看人才直截了当,目光清澈。

想想俄国的托尔斯泰,英国的罗素……

《宋史·陆游传》云:"陆游与范成大以文字交,不拘礼法。"可见陆游在成都的放浪,燕饮无度,携青春少女招摇过市,和顶头上司范成大的纵容分不开。两个大诗人,陆游名头更响,连宋孝宗都称他"小李白"。小李白在成都这样的繁华地,不放浪行吗?

然而,放出问题了。

眼看要去嘉州做正式的"市长",却突然接到朝廷的处分通知:陆游"燕饮颓放",不得出任嘉州知州,改任"提举台州桐柏崇道观"。

按宋制,提举某道观,等于领干俸。台州他不用去的。

这事对陆游打击不小。他写诗说:"罪大初闻收郡印,恩宽俄许领家山。"

从此自号陆放翁。别人也这么叫他。

他与北宋柳永成了同路人。一个是"奉旨填词柳三变",一个是

"拜赐头衔号放翁"。

但是,果真如此么?谁知陆游的内心痛苦?

从南郑的雄壮到成都的颓废,这中间有内在联系的。

范成大升官去了临安。陆游在四川又待了两年,漫游川东川西川南,卜居的念头犹在。成都,嘉州,眉州,皆在考虑的范围之内。颓放如故。"老夫五十犹豪纵,锦城一觉繁华梦。"

去哪儿都带着鲜花般的少女杨氏。两鬓斑白与青春容貌俨然绝配。夫人对他实行"不干预政策"。囊中也不算羞涩,官场朋友多,馈赠是常事。当年李白就是这样。

一般人到这境地,会消磨意志,慢慢地、不知不觉地趋于肉体化。陆游却不。无物能够消磨他。入蜀一晃七八年,内心丝毫不变。这"不变"是值得研究的。

放浪形骸之时,头脑始终清醒。

何以如此?文化是最大的支撑。

中国传统文化,柔性的力量源远流长。

且看陆游是如何头脑清醒的:"丈夫不虚生世间,本意灭虏收河山。岂知蹭蹬不称意,八年梁益凋朱颜……"

眼下是十月中旬小阳春,我看电视新闻,看见"软实力"这样的列入治国方略的关键词,真是感到由衷的欣慰。咱们的民族,多么需要这样的智慧啊。

陆游在任何状态下,爱国的意志坚不可摧。

著名的《金错刀行》作于此时。

> 黄金错刀白玉装,夜穿窗扉出光芒。丈夫五十功未立,提刀独立顾八荒。京华结交尽奇士,意气相期共生死。千年史册耻无名,一片丹心报天子。尔来从军天汉滨,南山晓雪玉嶙峋。呜呼,楚虽三户能亡秦,岂有堂堂中国空无人!

繁华蜀地的陆游,有个惯常动作:展开他小心保存的大散关军事地图,直看得锐眼昏花、雄鸡唱晓。睡里梦里,陆将军横扫金兵如卷席……

一纸诏令下,陆游别四川。

他已经五十几岁了,孝宗处分他、放他两年之后又重用他,让他提举福建常平茶盐公事。经济工作他并不陌生。举家向南,离开陆游心目中的第二故乡。出三峡,过荆襄,他泼墨写诗:"无穷江水与天接,不断海风吹月来。"

笔底豪气,不是枉称小李白吧?

此后若干年,辗转福建、江西、湖南做官。孝宗不止一次单独召见他,听他谈军事,谈内政。调他到中央工作,官至礼部郎中,朝廷四品大员。范成大、周必大先后做丞相,他们都是陆游的老朋友。当然,朝廷向来复杂,陆游亦沮丧,亦沉浮。唯一不变的,是收拾旧山河的岳飞式的雄心。朝廷稍有北伐的动静,他就激动不已,彻夜捧读兵书。

六十二岁他删诗。四十二岁前所作的一万八千首诗,删下来只剩九百首。可见他对艺术是如何的苛刻。

这可敬的老人啊,活得多么较真!

宋高宗赵构死在了德寿宫,陆游坚定地沉默着,不写一个字。后来孝宗驾崩,他写下三首悼念的词作。

这些细微处,见证了陆游的大品行。

孝宗去世,光宗登台。这人竟然是惧内的典范:老婆原是太尉的女儿,父女凶悍,光宗被吓成了精神分裂……

南宋小朝廷,离北方故土是越来越遥远了。

陆游从六十五岁到八十五岁,长居绍兴二十年。

家在鉴湖北岸。西山村又在望了。

小园烟草接邻家,桑柘阴阴一径斜。
卧读陶诗未终卷,又乘微雨去锄瓜。

陆游下地干农活,一点不勉强。

伟大的托尔斯泰,不是在他的农庄里连月割秋草、从早晨割到黄昏吗?

陆游领点退休金,收点田租,经济状况比托翁差远了。

历尽危机歌尽狂,残年唯有付耕桑。
春秋天气朝朝变,蚕月人家处处忙。

田野上村落间,渊明、东坡、岑参的身影时隐时现。

老人放下农具歇息时,有个习惯性的身姿:向北凝望。

北方的人民,仍在侵略者的铁蹄之下,日夜盼着王师北伐:"遗民泪尽胡尘里,南望王师又一年。"

陆游过了七十寿辰,朝着八十慢慢走了。

这些年,老人在乡下硬朗着呢。他栽桑,养蚕,种菜,种药材,种胡麻,酿酒,做酱……年年乐此不疲。骑驴背药箱走村串户,看病不收钱,吃顿饭而已。当年那位老东坡,贬黄州贬惠州,不也是这么干的吗?陆游说:"活人岂吾能?要有此意存。"寻常话语,掷地有声。

家中万卷藏书,不乏医书。

他医术本不错,医德更高尚。

今日中医西医,应向东坡、陆游的医德看齐。

五首《山村经行因施药》,其一云:"驴肩每带药囊行,村巷欢欣夹道迎。共说向来曾活我,生儿多以陆为名。"陆游写此诗,刚好八十岁。看来他救活的人不少,乡亲们给新生儿取姓为陆。

老人每天手不释卷。有朋友描述他的"书巢":"陆务观作书巢以自处,饮食起居,疾病呻吟,未尝不与书俱。每至欲起,书环围左右,至不得行。引客观之,客不能入;既入不能出。相与大笑……"

其实还有个细节:陆游在书巢中边看书边吃松粉。

相与大笑挺好。要保持笑的能力!一生幽默。

陆游的书斋叫"老学庵"。

今人读书讲短期实用,四川话叫吹糠见米,书面语称立竿见影。这功利心态不大好吧?若长此以往,国民素质将难以收拾。陆游之为陆游,是八十多年一步一个脚印。生存不避艰辛,方有深沉的快乐前来照面。而一味的急功近利东张西望,严格对应动物似的浅表性生存。

这是铁律。

陆游撰写《南唐书》,史学价值世所公认。接着续写《老学庵笔记》,记录七十年所见所闻所思……

他曾卷入一场为权倾天下的韩侂胄写《南园记》的舆论风波,甚至有人指责他趋炎附势晚节不保。这议论显然偏颇。当时就有许多人为陆游申辩。韩是主战派,陆游一直和他关系不错。韩立新园,请陆游作记,陆游一挥而就,事情就这么简单。即使陆游暮年为一大堆儿孙做点人事铺垫,何尝不在情理中?

有个重要细节:辛弃疾任浙东宣抚使,兼知绍兴府,多次探望陆游,相谈甚洽。辛弃疾不忍见老人居所简陋破旧,几次提出为老人重修宅院。陆游拒绝了。陋室如旧。

陆游很少去绍兴城了。并非走不动。
唐琬。沈园。
唐琬才叫美人呢。六十年亭亭玉立。八百年婉转动人。

沈家园里花如锦,半是当年识放翁。
也信美人终作土,不堪幽梦太匆匆!

城上斜阳画角哀,沈园非复旧池台。
伤心桥下春波绿,曾是惊鸿照影来。

陆游留给我们的,是怀念恋人的千古绝唱。
临终绝笔,挥向他一生牵挂的中原。《示儿》:

死去原知万事空,但悲不见九州同。
王师北定中原日,家祭无忘告乃翁。

两个陆游合而为一:眷恋唐琬的陆游,怀念北国的陆游。

中国历史,中国文学史,陆游的身影格外清晰,为什么?因为他爱国。从汉朝起,汉民族遭异族侵略的悲剧就一再重演,民族英雄受推崇,陆游的身影在其中。他的诗篇,对后世有巨大而持久的精神感召力。头号爱国诗人,非陆游莫属。而我们已经知道,陆游的爱国情怀很纯粹,并无一丝造作的成分。童年的经历非常关键,他家里穿梭着那么多捶胸顿足的仁人志士,爱国,深入了他的骨髓。南宋其他大诗人,如曾几、杨万里、范成大,也爱国、恨侵略者,却不似陆游如此的投入。爱恨交织成就了陆游。两种恨:恨敌人,恨奸臣。

他十七岁那一年,岳飞死;二十九岁,临安殿试被秦桧黜落。

还有一种大恨:唐琬因他的《钗头凤》而香销玉殒。

所有这些爱与恨,铸造了我们的伟大诗人。

他活得认真。这才叫剑胆琴心。如此深切地眷恋着故国与前妻,不是偶然的。他是点点滴滴走完了漫长的人生旅程,堪称"深度生存"的典范。

读陆游,当能审视"源自生命之浅"的浅阅读吧?

绍兴这地方,颇为奇特,谢安、王羲之、陆游、徐渭、鲁迅、蔡元培、"鉴湖女侠"秋瑾,都是绍兴人。周恩来的祖居也在绍兴。今日绍兴文物古迹之多,全国的地级市中居第一。水光山色,烟柳画桥,文气侠气,同时滋养着绍兴儿女。陆游待在绍兴长达半个世纪,将文采风流与侠骨柔肠推向巅峰。

笔者于三月的细雨中徘徊沈园时,对这伟人、巨人辈出的地方想了很久。

鉴湖波光粼粼,闪烁着陆游清瘦刚劲的身影。

有个问号凌空掷下:陆游对北宋的怀念,是否因"文化记忆"而得到强化?

北宋是中国文化的全盛时代。皇室的百年倡导,印刷术的流行,士子们的文化自觉,使诸子百家、汉晋唐诗文书画,均"显现"于北宋,并催生若干大师级人物。这样的国家,却败给只知骑射的女真氏族。人民受难,文化受辱。陆家世代读书人,藏书之丰称于士林,文化记忆丰厚而清晰。陆游的失国之痛,必定含有文明败给野蛮的奇耻大辱。晚年撰写《南唐书》,其逼近李煜的苍凉心境可知。这种"文化的疼痛",不独表现在陆游身上,南宋其他士子亦然。

疼痛催人奋进。南宋文化再起高峰,映照北宋。

侵略者的大刀能毁灭城池,却无力削平文化的峰峦。

刀枪杀不死诗歌。

凭借这个思路,我们或能理解:为什么南宋的文化会呈现出洋洋大观的局面。

北宋南宋,文脉贯通。

南宋诗人满腔愤怒,却不写口号诗。诗歌,诗意,自足而又自尊。

以此反观备受今日学者们责备的"江西诗派",当能增几分敬意吧?国难当头,但诗人们该干啥还干啥,潜心探索艺术规律。江西派的老祖宗黄庭坚有"祖训":"余尝为诸弟子言,士生于世,可以百为,唯不可俗,俗便不可医也。或问不俗之状,余曰:难言也。视其平居无以异于俗人,临大节而不可夺,此不俗人也。"

黄庭坚这段话,意味深长。临大节而不可夺,方为不俗之人。国破文化在,诗心不可摧。

杨万里擅长山水诗,体察自然界非常细腻,以至姜夔对他开玩笑说:"处处山川怕见君。"姜夔自己,则善于写幽思,状落寞,抒羁旅情愁,炼字及音韵功夫影响当时、带动后世。苏州人范成大,做着高官而诗语清新。他帅蜀时,还为陆游营造了很好的创作环境。

陆游早年受江西诗派的严格训练,"亲从夜半得玄机",对他日后成长为大诗人,干系非小。

陆游的七律相当出色,我们再来欣赏两首名篇。

《临安春雨初霁》:

世味年来薄似纱,谁令骑马客京华?小楼一夜听春雨,深巷明朝卖杏花。矮纸斜行闲作草,晴窗细乳戏分茶。素衣莫起风尘叹,犹及清明可到家。

诗作于1186年,陆游六十一岁,尚骑马独往杭州,复返回绍兴,过了清明节,再奔仕途,赴严州任。这首诗,带出他为官三十年、足行十万里的身影。

《种蔬》:

老去老去尚何言,除却翻书即灌园。处处移蔬乘小雨,时时拾砾绕颓园。江乡地暖根常茂,旱岁虫生叶未繁。四壁愈空冬祭近,更催稚子牧鸡豚。

　　诗作于1195年,陆游七十岁。首句发感慨:老啦老啦,尚有何言?一辈子说过那么多,想过那么多……此间沉默。要么待在书巢里,要么扛了锄头向田园。后面几联诗语平淡,深得渊明韵致。

　　这平淡,却凸显了诗人所有的慷慨激昂——陆放翁的这一生啊,多少光荣与梦想、狂放与落寞、欢乐与辛酸。最后,时间收尽一切:跌宕起伏的一生,化为稚子秋末牧鸡豚。

2007年11月5日

# 辛弃疾
(南宋 1140—1207)

辛弃疾的形象颇为奇特：总觉得他跃马挥枪，漫山遍野旌旗在望。大将军而兼大文豪，三千年难得一见。辛将军才高、性烈、脾气大，行军打仗，为官待友，都是大刀阔斧雷厉风行。而文人的豪放往往暗通温柔，非梁山好汉所及也。辛词的传世佳作可分三类：英雄气，乡村语，儿女情。"更能消几番风雨，匆匆春又归去……"

# 辛弃疾

郁孤台下青江水,中间多少行人泪。西北望长安,可怜无数山!青山遮不住,毕竟东流去。江晚正愁予,深山闻鹧鸪。

辛弃疾的这首《菩萨蛮》,古人评价说:"《菩萨蛮》如此大声镗鞳,未曾有也。"《菩萨蛮》是词牌中的小令,通常是灵巧轻柔的抒情小调,到辛弃疾的手上,却变得沉痛而激昂。郁孤台在江西赣县,临江兀然孤耸,远望如郁郁悲怆之巨人,故称郁孤台。建炎初年(1126年),金兵入侵江西,隆裕太后仓皇奔赣州。百姓大逃亡,泪洒青江水。长安指沦陷的中原。

词写于1176年,中原沦陷半个世纪。辛弃疾时任提点江西刑狱,掌一路司法,兼节制军队。路,是宋代州以上的行政区划,类似现在的省。

鹧鸪是愁闷的象征。民间形容鹧鸪的叫声:行不得也哥哥!

郁孤台就像辛弃疾。不知赣县今犹存否?那是绝妙的天然雕塑。

辛弃疾武艺高强,谋略过人,却长期受南宋朝廷的排斥,一身本领闲置。他出生于沦陷的山东,二十二岁就拉起两千多人的队伍,在敌后建立根据地,打击侵略者。他的军事论文《美芹十论》,显示出对金作战的非凡的战略眼光。可惜一腔热血化作东流水。"忍将万字平戎策,换作东家种树书。"

辛弃疾和陆游一样,都是悲剧性的人物,尽管他们的日子过得不错。一边是壮怀激烈,另一边却是赏心悦目的日常生活。宋人有这能力，把矛盾着的双方统一起来。

这挺好的。但也不那么容易。唐宋都是大时代，能够产生海纳百川波澜壮阔的人物。

中国文学史上，辛弃疾的形象颇为独特。总觉得他跃马挥枪，漫山遍野旌旗在望。岳飞说："莫等闲白了少年头，空悲切！"辛弃疾恰好是少白头：人未老，白发已萧萧。

郁孤台。少白头……

是什么样的郁闷愁苦，白了他的少年头、成就了他的无数杰作？

唐诗李、杜为尊。宋词苏、辛称雄。

我们回头看历史吧。"想当年，金戈铁马，气吞万里如虎……"

济南城郊有个叫四凤闸的地方，是辛弃疾的老家所在地。祖父辛赞，在伪县衙做过县官。这不用避讳。金人灭北宋，另立齐国，组建傀儡政府，刘豫做第二任傀儡皇帝。辛弃疾生于1140年，距北宋亡，已有十几年。辛家未南迁，留在祖祖辈辈耕耘过的土地上过小日子。

金主完颜亮迁都燕京之后，在燕京也弄起了科举考试。辛弃疾十八岁赴燕京考进士，未中。三年后再去，仍然落榜。显然是祖父辛赞让他去的。他的父亲似乎无足轻重。漫长的童年、青少年期，祖父是怎样教育他的，现已无考。有一点可以推测：不可能教辛弃疾认贼作父。辛家人口众多，只求过日子。

当时中原和华北的许多血性汉人，借科举或从军，打入敌人的内部伺机而动。辛弃疾是否属于这类汉人，也无考。

可考的史实是：辛弃疾再赴燕京应考的第二年，就在济南南面的山区，拉起队伍同金兵干起来了。这里边饶有深意。

从落榜到起义期间，有两个背景：祖父辛赞去世；完颜亮发倾国之兵南侵，后方空虚，义军蜂起。

很可能，辛弃疾早就有了抗金之心。两度赴燕京，他仔细观察地理打探敌情，后来都写进了他的军事论文。

拉队伍的细节也丢失了。济南的山区、平原，辛弃疾打了一年多的游击。

为什么细节会丢失呢？恐怕与南宋朝廷对北方"归正"人员的审

查制度有关。有些事,豪放的辛弃疾也终身不讲。

当时山东境内,最大的一支义军的首领名叫耿京。辛弃疾考虑到自己的队伍势单力薄,便去投靠耿京。两军会师,合成数万之众,声势浩大,与中原义军遥相呼应。辛弃疾在耿京手下任"掌书记",掌管文书和帅印。

从1125年女真入侵中原以来,女真人肆意欺负汉人,大搞种族压迫,让文明人做他们的野蛮统治的奴隶:任意霸占汉人的土地和房子,逼汉人下地耕种,他们坐享其成。他们扒汉人的祖坟,并以此为乐。他们抢东西,辱斯文,强奸妇女……其种种恶行,几十年成常态,足以写成书。而北方汉族多豪士,一旦有人拉起旗帜,登高一呼,响应的汉子少则百人,多达千人。农民放下锄头拿起刀枪。辛弃疾能在短时间聚集两千余人,原因在此。

辽阔的沦陷区,英雄起四方。

辛弃疾投靠耿京不久,却发生了一件事。有个叫义端的花和尚,偷了耿京的帅印朝金兵的营寨跑去。这义端和尚也曾是小股义军的首领,被辛弃疾拉到耿京帐下。花和尚吃不了山区的苦,暗通金兵,窃帅印连夜逃走。耿京大怒,拿辛弃疾问罪。辛弃疾向耿京立下了军令状:不追回帅印,甘愿被处死!

辛弃疾带了一哨人马疾追义端,追到金兵营寨,杀退金军猛将,生擒义端和尚。花和尚跪地求饶说:"辛大将军,你面如青兕,你力大能拔山,将来定有大造化……你饶了我吧!"

辛弃疾不由分说,手起刀落,义端身首异处。

青兕是古代的一种猛兽。比老虎略小,奔势如豹。

义端吐出的这个词,向我们勾勒了辛弃疾二十多岁时的外貌。后来宋廷的官员在背后议论他,说他心如铁石、"杀人如草芥",不宜掌大权。这种议论在南方籍的官员中颇有市场。

却也透露出北方汉子辛弃疾的英雄气。

1161年金主完颜亮挥师南下,被他的部属完颜雍杀死在扬州。完颜雍当上国主,因南侵受阻,后方不稳,不得已而北撤。这样一来,中原、华北沦陷区的各路义军都受到威胁。金人也学精了,对占据大小山头的义军搞绥靖政策:"在山者为盗贼,下山者为良民。"以此瓦解聚集起来的汉族农民军。

金人威逼利诱,大棒加上胡萝卜。

不过,义军也在想招。有文化有头脑的人,这时候派上了大用场,"智多星"、"赛诸葛",一时名头响亮。山东耿京麾下,十来个核心人物中,唯有辛弃疾精通文墨。辛弃疾献上一计:派人联络宋廷,让义军归宋军节制,义军在山东能立足就立足,不能立时,则南下渡淮水归宋。

此系两全之策,耿京马上就同意了。

计由辛弃疾出,联络宋廷的任务也落到他头上。山寨的二号人物贾瑞同行,此人不识字,凡事听辛弃疾的。他俩打点行装,带几个悍卒星夜上路。辛弃疾骑一匹高大的白马,身穿锦袍,月光下英姿勃勃。贾瑞叹息:辛将军文武双全胜关羽,神人也!

他们渡过长江抵达建康(今南京),一切顺利,受到宋高宗赵构的重视。山寨头领们被朝廷封官,大头领耿京任"天平军节度使"。贾瑞和辛弃疾在繁华的建康城尽情玩儿了几天,便带着圣旨返回了。

岂知山东有变。

耿京大意,命丧黄泉:部属张安国暗通金兵,联络了一个叫邵进的动摇分子,合力杀耿京,提着耿京的人头向金人请赏。

贾瑞、辛弃疾抵山东,听到了这个消息。汉奸张安国,已做了济州(今巨野)的知州。如何是好?辛弃疾临变不乱又得一计:火速联系了一哨小股义军,共五十骑,驰往济州府,求见张知州。事情也凑巧:那张安国正喝醉了酒,得意着呢,以为辛弃疾投奔他来了,传令接见。辛弃疾佩剑入知府厅,立擒张安国。并向济州的驻军大呼:南宋的十万大军已经打过来了! 一面呼叫,一面出示金灿灿的圣旨。那济州的数万驻军,皆为汉人,大半是耿京旧部,纷纷望圣旨、朝辛大将军拜倒。

辛、王二将,押张安国,带万余人直奔淮泗,"渴不暇饮,饥不暇食"。渡过淮水,入南宋境才得休息,大吃大睡。

张安国被刀斧手从腰部砍成两段。尸身头向北,遥祭耿英雄……

辛弃疾官封江阴军签判。带了一万多人的部队归南宋,却从基层做起。

上述传奇般的真实故事,见于南宋洪迈《稼轩记》。洪迈是辛弃疾的好朋友。辛弃疾后来自号稼轩,稼轩是农家小屋的意思。

从跃马挥枪的将军到普通官员、到地方大员、再到稼轩,辛弃疾的身心,经历了一个相当曲折的过程。

传主的传奇故事先说到这儿。我们来看辛词。
《破阵子》:

> 醉里挑灯看剑,梦回吹角连营。八百里分麾下炙,五十弦翻塞外声,沙场秋点兵。
> 马作的卢飞快,弓如霹雳弦惊。了却君王天下事,赢得生前身后名。可怜白发生!

八百里:牛名。晋王恺与宾客比射箭,以此牛为赌物。客胜,杀牛作炙,烤了痛吃。典出《世说新语·汰侈》。五十弦:古瑟五十弦,代指军乐。的卢:三国时刘备骑过的马,曾一跃三丈过檀溪使刘备脱险。

将军下笔究竟不同。岳飞的《满江红》,让我们见识了什么叫壮怀激烈。岳飞长年征战又死得年轻,辛弃疾活到近古稀之年。如果岳武穆多活二十年,必定佳作频出,豪放或婉约,堪与辛稼轩比个高下。

我读古典诗词有个印象:豪放者往往能通婉约,犹如激烈中会浮现平和。顶级艺术向我们展示了带普遍性的人类情绪,而情绪又供我们研究。当然,研究的方法不唯理性是从。调动直觉可能是最好的方法。直觉则包含学养和生命体验。

苏东坡、辛弃疾,和作为大诗人的毛泽东,皆为豪放通婉约的杰出代表。以东坡为例,写了"大江东去",又能写"花褪残红青杏小,燕子飞时,绿水人家绕"。例子很多。

情绪的风口浪尖,大诗人谈笑间如履平地。

豪放跟豪放不同,婉约和婉约有异。为什么?因为文豪们都是严格意义上的写实派,针对意象、感觉和情绪写实。李白针对他那些夸张的感觉严格写实。

也许,在这个前提之下,再来谈现实主义和浪漫主义,能增加一些源头性的领悟。

笔者此言,冒犯多多。不过,对一个思考者来说,诚实与冒险,是必备的两项基本素质。冒险意味着:思想者如置身丛林,歧路多,甚至根本没有路……

阮籍见无路大哭而返,鲁迅对此感慨良多。他们的痛苦、彷徨,向我们透露出思考的艰辛。

辛弃疾有一首《鹧鸪天》,是他唯一述及少年壮举的词作。"壮岁旌旗拥万夫,锦襜突骑渡江初。"他穿锦袍、骑白马、执长枪的模样,颇似三国时的马超吧?然而这首词下片云:"追往事,叹今吾,春风不染白髭须。却将万字平戎策,换得东家种树书。"

理解辛弃疾,这首《鹧鸪天》是另一把钥匙。

中国古代文人,有类似生命体验的,屈指可数。辛弃疾把这种体验推向极致。

凡为文豪者,似乎都有上升和下滑所形成的"张力区",而饱满的汉字活动于这个区域,并且为它赋形。

所谓苦难出诗人,愤怒出诗人,沉痛出诗人……概括都准确,问题却可能出在概括本身,漏掉了许多海德格尔"生存论"意义上的宝贵的细节。"思想需要细心",这名言反过来说:细心才有思想。中国传统文化有个惯性思维:大而化之,一言以蔽之。依愚见,思考朝着概括、一言以蔽之,乃是思想的本质要素。概括必定出"大词",但思想同时需要回行,衍生大量的"小词",在细节上做足工夫。

二十世纪西学东渐,汉译名著几千种,对中国人的思维方式当有所裨益吧。

辛弃疾在北方打仗,到南方做官。北方的粗犷和南方的柔媚形成巨大的反差。这也有点像"霓虹灯下的哨兵":战士走进了温柔富贵乡。对辛弃疾这样的小户人家子弟来说,富贵也是突如其来。他同时在几个层面上晕头转向,不能适应。

北方打仗时,他的作品几乎为零。南方做官,也经过了若干年的郁积,才喷发为熔岩般的五彩斑斓的华章。杰出的艺术家都像休眠的火山,他何时喷发,谁都说不准,包括他自己。

如此说来,还是南方最终成就了辛弃疾。

除了金戈铁马的追忆之外,他还——

富贵时能作富贵语,一如南唐李煜。

深谙儒道精髓,纵情于朴拙而丰腴的山水,视富贵如浮云,屡作渊明语,折服多少后人。

《摸鱼儿》却向我们呈现出别样韵致:

更能消几番风雨,匆匆春又归去。惜春长怕花开早,何况落红无数。春且住!见说道,天涯芳草迷归路。怨春不语。算只有殷勤,画檐蛛网,尽日惹飞絮。

长门事,准拟佳期又误。蛾眉曾有人妒。千金纵买相如赋,脉脉此情谁诉?君莫舞,君不见,玉环飞燕皆尘土。闲愁最苦。休去倚危栏,斜阳正在、烟柳断肠处。

一本《稼轩词》,佳作密如栉。这《摸鱼儿》,辛弃疾写于三十九岁,在湖南转运使任上。学界通常认为词借春怨、宫怨抒写强烈的忧国之心。也许歪打正着吧,他留给我们更多的,倒是对残春的描绘。"更能消几番风雨,匆匆春又归去。"这句子一来就慑人心魄。春怨诗词成百上千,没有像他这么写的。满目残花落寞,辛将军一声喝:春且住!

然而春要走,留她不住。美人也这样:君不见玉环飞燕皆尘土。杨玉环赵飞燕,绝代佳丽了,何处化作风流尘土?这情绪,一直延续到曹雪芹:一抔净土掩风流!再是精致的五官、再是风流的体态、再是火热的情怀,还是要……唉,不说也罢。

伤春,悼红颜,这些都是人类的"基本情绪",不可简单视为忠君爱国的铺垫。旧话重提:杰出的艺术,既不向权力场、也不向市场寻求本质性的根据。

"老调"翻新:如果艺术受权力场与市场的双重挤压而趋于式微的话,那只能是历史的悲哀。春去春又归,美人还复来,但愿艺术,尤其是汉语艺术,不要在我们这代人的视野中渐行渐远。

我和一些朋友,真是有点担心,如果再来个浮躁的若干年,青少年只知网络游戏和"打架文化",对"床前明月光,疑是地上霜"这样的意境都不能领会,那就麻烦到家了。返身无路时,连悲哀都无处着落。

辛词兼擅小令和长调,小令妙在字字浓缩、意在言外,长调贵一气呵成。《摸鱼儿》逾百字,一股大气贯通,豪放婉约浑呈。难怪梁启超先生惊呼:"回肠荡气,至于此极。前无古人,后无来者!"

"休去倚危栏,斜阳正在,烟柳断肠处!"

从春天说到美人,从美人说到江山,多么天然。据说宋孝宗很欣赏这首词,读到这一句,脸色却沉下来了,几天不舒服。烟柳断肠处,指向更为辽阔的北国江山。孝宗志在恢复,苦于种种纠缠。辛弃疾触动了他最敏感的神经。

皇帝读出政治,才子看见缠绵,变革的悲剧人物梁启超体会荡气回肠……

辛弃疾渡淮水到南宋,究竟经历了一些什么样的曲折,令他如此荡气回肠?

让我们接着拜读诗人的身世。

锦袍将军到南方无仗可打,埋头写军事论文。《美芹十论》也叫《御戎十论》,详细分析敌我双方,指出女真族貌似强大,其实内部矛盾重重,完全可以被击败。辛弃疾建议进军山东。华北的汉族子民,对金人的种族压迫深恶痛绝,只要有几十条汉子聚拢,就会揭竿而起。而金国在山东的军事部署相对薄弱,南宋军队打过去,胜算很大。山东站稳了脚跟,再图中原河朔。向北则打到幽燕,捣毁侵略者的老巢。

辛弃疾雄心勃勃。他刚从北边过来,对敌后的形势很了解。精心谋划、富于战略眼光的《美芹十论》呈送朝廷,却并未受到宋孝宗的重视。

这里有个历史时机的问题。1163年张浚北伐失利,朝廷主和派重新抬头,孝宗又受制于德寿宫里的太上皇。辛弃疾的天才论文,碰在这个节骨眼上。

他等待回音,焦灼,郁闷。他还觉得自己是个前线的将军,而不仅是一介江阴军签判。

武艺一直在练,随时准备驰骋疆场。

辛弃疾擅长刀、戈、枪。

和岳飞一样,他主张进攻,"出兵以攻人",而不是"坐而待人之攻"。金人南侵,把淮南辟为战场,使这一带广大的地区饱受战争创伤,田地荒芜,人口锐减。辛弃疾此言,针对性极强。可以想象,如果他带兵打仗,一定是进攻型的将军。

这位来自北方的猛将,年轻的战略家,却年复一年待在温柔的江南,时常听到士大夫们的议论:"南北有定势。吴楚之脆弱不足以争衡于中原。"这使他忧心忡忡。他的慷慨激昂倒显得不合时宜。甚至有官员因他杀过人而厌恶他。他一口山东土腔,南人不爱听。

辛弃疾调建康府任通判。建康是江南重镇,通判比签判又升了一级。建康的军政要员之多,仅次于临安(今杭州),辛弃疾跟他们接触,见识了上流社会的生活。金陵歌舞场,难容英雄气。此间他已娶妻生子。

每天都有应酬。家庭又是安乐窝。英雄气能持久否?

1170年,宋孝宗在临安延和殿召对辛弃疾。召对,是皇帝在便殿见臣下的专用名词,不拘泥于"组织程序"。对辛弃疾来说,这个机会太重要了。不过,据《宋史》,辛这次见皇帝,谈得并不愉快。"弃疾因论南北形势……持论刚直,不为迎合。"

显然,辛弃疾的话,未能说到皇帝的心里去。孝宗所面临的朝廷形势非常复杂。辛弃疾未能揣摩孝宗心思,拿捏分寸,把话说到位。

召对后,辛弃疾留在朝廷做官:司农寺主簿。

虞允文当丞相,辛弃疾再写《九议》,对这位著名的强硬派人物寄予莫大希望。虞允文曾于采石矶大败金兵。

主战的将军向主战的丞相进言,仍是毫无反响。

辛弃疾再度陷入深深的苦闷。不知道这究竟是怎么一回事。前后十九篇军事论文,呕心沥血,远见卓识,私下备受同僚们击节赞赏,递到皇宫和丞相府,却如同泥牛入海。

想不通啊。

单纯的将军碰上了错综复杂的政治难题:皇帝丞相的心思,叫人捉摸不透。

单纯能发力,像那些大漠深处的游牧民族;复杂导致内耗,扯不完的皮,像立国几十年后的历代封建王朝。所以,从复杂返回单纯,是个巨大的历史课题,有待催生顶级智库……

辛弃疾不甘休,连上几封奏疏,恳请朝廷充实淮南人口、建立民兵组织,并尽快迁都建康,以振南人颓靡之心。后世学者们指出,辛弃疾的这些建议,表明他已具备全局性的眼光,将才帅才集于一身。金陵与临安的繁华,难以消磨他的英雄气。

渡淮南下十年,英雄受着煎熬。

艺术却在孕育中。

《太常引》:

> 一轮秋影转金波,飞镜又重磨。把酒问姮娥:被白发欺人奈何?
> 
> 乘风好去,长空万里,直下看山河。斫去桂婆娑,人道是清光更多!

飞镜重磨,时光流转,白发欺人哪。恨不能学那嫦娥奔月,背负青天看山河。山河破碎,血性男儿心肝碎。月宫里不是有棵桂树吗?枝繁叶茂不好,遮去人间清光太多。抡圆了斧头修理它,砍成赤条条光秃秃。

除了辛弃疾,好像未曾听说过,有人想去削那桂树。

将军挥笔如刀。

从山东到江南,从青丝到白发,从刀枪到笔墨——

这中间的变化轨迹,学者专家们,谁能看端详?

英雄气原封不动,只转化了形态:文豪悄然登场。

辛弃疾的诗人冲动是什么时候形成的?是怎么形成的?现在对我们仍然是个谜。

建康通判三年,他流连歌舞场。美酒娇娃,反而凸显金戈铁马?而一个简单的汉语成语向我们亮出这样的智慧:相反相成。或曰物极必反。事物像个圆环,开端连着终端。

近年来我一直在苦苦琢磨尼采最尖端、也是最危险的哲学概念:相同者的永恒回归……

辛弃疾是北方的粗犷与南方的妩媚的"合成之物"?

"我见青山多妩媚,料青山见我也如是。情与貌,略相似。"

"千古江山,英雄无觅,孙仲谋处。舞台歌榭,风流总被,雨打风吹去!"

这分别引自《贺新郎》和《永遇乐》的两个片段,向我们勾勒了柔与刚的具体轮廓。现代汉语中常用的"刚柔相济",滔滔源头在古代。读辛弃疾,体验尤深。

英雄气横陈纸上。辛弃疾是岳飞的延续。两股大气贯通,固化并耸立为历史、文学的奇观。

而现代生活朝着日常琐屑,可疑的阳刚与阴柔被大量地制作出来,抛给读者和观众。但愿这不是文化衰败的信号。返回各类人生情态的纯正的源头是必要的。甚至是必须的。文化的功能就是穿越时光,让几百年、几千年来最具价值的东西,弥漫于当下。

欲识英雄气,打开辛弃疾。

举手之劳。书在任何人的手边。

有了纯正之物垫底,妖魔鬼怪自消。

辛弃疾为朋友韩元吉祝寿时写下《水龙吟》:

渡江天马南来,几人真是经纶手?长安父老,新亭风景,可怜依旧!……算平戎万里,功名本是真儒事,君知否?况有文章山斗,对桐阴、满庭清昼。当年坠地,而今试看,风云奔走……待他年整顿乾坤事了,为先生寿!

经纶手,就是整顿乾坤的那只手。

辛弃疾的手,既能舞金戈,又能执巨笔。这样的一双手,三千年难得一现。辛弃疾在通史及文学专史上的唯一性,盖在此焉。

此人早年读书时,一定是天才。

而古人的阅读,是要贯穿一生的。养气养到死。

由此反观眼下"读图时代来临"的喧嚣,便能发问:这是朝着人类的洞穴时代吗?

人之所以为人,决定性的标志是语言。任何科学发明、技术创造,位在语言之后。"语言是存在的家"。古老的东西永远新鲜,就像比地球更为古老的阳光。

辛弃疾的另一阕《水龙吟·登建康赏心亭》:

楚天千里清秋，水随天去秋无际。遥岑远目，献愁供恨，玉簪螺髻。落日楼头，断鸿声里，江南游子。把吴钩看了，栏杆拍遍，无人会，登临意……

古学者解释："赏心、白鹭二亭相连，南北对偶，以扼淮口。遥望烟渚，杳无边际。"吴钩是刀名。

栏杆拍遍，那是何等情状！辛弃疾作此词，恰三十岁。词是这么结束的：

倩何人唤取，红巾翠袖，揾英雄泪？

男人们不懂他的登临意，女人来擦英雄泪。此情此景古今同。宦海沉浮，商海搏击，红颜知己、美好女性是归宿。

辛弃疾三十二岁迁滁州太守，金人铁骑践踏过的富庶地，一片荒凉，欧阳修笔下的那个优雅的滁州荡然无存。辛弃疾只用半年，整顿滁州见成效，结束了无序状态，跑出去的滁人纷纷回家了，田间地头，处处有耕作的身影。农闲组织练武，拉起了民兵队伍。诗人的大手笔，为政也是雷厉风行。

仕途通畅。1175年，三十五岁的辛弃疾升江西提点刑狱，掌一路司法。节制诸路军队，相当于几个军区的总司令。

辛弃疾为何升得这么快呢？这是由于威胁江西、湖南一带的声势浩大的茶商军。民间贩盐有盐枭集团，贩茶有茶商军，与朝廷对着干。宋人饮茶很厉害，无论南人北人，都有喝茶的习惯。茶叶的销量非常大，利润的丰厚使一些茶商铤而走险，武装贩运，抵制朝廷的专卖政策，斗杀官军。江西、湖南的这一股茶商军，把江南的好茶叶卖到金国了，女真统治者"上下竞啜"，喜欢得不得了。这是卖国的生意，并严重影响南宋赋税，孝宗皇帝大为恼火。一股千余人的茶商军，朝廷竟然奈何不得。江西多山脉，茶商军又熟悉地形，神出鬼没打游击，官军摆开正规作战的架势去围剿，屡战屡败。于是，朝廷想到了辛弃疾。

辛弃疾有山地作战的经验，他这一去，除了在各隘口、要道安排精兵强将，也挑选地方乡丁深入高山密林。官军破了茶商军的游击战术，擒获了江西茶商军的首领赖文正。辛弃疾于江州升中军帐，喝令刀斧手将赖文正砍于帐下。

其余小股茶商军,闻风而溃。

宋孝宗大喜,下旨:"辛弃疾捕寇有方,当议优与职名,以示激动。"

大臣们议来议去,结果是:辛弃疾留任江西提点刑狱。加一官职:秘阁修撰。

这里却有个细节:以前辛弃疾的官职,都要加上一个"右"字,如右承务郎,右宣教郎。而朝廷士大夫一般称"左"。左为尊,右为卑,后者还含有内部掌控的意思。辛弃疾这个"归正人",奋斗了十多年才去掉右字,被南宋统治集团正式接纳。

难怪当初写军事论文没人理他。

辛弃疾感慨不已。可以想象,他又会登高拍栏杆。

扑灭茶商军的过程中,英雄气上来了。英雄三十七八岁,跃跃欲试,要与金贼比个高低。

可他还是人微言轻,临安中枢决策,没有他的发言权。节制诸路兵马,不过是个临时总司令。茶商军既灭,兵权自消。论俸禄,论享受,论社会地位,辛弃疾是非常可观了。然而英雄气调动起来,又悬空,落不到实处。

拔剑四顾心茫然……

单骑走临安,一腔热血碰上朝廷冷漠;匹马返江宁,满腹豪情付与荆楚的山山水水。

此间佳作,最数《满江红》:

  过眼溪山,怪都似,旧时相识。是梦里,寻常行遍,江南江北。佳处径须携杖去,能消几緉平生屐?笑尘埃三十九年非,长为客。

  吴楚地,东南坼。英雄事,曹刘敌。被西风吹尽,了无尘迹。楼观才成人已去,旌旗未卷头先白。叹人间哀乐转相寻,今犹昔。

辛弃疾二十三岁,锦袍白马渡淮水,至今已有十六年。江南江北,梦里行遍。拄杖寻佳处,一生磨掉几双屐?将军的山水情怀露端倪。其间有对北国风光的饱含惆怅的眷恋,也有对纯粹的朴拙山水的向往。二者俱强烈,不必分出主次。

"笑尘埃三十九年非……旌旗未卷头先白。"此恨无穷,所以他一再书写。"追往事,叹今吾,春风不染白髭须。"这复调兼咏叹调,不妨视为辛弃疾一生反复回旋的主旋律。

我们再看他的《念奴娇》。苏东坡写过《念奴娇·大江东去》,雄视百代,辛弃疾能达到那样的高度吗?辛自序云:"书东流村壁。"顺便插一句:唐宋文人题诗,走到哪儿题到哪儿,不管名楼与村舍。如果中国古代是用石头造房子,千年不朽,处处墨宝留香,那该是何等的壮观!

野棠花落,又匆匆过了,清明时节。刬地东风欺客梦,一夜云屏寒怯。曲岸持觞,垂杨系马,此地曾经别。楼空人去,旧游飞燕能说。

闻道绮陌东头,行人常见,帘底纤纤月。旧恨春江流未断,新恨云山千叠。料得明朝,尊前重见,镜里花难折。也应惊问,近来多少华发!

古人评价:"稼轩大踏步走来,与眉山同工异曲。然东坡是衣冠伟人,稼轩则弓刀游侠。"

"刬地东风欺客梦",句子多么有力。刬犹刮、席卷一切。旧恨新恨皆国恨:旧时美人与旧山河再度重叠,牢牢地纠缠不清。结句悲华发,一如苏东坡。

辛弃疾的生活中有另外的一面。英雄豪气冲天,亦能儿女情长。生命的巨大张力,使他不可能整日介郁闷,唠叨着打回山东老家去。他可不是一介武夫。生活怎么来,他就怎么迎上去,胃口蛮好。英雄何处觅?美人怀抱里。杀敌的手,伸向玉一般的肌肤。狮子般的容貌,沉埋于酥胸、躺在优雅的臂弯。此情此景,画图难足。而今人的目光往往带着多余的道德去打量,欣赏不到位的。

辛弃疾之于女性,类似白居易欧阳修,异于苏东坡。类似白、欧是指他长期蓄妓。而东坡胸次更广阔,神仙般居于云端,温柔地怜悯着包括女人在内的一切苍生。

辛弃疾大踏步走向各类女性。将军可不是粗人。英雄不复刀光剑影,转而流连美酒轻歌。家里有乐队的。将军本人也吹箫,也抚琴。"五十弦翻塞外声",姑娘们听着肃然起敬。姑娘操起红缨枪,月下扮作梁红玉,娇叱连连,杀声响亮。

在江西,在建康,在临安,辛弃疾与官妓私妓营妓打成一片。可惜他的笔下,女孩多为艺名。

欧阳修写元宵节,"月上柳梢头,人约黄昏后"。辛弃疾的《青玉案》也写元夕,与欧词分庭抗礼。

东风夜放花千树,更吹落星如雨。宝马雕车香满路。凤箫声动,玉壶光转,一夜鱼龙舞。

蛾儿雪柳黄金缕,笑语盈盈暗香去。众里寻他千百度,蓦然回首,那人却在、灯火阑珊处。

蛾儿雪柳黄金缕,皆宋代妇人头饰。

"那人"是谁?她是个什么样的红颜知己呢?诗人追看满街的佳丽,暗香处处袭人,金钗银饰照眼。那人不高兴,故意将自己走丢,消失给情郎看。诗人寻她千百度,可见她的重要性。最后,她别出心裁地现身于灯火阑珊处,亭亭玉立让他瞧。显然,又是故意的,她不能立于香车宝马之间:人多车多,难以凸显她风姿绰约。

细读这经典名作,会发现,那辛弃疾与这姑娘互相在乎。蓦然回首一刹那,两情何等愉悦。灯火阑珊处,不是偶然景观。

她究竟是谁呢?我们真想知道。

有一点是清楚的:如果没有她的故意走丢,就没有这传唱千百年的名篇。她这一亮相,亮给亿万人欣赏。

我们再看另一首《满江红》:

敲碎离愁,纱窗外、风摇翠竹。人去后、吹箫声断,倚楼人独。满眼不堪三月暮,举头已觉千山绿。但试将一纸寄来书,从头读。

相思字,空盈幅。相思意,何时足?滴罗襟点点,泪珠盈掬。芳草不迷行客路,垂杨只碍离人目。最苦是立尽月黄昏,阑干曲。

英雄亦能儿女情长,这不算溢美之词吧?无论《青玉案》还是《满江红》,林黛玉薛宝钗这样的女孩子会满心喜欢。

另有《粉蝶儿》,活泼而玲珑的史湘云会爱不释手:

昨日春如十三女儿学绣,一枝枝不教花瘦。甚无情便下得雨僝风愁,向园林铺作地衣红绉。

而今春似轻薄荡子难久。记前时送春归后,把春波都酿作一江春酎,约清愁杨柳岸边相候。

妙哉妙哉,此绝妙好词也,字字漱玉,句句入骨。掉头看这些年台上台下的流行歌词,多浅薄,煞风景,得罪汉语不知羞。

地衣红皱,取李煜名句:红锦地衣随步皱。

春似轻薄荡子难久!这句子,除了辛弃疾,似乎再无人说得出来。

英雄亦缠绵,豪放通婉约。

有豪放映照的婉约,胜过了秦观、姜夔、周邦彦。

南宋词坛有了辛弃疾,足以雄视拥有苏轼的北宋。

辛弃疾的官是越做越大了,当上湖南安抚使,"省级"最高行政长官,兼"军区司令"。他干了一件影响深远的大事:建立飞虎军。

驻扎在湖南的官军训练差,装备弱,将校们驱赶士卒为自己干私活,长途跑买卖。倒是豪绅控制的"乡社"战斗力强,官军不敢惹。乡社里的乡丁,少则一两百人,多则三五百人,为豪强的利益抗衡官府,其性质,类似茶商军,只是不流动。湖南的几任安抚使为此十分头疼。他们上疏朝廷说,楚人历来强悍,能相安无事就不错了。朝廷只好默认。

南宋的军事斗志,由此可见一斑。连几支地方武装都摆不平。难怪对金人妥协的声音总是占上风。

辛弃疾到湖南,情形为之一变。

他首先整顿官军,严明军纪,强化训练。将校有怠慢者,杀一儆百,谁讲情都没用。他治军有一套。令出必行。每日披挂巡视军营,发现问题马上处理。官军像一支队伍了,他腾出手来整顿乡社,并不将其解散,而是限制乡丁的人数:每社不超过五十名。他邀请一帮地方豪强参观官军营地,亲自表演百步穿杨。平时很牛的豪强们一个个缩了脑袋。辛将军的大名,他们早已如雷贯耳,纷纷在乡社减员的协议书上画押签名。

湖南境内,减出来的乡丁有数千人之多。辛弃疾考虑另建一支"飞虎军",仿照广东路的摧锋军、福建路的左翼军。奏请朝廷批准,宋孝宗下诏给他,"委以规划"。

辛弃疾大刀阔斧干起来了。

铸兵器,买战马,修营房。营房建在长沙城内,用五代十国遗留下来的旧营地。辛弃疾下令,一个月之后他要视察飞虎军军营。但时值秋雨季,造瓦有困难,缺口达二十万片。怎么办呢?一些人等着看笑话了。辛弃疾却命令长沙民户每户凑瓦二十片。官府中很多人傻了眼:有这么干的吗?民户凑瓦有报酬的,二十片瓦一百文,于是多有凑瓦超过规定数额的人家。官府的议论和市井的反应很不同。营地需大量石块,辛弃疾又想出一招:让囚犯到城外的驼嘴山凿石,卖力者减刑。

官府前议未休后议又起,有人向朝廷枢密院状告辛弃疾胡来。枢密院派来了督察,督察还带着圣旨,命辛弃疾停止扰民建军营。辛弃疾把圣旨藏下,该干的都接着干。营地建好了,飞虎军住进去了,他才把圣旨拿出来,小范围内宣读一遍了事。

枢密院的督察,鼻子都气歪了。

辛弃疾填词、治军、行政皆不按常规,不管舆论。

所谓豪气,岂是纸上功夫。

"不恨古人吾不见,恨古人不见吾狂耳。知我者,二三子。"

看来,辛弃疾所到之处,知音少,对他的所作所为侧目而视者多。

他生得高大威猛。估计脾气也大。

朝廷的柔弱官员都有点怕他,视他为异类。其实,他原本就是异类。主和派一直忌惮他。辛弃疾这种人,如果做上朝廷重臣,掌枢密院或丞相府,那还得了?

于是台谏攻他:"花钱如流水,杀人如草芥。"

甚至攻击他聚敛民财,贪婪而残暴。

然而台谏们找不到他私用民财的证据。他确实花了不少钱,却都用于飞虎军的创建了。这支规模有限的铁军,后来三十多年令长江以北的金兵闻风丧胆,呼为"虎儿军"。

辛弃疾官职未丢,却失掉了飞虎军的指挥权。

按他的设想,几千人的飞虎军要在一年内扩充到数万。

英雄的宏伟计划成泡影。

宋朝皇帝,有一根共同的敏感神经:不能让将军做大。哪怕大敌当前、国势如累卵,最高统治者敏感如故——高宗杀岳飞,孝宗防着辛弃疾。

凡有英雄气者,必定活得憋气。

辛弃疾的新官衔,重新挂上了一个"右"字:右文殿修撰。这叫贴职。虽为虚衔,但很难听。他在湖南路建立举世瞩目的功勋,却回到"老右派"。调江西路任安抚使,兼知隆兴府。

辛弃疾在江西隆兴府我行我素。恰遇灾荒年,大户囤粮,米价暴涨,缺粮户要抢粮食。辛弃疾颁布的告示只有八个字,意为:囤粮者配,抢粮者斩。配是指流放。囤粮户迫于压力低价卖粮,街头的泼皮黑帮不敢哄抢。辛弃疾筹集资金从湖南买来粮食,平抑物价,度过灾荒。

所有这些事儿,都带出辛弃疾旋风般的身影,有助于我们理解他的性格和作品。

可是朝廷攻讦再起。本来给他挂个右字,是警告他凡事听上边的话,悠着来,做庸官最好。不料他禀性难移,到江西很快干出了名堂,脾气、作风照旧。攻他的谏官气急败坏,有个叫王蔺的,翻出旧账,连章弹劾,称辛弃疾"奸贪凶暴,帅湖南日,虐害田里"。

王蔺是朝廷对金主和派的干将之一。攻倒辛弃疾,有政治背景。

这家伙得逞,辛弃疾罢官。朝廷刚发表新的任命书:辛弃疾迁浙西提点刑狱。浙西富庶冠南宋。但现在新职旧职一块儿免,意味着:四十出头的辛弃疾,事业、仕途都走到头了。

对辛弃疾,朝廷显然有两种声音,有人想用他,有人处心积虑要搞他。

渡淮南来二十年,雄心壮志,落到这般境地。

如果他悠着点,凡事不温不火,眼观六路耳听八方,那么,官帽可保。

不过那也就没有辛弃疾了。历史的长河,轻而易举淹没他。

辛弃疾也有普通人的郁闷,掉官帽要贪杯,醉眼看人生,没日没夜地醉。

醉里且贪欢笑,要愁哪得工夫？近来始觉古人书,信著全无是处。

昨夜松边醉倒,问松我醉如何？只疑松动要来扶,以手推松曰:去!

辛弃疾喝醉了还想到书,这蛮有趣。李白曾说:"古来圣贤皆寂寞,唯有饮者留其名。"

他又想戒酒,戒了无数次,每次都戒得十分坚决。终于有一天,同酒杯较上了劲,较出一首好词《沁园春》:"杯,汝前来! 老子今朝,检点形骸。甚长年抱渴,咽如焦釜；于今喜睡,气如奔雷。漫说刘伶,古今达者,醉后何妨死便埋……"

今日眉山乡下有醉翁语:沟死沟埋,路死插牌!

饮者无愚贤,一样有气魄。

"况怨无大小,生于所爱；物无美恶,过则为灾。与汝成言:勿留亟退,吾力犹能肆汝杯。杯再拜道:麾之即去,招之即来!"

看这情形,辛弃疾还是与酒杯达成了妥协。

辛将军身体并不好,幼年多病,所以字幼安。弃疾,是摒弃疾病的意思。他不是一个谨小慎微的人,屡戒酒,盖因喝闷酒已经伤了身体。《鹧鸪天》:

枕簟溪堂冷欲秋,断云依水晚来收。红莲相倚浑如醉,白鸟无言定自愁。

书咄咄,且休休,一丘一壑也风流。不知筋力衰多少,但觉新来懒上楼。

这首后期词作,透露出辛弃疾的多病之身。

病体不掩英雄气,尚且大书"咄咄怪事"。气难平,恨难消。

"甚矣吾衰矣! 恨平生,交游零落,只今余几？白发空垂三千丈,一笑人间万事,问何物能令公喜?我见青山多妩媚,料青山见我应如是,情与貌,略相似……"

英雄末路。但文化修养和艺术天性前来照面了。诗人转过身,扑入山水怀抱。

事也凑巧,辛弃疾的官帽落地之日,正好是他在江西信州乡下的房子竣工之时。多半早有预感:以他的性格,迟早会得罪人。

文人就是有个性的人,何况文豪,更何况英雄兼文豪。

辛弃疾的生存脉络清晰:华北二十余年,江南做官二十年,信州隐居又是二十年。他活了六十九岁,近古稀之年。暮年又出山做过大官,时间不长。

在信州他先后待了两个地方:带湖和瓢泉。都是他自己命名的。我们来看涌入他笔下的带湖风光,《水调歌头·盟鸥》:

带湖吾甚爱,千丈翠奁开。先生杖履无事,一日走千回。凡我同盟鸥鸟,今日既盟之后,来往莫相猜。白鹤在何处?尝试与偕来。

破青萍,排翠藻,立苍苔。窥鱼笑汝痴计,不解举吾杯。废沼荒丘畴昔,明月清风此夜,人世几欢哀?东岸绿荫少,杨柳更须栽。

一派欣欣向荣。

辛将军此间的手边书,主要是陶渊明,他提到陶渊明的次数比苏东坡还多。"想渊明《停云》诗就,此时风味……"

从官场扑向青山绿水,乃是古代文人共同的姿态。最典型的就是陶渊明:"归去来兮,田园将芜胡不归……乃瞻衡宇,载欣载奔。"这文化符号其大无比,或者说,这心理结构固若金汤。

"云无心以出岫,鸟倦飞而知还。"

"平畴交远风,良苗亦怀新。"

渊明官小,一县令而已。后世几乎所有有文化修养的官员都学他,连女诗人都向他看齐:李清照的"易安"二字,取自陶诗"审容膝之易安",温馨的家庭氛围联结着风光旖旎的田园。自然与人事有反差,而持久的反差形成持久的张力。这样的心理结构,笼罩着古人、今人、后人。与它金刚般的材质相比,时间会失掉分量,万年不过一瞬间。

但有个前提:青山常在,绿水长流。

如果人事的喧嚣与烦恼令人转身时,扑向的却是臭水沟、硬邦邦的水泥地,那可不妙。

人类学巨擘费孝通先生语重心长地告诫:乡土中国应当成为城市中国的参照!

城市吃掉乡村之日,就是文化死亡之时。

一味地在汽车和水泥之间,人山人海地搅着、欲着、狂着、无聊着,陶潜李白杜甫苏东坡辛弃疾……将会离我们远去,就像十几年前还在我们头顶上闪烁的许多星星。哦,就像记忆中的那些干净明亮而又欢快的河……

"为什么我的眼里常含泪水?因为我对土地爱得深沉。"

笔者写这些,几次泪眼模糊。这郁积在心中的巨大的疼痛啊!

人与人、人与自然都和谐,我们才会有家园的感觉。

且看辛弃疾在带湖的家,《清平乐》:

茅檐低小,溪上青青草。醉里吴音相媚好,白发谁家翁媪?大儿锄豆溪东,中儿正织鸡笼。最喜小儿无赖,溪头卧剥莲蓬。

乡村日常景象,醇酒般迷人。明、清画工,以此作画无数。

还有更妙的《西江月·夜行贡沙湖道中》:

明月别枝惊鹊,清风夜半鸣蝉。稻花香里说丰年,听取蛙声一片。

七八个星天外,两三点雨山前。旧时茅店社林边,路转溪桥忽见。

这两首小词我十几岁就能背,时隔三十年,仍是一见便喜欢。描绘田园风光,没有比这更好的文字了,即使渊明东坡,亦不过伯仲之间耳。七八个星招呼满天繁星,两三点雨唤来漫山细雨。词中风物,联结着广衮乡村的一年四季,浸润着雨雪风霜,跳跃着阳光月光。稻浪、麦浪、声浪……哦,美到极致却显寻常,辛稼轩真是不一样。

气吞万里如虎……

清风夜半鸣蝉……

真正的英雄哪有末路。官帽飞了,风景来了。或问景在何处?答曰:景在心间。

被欲望反复拨弄的人,走到哪儿都看见名利场。这也没办法:他已经被单纯的物欲钉死在墙上。生命的可能性是由人的修养来决定的。生活的质量,首先是人的质量。别以为山间盖别墅就有清风明月:风月自在时,人正无聊着。

而无聊会产生无聊的能量。这些年我们已经见得够多。

事物的法则如此。是的,这非常残酷:无聊的汹涌澎湃向我们显示,活出一点境界是多么艰难。

活向麻将桌的"死打烂缠"又是多么容易:就那么一点小小的瘾头,十年二十年地耗着。这是单一的物欲所形成的巨大而持久的遮蔽,文明史上罕见的"奇观"。

回头再看辛弃疾吧。也许他是一服药。

《丑奴儿近》,小序云:"博山道中,效李易安体。"

千峰云起,骤雨一霎儿价。更远树斜阳风景,怎生图画?青旗卖酒,山那畔别有人家。只消山水光中,无事过这一夏。

午醉醒时,松窗竹户,万千潇洒。野鸟飞来,又是一般闲暇。却怪白鸥,觑着人欲下未下。旧盟都在,新来莫是,别有说话?

辛幼安效李易安体,可见李清照在当时的影响力。

松窗竹户万千潇洒,这里有讲究。以万千形容潇洒,并非诗人一时的心血来潮。融入野地谈何容易。欠修养的人也爱清静,但过不了几天,他会对着风景打呵欠:风景不够刺激。他会急急忙忙逃回嘈杂的人群中去,担心松窗竹户拖他的后腿。他有他的道理。

诗人却是另外一种情形:他所有的感觉朝着茫茫野地细腻敞开,他倾听自然的律动,而不是人世的躁动。尽管对后者他心中有数。他经历过躁动,有太多的感慨,于是他才倾听自然。他在纷繁的人事记忆中眺望清新的自然。牵挂人事有多深,进入野地就有多远。执著于人生、理想,方能体察自然,"看见"自然。这话意味着:自然从来就不是自然本身,它是人生的倒影。诗人滞留于人事与自然的反差之中。他捕捉张力并带入词语。文人从官场转身扑向山水,这绵延两千年的"现象域",大致如此吧?而这里的勾画只能是粗线条的。

"七八个星天外,两三点雨山前。稻花香里说丰年,听取蛙声一片。"这样的画面何以称经典?盖因它有效浓缩了人生意绪。你没法稀释它,更不能消费它。它永远自足而矜持,像传说中的高贵佳人。

佳人风情万种,类似松窗竹户万千潇洒。

辛弃疾在信州带湖,亲自造房子、栽树,营造家园。一草一木也关情。选择信州他是经过考虑的。信州治所上饶城,只在几里外。城内多士族,辛弃疾得以形成交游圈子。这很重要。房子盖成了,得有朋友来欣赏,喝喝酒,谈谈天下事,看看绿树红花,数数停云与飞鸟。上饶的官道,是杭州到南昌的必经之路。隔三差五,总有人来造访稼轩。带湖的家园,房子十几间,占地一百七十亩,其中有大片耕种的田地。他收租,也带着三个儿子下地劳作。自号稼轩,包含了他的政治主张:"人生在勤,当以力田为先。"他是重农主义者,又来自华北,对南方城市的商业潮很不以为然,批评重商是"舍本逐末"。淮南的土地大面积荒废,人们却跑到城里做生意,他对此忧心忡忡。

可他眼下不在位,难谋其政。

朋友来了他慷慨陈词,他要说,借官场或学界的朋友发出他的声音。有良知的知识分子一定是这样:从屈原就一路说过来。没人听也要说。

有一条汉子名叫陈亮,早闻辛弃疾的大名,策马数百里到信州来拜访。此人的脾气比辛弃疾还大:他的坐骑过不了一座石拱桥,"三跃而马三却",于是大怒,挥剑砍下马头,气冲冲大踏步朝辛弃疾的宅院走去,像个寻衅之徒。辛弃疾呢,一直在楼上观望他,对他砍翻坐骑的动作大吃一惊,继而赞赏不已,"遂订交"。

这事富于传奇色彩。宋人笔记多有记载。

想和辛弃疾做朋友的人多,能订交的却很少。

陈亮走进辛弃疾的家,两条好汉痛饮剧谈,纵论南北形势,讲了很多朝廷的不是。谈到后半夜,畅快之极,各自纳头便睡。不过陈亮这人疑心重,开始怀疑辛弃疾了:"陈亮夜思稼轩沉重寡言,醒必思其误,将杀我以灭口,遂盗其骏马而逃。"

陈亮砍马又盗马,盗走的还是骏马。

宋人笔记中的这段话,透露了一点辛弃疾"归隐"之后的性格特征:话不多,涉及朝政言语谨慎。他曾经吃过口无遮拦的亏。

陈亮初访辛稼轩的传奇故事还没完,他逃走之后,"逾月,致稼轩书,假十万缗以纾困,稼轩如数与之"。

陈亮盗走骏马还写信借钱,岂不是欺稼轩太甚、占了便宜又占便宜?其实刚好相反,他这举动,让辛弃疾读出了豪杰的风范。远的不说,就以李白为例,仗剑走天下,伸手要钱不红脸。豪杰与豪杰,也是心有灵犀一点通。

当时辛弃疾有钱,豪爽。另有江西名士刘过,"疏豪好施,辛稼轩客之"。

辛弃疾的座上客,名士如云,写《容斋随笔》的洪迈,理学泰斗朱熹,包括陈亮、刘过,全是南宋的一流人物。

原来,这砍马盗马又借钱的陈亮,并非仅仅是条好汉,宋代思想史、文学史,他都占有一席。他考进士落榜后,发誓不当官,却一封接着一封给宋孝宗写长信,力请迁都建康,立志复仇。他的长信,和辛弃疾当年的十九篇军事论文一样,递上去之后毫无反应。他伤心,愤怒,在临安到处讲朝廷的不是,有名有姓地痛斥小人,结果被人告发,坐了一百天的监狱,"几死"。出狱不久,陈亮骑劣马奔信州拜访辛弃疾,畅谈后却爬起来就跑。他疑心重,原因是刚坐过牢。

陈亮落笔填词,激烈如稼轩:"尧之都,舜之壤,禹之封,于中应有,一个半个耻臣戎!万里膻腥如许,千古英灵安在,磅礴几时通?"

南宋向金国称臣,拱手割让万里河山,身在民间的陈亮视为奇耻大辱,几十年奔走呼号、游说。辛弃疾引他为知己,更无一丝踌躇。偷马借钱算什么呢?

读书人佩剑行走,气如奔雷,当时寻常得很,一代儒宗朱熹也能舞几招。豪放词频出,不是偶然的。

辛弃疾是豪放派的领袖,带动了一批词人。而词坛的名声未必数他最大,尚有小他十来岁的姜白石与他争雄。白石精通音乐书画,布衣终身而文采风流冠绝,时人呼为"词中之圣"。他的风格是婉约正宗,如著名的《踏莎行》:

燕燕轻盈,莺莺娇软,分明又向华胥见。夜长争得薄情知?春初早被相思染。

别后书辞,别时针线,离魂暗逐郎行远。淮南皓月冷千山,冥冥归去无人管。

这儿闲笔写姜夔,想说明两点:一是白石的婉约词确实好,由缠绵而迈入空灵,但辛词之婉约因弥漫了英雄气,似乎更在白石之上;二是南宋词人并未因国耻而写下许多口号诗。文化不敌异族刀枪,但文化本身不败,延续了唐宋文气。华夏文化在国运衰落的时代仍然保持了足够的自尊。换言之,汉民族的软实力,金人的铁蹄难动分毫。理学、史学、文学、金石学、书画艺术……一座座文化的高峰辉映北宋。这耐人寻味。

糟糕的是皇权。摇摆不定的宋孝宗之后,来了一个患有精神病的宋光宗。光宗怕老婆,历代皇居第一,史称是老婆李皇后把光宗吓成了神经病,然后与她的武夫爹爹权倾朝野……

南宋的英雄们,从岳飞到陆游,从辛弃疾到陈亮,只能是仰天长啸、弹铗悲歌。

江南妩媚地,多少英雄游走。走出激昂与辛酸。

姜白石吴文英不作英雄状,却照样受推崇。这是一个时代的文化气度使然,而气度,来自士人们广阔的文化视野。

国破文化在,文化穿越八百年,弥漫于当下。

今日之文化,又面临着什么样的威胁呢?对应人的浅表性生存的快餐文化,是个强劲而刁钻的新型病毒吗?

这个历史性的课题,有待唤起具有历史性的思考。

有一点是显而易见的:文化的源流,绝不能中断或急剧转向。源远方能流长。文化工业的逻辑臣服于资本的逻辑的越界扩张,对此,须高度警惕。

陈亮几年后再访辛弃疾,辛弃疾带他去铅山的瓢泉。陈亮在瓢泉住了十天。主客剧谈如当年。本来有个三人会谈的重大计划,但朱熹因事未能赴约。朱熹在朝廷是举足轻重的人物。布衣陈亮、退休名将辛弃疾,"帝王师"朱熹,三人聚会未成,引得士子们久久叹息。

陈亮归,辛弃疾依依不舍。

思念平生知己的佳作,当数辛词《贺新郎》。词前还破例写了近二百字的长序。萨特有名言:男人之间的友谊以世界为背景。诚哉斯言。背景越广阔,友谊越深长。《三国演义》有个经典画面:刘备送徐庶,送了一程又一程。徐庶骑马拐弯了,刘备用马鞭指着淹没了徐庶身影的小树林说:恨不得砍光那些树!

辛英雄送走陈英雄,惆怅五天不消。

把酒长亭说,看渊明、风流酷似,卧龙诸葛。何处飞来林间鹊?蹙踏松梢微雪,要破帽多添华发。剩水残山无态度,被疏梅料理成风月。两三雁,也萧瑟。

佳人重约还轻别。怅清江、天寒不渡,水深冰合。路断车轮生四角,此地行人销骨。问谁使、君来愁绝?铸就而今相思错,料当初、费尽人间铁。长夜笛,莫吹裂。

陈亮寄来和词,辛弃疾"再用韵答之":

老大那堪说,似而今、元龙臭味,孟公瓜葛。我病君来高歌饮,惊散楼头飞雪。笑富贵、千钧如发。硬语盘空谁来听?记当年,只有西窗月。重进酒,换鸣瑟。

事无两样人心别,问渠侬,神州毕竟、几番离合?汗血盐车无人顾,千里空收骏骨。正目断、关河路绝。我最怜君中宵舞,道"男儿到死心如铁"。看试手,补天裂!

豪壮词令人心酸。《贺新郎》作于1188年,辛弃疾赋闲多年快五十岁了,又病着,白发萧萧,英雄气丝毫不减。

辛弃疾把陈亮比做三国时的陈登。陈登字元龙,名播四方的谋士兼义士,"捉放曹"即是陈登所为。曹操杀吕伯奢一家,陈登愤怒,改投吕布,后于白门楼死于曹操之手。

辛弃疾和陈亮,"臭味相投"。

英雄怜惜英雄。

辛弃疾隐于信州上饶之带湖、铅山之瓢泉,大名动海内。人称管仲、韩信、张良、诸葛亮。

大英雄无用武之地。

十二世纪九十年代初,辛弃疾复起,辗转任职于福建、浙东,为一路之最高军政长官,历时两年,复遭台谏围攻,落职,回江西信州。赋闲又近十年。

烈士暮年,群山环抱着。

愁绪如山不可收拾:"少年不识愁滋味,爱上层楼,爱上层楼,为赋新词强说愁。如今识尽愁滋味,欲说还休,欲说还休。却道:天凉好个秋。"

诗人已入化境。

居信州二十年,他一直在办学,书院好几处。办学的动机不仅是挣钱。赋闲之初他并不缺钱。书院及两处居所的宏大规模,令人猜想他可能有养士、招徕豪杰的念头。对陈亮出手豪爽,是否透出了一点消息?上饶带湖距铅山瓢泉百里之遥,辛弃疾拖着病体奔走各书院,长年不辞辛劳。有《清平乐》为证,其小序云:"独宿博山王氏庵。"

绕床饥鼠,蝙蝠翻灯舞。屋上松风吹急雨,破纸窗前自语。

平生塞北江南,归来苍颜华发。布被秋宵梦觉,眼前万里江山!

烈士暮年,壮心不已。

今日铅山瓢泉,巨松成林,风景独好。县志记载,巨松多为辛弃疾当年亲手所栽。

抗金的英雄,最终成为我们的文化英雄。他迸发的豪气,他描绘的乡村,他眷恋的佳人,他怀念的友人,他喝过的酒读过的书弹过的琴,经由他那巨笔,淋漓尽致地呈现给我们。

向辛弃疾致敬!

眼下的江西省生态环境之好,举世瞩目。江西是陶渊明的故乡,辛弃疾的第二故乡。这难道仅仅是巧合吗?

1207年9月10日,辛弃疾长眠于铅山地下。距今刚好八百年。

让我们诵读他的代表作《永遇乐》:

千古江山,英雄无觅,孙仲谋处。舞榭歌台,风流总被,雨打风吹去。斜阳草树,寻常巷陌,人道寄奴曾住。想当年金戈铁马,气吞万里如虎。

元嘉草草,封狼居胥,赢得仓皇北顾。四十三年,望中犹记,烽火扬州路。可堪回首,佛狸祠下,一片神鸦社鼓。凭谁问,廉颇老矣,尚能饭否?

《稼轩词》今存词六百多首,而一般名家宋词选本,选辛弃疾词均在四十首以上,超过苏东坡。东坡词今存三百多首,若以入选比例看,也差不多。宋词苏辛并称,而谁更出色,自南宋以来学人们就争论不休。争论无结果,却有个好处:把苏辛放在一块儿加以打量、琢磨。两位词坛大家,东坡之大与稼轩之大,区别得以向后世彰显。读者若有兴趣,不妨细看上海古籍出版社的《宋词三百首笺注》。

稼轩专攻词。东坡主攻诗赋文,填词系余力为之。

况周颐云:"东坡、稼轩其秀在骨。其厚在神。"

《四库全书提要》云:"弃疾词慷慨纵横,有不可一世之慨。"

不可一世,这评价可谓精当。词坛霸主,当然有霸气。《词学集成》云:"稼轩仙才,亦霸才也。"

陈廷焯《白雨斋词话》云:"辛稼轩,词中之龙矣。气魄极雄大,意境却极沉郁。不善学之,流入叫嚣一派。"

叫嚣一派,大概专写口号诗吧?

辛弃疾的传世佳作,大致可分三类:一、英雄气;二、乡村语;三、儿女情。

学者也指出他用典多的毛病,称为"掉书袋"。他还在词中议论横生。

平时沉默寡言,下笔滔滔不绝。

我读辛稼轩,最鲜明的印象是:白发,多病,血气奔涌。

辛词的霸气从何而来?他的豪放与东坡的豪放有何区别?

简单的回答是:文气掺入了武气。

这是中国文学史上的新鲜事。

魏武挥鞭,横槊赋诗,固一世之雄矣,但曹操更多的是武人、是帝王的形象。将军而兼一代词宗,唯有辛弃疾。二者交融,形象如此鲜明,唐朝的边塞诗人也是相形见绌。

苏东坡的豪放,是和平环境下人生的百般磨砺所致;辛弃疾的豪放,是战争年代、国家分裂带给人的巨大创痛所催生。

东坡,稼轩,各有各的大境界。有此二人在,宋词不让唐诗。

辛稼轩脾气亦大,为政,行事,填词,以至日常待人接物,都给人留下雷厉风行、大刀阔斧的感觉。北人南人有异,皇室又偏安江左,醉生梦死,连年打压英雄气。辛弃疾不讨人喜欢,乃是势所必然。他几次受台谏围攻,中年以后长居信州,不得已而"沉重寡言"。郁闷,喝酒,须眉皆白。生命力近乎本能地转向山水田园。

白发萧萧,多病而激昂。辛弃疾的外表,大致是这样吧。

内在的形象诉诸各呈风貌的稼轩词。儿女情,乡村语,俱是大家风范,"工夫深处却平夷"。所谓一代词宗,可不是浪得虚名。

冲天豪气,文化底气,合力铸造辛弃疾。

理想与现实的尖锐矛盾,使他的精神逼近屈原:"千古《离骚》文字,芳至今犹未歇!"

回想他在江西扑灭茶商军、湖南创立飞虎军的那些大动作,其行事突兀,不拘常规,透出令常人色变的气魄。落笔填词,风格相似,从题材到手法,从书袋到俚语、流行语,一切为我所用,挥洒自如,霸气十足。

且欣赏《南乡子·登京口北固亭有怀》:

何处望神州?满眼风光北固楼。千古兴亡多少事,悠悠。不尽长江滚滚来。

年少万兜鍪,坐断东南战未休。天下英雄谁敌手,曹刘?生子当如孙仲谋!

2007年11月6日

# 李清照
（南宋 1084—1151）

李清照敢爱,并向世人发出爱的声音。两千年封建史,数她声音大,大而美,美而稀。苦难也拖不住她的。"谁怜流落江湖上,冰肌玉骨未肯枯!"她是唯美的:美少女、美少妇、美寡妇、美妙的《漱玉词》、美不胜收的爱情生活。金人的屠刀断下北中国,也把李清照的命运切成两段……张汝舟骗财骗色骗文物,李清照凄凄惨惨戚戚:"三杯两盏淡酒,怎敌他,晚来风急!"

# 李清照

中国古代，妇女地位低下。古代史书中男人的名字浩若繁星，而女人的名字寥若晨星。宋以前，女人很难留下她们的名字，比如李白、杜甫的夫人，我们只知姓氏。名女人如五代十国时蜀国的花蕊夫人，风流文采，芳名远播，但她姓甚名谁、系何方人氏，却罕有人知。人们宁愿把目光停留于"花蕊夫人"这个称呼。花蕊夫人与蜀主孟昶，是个令人满意的词组。如果指出花蕊夫人姓徐，青城人氏，人们会觉得莫名其妙：徐氏与孟昶，这谁跟谁呀？

《全唐诗》九百卷，女性作者占九卷。《宋诗纪事》一百卷，女性作者仅一卷。比例均为百分之一。明清一些诗词文选本，甚至不按年代排列，把女性作者排在无名氏之后。

也许正鉴于此，郑振铎先生才充满情绪色彩地说："李清照是宋代最伟大的一位女诗人，也是中国文学史上最伟大的一位女诗人！"

将"伟大"这样的形容词放到一位古代女性身上，似乎绝无仅有。

历史的星空，尽管女人寥寥，但总算有一个李清照，光辉不让须眉。文学史为她辟专节，"等级"仅次于李杜苏辛，却并非勉强提高妇女地位。如果李清照缺席，事情将很麻烦：把蔡文姬、薛涛或花蕊夫人提到一流作家的位置，难免凑份之嫌。

李清照填补了文学史的高端空缺。她是存了心与北宋士大夫文人一争高下。意义还不仅于此：她的身影纯粹是女性化的，不做男儿腔，不怪叫，不以性别模糊卖弄于人，不刻意装扮成女权斗士。她优美、优雅、风骨天成；雍容华贵而又面目清新，向当世向后人，亮出她光彩照人的身姿。金人血淋淋的屠刀切下了北中国,也把李清照的命运拦腰砍成两段,她后期的作品沉痛、寂寥、凄惨。

幸福与苦难,分割了李清照的一生。此二者,都在李清照的作品中得到经典描画。赖有她,我们才知道,一个宋代的女人是如何幸福的,又是如何被残酷的命运之手反复摔打。

李清照是上帝赐给人间的尤物么?上帝给她莫大的幸福,却又在突然间,以折磨她的方式来成就她。

悲惨故事充满虚构般的悬念……

李清照十八岁嫁给丞相的儿子、金石学家赵明诚。这位品德高尚的贵族子弟,享誉南北的学者名流,在那个男权遮天的年代,破天荒成了妻子的陪衬。

李清照是山东济南人,济南当时叫历城。父亲李格非,是苏轼门下的"后四学士"之一。苏轼死于1101年,李清照生于1084年。不过她可能没见过苏轼。苏轼晚年贬谪岭南炎荒时,她尚在孩提时代。

李格非官至礼部员外郎,为人耿介。著述颇丰,因战乱多散佚。有《洛阳名园记》传世,详细描绘西京洛阳的十九处名园,矛头指向宋徽宗和蔡京。北宋末年,名公巨卿仿效昏君奸相,在汴梁、洛阳辟豪园无数,占地两三百亩的,通常只能算普通园子。李格非指出:"洛阳之盛衰,天下治乱之候矣。"后来金人入侵,洛阳所有的名园烧成焦土,应验了李格非的预言。南宋士子每诵《洛阳名园记》,无不涕泗纵横。

李格非又追慕魏晋"竹林七贤"之一的刘伶,其性情可见一斑。他的夫人王氏,亦系名门之后,《祖国名媛录》称她"工词翰"。围绕着李清照的家庭氛围可想而知。富裕,宽松,书香袭人。她有姐弟数人。济南、开封都有父亲置的房子。童年她去过京城,盘桓有日,舟车往返。印象比较模糊,却深埋在记忆中。她在华北名城济南长大,从少女到少妇,度过了许多好时光。小词《如梦令》云:

常记溪亭日暮,沉醉不知归路。兴尽晚回舟,误入藕花深处。争渡,争渡,惊起一滩鸥鹭。

溪亭为宋代历城名泉之一,靠近城西北的大明湖。济南称泉城,七十二泉天下知。又有佛教圣地千佛山,诗圣杜甫流连过的历下亭。杜甫曾于历下亭追随北海太守李邕。这李邕系盛唐大名士,号称书法第一,随手一幅行草,王公富豪重金争购。李邕左手收钱右手抛金,接济四方寒士。所过之处,拜谒者摩肩接踵踏破门槛。不过他高看年轻的杜甫,于历下亭中设宴款待。后来的诗圣即席挥毫:"海右此亭古,济南名士多。"

济南读书人,包括深闺中的名媛淑女,一代又一代,对历下亭的光荣历史津津乐道、如数家珍。李清照也不例外。她崇拜杜甫,向往李邕的风度。受父母亲的影响,晋唐宋诗人,都被她收入眼帘。她对金石书画的兴趣当起于闺中。这贵族少女显然与众不同。上流社会的少女们,谁能像她这样?修养那么好,却于青灯黄卷中透出一派天真。小令《浣溪沙》:

淡荡春光寒食天,玉炉沉水袅残烟,梦回山枕隐花钿。
海燕未来人斗草,江梅已过柳生棉,黄昏疏雨湿秋千。

淡荡:春光融和饱满。山枕:枕作凹陷,两端耸起如小山。花钿:金花,头上饰物。

上巳节(农历三月三)沐浴着阳光踏青斗草,在唐时长安、洛阳、杭州的妇人们中间普遍流行,宋代更是风靡全国。上元观灯,上巳斗草,成群结队的女孩子,纷纷走出深闺与浅闺,来到原野上、溪水旁。斗草又称斗百草,从清明节一直斗到端午节。《荆楚岁时记》:"五月五日,四民并踏百草,有斗百草之戏。"

斗草的前提是熟悉各种各样的野草。上世纪七十年代,蜀中尚有这习俗,减了衣衫的姑娘们格外起劲,"疑怪昨宵春梦好,原是今朝斗草赢,笑从双脸生。"男孩儿则偶尔为之。野地里色彩丰富,芳香四溢,虫鸟之声不绝,蓝天透明,停云几朵。人与自然如情侣。一年四季分明。冬季,城里也是遍地薄冰。哪有什么暖冬。

北宋三百二十州,至少一千五百个大小城市。城乡人口近一亿。城市与乡村大致和谐。有钱人读书人,居于乡下的很多。豪华庄园是寻常景观。中原、江南、西蜀富庶,山东比较穷,但济南是个例外。

济南的仕宦人家,又是例外中的例外。

"黄昏疏雨湿秋千",这画面多舒服。看不够。为何看不够呢?因为句子浓缩,画面指向更多的画面。少女的身影在秋千架上,亦在幽篁洞窗回廊间。小令《浣溪沙》:

> 莫许杯深琥珀浓,未成沉醉意先融,疏钟已应晚来风。
> 瑞脑香销魂梦断,辟寒金小髻鬟松,醒时空对烛花红。

瑞脑:香名。唐开元、天宝年间波斯贡品,极珍贵,唐明皇仅赐杨贵妃十枚,"香气彻十余步"。辟寒金:亦唐朝贡品。"昆明国贡嗽金鸟,形如雀而色黄,羽毛柔密,常吐金屑如粟,铸之可以为器。此鸟畏霜雪,乃起小屋处之,谓之辟寒台。宫人争以鸟吐之金,用饰钗珮,谓之辟寒金。故宫人相嘲曰:不服辟寒金,难得帝王心!"

这种能吐金屑的昆明辟寒鸟,早已绝种。

李清照写她没用过的富贵物,却透出浓郁的富贵气。普通的贵族少女,憧憬着杨贵妃的生活,再自然不过了。贵妃醉酒,宛如牡丹添新红,美色欲滴。李清照也饮酒,对镜暗比杨贵妃。她清瘦,匀称。杨玉环则是"肥到杨妃肉亦佳。"有考证说,杨妃大约身高一米六五。李清照可能略高一些。辟寒金小,反衬她一头云发。空对烛花红,含蓄道出少女情窦初开。

古代所谓二八娇娘,十六岁亭亭玉立了,十二三岁已含苞欲放。三十岁称半老徐娘。青春二十年。个体有差异,李清照属于哪种类型呢?她的青春小令透露了哪些教科书上不便明言的消息?

著名小词《如梦令》:

> 昨夜雨疏风骤,浓睡不消残酒。试问卷帘人,却道海棠依旧。知否?知否?应是绿肥红瘦。

丫环识得几个字,能说海棠依旧,却不能道绿肥红瘦。李清照连问两个知否,透出两点消息:一是她练就了一颗诗心,看花木格外细腻;二

是,美少女已盛开如海棠,盼着出闺,嫁给如意郎君。小令《点绛唇》:

  蹴罢秋千,起来慵整纤纤手。露浓花瘦,薄汗轻衣透。
  见客人来,袜刬金钗溜。和羞走,倚门回首,却把青梅嗅。

  袜刬犹刬袜,不穿鞋。李煜词云:"刬袜步香阶,手提金缕鞋。"后花园里打秋千,忽有客人来,李清照鞋也顾不得穿,和羞走,金钗溜,走到门边却又回头,瞧那客人怎生模样。并且掩饰慌乱与羞涩,低头嗅那玉指间颤动的青梅。青梅本无味,少女心中有滋味。
  这小词耐人寻味。
  少女时代的李清照,看来对异性相当敏感。若说《点绛唇》尚不足为证,我们再看《蝶恋花》:

  暖雨晴风初破冻,柳眼梅腮,已觉春心动。酒意诗情谁与共?泪融残粉花钿重。
  乍试夹衫金缕缝,山枕斜欹,枕损钗头凤。独抱浓愁无好梦,夜阑犹剪灯花弄。

  李清照是个情欲炽烈的女子么?
  如果是,为何我们长期视而不见?
  柳眼梅腮春心动。酒意、诗情、春心,三种可以燃烧的东西混为一团,然后逼出带着身体特征的急切追问:谁来与共?
  是啊,良辰美景谁来与共?
  没人来。于是少女掉眼泪,"夜阑犹剪灯花弄"。床上翻来覆去的,想呀想呀,春心欲胀破,枕损钗头凤。
  李清照对暮春初夏很敏感。季节撩拨她。
  历史的真相大约是这样:李清照原本早熟,情烈,而她读的那些闲书,那些"颜科"作品,又使情欲得到强化。她的艺术天分使她能用语言写出异于一般女孩子的情状。礼教给她张力,修养使她含蓄,她赢得了一个能让宋代士大夫普遍认可的表达空间。
  十六岁始提亲,官绅子弟走马灯似的,李清照一个都不满意。父亲安排她的婚事,但尊重她的意见。家里很民主。济南城的那些纨绔,李清照怎么看也看不入眼。这怪谁呢?天生丽质难自弃哩。这少女拒绝了两个自视甚高的豪门后生,满城传为新闻。她上街,后生老头争睹芳颜。有写得几句辞赋的,近距离惊艳,激动万分挥毫:名门闺秀,倾城之貌,举步街巷生辉,顾盼里间增色!

李清照芳名远播,出门就招惹眼珠子话匣子,转觉无聊,无聊透了。整整半年,她摁下四处疯玩的劲头,只于自家庭院戏耍,看书、扑蝶、打秋千,"珍重芳姿昼掩门"。家里人多着呢,大户人家自成天地,过节时,上上下下近百口。虽不比那钟鸣鼎食之家,却也算历城名宦之宅。李格非单凭苏轼弟子的名号,便足以炫耀海内。朝廷一度禁东坡诗文,愈禁传播愈烈:"士大夫不能诵坡诗,自觉气索。"

父亲大名士,女儿百媚身。于是惊动了一个叫赵挺之的官场红人、金石名人。这赵家有个公子,生得眉清目秀也罢了,更要紧的是,媒人这般描绘:赵公子自幼浸润于金石书画,深得古物之灵气,行动得体,懂温柔谙风情。总之,好处说不完。

李清照眼放光,红了俏脸儿急问:赵公子他叫……

媒婆一拍胖腿:赵明诚!

李清照呼吸急促了。她听说过这位赵明诚。闺中女儿扎堆时,赵明诚三个字在红唇玉齿间传递、咀嚼、吞下去。

媒婆笑问李格非,李格非笑看女儿。

李清照和羞走……

十八岁,李清照终于出闺成大礼。折了名花在手的赵明诚,究竟是个什么样的男子呢?

赵明诚大李清照三四岁。其父赵挺之与蔡京交厚,官运亨通,后至尚书右仆射。尚书左仆射即是权倾朝野的蔡京。蔡京既是弄权高手,又是大书法家。赵挺之收集金石书画,包括徽宗、蔡京的作品,藏品之丰,百官羡慕。苏东坡之后,海内文坛黄庭坚称大,他参观赵挺之的书斋,"观古书法甚富",惊叹不已。黄庭坚也是大书法家。

赵明诚的家庭环境,类似李清照。这条山东诸城汉子,血液里透着翰墨气。其《金石录自叙》云:"余自少小,喜从当时学士、大夫访问前代金石刻词。"

金指有铭文或图案的前代金属器皿。石指石碑。收集金石,主要是收集拓片。金石学由北宋欧阳修所创,欧阳自号"六一居士",其中就有"集古一千卷"。

李清照嫁给赵明诚,显然很满意。出嫁那天的过程今无考,从盛大的婚礼到洞房花烛夜,李清照不留一字,让后世的好事者们去揣摩。

婚礼是在汴京举行的。

婚后的李清照移居汴京,很快变成了金石书画的爱好者。

妇从夫。社会风尚如此,李清照不能例外。何况她的少女时代,积下了那么多的春心。她巴不得早日出嫁呢。

宋代理学盛行,先有二程,后有朱熹。理学强化礼教。民间已兴起妇女缠足之风,绵延八百余年,直至1949年。二十世纪中叶的中国妇女,对"解放前解放后",感触尤深。妇女翻身得解放。这"翻身"所翻掉的,乃是几千年的封建压迫。

从李清照活泼的性格揣测,她的一双脚,大约是"天足"。

李清照与三寸金莲对不上号的。她和丈夫对眼儿。婚前互闻大名,婚后胡乱叫着心肝宝贝。

二十一岁的赵明诚,时为京城的太学生。除了上太学,他还有两个心爱的去处:回家,逛大相国寺。

回家和娇妻尽情缠绵,每日琢磨赏心乐事;逛大相国寺,则与古玩字画恣意交流。

宋代佛道双盛,汴梁城多庙宇宫观。大相国寺紧挨着御街,年年办庙会行佛事,热闹称冠京诚。平时设有"瓦市",每月开放八次,三教九流齐聚。城里的赶市,类似乡下赶场,只是面孔穿戴有异,物品及交易花样更多。大相国寺僧房外的庭院、回廊,可供万人交易。古玩书画市场,永远人头攒动。其中有个头戴巾帽、穿深衣、操一口山东腔的后生,便是赵明诚。

富家子弟也讨价还价,因他胃口大。

购得一样东西,忙不迭的回家,与老婆"相对展玩咀嚼"。

古文物,妙在一个玩字。器皿称把玩,书画、拓片称展玩。掌握相关的知识在其次,要紧的是崇尚古代,"发古之幽情。"

试想，如果拥有一幅文同的画、苏轼的字，那该是何等兴奋。纸张、墨色、作品、其人风貌，四者合一，奔来眼底。

新婚男女则是阴阳妙合。亦称玩，称戏，称揣摩。古物尚且有生命，有"体温"，何况吃不尽的秀色佳肴，搂不够的软玉温香？小两口相对展玩，相拥疯玩。

哦，多好的青春时光。

一晃便是两年多。

年轻的夫妇玩古上瘾。这瘾，对人有好处。

只是耗钱。古物一件又一件往家里搬。贵族少妇，物质生活下降了："食去重肉，衣去重彩，首无明珠翡翠之饰，室无涂金刺绣之具。"

李清照素面朝天，尤乐此不疲。明珠翡翠都进了当铺。赵明诚的藏宝室多一件藏品，李清照身上就会少一样从娘家带来的饰物。不过赵明诚向她拍胸脯：送到当铺去的东西，一定会赎回来。父亲的官越做越大，等他读完了太学，也将登仕途。

宋代官员俸禄丰厚。而赵明诚倚靠门荫制度，即使考不上进士，照样能穿上官服。

仕宦子弟的优越感，今天亦能想象。

可是朋友兴冲冲送来一件书画珍品，南唐徐熙的《牡丹图》，开口要价二十万钱。赵明诚凑不足这个数，犯愁了。转看李清照，那头上值钱的东西已荡然无存。这徐熙可不得了，《御制宣和画谱》称他"画花鸟鱼虫，妙夺造化"。他的作品，在宫廷里都是宝物，沈括在《梦溪笔谈》中极尽赞美之辞。而李清照偏爱李煜风流，爱屋及乌，对徐熙的这幅牡丹图再三展玩，钟爱之情，胜于丈夫。

是夜两口子破例不肯上床，玩赏通宵，惊叹复嗟叹。翌日太阳升起，画还是被那朋友嘀咕着取走了。

李清照对老公说：索性卖了你家宅子，这京师好几处呢。

赵明诚愁眉苦脸：我以前手头紧时也曾提起过，老爹说，宅子也是古物。

李清照美目闪烁：要不我回娘家跟爹爹商量。

赵明诚被她的俏模样拨得性起，咬她耳垂软语：傻娘子哎，哪有这道理？回屋去，回屋去，今日学也不上了，玩了一夜假牡丹，倒不如尝尝真牡丹。

　　李清照嗔怪,故意问:我像牡丹吗?

　　赵明诚想了想说:初过门像赵飞燕,眼下赛过杨玉环。

　　享受芳姿昼掩门,转眼是黄昏……

　　不久,另有汴梁富家子弟名叫张汝舟的,拿了一本唐朝诗人自抄的诗集过来,请赵、李二人欣赏。并声称,先不谈价格,请李清照用她的小楷录个副本再说。张汝舟是赵明诚的朋友,说话时,却爱拿眼睛去瞧李清照。赵明诚嗜金石书画,对此并不敏感。

　　李清照居家抄唐人诗集,那张汝舟坐小马车来,佯称看进展,瞧书法,踅入御街附近的赵府。赵挺之上朝,赵明诚上学,府中的下人对张汝舟也不防备。这富家子举止有度,对李清照的书法看了又看,磨蹭半天。他谨慎地赞美李清照,从书法到素面朝天。其实李清照淡妆接待他,符合规矩。

　　明朝人张丑见过李清照的书法作品,誉为"笔势清真可爱"。又有人名宋濂者,有幸目睹李清照的亲笔画《琵琶行》,她花许多时日"图而书之",追慕白居易。可惜长卷毁于兵乱。

　　而李清照这些日子素面朝天,京师贵妇为之咋舌……

　　李清照录完副本,请张汝舟开价。这男人含笑瞧她良久,目光仿佛顺便触摸她的削肩蜂腰、她优美的五官布局。李清照原是清爽人,吃他这么一瞧,脸儿略红,却究竟不在意的,只催他快说个数目。

　　张汝舟依然微笑,徐徐道:正本奉送,副本我带走。

　　李清照细眉一挑:这不行的,这礼物太贵重,我们不能收!

　　张汝舟二话不说,揣了副本抬腿便走。李清照急忙拦他,纤纤玉手伸将出去。二人发生充满友情的争执,张汝舟执意要送。争执持续了一阵,难免有接触,气息相闻——张汝舟于百忙中还做了个深呼吸,享受吹气如兰,陶醉一刹那。

　　赵明诚回家了,李清照告知原委,并重复她的意见:不能收。赵明诚却说:一本唐诗嘛,比不得那徐熙的画作,汝舟盛意,却之不恭,不如收下吧。

　　那张汝舟抱着李清照的墨香袭人的副本,喜滋滋走了。是夜展玩不休,竟拿鼻子去嗅,直把墨香认作体香。

由于这件事,李清照对张汝舟印象蛮好。

此后,张汝舟有事没事到赵府走动。通常,赵明诚在家的。若偶然不在家,张汝舟会惊奇说:今日太学不开讲的呀,哦,明诚兄肯定去了大相国寺……

李清照盼咐丫环上香茶。

张汝舟端着茶碗眼望美少妇说:喝两口就走,喝两口就走。

他喝下了三道香茶,脚却挪不动。又说:真是好茶,醇香可口,泼了可惜……

李清照静静地望着他。香炉、香茶俱袅袅。

二人后来有故事的。

婚后两三年,李清照与夫君琴瑟和谐,从精神到肉体,几乎弦弦相扣。一对山东男女,阳刚阴柔并举。欲观那风情,请看《减字木兰花》:

卖花担上,买得一枝春欲放。泪染轻匀,犹带彤霞晓露痕。
怕郎猜道,奴面不如花面好。云鬓斜簪,徒要教郎比并看。

李清照敢与鲜花比美,看来的确生得漂亮。她清瘦而高挑,也有点骨感美人的意思。换句话说,她长得比较现代。性格活泼而含蓄,又十足的古代。"云鬓斜簪,徒要教郎比并看。"这俏模样又俏皮,况且是在大街上。回头率该是百分之百?有人夸,有人羡慕,有人视为轻佻。

李清照可不管别人的评价,上街闲逛时,想怎么走就怎么走。她不缺教养,于是偶尔在大街上弄弄风情。弄风情好玩。

她与公公赵挺之,横竖是合不来,时有龃龉。这事儿宋人有记载。也许李清照初入赵府的那一天,对这公公就不大喜欢。而才女一般都有性格,才气大的女人,性格更突出。李清照不因赵家门槛高便低眉顺眼。公公批评她,如果她认为不合理,要顶撞的。她爱着赵明诚,却有点白眼堂堂朝廷大员赵挺之。这一层也透露出:赵明诚没有站在父亲的立场上向老婆施压。可能他还做母亲的思想工作,说了老婆许多好处。翁媳已经不和,如果婆媳再发生矛盾,李清照势必受双重的压迫,活得无限郁闷。

看来,赵明诚"端的"(宋人俗语)是个好丈夫,北方汉子懂温柔、有体贴。他家地位那么高,他又是那么有文化,金石学家的名气一日大似一日,圈儿里绰号"小欧阳"。可他对老婆李清照疼爱、敬重。他知道,亲爱的老婆不仅是一朵鲜花,老婆填的那些小令,《浣溪沙》、《如梦令》,完全可以和冯延巳、温庭筠、晏几道一较高下。甚至能比美两口子共同崇拜的欧阳修。

赵挺之曾弹劾苏轼,后来弹劾苏门学士李格非,出于政治考虑,不认儿女亲家。李清照与公公的矛盾加深,碍于赵明诚才没有激化。这些事儿,提一笔便罢。要紧的是李清照刚二十出头,便遭遇离别之苦:夫君正式踏上仕途,开始宦游了。

宋人初做官,称"磨勘",一般不带妻室。

美少妇日复一日守着空房。努力适应,却很难适应。

结婚两三年,正是情与爱的大好时光,恩爱小夫妻,双双享受着肉体的盛宴。不过这宴席有个学习享受的过程。刚开始大吃大喝,不辨美味,渐渐地,趋于细细品尝。既有暴风骤雨似的狼吞虎咽、"被翻红浪",又有和风细雨潜入夜、合着优雅的节律。

历代女子的香艳词,莫过于李清照的《渔家傲》:

> 雪里已知春信至,寒梅点缀琼枝腻。香脸半开娇旖旎。当此际,玉人浴出新妆洗。
> 造化可能偏有意,故教明月玲珑地。共赏金樽沉绿蚁。莫辞醉,此花不与群花比。

词中的女人形象,令人联想杨贵妃。香脸半开,芬芳四溢。

少女词,篇篇有酒。少妇词也如此。李清照为何老喝酒呢?深更半夜的,赵明诚撑不住,她还婉转劝饮,却强调"此花不与群花比"。什么意思呢?为何向我们指出:造化可能偏有意,偏有什么意?"故教明月玲珑地",暗喻她玲珑入怀。赵明诚不胜杯酌及床笫之欢么?

不是男人不正常,而是无限延续着蜜月期的美少妇艳力太强。

李清照真不愧是李清照,理学盛行时,敢于写这个。蜜月体验涌向笔端。

弗洛伊德有名言:艺术乃是欲望的升华。

《渔家傲》走到了肉体的边缘,却停下了。李清照拒绝尖叫。一叫就白了,走出了艺术的张力区、高贵区。

如此曼妙的婚姻生活,却突然中断。偏是中断有理:穿上了官服的老公必须离开汴梁御街上的家。空房、空床、空枕头,美味佳肴一下子全没了,连聊作补偿的寻常家味也没有。这宴席散得如此彻底。赵明诚"负笈远游",少则三五月,多则一年。

法国男女求浪漫,故意分开写情书。而李清照的情诗,字字出自肺腑,因而感人肺腑。

回到前面的议题:李清照可不是一般的女人。情烈,欲旺,二者又相得益彰。古代女性的身体,从来就不是身体本身。李清照从精神到肉体都扮演了反抗者的角色,虽然她并非自觉。

教科书上的那个李清照,真是不够圆满。还是词中的李清照来得更直接、更确切、更生动。

有一点叫人费思量:李清照没有留下表达母爱的诗篇。这种人世间最为深沉的情感,唐诗宋词罕有出色的表达。女性之被匿名,于此为甚。女中豪杰如李清照也甘愿随波逐流么?

传记、宋词选本,未见提到她的儿女。

有母爱作挽留,李清照的心思便能转移,而不是整日介追随几百里外的、浪萍难驻的丈夫。

赵明诚回家,过个十天半月又走了。床笫间刚留下一点男人味儿。

婚后五六年,李清照没生下一儿半女么?

郁闷。思念连着思念,没个间隙。她落笔填词,轻松优雅的小令不见踪影。长调《凤凰台上忆吹箫》:

香冷金猊,被翻红浪,起来慵自梳头。任宝奁尘满,日上帘钩。生怕离怀别苦,多少事,欲说还休。新来瘦,非干病酒,不是悲秋。

休休!这回去也,千万遍《阳关》,也则难留!念武陵人远,烟锁秦楼。惟有楼前流水,应念我,终日凝眸。凝眸处,从今又添,一段新愁。

李清照想老公,想得真够惨的。

婚后受滋润,日复一日地玉润珠圆,堪比那位肥而不腻的杨玉环。可是如意郎君一走,她又瘦了。非干病酒不是悲秋,是什么教人瘦,不言自明。

这大声喊出的情与爱,惊破多少封建男人的耳朵。

抨击,叫好,不一而足。我们现在所听到的,多为后者。

古代学者张祖望说:"词虽小道,第一要辨雅俗。结构天成,而中有艳语、隽语、奇语、豪语、苦语、痴语、没要紧语,如巧匠运斤,毫无痕迹,方称妙手。古词中如:惟有楼前流水,应念我,终日凝眸。——痴语也。"

欧阳修名句:人生自是有情痴,此恨不关风与月。

对李清照来说,却恰好相反:一切都关乎风与月。

男女于情爱,究竟不同。女人是白发苍苍也要爱的。

相对轻松的,是名篇《一剪梅》:

红藕香残玉簟秋,轻解罗裳,独上兰舟。云中谁寄锦书来,雁字回时,月满西楼。

花自飘零水自流,一种相思,两处闲愁。此情无计可消除,才下眉头,却上心头。

少妇情愁,从初秋堆到深秋,堆满了,堆不下了。轻愁转浓愁,重阳登高日轰然炸开,向天地间弥漫开去。两宋婉约词绝唱《醉花阴》问世:

薄雾浓云愁永昼,瑞脑销金兽。佳节又重阳,玉枕纱厨,半夜凉初透。

东篱把酒黄昏后,有暗香盈袖。莫道不销魂,帘卷西风,人似黄花瘦。

纱厨即纱帐。

重阳节半夜睡不着,风流身子不得已,去领略秋凉。明诚在家时,哪有这般光景。一年四季都是火热的。

赵明诚远游,李清照辛苦。

怅望秋风抱闷思。整日介情思睡昏昏(《西厢记》语)。情爱淹没了李清照,她要吟唱。端着酒杯,迎着秋风与秋声,迎着无声。情思比旷野里的西风更广阔。

这宋朝贵族美妇,是个情爱至上主义者。所幸她是诗人——

将诗意带入欲望的核心地带;让诗意在欲望的内部生长。

李清照把这首《醉花阴》寄给赵明诚,赵叹赏不已,却有点不服气,欲与娘子比个高低。他闭门三日,一口气填了五十首《醉花阴》,连同娘子的新作,一并拿给他的朋友陆德夫看,请陆德夫指点佳句。这陆德夫系当时文坛颇有名望的点评家,一句评语,往往文坛皆知。陆德夫玩赏再三之后,对赵明诚说:只三句佳。

赵明诚忙问:哪三句?

陆德夫笑吟:莫道不销魂,帘卷西风,人似黄花瘦。

赵明诚拍案叫绝,又仰天长叹。夫妇二人,从此分出高下。陆德夫的点评传遍京师,后世传为佳话。宋元明清的各式书斋,多少儒生捋须而诵,多少名媛捧心而吟。

这一年李清照二十一岁。

那三句,将一个激情女子推到我们面前。

美满的婚姻生活,中断得恰到好处。且无母爱分心,李清照得以全身心投入到郁闷愁苦中,于愁闷深处,绽放词语之花。

艺术就是深入,一竿子插到人性中。李清照专心致志,摄取愁闷的能量。一如南唐李后主,死死地盯着愁与恨不放。

遗憾的是,我们的一些教科书,对婉约大宗师"二李"的阐释,听上去怎么都像温吞水,这也重点那也重点,面面俱到,四平八稳。结果是,杰出的古代人物,仿佛他越杰出,他的个性就越不鲜明。这种简单化的处理模式,妨碍了传统文化鲜活于当下。

而西方作家盯人性,我们是比较清楚的。

中国古代作家亦如此,他们展示了各种各样的人生情态,从中带出宝贵的历史情景。他们能够传于当下的原因,一是政府倡导,二是民间有沃土。

高尔基说:文学是人学。这话是什么意思呢?高尔基说的是:文学不是社会学、时代学。文学与社会学的分野应当清晰。

把时代置入人性的背景,还是把人性置入时代的背景,这是一个问题。而眼下"以人为本"的嘹亮呼声,为破解这一难题提供了契机。

一部盛行几十年的四卷本《中国文学史》(游国恩等著),从总的方向看,功不可没。赖有前辈学者的严谨学风,宏阔视野,我们才拥有一长串堂堂正正的、光焰持久的名字。

影响甚大的教科书有遮蔽,所以才会生发相应的解蔽、解构,在文学史的板结处来点儿疏松。在这个开放的时代,力争赢得源头性的领悟和理解。

北宋末年的李清照抒发她的个人情绪,感动中国八百多年,这个摆在明处的文学现象,却好像很少被思考,这也有待唤起追问。

且看活生生的李清照。

从二十一岁到二十四岁,李清照在汴京城独守空房的时候多,饱尝离别之苦。三年辛苦不寻常,写下永久流传的诗篇。这还得感谢赵明诚呢,包括宋朝"磨勘三年"的官制。如果李清照一开始就随夫宦游,上述佳作便无从谈起。

另有一层:李清照与赵明诚夫妻平等。在心理上,谁也不用变着花样争上风。夫妻相爱,爱情是主活的主题。现代人习以为常,古代却是凤毛麟角。历代民间不乏爱情的元素,但一对一的爱情体验,在"三纲五常"的礼教大背景下,难成气候。

由此可见,李清照的表达空间无限大。

历史沉积下的能量,由她来喷发。恰好她碰上了宋词这种有利于表达个体情感的文学形式。不过,宋词碰上李清照,却具有很大的偶然性。南宋钱塘女诗人朱淑真,以锦心绣口嫁入市井,郁闷而死,其身世也颇感人,其作品,却和李清照不能比的。

李清照思念丈夫百般辛苦。殊不知,辛苦结出硕果。当时有汴梁文人指责她"无顾藉"、"无检操",她一笑置之,照写不误。写作的外在理由和内在理由一样的充足:丈夫赵明诚欣赏她,佩服她;文坛点评家陆德夫高度评价她;士子争诵市民传播,李清照足矣。作为一名纯粹的诗人,夫复何求?

这一天,赵明诚回家了,仕途突然中止。

李清照忙问缘故。原来是他父亲弄权,弄来弄去,弄到自己的头上。

赵挺之早年弹劾苏轼,中年搞亲家李格非,晚年转与曾经沆瀣一气的蔡京斗上了。"小人交之以利,利尽交绝。"小人是不管三七二十一的,小人是斗鸡。赵挺之搞垮蔡京,得意了一年,蔡京蓄势卷土重来,赵挺之挺不住,一败涂地。不久,郁郁而死——历代官场小人的心理结构何其相似。

赵家失势。哗啦啦大厦倾。赵明诚黯然脱下官服,携李清照避居老家青州(今山东益都)。

青州一待十年。

李清照并不希望丈夫落官,可她告别了分离之苦,意外地发现自己隐隐约约有些高兴。丈夫愁眉苦脸,她软语劝慰。好男儿志在四方、搏击官场,但既已落官归家,又何必老是长吁短叹？生活在眼前。老婆在身边。官身不存事业在:赵明诚赋闲了,正好把精力用于金石书画的研究。

如果赵明诚官运亨通,则难免像宋朝的其他官员一样生活糜烂,召妓乃至蓄妓,李清照必定受不了。杰出的女诗人,具有相对独立的、自由的人格。李清照从小受父亲影响,生长的环境宽松,性格中洋溢着自由元素,而大量的阅读和写作,又使她汲取了文化的力量。李清照过着传统的日子,却有传统不能束缚的自由面孔。

在青州过了一段日子后,李清照又进一步发现:老公不当官,真好。相爱者不能分离。再说,他们已经分离过了。李清照已经饱尝了离愁别绪,不想再去体验,虽然愁苦使她写出了好诗词。诗坛她声名鹊起,可她并未刻意做个著名女诗人。她唯一的身份是女人,赵明诚的老婆。女人的第一要务是什么呢？是爱情。这一点李清照可不含糊,她始终牢记着,活得方向明确。她不像欧阳修、司马光、苏东坡、陆游,这些宋代大男人有着明确的文化意识,担当着传承华夏文化的历史重任。她是个地道的女人,活在当下,感受周遭,对政治几乎毫无兴趣,也不要什么宏大悠长的历史感。

在青州时她才二十几岁,正是生命中的好时光。与那同样年轻的赵明诚百般恩爱。

家里也不缺钱。她后来回忆说："后屏居乡里十年,仰取俯给,衣食有余。"

有余钱,都拿去购买金石书画。十年积下的文物竟有数十车之多,可见余钱数字很大。赵明诚的丞相父亲想必留下了大宗遗产。珍贵而庞杂的文物,需剔除讹谬,整理校勘,编辑成册,有大量的工作要做,最终编成一部《金石录》。这部书,是古代文物的重要资料,前后用了十多年才大功告成。李清照协助丈夫。有时白天不够用,夜里继续工作,"夜尽一烛为率"。赵明诚还带着她登上五岳之首泰山,摹下《唐登封纪号文》两碑,欣喜之情溢于言表。山民很好奇,不知他俩得了啥宝贝。此间又收藏了蔡襄的书法《进谢御赐诗卷》、南唐徐铉的小篆等,宝贝一拨接一拨。两口子沉浸于其中,"摩玩舒卷,指摘疵病"。

爱着,也有事儿干。如此甚好。

自足的爱情悄无声息。爱到末路才咿呀呻吟。

李清照把丈夫的事业认作自己的事业,写诗填词,无所谓了。从丈夫落官的那天起,她也基本上告别了诗人生涯。幸福的女人忙着幸福,无暇写作。

青州十年时光,未留一首相关佳作。缠绵与喘息才是她和相爱者不断共创的佳作,她不以文字发出她那美滋滋的声音。

她以十年沉默讲出八个字:男女风流,妙不可言。

她把家里的厅堂命名为"归来堂",将居室取名为"易安室",两个雅号均来自陶渊明的《归去来辞》,似乎向世人昭示着她的诗人生涯:从此李易安登场,李清照息影。其实她的侧重点在归隐:夫妻双双隐于青州山水,每日品尝货真价实的爱情。

家在山水怀抱中,女人在男人的怀抱中。——当然,实际情形也可能相反,男人不知不觉滑向了女人的臂弯。

李清照的性格,显然柔中带刚。妩媚而又激烈,是她的迷人处。平日里说话,既有款款娇语,又有快人快语。娇语在房内,快语在门外。

概言之:这宋代美妇人婉转多姿。

李清照在青州有一帮情投意合的好姐妹儿,有些是赵家的亲戚,有些是像她这样的衣食无忧的贵妇。姐妹们在她的带领下,喝酒行令,踏青斗草,扑蝶寻花,荡舟采莲,坐香车骑宝马招摇过市,惹得市民争睹、道学家们一阵又一阵傻眼。甚至有人气急败坏地告到衙门,状告李清照带坏了他的妹妹和老婆。街坊也有愤世嫉俗者的评论:李清照像个疯女人!必须加以制止,否则青州城鸡犬不宁、鲁国这礼仪之邦将蒙受耻辱!

事实上,确实有姐妹在家里闹起了独立:女儿向父亲索要自由,老婆向老公宣告平等。男人们惊呼:反啦反啦,孔夫子安在?孔圣人安在?女子不唯难养矣,女人已开始作乱,祸乱之源乃是李清照!赵明诚亦有责任:居然有这样的老婆!他的鞭子哪儿去了?他的扫帚哪儿去了?

控告李清照的诉状飞向州府。州府大人却不了了之。他心想:那赵明诚是条龙,暂居青州而已,时机一到必定腾飞。拿他老婆是问,岂不是自寻晦气?

青州城里的一场"妇德"风波,以李清照和她的姐妹们的全胜告结束。这群"疯女人",疯得更起劲,斗酒成瘾,一张张粉脸儿赛过桃花,扔了裹脚布,迈开美腿走路,公开场合大声喧哗。她们还高唱李清照的早期词作《双调怨王孙》:

> 湖上风来波浩渺,秋已暮,红稀香少。水光山色与人亲,说不尽,无穷好!
>
> 莲子已成荷叶老,清露洗,蘋花汀草。眠沙鸥鹭不回头,似也恨,人归早。

大儒小儒三五成群恨声不绝:典型,太典型了,这是典型的"夜不收",煽动全城的名媛淑女晚归家,四面撒野八方喧哗!

不过,和李清照的姐妹们的嘹亮歌声相比,道学家像几只蚊子苍蝇嗡嗡叫。

有一天,宦游途中的张汝舟来访,并带来几样古玩,慷慨赠送赵明诚。夫妇二人热情款待,不在话下。张汝舟与赵明诚结为兄弟,管李清照叫嫂嫂。赵明诚不在时,那张汝舟一口一个嫂嫂,叫得怪甜,两个眼珠子只在李清照漂亮的五官之间转。他还赞美李清照体态依旧,甚至比几年前在汴梁时更婀娜多姿。女人谁不想听这个呢?再说李清照受了爱情滋润,确实模样更整齐、身段更俏、举止更娴雅。少妇美在细节上。风流,风韵,风度。闲谈中,李清照提及青州城的妇德风波,张汝舟完全站在她这边,狠狠骂了一通道学家。

张汝舟说话,李清照爱听。

张汝舟盘桓几日后上路,赵明诚、李清照送至长亭。

美妇人挥挥手,眼中有惆怅……

此间她自绘一幅肖像画,挂于归来堂,形容清瘦,体态风流,坐姿娴雅。右手持菊花一枝,略有沉思之状,画上题有"易安居士三十一岁之照"字样。赵明诚还题了两行字。此画见于晚清王鹏运刻本《漱玉词》。

香艳美妇,句子清丽,漱得红口白牙清爽。

漱玉词三个字,出自李清照的红唇。由此不难揣测,她拥有两排值得骄傲的玉齿。何物使之白如雪?端赖好词妙语。

细读李清照,也会令寻常女子渐渐地吹气如兰。这功课,美容院开不起来的。

即使北方的"大老爷们儿",用心品读漱玉词,也一定读得目光细腻,知道什么叫怜香惜玉。

李清照生活好,心情好,可能没生孩子,驻颜强于一般女人。三十一岁自绘肖像,向我们透露出她的青春消息。

估计她到四十岁,看上去仍像三十岁。

永远的李清照……

可是赵明诚复起,又要当官了。这对著名的夫妻撤离青州,前往东边的莱州(今山东掖市)。这回李清照跟定了丈夫,首先为了爱情,其次可能是为了适当监督。她三十几岁,赵明诚奔四十岁——男人在这个年龄段通常比较危险。赵明诚到莱州做知州,僚属如云,谁能保证他不受部下挟裹、去歌肆酒台乐个没完呢?当年那个柳三变,半生折腾,做个区区余杭县令,也是烟花巷中乐颠了、耍安逸了。寻常妇人能忍受这个,李清照偏不!赵明诚若是花心膨胀,忽视她的存在,无视她的胖与瘦、穿红还是戴绿,回家如蜻蜓点水,出门如狡兔无踪……李清照定会跟他比试比试:谁出门的动作更快,谁消失得更彻底。

从现存资料看,赵明诚既无纳妾之举,又无召妓之名。

老婆如此漂亮、多情、才高、性傲,老公就甘心做陪衬吧。

别了青州!姐妹们哭得稀里哗啦,胭脂满脸乱淌。领着她们闹自由的李清照这一走,那些个道学家还不卷土重来?恶狠狠拽着她们缠上裹脚布,强令她们坐有坐相站有站相,食不能言寝不能语——那将是什么样的悲惨日子呀?

李清照攥紧拳头,安慰这群人数渐多的姐妹说:莱州并不远,有情况你们到莱州找我!

十里长亭,送了一亭又一亭。离别的阳关曲,唱了一遍又一遍。李清照心潮澎湃,诗情像海浪般高高耸起,纤手一挥,写出一首平生佳作《蝶恋花》:

泪湿罗衣脂粉满,四迭《阳关》,唱到千千遍。人道山长水又断,萧萧微雨闻孤馆。

惜别伤离方寸乱,忘了临行,酒盏深和浅。好把音书凭过雁,东莱不似蓬莱远!

送别的这一天下着微雨。

幸好没喝酒。否则裙钗将乱作一团,授道学家以口实。

青州的姐妹们是否重归暗无天日,是否激愤相约到莱州找过李清照,史料无凭。

莱州三年,青州的好日子得以延续。老公几乎每天回家,夜里同床共枕。然而赵明诚毕竟是地方长官,应酬多,偶有不归之夜,或衣袖间蘸点酒色气。这对李清照是个考验。却没有迹象表明她是醋坛子,凭着蛛丝马迹就要对丈夫刨根问底。她像曹公笔下的林妹妹一样爱着,又像宝姐姐一样识大体。

她需要对付的是寂寥。这东西很实在,白天的每个时辰都来光顾她,撩拨她,欺负她。独自饮酒,独自赏花,独自散步。春风乱翻书,她随便挑个字,凭那韵脚写起诗来。

轻愁无好诗。

没有能量的聚积,就没有能量的喷发。

一切艺术均在此律。

浅表性的生存严格对应快餐文化。此言非妄语。

相似的日子过得快,一晃三年过去,李清照四十挂零了,仍是"转照动人"。爱情这东西真是没得话说,两个字:滋润。赵明诚在莱州的官秩满,调淄州(今山东淄博)任知州。从小州调到大州,官阶随之上调。李清照比以前的任何时候更像一位贵妇了,头饰镶了海底的明珠,玛瑙玉器无数。也许努力和丈夫生孩子。也许主动建议亲爱的赵明诚纳个偏房。

从各类记载看,赵李二人的确伉俪情深。这爱情故事非杜撰。李清照从十八起就开始幸福,直到她四十六岁赵明诚一命呜呼。此前的少女期,称快乐。

1125年赵明诚调淄州,上任没几天,金人向北宋开战,从燕京打到太原,战火烧向洛阳汴京。

这里却有两个重要事实:战争即将切掉北中国,却未能影响二人的爱情生活;他夫妻俩的"金石情缘"在战争的纷乱中纹丝未动。

学者们于此往往匆匆带过,其实没必要。这两个事实不是见不得人的,恰好相反,倒值得重墨书写。1979年我初读王学初先生的《李清照集校注》,厚厚的竖排本,繁体字,非常的舒服。后读相关的文艺评论,就存了一些疑虑。过了二十多年,疑虑方消,我忽然意识到,李清照在国家面临着南北分裂之时,仍痴心于爱,钟情于金石书画,是值得高度肯定的。

举"二战"为例:当纳粹德国肆虐欧洲时,一些被占领国的科学家,安静地待在他的书斋或实验室,面对屠刀毫无恐惧,能吃能睡能工作,并充满了生与死的幽默感。这是勇气使然。

李清照一贵妇,生在官宦人家,婚后备受夫君呵护,这朵绽放了四十余年的富贵之花,不可能在一夜间变成爱国女诗人、吼出金戈铁马。她爱文物就是爱国了。而文化从来有矜持的特征。她高贵。在侵略者的马蹄声中,她继续着她那既高贵又平凡的爱情生活——

赵明诚从邢氏村庄买得一本白居易手书的《楞严经》,如获至宝,连夜飞马归家,顾不得洗澡上床,急切唤娘子沏一壶"小龙团茶"。烛光通明,两口子"相对展玩,狂喜不支"。

我们在今天解读这喜悦,不妨视为赵、李二人对金国侵略者的无限轻蔑。

金兵围困汴京,夫妇俩急奔青州,望着那些堆了十几间屋子的文物,忧心如焚。李清照《金石录后序》说:"闻金寇犯京师,四顾茫然,盈箱溢箧,且恋恋,且怅怅,知其必不为己物矣。"

二十年心血将毁于一旦。有些宝物是赵挺之传到赵明诚手上的。个人损失事小,祖国丢了宝贵文物事大。

李清照对未来的恐惧,很快得到验证,噩梦走到了光天化日之下。

1126年的春天,赵明诚的母亲在金陵去世,他带了十五车文物赴金陵,李清照暂留青州,守着十余间"书册什物"。他们习惯了和平的生活,"几曾识干戈?"对战争这头怪兽懵然无知。饱读诗书,书上却哪有刀光剑影?战事一天天的吃紧,李清照心惊肉跳。青州的姐妹们已各奔东西。年底,金兵攻陷青州,先入城的军队,唯恐后续部队占便宜,兽性大作,掠杀奸淫。李清照卷入逃难的人群中。

金人毁了她的美好家园。十余间文物烧成灰烬。

她千里奔逃、辗转到金陵,已经是宋高宗建炎二年(1128年)的初春了。赵明诚时任江宁知府。劫后重逢,夫妻抱头痛哭一场。李清照惊魂甫定,住进了江宁府的高墙深院。

贵妇的日子又回来了。

凭借着长江天险,金陵城似乎万无一失。这座名城繁华依旧。高宗赵构驻跸金陵,改江宁府为建康府。

皇帝念念不忘割地求和。高官们照样享乐。

这一年的上巳节,赵明诚的许多亲戚族人聚于建康,李清照的弟弟李迒也从外地赶来。赵府摆盛宴,笙歌曼舞庆佳节,却是强颜欢笑。酒阑客散,诗人无眠。伤感的李清照写下《蝶恋花》:

　　永夜恹恹欢意少。空梦长安,认取长安道。为报今年春色好,花光月影宜相照。

　　随意杯盘虽草草,酒美梅酸,恰称人怀抱。醉里插花花莫笑,可怜春似人将老。

长安代指沦陷的北中国。

此后一年多,李清照生活平稳。国仇家恨,正缓慢植入她的肌肤,流进她的血液。要等到若干年后,那个苍凉的李清照方来与我们照面。此间仍是雍容华贵。她几十年的修养、生存姿态是朝着这个方向。根子扎得深,转向有个过程,并由内在的力量所推动。打仗是男人们的事,她也不可能去研究军事。

从1128年初春到来年的冬天,李清照在建康城里写诗,劲头十足。宋人周煇说:"顷见易安族人,言明诚在建康日,易安每值天大雪,即顶笠披蓑,循远览以寻诗,得句必邀其夫赓和。明诚每苦之也。"

李清照戴斗笠披蓑衣踏雪寻诗,令人联想《红楼梦》中的经典场景:"琉璃世界白雪红梅,脂粉娇娃割腥啖膻。"漫天好大雪,不可无诗。只苦了赵明诚,写诗写不赢夫人,却又必须唱和。

李清照入了魔境:无赖诗魔昏晓侵,绕篱倚石自沉音……

有时下大雪,李清照收拾雪具前脚走,赵明诚后脚消失了踪影。他才思枯竭,听到诗就有点害怕,躲起来了。

李清照满载而归,到处找他……

春天,她深锁重门玩味欧阳修,得一阕佳词《临江仙》:

> 庭院深深深几许,云窗雾阁常扃。柳梢梅萼渐分明。春归秣陵树,人老建康城。
>
> 感月吟风多少事,如今老去无成。谁怜憔悴更凋零。试灯无意思,踏雪没心情。

美人垂暮。李易安四十五岁开始言老,比许多男性大诗人还晚了好多年,杜甫、苏轼、辛弃疾,都是三十几岁就言老。这首词作于建炎三年的元宵节后。赵明诚很是欣赏,频频向宾客推荐,可是李清照请他和上一阕,他又连连摆手,称不敢。

赵明诚为逃避写和诗,还有个口头禅:"易安居士堪比东坡居士,赵某不才,岂敢岂敢。"

为这口头禅,李清照不止生了一回气。赵明诚常常夜里赔不是,哄得她玉齿大开粲然一笑。中年夫妻亦缠绵,手忙脚乱的。屈指算来,夫妻恩爱,二十七年整。李清照忙完了夫妻事,意犹未尽,谈起了历代诗人,双颊潮红两眼发亮。那赵明诚已沉沉睡去……

李清照经常批评苏东坡,说东坡填词不协律,使她为之头疼。虽然这位两宋第一名士学究天人,可她李清照偏要说,东坡词,"极天下之工,要非本色"。她最欣赏李煜,那风度,那才气,方为词人本色。再者,时隔二百年,谁接李重光的班?俺李易安是矣。李易安也表扬欧阳修、二晏、柳永,认为他们是词家正统,强于所谓豪放东坡。赵明诚嘀咕:娘子的口气越来越大。他坚决不同意,跟她争论,并提醒她说:"别忘了,你父亲是苏门弟子。"

李清照在床上就蹦起来了,瞪圆了杏眼说:"父亲是父亲,我是我!"

两口子有时候争得面红耳赤。睡觉背对背,谁也不理谁……
然而争吵的好时光已经不多。

这一年的五月,建康突发兵变,对军事一窍不通的赵明诚仓皇逃向安徽。不久,兵乱平息,高宗驾临建康,诏令赵明诚任湖州知州,并要他火速到建康听圣谕。赵明诚把老婆安顿于池阳(今安徽贵池县),飞驰金陵。

《金石录后序》记载池阳江头的离别场景:"六月十三日,明诚始负担舍舟,坐岸上,葛衣岸巾,精神如虎,目光烂烂射人,望舟中告别……"

赵明诚目光射人,情形不妙。
李清照待在小城池阳,焦急等候老公的消息。
时值三伏天,酷热难耐。李清照身居官舍,眼看平静下来了,忽又心神不宁,几日不能消。奇怪。老公此去建康面圣,应该说不是坏事,他的湖州知州的任命是发布在先的。可是为何心不安呢?赵明诚临走时叮嘱过李清照,待在池阳别动,等着他的书信。战争时期,皇命临时变动是常事。

转眼已是七夕,牛郎织女相会于鹊桥的时刻,李清照写下一首词《行香子》,像个不祥之兆。全词如下:

草际鸣蛩,惊落梧桐,正人间天上愁浓。云阶月地,关锁千重。纵浮槎来,浮槎去,不相逢。

星桥鹊驾,经年才见,想离情别恨难穷。牵牛织女,莫是离中?甚霎儿晴,霎儿雨,霎儿风!

李清照此间与老公离别,时间短暂。不像新婚时,更不比三年前,然而浓愁散不开:草丛中几个虫子叫,竟然惊落了梧桐叶子。晴也不是,雨也不是,风也不是:离愁把李清照拨得团团转。"七月七日长生殿,夜半无人私语时。"这个夜晚,空中弥漫着杨玉环唐玄宗的气息。说不清道不明……

李后主生于七夕死于七夕,莫非这七夕是个不祥的时辰?

李清照整夜徘徊于官舍的庭院。脑子不可思议地清醒着。思念烧烫了她的心房,双颊却冰凉。《行香子》改写了七夕,可她此刻的思绪出离了词句,抛向那座著名的石头城。

她当然不会知道,几百年后有个人,写了一本令亿万读者泪湿黄卷的《石头记》。那个男人,一生痴迷她和她的作品,尤其是这首写于池阳七夕的《行香子》。

雨过天晴皓月当空,裹一身月白色轻纱的李清照徘徊着。

究竟为何,七夕无眠?

晨光熹微时,下人送来了赵明诚的书信。

李清照读了半行字,手便抖上了。草草收拾了几件衣裳,来不及告别当地官员,解舟东下,直奔建康。

原来,赵明诚受皇命催促,冒着酷热赶得太急,到建康城就病倒了。过了一些时日,眼看将然不起,才给李清照写了这封字迹潦草、语气急促的短信。

李清照赶到丈夫身边。向来红润的老公一脸蜡黄。

伺奉汤药月余,病人不见起色。

探访者络绎不绝。其中有个不速之客:张汝舟。他带来了一件名贵的玉壶古玩,赠送赵明诚。病榻上的金石学家目注古玩,时而微笑,时而眼中含泪。他连"把玩"的力气都没有了。李清照一直手拿玉壶,放左,放右,置前,配合着亲爱的夫君的目光。夫妻二十八年,做过多少动作。这最后的床头动作叫在场的人哽噎。张汝舟伸手抹了几回泪。

八月中旬,四十九岁的赵明诚扶病写下绝命诗,含恨西去。

李清照当场昏死过去,亲朋唤不醒。

此后大病一场。人在病榻魂在天,寻她的檀郎。

上天入地求之遍,两处茫茫皆不见。忽闻耳边有痴男——

张汝舟每天抱一束她以前最喜欢的木樨花来看望她,亲自下厨,为她熬鸡汤。日将晚时他离去,并无半点磨蹭。下人于窗边夸张大人,说:不愧是君子,是主人生前的挚友。

冬日里,李清照脸上慢慢回复了血色,身子还长了几斤肉。张汝舟谨慎地赞美她的容貌、体态,她摇摇头,微笑着瞧窗外的雪花。

亡人是越望越远了,活着的人还得享受生命。享受着,怀念着……

李清照眼下是寡妇,却不是礼教意义上的未亡人。

她催着张汝舟去他浙东的任职之所。

也许,这许多年来,她对张汝舟的那点心思不是不清楚。

她还算个中年美妇吧。女人到这个紧迫的年龄段,也许更渴望男欢女爱。"枕上诗书闲处好,门前风景雨来佳。终日向人多韵藉,木樨花!"

然而命运再起波澜,苦命的李清照在劫难逃。

金兵铁蹄南下,一心要捉宋高宗。建康城眼看守不住,城里乱作一团。那张汝舟春末也消失了。李清照想:大约是奉命去浙东,匆忙间不及告辞。

张汝舟消失不要紧,李清照还守着大宗文物呢:书两万卷,金石书画两千卷,并器皿茵褥无数。所有这些东西,每一件都是赵明诚抚摸过的。她宁愿死,也不愿文物丢失。青州烧过一次,她痛心疾首!徐熙、吴道子、杜甫、白居易、李公麟、苏轼、徽宗、蔡京、蔡襄、黄庭坚……的亲笔字画,丢了怎么得了!

建康"行在"传言蜂起:金兵克日渡长江,高宗随时准备放楼船逃跑。也有百姓说,皇帝要在王气蒸腾的金陵城与金主决一死战。而李清照的直觉告诉她:高宗要跑。她气愤,却不能上书皇帝。于是挥笔写下千古流传的《夏日绝句》:

生当做人杰,死亦为鬼雄。
至今思项羽,不肯过江东!

这是直接指责宋高宗及一大帮逃跑主义者。寥寥二十个字,出离了愤怒,转为愤怒的平静,把李清照推向杰出的爱国女诗人。杰出是说:任凭失国之痛的种子开出灿烂的词语之花。

李清照写这绝句,距金人占领北中国已有数年。

她写不来口号诗。虽然口号诗自有它的历史价值。

她忧着文物,托明诚的妹夫把文物运到江西洪州(今南昌)去。这位妹夫是兵部侍郎,相当于国防部副部长,有他在江西照料,文物可保。李清照打算在建康处理完一些事之后,随即赶往洪州。

几十车文物,在剑戟森森的士卒保卫下出城了,李清照松了一口气。高宗的伯母隆佑太后也去洪州,看来江西的安全非常可靠。

岂知到了十一月,金人攻陷洪州,隆佑太后及那位兵部侍郎连夜逃亡,侍卫溃散,几十车国宝级文物全部"蒸发"。

李清照闻讯,痛哭失声,在赵明诚的墓前长跪不起。

下人拽她走。皇帝已经放楼船溜了。金兵即将攻破石头城。

李清照再次卷入逃难的滚滚人流,盲目地追随着皇帝的御驾行踪,向南再向南。所幸弟弟李远和她一起逃。

逃杭州、越州、明州、温州、台州,一路乱窜。"出陆(今浙江建德),又弃衣被走黄岩,雇舟入海,奔行朝,时驻跸章安。从御舟海道之温,又之越。"之为动词,去的意思。皇帝停留处称驻跸。

四十七岁的贵妇,整整逃了一百天,跟跄三千里。

有趣的是,据说她在海上写出了平生的豪放词《渔家傲》:

天接云涛连晓雾,星河欲转千帆舞。仿佛梦魂归帝所,闻天语,殷勤问我归何处。

我报路长嗟日暮,学诗漫有惊人句。九万里风鹏正举,风休住,蓬舟吹取三山去。

苦难催生抗体,诗句反呈喷射。大诗人无一例外。李煜被掳去汴梁之时,不是也在船上写下了一首著名七律么?"兄弟四人三百口,不堪闲坐细思量。"李煜镇定的情状,想必感染了李清照吧?大诗人向大诗人看齐。大海上风波险恶,李清照直接与天帝对话了,拣要紧的说,提到她写诗。清人黄了翁激情点评:"浑成大雅,无一毫脂粉气,自是北宋风格。"

不过,我们已经见识过了,脂粉气也没啥不好。

曹雪芹也是有脂粉气的。大作家通常兼具阳刚与阴柔。

十二世纪三十年代初,南宋小朝廷偏安于杭州,改杭州为临安。李清照的生活随之安定下来。

痛定思痛痛亦消——悲痛也有时间性的,也许任何悲痛都不能独立于时间之外。这倒不是麻木。有些东西,会在日后点滴前来照面,而照面的多寡强弱,取决于这些记忆自身的能量,以及它们"跃入当下"的契机。海德格尔《存在与时间》中卓越的生存论阐释,可能适用于古今中外任何个体的生存细节。

欲理解身边事物、"世界之为世界",不妨读几部难读的书。一味的轻松阅读,浅阅读,读者从中所能获取的,无非是那点生存经验的简单反弹。浅阅读绝不指向更高。浅阅读制造群体,不可能对应个体。这一目了然。"娱乐天下"的叫嚣,不过是朝着动植物所具有的生命形态的疯狂倒退。

李清照活得很个体。"缓缓运动着的古代",倒是个体多多。今日历史学,不妨细思量。

世纪之交山河破碎,李清照还是我们熟悉的那个李清照,写诗填词,并不像稍后的陆游辛弃疾。她遵循着自己固有的路数。遵循到不是说用意志去干预创作,艺术的嬗变自行其是。艺术总是慢慢来。从少女的清新、少妇的愁闷到几经劫难的中年沧桑,艺术完成着自身,不受外力牵引、意志掌控。请看小令《菩萨蛮》:

> 风柔日薄春犹早,夹衫乍著心情好。睡起觉微寒,梅花鬓上残。故乡何处是?忘了除非醉。沉水卧时烧,香消酒未消。

语调轻松,几同早期词作。故乡只淡淡一笔。只因故乡太沉重,所以才这么淡处理。诗人矜持着,拒绝向命运低头,沉痛之人不作沉痛语,很能符合她的天性。而天性融入了人世修炼,显现出轻描淡写的高贵。

鬓边有梅花。李清照是要美到八十岁的。此间未满五十,还早呢。有时候她又批评梅花:"梅蕊重重何俗甚!"

一个人打发日子,情爱之躯闲置。

元宵节,她也不去街上凑热闹,关在家里写诗,纤手托香腮,杏眼向灯明,给我们留下长调《永遇乐》:

落日熔金,暮云合璧,人在何处?染柳烟浓,吹梅笛怨,春意知几许?元宵佳节,融和天气,次第岂无风雨?来相召,香车宝马,谢他酒朋诗侣。

中州盛日,闺门多暇,记得偏重三五。铺翠冠儿,撚金雪柳,簇带争济楚。如今憔悴,风鬟雾鬓,怕见夜间出去。不如向、帘儿底下,听人笑语。

济楚:整齐的样子。

元宵节,少女时代的记忆涌逼,于是李清照不出去,谢了香车宝马、酒朋诗侣。这也表明,平时她要出去,领略杭州繁华。她未曾脱离贵妇们的交往圈子,这些女人能饮酒赋诗。往日相召,李清照欣然前往。元宵节谢客,是因为少女的欢娱对照当下,使她失去疯玩儿的兴趣。不如向帘儿底下听人笑语。基调还是快乐的,有心思听人笑语。

此间她有长诗《上工部尚书胡公》,表达对时局的看法,追忆山东祖辈的文化光荣。末尾几句说:"当年稷下纵谈时,犹记人挥汗成雨。子孙南渡今几年,飘零遂与流人伍。欲将血泪寄山河,去洒东山一抔土!"

《中国历代诗歌选》对此诗评价高:"有豪迈气,无女儿态。"

但是,李清照之为李清照,恰好在她掺入了豪迈的女儿态。

对一个宋代诗人来说,填词,写诗,分属不同的表达区域。诗言志,词诉诸日常情态。

女儿态有啥不好？曹雪芹的功劳，就是写出了各种各样的、令男儿汗颜的女儿态。曹公还发明了一个词：须眉浊物。

从女孩儿到女人，李清照亮出了环环相扣的女子情态。她与曹雪芹有异曲同工之妙。漫长的封建社会，男权遮天蔽日，亮出女儿态，本身就是思想、是艺术、是价值。

为什么说《红楼梦》好而《金瓶梅》不好？是因为后者将女人摆到玩物的位置上。

把思想理解成"某种思想"，乃是运思着的思想的大悲哀……古典文学研究的某些固化已呈冰封之势，破冰需要时间。

李清照寓居杭州，叹息"旧时天气旧时衣，只有情怀、不似旧家时"。她希望回到旧日情怀。希望强烈，又落不到实处，于是转生哀愁。这哀愁异于当初在汴梁做少妇时的郁闷。《孤雁儿》自序云："世人作梅词，下笔便俗。予试作一篇，乃知前言不妄耳。"

藤床纸帐朝眠起，说不尽、无佳思。沉香断续玉楼寒，伴我情怀如水。笛声三弄，梅心惊破，多少春情意。

小风疏雨萧萧地，又催下、千行泪。吹箫人去玉楼空，肠断与谁同寄？一枝折得，人间天上，没个人堪寄！

美人迟暮。美人寂寞。

玉楼寒，玉楼空，春情意，情怀如水……

李清照怀念亡夫，带着慵懒的、感伤的、强烈的妇人气息。

寡妇不仅深深怀念着亡夫，寡妇同时也是自由身！

一个又一个夜晚，李清照在床上辗转反侧睡不着。愁人夜长，而当年那些个欢娱的夜晚啊，仿佛眨眼便是通宵。《添字丑奴儿》：

窗前谁种芭蕉树？阴满中庭，阴满中庭。叶叶心心、舒展有余清。

伤心枕上三更雨，点滴霖霪，点滴霖霪。愁损北人，不惯起来听。

刚强豪迈的女人出此语,读来令人伤心。

细读李清照,谁能不辛酸?

想想济南城里的那位美少女:"见客人来,刬袜金钗溜。和羞走,倚门回首,却把青梅嗅。"再看看汴京街头那位俏皮的美少妇:"卖花担上,买来一枝春欲放……怕郎猜道,奴面不如花面好。云鬓斜簪,徒要教郎比并看!"

往事如烟。

我们来看写李清照颇具深意的《念奴娇》:

萧条庭院,又斜风细雨,重门须闭。宠柳娇花寒食近,种种恼人天气。险韵诗成,扶头酒醒,别是闲滋味。征鸿过尽,万千心事难寄。

楼上几日春寒,帘垂四面,玉阑干慵倚。被冷香消新梦觉,不许愁人不起。清露晨流,新桐初引,多少游春意。日高烟敛,更看今日晴未?

古人点评:新丽之甚;媚中带老;新梦,却不知梦何事?

古人问得真好。

李清照将满五十岁了,却显然有着少妇的容貌和内心。满目宠柳娇花,不胜慵懒情状。慵懒是说:风流身子时时闲置。她在杭州住楼房,有庭园、重门,物质条件蛮好。春天里常常上楼,玉阑干慵倚。她关心天气,希望斜风细雨变成春日暖阳。她要出门去。萧条庭院难系她满腹春情。

她的"新梦"有点蹊跷。老是梦见赵明诚,有些乏味了吧?她还不甘心单凭记忆打发时光。新梦之后,感觉到被冷香消,反衬梦中被热香浓。古人追问她的梦境,其实已有答案,只不说破罢了。

意识的层面,赵明诚的音容笑貌是占了绝对优势的。但潜意识活动频繁,李清照自己也管不着。

潜意识在何处活动?在梦境。

这一年的春夏之交,张汝舟突然出现了。

李清照乍见老朋友，欣喜之情挡不住。喝茶，吃饭，散步。谈起赵明诚，张汝舟语音哽噎，泪水在眼眶中打转。那几十车烧毁、丢失的金石书画，更使他捶胸顿足、质问苍天。

　　二人同悲，同恨，同记忆。

　　一别多年，那张汝舟依然年轻。

　　他不时往李清照脸上、身上溜溜眼珠。

　　李清照瞧了别处。

　　张汝舟似乎顺便提起，眼下他单身。

　　夏日里春衫薄。李清照走动时，长腿蜂腰闪烁。薄暮时分，二人还在西湖边遛了一圈儿。张汝舟赞美李清照步态轻盈。李清照望湖一笑。笑容随湖波荡开去。

　　夏日的午后，庭阴遮蔽。二人对坐品香茶。鸟在鲜花之间扑腾穿梭。来了雷阵雨，二人起身，移至室内继续交谈。炉香袅袅，重现了少女、少妇时代的美好时光。李清照从墙上取下蒙尘的古琴，试着拨几声。张汝舟立于侧后，咧嘴笑笑。笑声与琴声不大协调，李清照没注意。

　　张汝舟无缘无故消失了好一阵。

　　仲夏时节，李清照每日倚楼憺望。夏风吹拂她弹性尚好的肌肤，云鬟依旧，酥胸起伏。梦中出现了张汝舟……

　　她喃喃念着东坡词："梦中谁来推绣户？枉教人梦断瑶台曲。又却是、风敲竹。"

　　这一天的擦黑有人敲门，李清照陡然心跳，也不问门外是谁，抖抖索索将门大开，一条人影窜进来：不是张汝舟是谁？这男人搂定她，贴紧她，凭她怎么用力挣脱，却挣不脱的。各自嘴里胡乱说着什么。渐渐地，力与力使到一处了。

　　紧要关头的李清照冷静下来。她明确表示：张汝舟得明媒正娶。

　　这一夜张汝舟未能如愿。

　　临走时他回头问：你是名门的媳妇，不管舆论吗？

　　李清照轻松笑答：舆论于我如浮云。

　　于是，择了吉日明媒正娶。杭州城议论纷纷，李清照听而不闻。蜜月挺好，激情胜过烈火。昼夜颠倒衣裳，被翻红浪。美人焉能迟暮？身心的舞蹈至死方休。李清照动着,爱着,呢喃着。中秋是个不眠夜呢。情怀如水,玉体如银。秋天朝着夏天,中年迈向青年。

李清照满心喜欢期待着温暖的冬季。

可她一头栽进了冰窟。

张汝舟想把她残存的一些文物据为己有。这念头一露,李清照的心顿时冷了半截。她手上有几件珍品,包括宋徽宗写绘于绢上的一幅团扇面。不得已时她才出手,靠这些东西度过余年。张汝舟哄走了她的玉壶,又来索要徽宗团扇书画,说是送领导、疏通仕途。李清照识破了他的嘴脸,坚决不给。张汝舟动粗,抚摸过她全身的那只手转为耳光、拳头。李清照奋力厮打,坚硬指甲抓破他的脸,钢铁长腿踹他下腹部。

蜜月的延长期,两口子突然反目成仇,几乎每日厮打。

庭院深深深几许……浓阴下,绣房中,雕窗旁,玉榻上,云发散乱四肢挥舞,呢喃变呻吟,雪肤现血痕。我们的诗人不哭。没有一滴泪。

张汝舟毕竟力气大,长期混迹江湖,还会一点拳脚,这时派上了用场,"遂肆侵凌,日加殴击"(见李清照《投翰林学士綦崇礼启》)。

这事太惨了。

面目狰狞的丑男人,骗财骗色,骗到李清照头上。

单纯的贵妇,情商令智商陡降。

历朝历代,这类闹剧、惨剧一再上演。

怀念着亡夫的中年美妇李清照,碰上外表光鲜的骗子张汝舟。后者既已原形毕现,索性不再伪装,露出流氓本相,把妓女"晶晶"带回家,浪给李清照看。并羞辱李清照说:你瞧这晶晶,这模样,这身段,比你三十年前如何?晶晶玲珑剔透哩,床上手段比你多……

李清照眼中冰凉。

她写下诉状告到衙门去了。

离婚案惊动了皇帝,皇帝下诏,"付之廷尉",令有司治张汝舟的罪,"遣柳州编管"。可是按宋律,妻子告丈夫也有罪,当判两年监禁。李清照做好了入狱的准备,同时捎口信给翰林学士綦崇礼。此间她彻底冷却了情爱之躯,大脑异常清醒。盛妆出庭,冷艳逼人。

多亏綦崇礼相助,李清照在牢房里只待了九天。

由于她的身份和事件的一波三折,出狱时,市民围观,人潮涌动。李清照平静地穿过人流,云鬓插着傲雪的梅花……

从她嫁给张汝舟到离婚入狱,刚好一百天。

寻寻觅觅,冷冷清清,凄凄惨惨戚戚。乍暖还寒时候,最难将息。三杯两盏淡酒,怎敌它、晚来风急。雁过矣,正伤心,却是旧时相识。

满地黄花堆积,憔悴损,如今有谁堪摘?守着窗儿,独自怎生得黑。梧桐更兼细雨,到黄昏、点点滴滴。这次第,怎一个愁字了得?

词牌《声声慢》。

句句血和泪,不忍卒读。

诗人如此发哀声,却有刚劲之态。

守着窗儿,独自怎生得黑……美人垂暮却从容。

命运能毁灭她,但不能打败她。这首《声声慢》,乃是宋词的巅峰之作,不逊于苏东坡辛弃疾的任何词作。她的哀愁,也是古往今来受欺压遭凌辱的所有女人的哀愁。

值得注意的,古人多从字句、韵律的角度玩味此词,严重倾斜于形式的点评,暴露出古代男人的某些不良心态。例子多,不予列举罢。

离婚后的李清照长居杭州,有女友劝她搬到别的城市,她婉言以拒。杭州挺好的。江南的水光山色继续滋润着她,年过半百仍不显老,羡煞一帮老姐妹儿。她爱穿的月白色丝质衣裳,爱戴的玛瑙头饰,爱插的梅花桂花,一度成为杭州城里的时尚,宫廷市井皆仿效。她不愁花销,姐妹们拿钱给她,不许她卖那些随她多年的古玩字画。有些场合,她也和男人们接触,接受他们彬彬有礼的赞美。她不恨男人。内心深处的融和春光令容颜饱满。

年近六旬她一头青丝。这在今天也罕见。曾有两鬓霜华,奇迹般地返黑。犹如老东坡挖吃野菜,"发之白者日以返黑"。姐妹们戏称她老来俏。

苦难拖不住她的。阳光的李清照,岂能活向漆黑的深渊?

命运之海波涛险恶,被她逐一化入古老汉语的优美节奏。《瑞鹧鸪》咏双银杏:"风韵雍容未甚都,尊前柑橘可为奴。谁怜流落江湖上,玉骨冰肌未肯枯……"

玉骨冰肌未肯枯!这便是李清照。

她美得很平静了。

姐妹们唱她的早期词:"寒日萧萧上锁窗,梧桐应恨夜来霜。酒阑更喜团茶苦,梦断偏宜瑞脑香……"

她喜饮团茶,家里便有了许多团茶。

又是一年春天到了,酒朋诗侣来相召,畅游金华城南之双溪。李清照待在自家庭院,最后一次迎接记忆的波涛,让眼泪打上句号。焚香,抚琴,默坐。然后铺开纸笔,《武陵春》一挥而就。

风住尘香花已尽,日晚倦梳头。物是人非事事休,欲语泪先流。

闻说双溪春尚好,也拟泛轻舟。只恐双溪舴艋舟,载不动,许多愁。

寥寥几行字,载走许多愁。

汉语艺术真是灵丹妙药。

李清照活过了七十岁……

李清照有《漱玉词》传世,录词六十多首。存疑词若干,残篇若干。今本《李清照集校注》(王学初先生校注),是收录她的诗词文最完整的一部书。

她一生有两部大书。另一部的书名,赫然曰爱情。

她敢爱,并向世人传达爱的声音。两千余年封建史,数她声音大。大而美。美而稀。她使一对一的爱情体验臻于极致。眼下被影视炒得天翻地覆的四大古典美女相形见绌:她们无一例外是政治的产物或男人的玩物。名女人玩物多矣,包括染指皇权与血腥的则天武后。唯有李清照是她自己——自由的李清照,洁净的李清照,骄傲的李清照。这意义其大无论。从司马迁到苏东坡,男儿尚且九死一生争自由,逸出权力黑洞,凸显个体生存。而李清照降生于黑洞之外。父母那么宽松,丈夫又那么优秀和蔼平等。自由的种子,自由的树,绽放清丽照千秋的永不凋谢的李花、桃花、梅花、木槿花。男人们向来是权力的对立面,像孙猴子拼命翻腾也逃不出如来佛的手掌心。李清照在别处。俏立在自由的风中。不用跌跌撞撞奔官场、百感交集写华章。文学史上这美妙身影,具有不可辩驳的唯一性。

可是这许多年,对李清照遮蔽多矣。

本文无意颠覆李清照在教科书中的形象,只不过这些年来,有时想到她,并不觉得她多么吸引人。最近得一契机回头细端详,发现问题出在她的相关评论、赏析,以及半吊子水平的影视剧。上世纪七十年代末我初读她时的惊奇与心跳,被这些东西抹去大半。评论、影视、讲坛、舞台剧,把李清照往别处拽,成事不足败事有余,导致罕见之杰出女性面目模糊。这很可惜。

李清照是宋代的一位贵族美妇。应当还原她的女人本色。修养与风骨,皆由本色出。

除了她生得美之外,她还用文字去捕捉纯美,将人生诸环节牢牢地笼罩于美感中:从优美到凄美。少女、少妇、怨妇、寡妇、老妇,她逐一描画,细腻动人。后期词植入了刚劲,而早期词已露此端倪。刚劲是为了抵御命运。南渡之后她美得令铁石男儿心酸,比如辛幼安。

她的性格很要强的。同时女儿态女人态十足。这是李清照的感人处。巾帼不让须眉,却保持芳香袭人的脂粉气,脂粉气又透出自由风骨。文字皆由命运出。她的词作确系超一流,文学史拥有她真是运气。依我愚见,李煜、李清照、苏东坡、辛弃疾,当属同一级别,并肩立于词史最高峰。清代已有《三李词》风行于世:李白、李煜、李清照。建议目前的教科书为李清照辟专章。

李杜以后的唐宋男性诗人,普遍存在"影响的焦虑":李杜光焰万丈,诗人们难以挣脱这光区。宋诗几代人努力,调动一切手段,用事、用史、用哲理、用禅机,试图在李杜身旁另起巨峰,结果只能是:差强人意。

李清照没有这种焦虑。她以前的女性诗人,找一位三流的都很难。她随手一划,便是千古诗篇。她瞄准男儿争雄,甚至藐视北宋文坛。显而易见,她于闺中、重门中的文化努力有着高度的自觉性。晋唐宋文化,在她清晰的目光的烛照之下。清照二字,天意存焉。她有文化视野,而绝不仅限于文学眼光,这一点,至关重要。北宋有此大气象,远远胜过盛唐。而今天的某些中国作家,若是一味在文学圈中打转,势必日益缩小圈子。失掉文化视野的文学,覆巢之下焉有完卵?

欲赢得视野,须收回东张西望的目光回头读书,西学中学,书城货架上那么多,年复一年躺着、尘封着、困惑着、渴望着……

中国传统文化的"基因键",男人们手拉手围成圈儿。李清照嫣然而入,纤手不让巨手,蜂腰压倒熊腰。倩影起舞须眉瞠目。连朱熹都被她的魅力所折服,忍不住要在理学的课堂上为她讲话。

宋词碰上李清照,李清照碰上宋词,双方皆幸运。

李易安严把词关,不让诗来染指,郑重宣告:"词别是一家!"难怪她批评苏轼词:"皆句读不葺之诗耳。"她于宋词功劳大,以纯粹的女性手笔,带动许多不可一世的大老爷们儿。连辛弃疾这样的豪壮圣手亦受她影响,英雄气足儿女情长。稼轩系易安同乡。余如姜白石、陆放翁、吴文英……名家不可胜数哉。清代的纳兰性德视她为偶像。

她常用的词牌,如《减字木兰》、《蝶恋花》、《菩萨蛮》、《浣溪沙》、《渔家傲》、《如梦令》等,亦为毛泽东所喜用。

济南这地方,神奇如绍兴。今日文坛,不止一位大家出自有风骨传统的山东。

遗憾的是,李清照之后,女性诗人却又矮下去了。罪在礼教。清代女诗人多,好诗少。"五四"运动以后,女作家一下子活跃起来了,萧红、冰心、丁玲、张爱玲……二十世纪九十年代后,女作家女诗人,至少在数量上更有压倒男性之势。

妇女大翻身,这多么好! 不搞女权运动的李清照功莫大焉。

我们再来看作为女人的李清照。

她的一生行迹清晰:

一、济南成长,汴京成婚。

二、三年之后丈夫宦游,她独抱浓愁写下传世之作。

三、青州十年忙于幸福,带领姐妹们闹自由。

四、莱州接着幸福,拽着丈夫谈词和诗。

五、金人铁蹄踏破中国,李清照的命运被切成两段,踉跄向南三千里。亲爱的丈夫死,宝贵的文物丢。

六、遭遇财色骗子张汝舟,梅开二度却惨遭蹂躏,花瓣散落尘土,而香如故。

七、江南山水护芳姿,美人垂暮却从容,玉手写下《漱玉词》。

八、美过了七十岁,美到今日……

李清照很可能没生儿女。母性的缺失反倒成就她佳作如潮。

她少女时代的春心跳得厉害,婚后风流婉转。爱情与艺术是她的全世界。保养加修养,加妩媚江南,使她的漂亮五官性感体态能最大限度挽留春光。她单纯。单纯驻颜,复杂损容。

唐宋女人,想必已有身体的自觉。绮陌红楼的诸妓身影,也波及深闺浅闺。描写徽宗时代小县市井的《金瓶梅》,那几个女人风流百端,活出了某种轩昂。可是缺爱情,难逃那只玩弄的脏手。李清照情烈、欲旺,拥有封建女子稀缺的爱情,难怪她一旦爱在手,便紧紧地、紧紧地抱住不放。就像林黛玉。

李清照称得上十一世纪末的新女性。二十一世纪初,仍具有榜样的力量。她生活的勇气给人印象深刻。她的作品,闪耀着"女性之为女性"的夺目光辉。

李清照曾经丢失那许多珍贵文物,但愿我们在文明的进程中,不要丢失她。不要丢失她万般珍爱的晋唐宋。并以此上溯、类推。

欲前行必须回行……

李清照与英国现代女作家伍尔芙有相似处。

李清照,伍尔芙,都是贵族出身,都有良好的教养、深厚的学养。都有甘做绿叶的好丈夫。伍尔芙写意识流小说,与《尤利西斯》的作者乔伊斯齐名,共同解构巴尔扎克式的现实主义小说——二人又同年生同年死,颇奇特。加上"永远痛苦"的卡夫卡,三驾马车开西方现代主义文学之先河。伍尔芙的代表作《海浪》,乃是反复回旋的人生咏叹调,六个主人公,三女三男,意识奔流,情绪跌宕,场景跳跃。拿《海浪》与《漱玉词》并读,平添趣味:盖中西之杰出女性,心有灵犀焉。和李清照一样,伍尔芙的作品因深入女性视角而屹立于时间之外。她也写评论,也美貌,单是脖子的线条就迷倒无数西方男人。

李清照与法国女杰西蒙娜·波伏瓦同样有可比处。波伏瓦写《第二性》,是女权运动的世界性英雄,才华横溢,艳光四射。不过她苦苦追忆少女时代的憧憬,却发现潜意识中有上当的感觉。为争女权她其实在撑着。撑得辛苦。萨特先生艳遇不断,法国、美国、古巴……妙龄女子姹紫嫣红,波伏瓦竭力相信自己并没有吃醋。意识、意志,害苦了这位穿裙子的哲学家文学家。而李清照更像个女人,能自由,能写作,能挽留少女情状、少妇情态。波伏瓦若读《漱玉词》,一定会羡慕得大声喊叫,通宵徘徊巴黎城,泪流满面,就像她在加缪出车祸的那个晚上。

关于李清照,意犹未尽。先写到这儿吧。

2007年11月23日

# 曹雪芹
（清代 1724？—1764）

荣华富贵转眼成空，美好女性群芳散尽，给曹雪芹刺激太大，印象太深，记忆太稠。天闷要下雨，人闷要讲话。写作，无非是纸上的更具规模的表达。"字字看来都是血，十年辛苦不寻常。"红颜知己脂砚斋，陪伴着伟大的作家：相亲相爱两支笔，共同追忆逝水年华。曹雪芹哭红楼诸艳，哭几千年的华夏女儿。脂砚斋却在除夕之夜痛哭曹雪芹……

# 曹雪芹

法国作家普鲁斯特,写多卷本小说《追忆逝水年华》;中国的曹雪芹积一生心血、花十年时间写下《红楼梦》。两者俱为经典中的经典,叫人仰望不够。我是一直觉得,两者间有相通处。追忆与梦境,岂不是指向相同之物?两部小说规模宏大,拿它们做方方面面的对照研究,非笔者能力所及。不过我老在想,普鲁斯特因长期患哮喘病而闭门写作,曹雪芹则于青年时代跌入困顿,荣华富贵永不再,于是提笔写《红楼》。两位作家的创作动机相似:让时光重现。《追忆逝水年华》分七卷,第二卷为"在少女们身旁",第三、四卷为"女囚"、"女逃亡者",第七卷为"重现的时光"。曹雪芹追寻昔日光景,其直接的冲动,亦是回到少女们身旁。

一部《红楼梦》,写了金陵十二钗尚嫌不足,又要写金陵十二副钗。一大群女子,携带着她们各自的命运向我们涌来。

而两百多年前,她们都在曹雪芹的眼前、笔下、睡梦中。作者化身为贾宝玉,与她们同呼吸共命运。亲历并见证豪门大族之败、封建大厦之倾。

鲁迅先生讲得真好:"悲凉之雾,遍被华林,然呼吸而领会之者,独宝玉而已。"

荣华富贵一场梦。美好女性一场梦。

一位清代作家写小说,名和利都谈不上。"小说家者流,盖出于稗官,街谈巷语、道听途说者之所造也……"曹雪芹这三代豪门子弟,忍饥受寒还遭人白眼,"披阅十载,增删五次"。他每天在破窗下写呀,写呀,他究竟是为了什么呢?

为了在纸上过日子。

语言有这功能。语言是存在的家。语言蕴藏着人类生活的全部记忆。

纸上过日子,这个短语能符合曹雪芹的写作动机吗?

普鲁斯特也这样,在他近乎密闭的房间里年复一年过日子。他赢得了最高形态的艺术,于是家里什么都有:日月星辰欢歌笑语。从那些微妙的眼神、细微的举止到潮水般起伏的命运,应有尽有。普鲁斯特不用走出去了。一块玛德兰小点心所唤起的味觉,就足以使他生活(!)在贡布雷或斯万家那边。

曹雪芹写作的地点,是北京的西山。书中展开的场景,是北京与南京(金陵)的混合物。

曹雪芹一头扑进太虚幻境,过上了好日子,谁也不能把他拉回头。"举家食粥酒常赊。"家人跟着他受苦,他好像全无知觉。曹雪芹对人世、尤其对女性的一腔深情与满腹怜悯,都化作满纸荒唐言一把辛酸泪了吗?

"千红一哭,万艳同悲。"——几千年受压迫的女子,都在曹公笔下。却又揭示了千红万艳之生存细节,显现了她们惊人的美丽与自尊。

这是曹公的伟业。中国历史长河,是他头一次掀起这巨浪,这奔腾不息的红潮。举家食粥无所谓了。而在当时,以曹雪芹的"实用性"才干,谋个小康日子不难。

毛泽东说:《红楼梦》要读五遍。

我读过三遍。若干年间断断续续、不成篇章的一些感悟与思索,呈笑于方家。


曹雪芹生于1724年的春夏之交,具体日期无考。卒于1764年的除夕,享年四十岁零数月。生日无考,卒日又在春节期间,所以确定他的纪念日或忌日,是留给后人的一个难题。

曹雪芹初名曹霑,字梦阮,后自号雪芹。雪芹两字,源自苏轼咏黄州东坡的诗句——海外著名红学家周策纵先生为周汝昌的《曹雪芹小传》作序时,不惜篇幅,对此有过详细论证。梦阮是梦见阮籍的意思。

阮籍是晋代"竹林七贤"中的二号人物,仅次于嵇康。阮籍有两个特点:狂放傲世,向往女性。他对权贵用白眼,对美好女性则用青眼。这人挺好玩儿。玩的背后是风骨。

曹雪芹追慕苏轼阮籍,其生存向度是清晰的。

苏轼一遇苦难便超然,"文化本能"深入骨髓;贬黄州像个隐喻:从三州太守的荣耀一下子跌入乌台黑狱,受尽凌辱恫吓,出狱后拖着老婆孩子到黄州开荒种地,却进入艺术的"井喷期",苏东坡横空出世,佳作如潮俨然天赐。曹雪芹对这隐喻、这文化符号了如指掌,家道中落之后,他自号雪芹、芹溪、芹圃,寓意深焉。苏轼对他身边的几位女性又那么和风细雨,包括对乳娘任采莲。曹雪芹心向往之,不是偶然的。苏轼又是文化的全能,生活的大师,对年轻的曹雪芹有精神的指引。

再看曹雪芹之"梦阮":阮籍傲视权贵,动不动就翻白眼,长啸而去。他不屑做权倾天下的司马昭的儿女亲家,大醉六十天,疯癫可爱。这股疯癫劲儿,贾宝玉的身上不是常见吗?阮籍追美女,亦是桩桩件件事迹昭彰,比如:不相识的美女死了,他竟然连滚带爬奔悼红颜,当众抚棺大哭一场。这情痴,又酷似写《芙蓉女儿诔》和痛哭林妹妹的贾宝玉。

曹雪芹的祖父曹寅,是康熙年间的一位诗人兼出版家,编印过《全唐诗》,是纳兰性德的朋友,而纳兰词偏重儿女情。曹寅还擅长书法,懂园林建筑,爱看野史小说,喜欢戏曲,与《长生殿》的作者洪昇交厚。他曾不顾官员身份上台演戏,与卑贱的优伶们配合默契。作为一名"准八旗子弟",曹寅亦熟悉声色犬马、各类市井习俗。这家学,这传统,在他的儿子曹頫身上得以延续,到他的孙子曹雪芹,发扬光大。

曹家藏书之丰,清代屈指可数。这藏书的风气,要上溯到曹寅的父亲曹玺。曹玺是高官和当时的著名文人。

胡适说:"富贵的家庭并不难得,但富贵的环境和文学美术的环境合在一起,在当日的汉人中是没有的。就在当日的八旗世家中,也很不容易寻找的。"

曹雪芹的一生,通过《红楼梦》,向我们显现了两个努力的方向:精英文化与世俗生活。将两者融为一体,多少文化英雄耗尽心血,终归于一声叹息。但苏东坡做到了,曹雪芹也做到了。

举家食粥酒常赊。十年辛苦不寻常。

这两句诗分别是敦诚、脂砚斋写的。敦诚、敦敏兄弟俩,是曹雪芹落难后居北京西山小村时的好朋友。

脂砚斋,则是曹雪芹的红颜知己。这是一个美丽的、大写的名字,是伟人身边的奇花异草。曹雪芹在小说中曾提到东坡的侍妾朝云。朝云在患难中显示了她的忠诚,而脂砚斋更胜一筹,将她丰富的情感、惊人的才华注入《脂砚斋重评石头记》。脂砚,顾名思义,以脂粉作砚台,又取"肤如凝脂"的隐喻。脂粉香与书香、墨香混为异香。曹雪芹为千红一哭,呕心沥血油尽灯枯。脂砚斋为曹雪芹泪洒相思地……

曹雪芹早年的生活轨迹难寻,令红学家们很头疼。翻翻他的年表,从诞生跳到三岁,从三岁跳到"二十岁前后",再几跳,就逝世了。这跨度未免大得离谱。曹雪芹的年代,虽有小说风行,却仍属末流行当。小说家年谱难做,不是一件稀奇事。曹公生平若是完整保留至今,那才叫稀奇。

我倒是觉得,生平模糊也有好处。

《红楼梦》自称"假语村言"(贾雨村),将真事隐去(甄士隐)。也许曹公本意,是希望读者直接看小说,不要分散注意力,把小说与他的身世联系起来。文本自足。小说迷人并启人思,这就够了。曹雪芹开篇就申明,《红楼梦》并不特指某一朝代。我们今天读这巨著,觉得它展示的是古代社会,而不是清代社会。把小说中的人物与那些清宫秘事扯上瓜葛,是对读者的愚蠢导引。这愚事,上个世纪初的红学"索隐派"干过,现在又死灰复燃。影视剧大演清宫秘史,某些专家就趁机起哄,将伟大的古典小说引向宫闱勾当。

写内幕,黑幕,是小说撩拨读者的恶趣之一。美学大师朱光潜对此有专论。

曹雪芹梳着长辫子,贾宝玉却是清代以前的汉人发型。大观园里的姐妹们的衣食住玩,皆是汉人光景。林黛玉、薛宝钗、史湘云、像清代女子吗?

幸好严谨的红学家们未能将曹雪芹的年谱做细,不然的话,专家会干得更起劲,一头钻进宫闱去,向我们逐一指点:贾宝玉的原型是谁,王熙凤的原型是谁,焦大、傻大姐儿、刘姥姥的原型又是谁……

都是清宫戏给闹的。文化瞄准利润的巨大冲动,不把历史、艺术变成一波又一波的娱乐闹剧不罢休。而文化的虚无主义,乃是强力推进文化沙漠,其最终指向,是直接伤害我们的民族。

也许今天,正是辨认这类有毒冲动的契机。

文化的繁荣,岂能靠瞎胡闹?文化是民族的根。文化有尊严,人才活得有尊严。文化维系多元的生活世界,而资本意志的越界扩张,是朝着单一世界图像的发足狂奔。文化怎能做资本的奴婢?一个有尊严、有耻感、有爱与恨、有价值观、有审美能力、有祖先记忆的个体,怎么能娱乐到死、嬉皮笑脸躺进棺材?

消费主义的运动方向,是把人的所有尊严、全部价值向下拉到价格的水平上。人,不再是向上的、全面发展的那个人,不再是神性、诗意、风俗、良知的承载者,而只是一名赤裸裸的消费者、算计者。当所有的人都朝着消费主义狂奔,必定导致地球的死亡、生活世界的坍塌。像英·甘地当年对美国人讲的:"二十个地球也不够!"

二十年前的电视剧《红楼梦》令人感动,那音乐,那角色,那名副其实的专家指导,那长达数年的默默无闻的剧组努力。眼下闹着要重拍,令人担忧。

曹雪芹祖籍金陵。曹家虽是大户人家,荣华三代但人丁不旺。到曹雪芹,已是两代单传,家族的掌上明珠。多半有一两个哥哥曾经夭折。有考证说曹雪芹小名占姐儿,取两层意思:能站住,站稳;女孩的名字类似乡下的狗儿,易于存活。

如果占姐儿之说成立,那么,曹雪芹幼年当被众人装扮成小女孩。江南、西蜀都有这习俗。有些男孩儿十来岁还穿裙子。名字、服饰作用于曹雪芹的潜意识,影响他的成长。曹府上下,从老祖母到小丫环,无人把性别真相告诉曹雪芹。这真相事关重大。弗洛伊德曾言:人在五岁前的经历将影响他的一生。曹雪芹的幼年童年少年,和贾宝玉一样,专与姐姐妹妹厮混。他是呼吸着浓郁的女性气息长大的,所以,他的女性视角来得天然。我猜想:当他某一天发现自己竟然是个男孩儿的时候,一定会惊奇,又有几分气愤,几分无奈。占姐儿居然不是女儿身,这太奇怪了！对他来说，男性的性别意识似乎突如其来，像女儿的绣房中闯入了一头怪兽。当他很不情愿地掉头打量同性时，打心眼里觉得他们是一帮须眉浊物。男性，男权，男人的四书五经、文治武功，通通是浊物汇成的滚滚浊流。他自己呢，虽然命中注定是个浊物，却发现了一个清清爽爽的女儿世界。

性别分裂，很可能是理解曹雪芹的精神成长的一把钥匙。有了这把钥匙，诸多谜团可望解开。或者，标示出解开谜团的方向。

《红楼梦》第一回，作者自云："忽念及当日所有之女子……觉其行止见识皆出我之上；我堂堂须眉，诚不若彼裙钗……闺阁中历历有人，万不可因我之不肖，自护己短，一并使其泯灭也。"

作者又强调说："至于才子佳人等书，则又开口文君，满篇子建，千部一腔，千人一面。且终不能不涉淫滥……竟不如我这半世亲见的几个女子。"

曹雪芹通过《红楼梦》，幻化成贾宝玉。他亲见的几位奇女子，已化作大观园中人物。

我们读小说，大可不必去计较原型。

脂砚斋是个例外，她是带着自己的经历进入了小说的，并对小说作了很多带情感色彩的点评。清代小说，点评本走俏，"白头本"常苦于无人问津。而脂砚斋点评的语气颇似林黛玉。这饶有意味。比如宝玉冒天下之大不韪，称读书上进者为"禄蠹"，脂砚斋点评："两字从古未见，新奇之至。难怨世人谓之可杀，余却最喜！"

脂砚斋很能理解曹雪芹。大作家的红颜知己，她当之无愧。而红颜隐于字里行间，点点滴滴露出来，带出她许多羞涩……

曹雪芹所描绘的奇女子，有脂砚斋的身影吗？

从曹雪芹发现自己是个男孩儿的那天起，他就开始矛盾了。他长到一定阶段，家族必须重新确立他的性别意识。父亲首先给他压力，要他读正经书，求取功名，朝男人的世界奋斗拼搏。老太太、母亲、姨娘甚至姐妹们都来帮腔，顺着父亲、祖父、曾祖父的手指，向他示意正确的人生道路。而这条路上，从古至今，挤满了男人们各种各样的扭曲身影。

曹雪芹陷入迷惘。激烈的思想斗争，结果还是清爽女儿占上风。禄蠹这种词，他不受压力，如何讲得出口？

"无才可去补苍天,枉入红尘若许年。"

男人争来斗去,乱哄哄你方唱罢我登场。呼喇喇大厦倾,昏惨惨灯将尽……谁去补苍天呢？曹雪芹可不愿去。与其说他是补天不成从天上掉下来的,不如说他心甘情愿落入红尘。他是那块关键的石头,他不补天,天要塌。"好一似飞鸟各投林……"

大作家凭借他良好的直觉,预先洞察了男权世界的崩溃吗？

脂砚斋说:"作者本意,只写末世。"

贾、史、林、王四大家族,一荣俱荣,一损俱损。《红楼梦》写了一个家族的兴衰史,将其余三个都捎进去了。

书中人物,以宝玉为核心层层扩展,扩至三个、三十个、三百个……据学者考证,涌至雪芹笔端的,共448人。

真是一场大梦,难怪一做十年。

曹公十年梦,迷倒亿万人。

曹雪芹的家族败于何时,不清楚。有败于十三岁之说,有败于十七岁、二十岁之说。比较趋于一致的,是作家二十几岁彻底跌入困顿;或者说,他从此过上了纸上的好日子。

过去的时光吸引曹雪芹,像塔西堤岛的原始风光吸引着法国画家高更。高更置巴黎的小康局面于不顾,无端撇下妻儿,一溜烟去了海岛,过原始生活,画稀世之作。而曹雪芹几乎什么都懂,雅的俗的全来,如果他一心想在京城谋生,还不是小菜一碟？宫廷曾聘他做画师,他拒绝了。《石头记》风靡官宦人家与市井男女,如果他花点心思张罗"稿费",哪至于举家食粥？

不用说,他是一门子心思扑到书上,沉迷于汉语之美妙、之不可思议的再造大千世界的魔力。语言,使他珍惜的园子失而复得,使那些各呈韵致的奇女子,每日到他的破窗下旧桌旁。

况且,有脂砚斋陪伴着。

曹雪芹的续弦妻子名叫芳卿,大约是个贤惠女人,未见她对脂砚斋泼醋。芳卿能诗善画。

作家每天写作。重现了时光,重新经历喜怒哀乐。这叫沉迷,做不完的美梦,而不是什么坚持不懈。写小说是他的赏心乐事,一日不写,浑身不舒服。家人受累,他因入了魔境而颠三倒四、而嗜酒如狂,摧垮了身子骨,所有这些他全不在乎。我们不禁还要问:这究竟是为什么呢?写作的诱惑为何大到如此地步?除去汉语的魔力,那永不再来的美好时光是作家的黑洞吗?

有一点可以肯定:荣华富贵转眼成空,美好女性群芳散尽,给曹雪芹刺激太大,印象太深,记忆太稠。记忆拖着他,纠缠他,呼唤他的笔。天闷要下雨,人闷要讲话,写作,无非是纸上的更具规模的表达。曹雪芹浑身浸透了汉语文化,写着,改着,变着,假作真时真亦假。作家赢得了远比身世回忆大得多的表达空间。

普鲁斯特说:唯有失去的乐园才是真实的乐园。

在乐园失而复得的过程中,又平添了许多人事。深度记忆和奇诡想象,以情力为助推,层层叠加,合乎韵律地黏合着、搅拌着、氤氲着,铸成绝世奇观。曹公一双慧眼,阅尽人间悲喜。这是一座建在纸上的活生生的综合型博物馆,令其他类型的博物馆黯然失色。它自呈动感、光感、立体感,不需高科技的声光电……

我估计,《红楼梦》很可能是一本写不完的书。再给曹公十年,他还会写下去,改下去。画家音乐家亦有类似情形,作者近乎本能地抵抗着作品的完成。写完最后一个字,然后罢笔了事,对曹雪芹显然是很要命的。画上句号,意味着大梦结束,重现的时光又溜走。他刻画了那么多人物,精心营造了大观园、荣宁二府,他可万万舍不得自己把自己从乐园中赶出来。

曹雪芹埋头写这巨著,最初是几万字的中篇《情僧录》或《风月宝鉴》,然后是《石头记》,最后是程甲本《红楼梦》。版本多,抄本多,续作十几种。从脂砚斋评语的线索看,曹雪芹确实写到了八十回以后,写到了黛玉死,是否写完则属未知数。他丢失的原稿有多少,仍属未知。

曹公盖了一座迷宫,上帝又赐给迷宫残缺之美。

这是天意吗?

曹雪芹从小娇生惯养,享受着来自四面八方的宠爱,却为何有那么高、那么广博的文化修养?这位百科全书式的作家,于世俗生活又那么熟悉,连小丫头争风,老妈子斗嘴都让我们看得真切,而他的生命只有四十年。不可思议。

司马迁,马司光,欧阳修,苏东坡……

历史巨人的生命力的强劲喷发,正变成今天的谜团。

今日谁能夸口说,他用一百年,能干成曹雪芹十年干的事?

文明的推进,是让强大的个体日益萎缩么?

如果萎缩成常态,成动态,萎缩日益朝着萎缩,那么,回望历史将变得不可能。谈论华夏几千年文明,将变得语焉不详。人的眼睛若是一味向下,历史巨人将要么变形,要么在空中化为乌有。坍塌将是全方位的:精英文化不存,一切境界皆消,低俗的东西也将从它自身脱落,脱落为"生命的阴暗麇集"。再是花里胡哨欲望狂欢,终将归于这种"阴暗麇集"。这里有辩证法。

举浅阅读为例,浅阅读绝不可能滞留于"浅",它会继续往"更浅"的方向推进,宿命般朝着动物形态的浅表性记忆。而一般动物的记忆,从几个月到几秒钟,梯次分明。瞬间记忆,闪一下就灭,闪一下就灭。有些动物,连"双亲"的死活都能"做到"麻木不仁,任何事对它都不过是过眼烟云。这能怪它吗?它原本没记忆……

按照浅阅读的逻辑,唐诗宋词曹雪芹都该付之一炬。因为这些精英文化无一不是深度生存的产物。历代杰出文人,个个活得认真,一步一个脚印。如果一味的虚无,嬉皮,搞笑,弄钱,势必把包括古代文学家在内的一切先贤拖入烂泥潭。

活得认真,是个体保存记忆的唯一途径:九十岁尚能回忆孩提时代。浅表性生存则把个体记忆推向平均化,并最终消灭个体记忆。电脑前成长的一代,已经面临集体失忆的危险:记忆中是一片影像的混沌,无物能够清晰。

现在我们看清了:浅阅读的泛滥,是在进化史上开倒车。

浅阅读自有其生存空间,泛滥开来很危险。这些糟糕的东西,却已经在本质上触动了我们的生活世界。

短暂者(人)的生存,如果尚有境界可言,那就需要精英文化的持续指认。"看不见的文化"为人类精神赋形,给人提供着支撑。庄子说:物物而不物于物。什么意思呢?简单地说,是让精神驾驭物质。精神、境界要掌控局面,而不仅仅是与有形的东西同步增长。这是"领导与被领导"的关系,不可颠倒。

且让我们在还能仰望的时候，接着仰望星云、星系般的曹雪芹。

顶级艺术，源自生命的巨大落差。文豪们几乎都这样，想想李煜、李清照吧。

曹雪芹的祖上属八旗中正白旗包衣，包衣是满语，家奴的意思。清代的曹家虽为满族人的奴仆，却过得很荣耀，因为是皇家的奴仆。曹玺、曹寅、曹頫，皆为江南织造，主管纺织，宫廷采购纺织品，也须经过织造府。这大肥缺六十年握在曹家祖孙三代手里，可见曹家之善于经营，官场术驾轻就熟。康熙游江南，曹家在江宁、苏州、扬州等地接驾十几次，"银子花得像泥沙似的"。曹雪芹小时候居金陵，对自家气派习以为常，对皇家气派却有感觉的。接驾排场多，花样新，工夫细。曹雪芹没经历过接驾，却听过无数次，耳熟能详了。后来他有个姐姐做了皇妃，皇妃回家省亲，排场仅次于皇帝。曹家上下总动员，几百口人忙了半年多。曹雪芹百事不管，却又数他最忙，无事忙，大园子里整天游荡，东瞅西看，很多事他要插一手，弄明白就走人。

接驾花的是官银，账却要记在曹府，于是累积成巨额亏空。不过皇帝未死好说话，他大手一挥，将曹家欠的官银一笔勾销。康熙在位六十一年，曹家维持着繁荣的局面。雍正上台几年后，形势变了：曹頫欠下的巨额官银要偿还。一时还不上，咋办呢？雍正下令抄家。

雍正在位十三年，抄过曹家几次？不详。曹氏家族由盛而衰，表面尚能维持原貌，像一个百病丛生的王朝，比如中唐、北宋后期。王朝的崩溃，家族的衰亡，有许多相似之处。

家族走着下坡路，曹雪芹有知觉的，虽然雍正即位时他还在幼年。知觉犹如无数的细流，慢慢汇成河，很多事儿，很多场景，他后来写《石头记》时才慢慢想清楚。

所有衰败着的感觉、印象，千丝万缕，日积月累，为《红楼梦》的写作提供了非常宝贵的感觉层面的支撑。

感觉不是情节故事，甚至不是完整的人物。它可能是一阵风，一片落叶，一缕阳光，一声叹息。艺术始于这落叶或叹息。再明确的主题、再清晰的创作意图，也要回流到感觉。写作，是个清理感觉的过程。当然，这是针对好的艺术而言。

雍正后期，曹家又有了兴旺的迹象。毕竟是老奴才，还沐浴着皇恩呢,亲王中也有世交,像怡亲王允祥。曹雪芹的一个姐姐入宫做了贵妃,家族更有了靠山。代价却是:皇妃姐姐也将曹氏家族拖进了皇家的争斗场。

这期间,曹雪芹已移居北京,也许常回金陵。后来写《石头记》是在北京,而小说中的场景以金陵为主。换句话说,曹雪芹的情感记忆是冲着南方的。吴世昌先生曾指出,大观园的旧址是南京的随园,现在却搬到了北京。

曹雪芹打小就熟悉北京,这应该是不成问题的。《红楼梦》用的是北京话,将土语、口语提炼成书面语。

作家待在北方,记忆朝着南方……

《红楼梦》的写作姿态是这样吧?

到乾隆朝的某一年,由于无休止的、充满了偶然性的权力斗争,曹家左支右绌,补了东墙垮了西墙,终于撑不住,从根基上垮下来,一败涂地。

曹家繁荣六十余年,由盛到衰,又花了近二十年。曹雪芹的生平,细节模糊,但大线条是清晰的。他过了十几年好日子,"花柳繁华地,温柔富贵乡"。接下来,眼睁睁瞧着败相纷呈,家族上下苦挣扎。短期内急转直下,落差大,印象深,感慨多。

语言艺术瞄准落差,始于二十多岁的《情僧录》或《风月宝鉴》。富贵气象,女人们占主角。有出息的男人都在外面奋斗乌纱帽。曹雪芹却在园子里赢得了女性视角,看透了男人的扭曲变形。

看透是说:作家深入了女性世界,于是看透了与清爽女性相对立的、污浊的男性世界。

中国历史,中国文化,这可是不折不扣的破天荒头一回!

一部《红楼梦》,首要价值在此。其次才是家族兴衰的巨幅画卷。再次,方为社会学家们津津乐道的各类专史:礼俗史、馔肴史、建筑史、园林史、服饰史、中药史、游戏史、奴婢史、优伶史、诉讼史、交通史、占卜史、殡葬史……

所有这些具有时代特征的专史,抵得过几千年华夏女儿的辛酸史吗?

如果曹雪芹一直待在女儿堆中做他的"混世魔王",那么,他也看不清女儿世界,不会为这个由他发现的清爽世界振臂欢呼。他的生存有悖论,有剧烈的矛盾冲突。当性别意识浮出水面,他一定是很不痛快,面临着性别分裂的难以名状的痛苦。而父权的压力、"仕途经济"的催逼,使他迈出了决定性的一步,对男人厌透了,并把这种厌烦上升到价值判断的层面。

"女儿是水做的骨肉,男子是泥做的骨肉,我见了女儿便清爽,见了男子便觉浊臭逼人。"

笔者敢断言,曹雪芹终其一生,最想说的就是这句话!

有此一句还不够,作家又生发说:"凡山川日月之精华,只钟于女儿,须眉男子不过是些渣滓浊沫而已。"

一锤定音了。

这一锤敲出来的,却是黄钟大吕。

《红楼梦》写人性,这一目了然。人性与家族统治,具有结构性矛盾。家族总要出逆子,要"反噬自身",这逆子,却又符合人性的方向,社会进步的方向。我总怀疑,贾政毒打贾宝玉,是真想打死他,灭掉这个家族的"孽障"。

《红楼梦》是在人性深处绽放的汉语之花,和李清照异曲同工:李清照是女性发现了女性,曹雪芹则是男性发现了女性。两者俱为"新大陆"式的发现。《石头记》在清朝中叶的问世,有石破天惊之效。

曹雪芹的攻击点,与其说是男人,不如说是皇权。

巨大的疑惑伴随着作家的成长,他急于追问的,是若干年来的同一个问题:奔仕途的男人们怎么全都是面目可憎、没一个好东西?

家族败亡,看不出曹雪芹有内疚——这曹家嫡孙,未能担起家族的大梁。也许他的潜意识,还有几分幸灾乐祸哩。《红楼梦》悲金悼玉,不悼家族。家族的荣辱沉浮,与他何干?家族为姐妹们提供了园子,却以隐形和显形的手段向她们施压、施暴:"一年三百六十日,风刀霜剑严相逼。"

作家对父亲这个最大的家族符号只有惧怕,没有尊重:贾宝玉打死也不愿意做父亲那样的人,过父亲那样的道貌岸然的日子。

西方男性有弑父情结。中国的男孩儿可能有憎父情结。这原因倒不复杂:父亲通常代表社会向小孩子源源不断施加压力。

清代的宗法社会严密,无论在官还是在民,都受到政权族权神权的压迫,男人吃不消,把压力转移给女人。

大观园群芳争艳,脂粉香浓,呈现为封建统治的薄弱环节。但女孩儿大一日,压力就增大一分。雪压霜欺的背后,赫然露出男权大手。而男权嚣张,乃是统治格局使然。

有清史学者讲,满族人初入关,尚有八旗旗主共治的局面,到后来,渐渐落入皇权独尊的窠臼,皇子又多,派系林立,倾轧成常态。政治生态日趋恶化,贪官庸官层出不穷。

汉人高官,往往变形更甚。

官场中人,个个是钻营忘恩的贾雨村,一张脸叠着几张脸;外表光鲜,人五人六的,内里脓血流淌,腐臭难闻。曹雪芹嗅觉灵敏,闻到臭味儿走开了,他可没兴趣写一本官场现形记、沿着"护官符"的线索揭它个底朝天。官员面目可憎,毫无美感可言。曹雪芹把视线挪向别处。正好比阮籍朝司马昭翻白眼,陶潜扔了官帽转身向丘山……

不为几个奇女子,多半没有《红楼梦》。这座巍峨堂皇的艺术宫殿,芳菲园姹紫嫣红是基础。

写女儿世界的清爽,反衬须眉男子的污浊。我们先看林黛玉。

曹雪芹的身世,容后细表。

艺术殿堂中的虚构人物,林黛玉居于女性长廊之第一号。这三个字,照面就有感觉。可惜有些阅读,容易在小性子的层面上理解她。电视剧《红楼梦》对黛玉的演绎,又强化这一误读。林黛玉对爱的执拗,往往落实到使不完的小性子。电视剧弄了一些诗词场景,观众又似懂非懂。越剧《红楼梦》中王文娟饰林黛玉,通过唱腔、台步与舞蹈,逼近了黛玉的气质,因而获得成功。爱情悲剧获得了力度。这方面,电影和电视剧可能先天不足。

鲁迅说:"悲剧是把有价值的东西毁灭给人看。"

林黛玉之于曹雪芹,意味着女性的最高价值。大观园黛钗争艳,贾宝玉独钟情于黛玉,不是无缘无故的。宝哥哥爱林妹妹,包括爱林妹妹的小性子。何以如此?盖因爱人者,深知对方的处境。黛玉孤身从南方来,本已寄人篱下,处处小心;偏又爱上宝玉,生出许多烦恼。宝黛相爱，却是明知这爱情不能自己做主，诸般烦恼、猜疑、敏感由此滋生，还不能说破：曹雪芹对此不著一字。潇湘馆里的每一次哭闹，最终总是宝玉赔不是。我初读小说时对这个也有点烦，后来理解了，反生敬意。爱人者当如此，看到心爱之人的全貌，体谅她生存的每一个细节。贾宝玉显然比一般男子更懂得什么叫爱。

曹雪芹让林黛玉入住潇湘馆，再妥帖不过了。竹子青幽、婀娜、孤傲，竹子又暗示湘妃的眼泪。后来起诗社，宝玉索性管黛玉叫潇湘妃子。林黛玉的动人处，是她蔑视皇帝王爷，宝玉转赠北静王送的礼物，她说："什么臭男人拿过的东西！"她从不鼓励宝玉走仕途经济，深得宝玉之心。为何不鼓励？因为她也爱着，懂得宝玉的精神内核。宝玉反抗宗法社会，她始终是支持者，同盟者，不幸她也是受害者。

林黛玉爱得纯粹，因而爱得高贵，什么王爷，什么皇帝，她才不在乎呢。江南贵族小姐，又经诗词陶冶过的，林黛玉爱起人来就像李清照。而爱在古代，是个受压迫的字眼，社会不允许。宝黛两人的反叛性汇聚于爱。春日里，他们同看撩拨性情的《西厢记》。撩拨性情是说：拂去几千年礼教尘土，让爱意重见天日。黛玉是礼教背景下的情爱至上主义者，她爱贾宝玉，不含世俗成分。即使宝玉沦为乞丐，她照样爱。晴雯也会这样，宝姐姐、花袭人却点说不准。

爱，呈现为价值。今天亦如此。爱以自身为目的，不讲附加条件，更不以爱为手段去谋求其他的东西。这境界，也许一般女性由于种种现实考虑而难以企及，但内心深处是向往的。有向往在，就会有境界存。如果地球上的人还能仰望，就会有浩瀚星空。

林黛玉的敏感有两点：一是关涉爱情，二是牵涉身世。设身处地为她想想，不敏感也难。除开这两点，她倒是很不敏感的，在贾母、王夫人跟前，她没有半点邀怜取宠讨巧卖乖的姿态。女孩儿若稍存机心，是会取悦老太太、太太的。或者去鼓励宝玉学八股文，暗博贾政欢心。林黛玉哪有这些动作？曹雪芹安排晴雯的眉眼儿酷似黛玉，寓意不浅。黛玉为人，有她的原则性。她的不作为，其实处处是作为。

金陵十二钗，原是各有各的敏感：凤姐儿敏感贾府名利场，探春敏感嫡庶等级，宝钗敏感人事分寸……而林丫头于这些旁人的敏感处，呆起来没个完，许多事，放到她眼皮底下，她也看不见的。对她来说，爱是玲珑剔透,不含一丝杂质,不越雷池一步。她使点小性儿,却不搞小动作。爱,矜持着。

通过林黛玉,我们知道了,什么是纯粹的、高贵的爱情。

就一般恋爱中的男女而言,为终成眷属而搞点小动作是可以理解的。但有些男女永远不搞小动作,即使恋爱前景难测,她也不搞,不懂得搞,她在"不"的领域中自持、自尊,这便是所谓纯粹、高贵了。

高贵非富贵,但两者有关联。黛玉的爱不带功利色彩,和她贵族小姐的身份有关。托尔斯泰写俄罗斯上流社会女子,如安娜、吉提、娜达萨,已经让我们见识了许多。

中外大家族,既有逆子,便有"逆女"。所谓家族反嗜自身,必有"反噬男女"的出现。林黛玉为何能反叛?因为她是骨子里的诗人,有纯正的文化基因。像她这样的诗人,很容易通向"人的自觉",通向新女性的自觉。

历代名媛才女,唯有李清照和曹公笔下的林黛玉有一比,其余如卓文君、蔡文姬、崔莺莺、红拂等,均在礼教的框架内搞点小动作,难以和李、林二女相提并论。李清照富贵、高贵,一颗晶莹诗心光芒四射。又敢爱、敢恨、敢生气、敢性爱、敢写描画少妇寡妇情状的郁闷诗、敢于批评古今大文人……并且,置舆论与门第于不顾:说改嫁就改嫁,欲离婚便离婚。曹公描绘黛玉,心里想必有李清照的影子吧?

《红楼梦》安排了几处笔墨,精心为林黛玉画像。最为集中的,是第三十二回:宝黛二人,由爱意的萌动,发展到吐出"如轰雷掣电"般的肺腑之言。

大观园有了一位薛宝钗,美丽端庄众人敬爱,黛玉的妒心,已觉不够用,偏又来一个活泼爽朗的史湘云,把二哥哥念作爱哥哥,随身带着麒麟,与宝玉的麒麟配成双。黛玉便情丝乱窜撑不住,潜至怡红院窗下,"以察二人之意"。不料房内的谈话,正与她有关。

原来史湘云正鼓励宝玉去会贾雨村,说是"主雅客来勤"。以下引两段小说原文:

> 宝玉道:"罢,罢!我也不过俗中又俗的一个俗人罢了,并不愿和这些人来往。"湘云笑道:"还是这个性儿,改不了。如今大

了,你就不愿去考举人进士的,也该常会会这些为官作宦的,谈讲谈讲那些仕途经济,也好将来应酬事务,日后也有个正经朋友。让你成年家只在我们队里,搅的出些什么来?"

宝玉听了,大觉逆耳,便道:"姑娘请别的屋里坐坐罢,我这里仔细腌臜了你这样知经济的人!"袭人连忙解说道:"姑娘快别说他。上回也是宝姑娘说过一回,他也不管人脸上过不去,'咳'了一声,拿起脚来就走了。宝姑娘的话也没说完,见他走了,登时羞的脸通红,说不是,不说又不是。——幸而是宝姑娘,那要是林姑娘,不知又闹的怎么样、哭的怎么样呢!"……宝玉道:"林姑娘从来说过这些混账话吗? 要是他也说过这些混账话,我早和他生分了。"袭人和湘云都点头笑道:"这原是混账话么?"

《红楼梦》这两段话,道出宝黛二人的爱情基础。性爱而需要价值观,性与爱就分离了。黛玉之可爱,袅娜风流在其次,不说混账话才是重中之重。这也表明,宝玉反感仕途经济到了什么程度。宝钗湘云袭人,谁不是他依恋的一流人物? 可一旦伤及他的原则性,他马上翻脸走人,将他向来看重的清爽女孩儿扔进尴尬。

接下来,二玉在怡红院外面对面了。

宝玉瞅了半天,方说道:"你放心。"黛玉听了,怔了半天,说道:"我有什么不放心的? 我不明白你这个话。你倒说说,怎么放心不放心?"

情话来得突兀。曾经曲折而幽暗,欲拽它出来却苦于不着力。两个爱意迎面相遇,岂能错失良机? 宝玉给出三个字,黛玉紧紧追问,要拽出那后面更多的言词。阴阳遇合之力,真是大如天。天底下没有任何力量能阻止、拆解、延缓这局面,这情话的丝丝入扣、天然合璧。

人类的全部生存景象,情爱别有洞天。用汉语首先向我们开启这洞天的,是曹雪芹。如果汉语不够微妙,怎么能抵这人类情绪中首屈一指的微妙之所?

冒昧插一句:笔者当初写小说《暧昧》,意在学习曹公,为那些微妙的瞬间状态赋形,并试图"拉长时间",让模糊呈现出它自身的意蕴。从模糊到清晰,又从清晰返回到模糊……

曹公的巨笔,叫人永远仰慕的,是他挥洒间毫不经意。这枝空前绝后的笔,使词语镶嵌在事物本身(!)所呈现的隙缝中,平滑无痕。这种事儿,大约只有神能做吧?

林黛玉在烈日下给出了她的不放心,脸红心跳,语速急促。而贾宝玉,在那要命的、紧缩的三个字之后,说出了一长串让我们如闻其声的话语:

> 好妹妹,你别哄我;你真不明白这话,不但我素日白用了心,且连你素日待我的心也都辜负了。你皆因都是不放心的原故,才弄了一身的病了。但凡宽慰些,这病也不得一日重似一日了!

啥叫贴心贴肺的话?这便是了。

这岂止是性爱,是知己,连体贴入微的父亲般的疼爱也和盘托出了。

男女到这境地,确实远离了动物世界。

古往今来,这巅峰上的云蒸霞蔚的爱情风光,肯定是有的。也许曹雪芹经历过。我们衷心希望他经历过。

> 黛玉听了这番话,"如轰雷掣电,细细思之,竟比自己肺腑中掏出来的还觉恳切,竟有万句言语,满心要说,只是半个字也不能吐出,只管怔怔地瞅着他……两个人怔了半天,黛玉只咳了一声,眼中泪直流下来,回身便走。"

情已证,人要走。

该说的都说了,情愫交给沉默中的转身,交给夏季的炎热、凝固的空气。那宝玉却是莽玉、痴玉,他拉住黛玉还有话说。于是,"黛玉一面拭泪,一面将手推开,说道:'有什么可说的?你的话我都知道了。'口里说着,却头也不回,竟去了。"

黛玉远去的袅娜着的身影,作家不写一字。

宝玉呆定,呆话源源不断,末句说:"睡里梦里忘不了你!"

偏是袭人来给他送扇子,听了这情话,先是会错意了,以为宝玉对她表白呢。及至听明白,顿时"惊疑不止,又是怕,又是急,又是臊"。宝玉从痴迷中醒过来,方知旁边是站着袭人。"虽然羞得满面紫胀,却仍是呆呆的,接了扇子,一句话也没有,竟自走去。"

恋爱中的男女都走了。

单剩下袭人来品味,抚胸低眉,倾听她自己的心跳。她也"不觉呆呆地发起怔来"。袭人呆些什么,此处伏下两条线,一条明线,一条暗线。明线是:袭人早就是宝玉的人了,她将来做偏房,喜欢宝钗这样的二奶奶,生怕黛玉将原本属于她的位置给了紫鹃;暗线是:袭人由她的情力所推动,即将跑到王夫人跟前讲小话,邀怜取宠成功,却给金钏儿事件伏下角色,给晴雯之死伏下祸端。《红楼梦》的大手笔,往往在细微处见功力。结构宏大而精细,明线暗线交错,串起几百个人物。

眼下的场景还不止这些。

走了两个呆男女,剩下一个呆女孩儿。那宝钗早不来晚不来,偏于此时出现。她一来就对袭人笑道:"大毒日头地下,出什么神呢?"

从宝钗与袭人的对话看,她是这场情戏的旁观者,不知躲在哪棵树的背后。"诉肺腑心迷活宝玉"的全过程,她已看在眼里。自己出了一回神,偏问袭人出什么神。她的笑容,她的步态,带出了几分"藏奸"的味道,偏离了平日里的端庄大度。这也难怪,她是薛宝钗,怎么能置身局外呢?

情爱磁场中,情力将袭人宝钗双双拉变形。

夏日里,怡红院外,这四个人的举止笑貌、内心活动、生存基调、弹跳空间,包括一个眼神、一个手势(如宝钗拿着手绢悄然出场),被作家用寥寥几段文字,淋漓尽致地展示给读者。浓情弥漫于大毒日头地下,比真人真事还真实,比梦境更像梦境,比一切影像更具有强烈的画面感。

曹雪芹是造梦的大师。《红楼梦》是他做不完的白日梦。我们读他的书,不让他拖入梦境才奇怪呢。

"大毒日头地下",这凝练的口语又在别处出现,看来大师很喜欢。

林黛玉的情证有两层:言证与物证。接下来是宝玉挨了贾政的毒打,躺在床上,忽然叫晴雯给黛玉送去两条旧绢子。晴雯不知他何意,一路嘀咕着去了。晴雯单纯。若换了袭人,马上就会掂量出旧绢子的分量,生出许多念头,情不自禁要去王夫人跟前说点儿什么。袭人对宝玉,是另一种形式的全心全意,在意识的层面,她是个好姑娘,不想伤害任何人。

林黛玉面对旧绢子,先一愣,随后才明白过来,"不觉神痴心醉……一时五内沸然,由不得余意缠绵,便命掌灯,也想不起嫌疑避讳等事,研墨蘸笔,便向那两块旧帕上写道:眼空蓄泪泪空垂,暗洒闲抛更向谁?尺幅鲛绡劳惠赠,为君哪得不伤悲。"

掌灯写诗,一口气写下三首。伤感的林妹妹历历在目。证情的喜悦,反带出处境的悲哀。

诗人林黛玉,此间初露风流。

紧接着,夏去秋来,众姐妹结海棠诗社,园子里滚珠抛玉。咏白海棠的七律,林黛玉是这么写的:

半卷湘帘半掩门,碾冰为土玉为盆。
偷来梨蕊三分白,借得梅花一缕魂。
月窟仙人缝缟袂,秋闺怨女拭啼痕。
娇羞默默同谁诉?倦倚西风夜已昏。

倦倚西风,娇羞默默同谁诉?这情态,这韵致,将古典佳人推到了极致。李清照咏海棠也不过如此吧?这次海棠社,点评家李纨推宝钗第一,宝玉大叫不公,尚需斟酌,黛玉却是全不在意。好诗还在后头呢。恋爱中的林黛玉活出了她的风采,小性子怪脾气一扫而光。

言证、物证、诗证,林黛玉的"情囊"中,三证齐全。

请看潇湘妃子压倒群芳的《咏菊》:

无赖诗魔昏晓侵,绕篱欹石自沉音。
毫端蕴秀临霜写,口角噙香对月吟。
满纸自怜题素怨,片言谁解诉秋心?
一从陶令评章后,千古高风说到今!

陶令评章:陶渊明对菊的评价。

这是公元哪一年的秋天,让林黛玉收获了如此丰硕的爱情?情人,诗人,融为一体。熔点是那么光彩夺目。《咏菊》在一系列写菊花的诗篇中公推第一,那宝玉喊道:"极是,极公!"

佳丽们转过身去吃螃蟹,黛玉被灵感烧烫了双颊,即席赋咏蟹诗:

> 铁甲长戈死未忘,堆盘色相喜先尝。
> 螯封嫩玉双双满,壳凸红脂块块香。
> 多肉更怜卿八足,助情谁劝我千觞?……

林黛玉变成李太白了。

红颜豪爽缘何而来?食欲酒量因何大增?

除非爱情……

《红楼梦》第三十八回写大观园里的佳丽雅集,下一回却写"村老老是信口开河",大雅转大俗,仿佛吃过了精美菜肴,再来几样村野家味。这便是曹雪芹的十年辛苦不寻常,匠心独具。若是换了庸才,百年辛苦也寻常。

林黛玉证情之后活得光芒四射,对人也宽容了,好像全身都是闪光点。曹雪芹竭尽心思,让礼教下的读者领略爱情的魔力。而浸润于传统文化的中国女性,原来是如此美好!

此间的林黛玉,肤色转红润,举止更风流。"笔端蕴秀临霜写,口角噙香对月吟。"哪里还有什么风刀霜剑严相逼?

令人诧异的,是曹雪芹以女性口吻写诗,写得这么深入。中国历代诗人,找不出第二个。熟悉美好的年轻女性的世界,再无人比得过他。有学者举晏殊的小儿子晏几道,却与雪芹差一大截。《红楼梦》之深入人性,紧追女性,洞察她们所有的生存细节……看来举证不难。

一部《石头记》所展开的伟业,乃是自鸿蒙初开以来的头一遭,难怪要石破天惊。这石头不去补天,自甘堕落混入红尘,混出个"琉璃世界白雪红梅,脂粉香娃割腥啖膻"。

可是,林黛玉的好光景昙花一现。

她的命运性的诗篇是《葬花词》:

花谢花飞飞满天,红消香断有谁怜?
游丝软系飘香榭,落絮轻沾扑绣帘。
闺中女儿惜春暮,愁绪满怀无着处;
手把花锄出绣帘,忍踏落花来复去?
……
一年三百六十日,风刀霜剑严相逼。
明媚鲜妍能几时?一朝漂泊难寻觅。
花开易见落难寻,阶前愁杀葬花人!
……
愿侬此日生双翼,随花飞到天尽头。
天尽头,何处有香丘?
未若锦囊收艳骨,一抔净土掩风流。
质本洁来还洁去,不教污淖陷渠沟!
……

中华女子的清洁精神,多么惊心动魄!

贵族少女的傲世情怀,何尝不通向普通人家的闺秀风骨?蔑视那些个臭男人,拒绝他们各式各样的脏手。这斗争从未停止过。哪里有男权的压迫,哪里就有妇女的反抗。

曹雪芹并非把好诗都给了林黛玉,宝钗、湘云、妙玉、宝琴,全是诗词好手。而她们的写作,都与性情、处境紧密相关。茅盾先生曾指出,曹雪芹这是"按头制帽"。那香菱苦苦学诗,也跟她命运的坎坷有直接的联系。香菱要活出个人样,追随着林薛二人。诗歌释放她的无限郁闷。

有学者说,清代女诗人多。大诗人袁枚讲学,要收女弟子。而纳兰容若的妻子,据说容貌才华颇似林黛玉。

曹雪芹生活在他的时代氛围中,这是不成问题的。然而大作家的目光,岂能囿于区区清代?

薛宝钗不是坏人。相反,她是人见人爱的好姑娘。她尊上,怜下,与姐妹们和睦相处。哥哥薛蟠在外横行霸道,回家刁蛮无状,她用心劝导,"错里错因错劝哥哥",软语拿捏着分寸。对泼妇般的嫂子夏金桂,她明里暗里加以弹压,主持家庭中的公道。她庇护香菱,像庇护自己的亲妹妹。她有清醒的头脑,有清晰的目光,为人处世合情合理,从不发脾气。香菱爱她,袭人、湘云、探春敬她,妙玉亲近她,连凤姐这样的泼辣大管家也佩服她。薛宝钗真是没得挑呢,谁讨她做老婆,谁就有享不完的福。包括艳福。宝钗多美,"艳冠群芳",并且是一种健康美。小说中她是被人比作杨玉环的,单是那段雪白的酥臂,就让贾宝玉成了"呆雁",恨不得去摸一摸。

宝玉在脂粉堆中长大,摸一摸是他的专利。长到十五六岁,渐渐知道缩手。关于这缩手,稍后再谈。

美丽、善良、公道、细致,薛宝钗完全符合"女子无才便是德"的标准。更何况她还有才,锦心绣口,随手一挥便是好诗。且看她咏柳絮的《临江仙》:

　　白玉堂前春解舞,东风卷得均匀。蜂围蝶阵乱纷纷,几曾随逝水,岂必委芳尘?
　　万缕千丝终不改,任他随聚随分。韶华休笑本无根:好风凭借力,送我上青云。

这首词的末两句,红学界引用过无数次。宝钗善于借力,也的确上了青云。只是有点高处不胜寒。

有论者巴望"钗黛合一",让贾宝玉享大福。享大福固然好,符合一些阅读心态,但事实上不可能。《红楼梦》的续作中有一本《红楼圆梦》,却流传不下来,盖因它破坏了悲剧的格局,只求迎合浅层次的阅读。曹雪芹洞悉各类俗文化,但他的艺术绝不庸俗,毋宁说,他是雅得不能再雅。宝钗和黛玉,有融合的地方,却更有尖锐的对立。宝钗是大家族的产物,她是维护家族的,抑制人性的,每每规劝宝玉留意仕途,碰了几回钉子还要说,可见她在这方面意志坚决。宗法社会的"基因链",宝钗是符合遗传标准的一环。布置那"吃人的筵席(鲁迅语)",有宝钗一份功。而她不自知,似乎只凭"遗传指令"去行动,到头来自己也栽了。曹雪芹其实把薛宝钗写得十分明白,而写得明白的前提是看得明白。钗黛合一,断不可能。两个宝二奶奶加一个宝玉,只能跳蹩脚的三人舞。钗黛俱是心性高,艳力强,才华压倒须眉。二艳相争,必有一伤。要不就让那宝玉吃不了兜着走。三人舞,可能根本没法跳。钗黛合一这一层,入不了曹雪芹的法眼。只能入末流作家的眯眯眼。

《红楼梦》第三十二回,太太房里的大丫头金钏,挨了王夫人的打,忽然投井死了,王夫人感到自己难脱干系,将受舆论攻击,颜面上很难过去。这节骨眼上,薛宝钗讲了一段被红学家高度关注的话:

> 据我看来,他(金钏)并不是赌气投井,多半他下去住着,或是在井傍边儿玩,失了脚掉下去的。他在上头拘束惯了,这一出去,自然要到各处去玩玩逛逛儿,岂有这样大气的理?纵然有这样大气,也不过是个糊涂人,也不为可惜。"

宝钗真会劝,说到了点子上,卸掉了王夫人的负罪感。王夫人先说自己有罪过,宝钗笑道:"姨娘是慈善人,固然是这么想,但据我看来……"宝姑娘微笑着的这一转,叫人印象深刻。

主子的慈善面目是需要维护的。一个主子杀了人,另一个主子替她把负罪感剔除干净。难怪不少学者都盯上了大观园内的阶级斗争。

这一次,宝钗借了一回大力,为日后上青云作了很好的铺垫。

宝钗亲手炮制冷香丸,遇事不温不火,日用穿戴朴素,"淡极始知花更艳"。作为家族利益的捍卫者,她真是到了炉火纯青的地步。凤姐儿私心太重,和宝钗一比可差远啦。宝钗做上宝二奶,持家更胜凤姐一筹,只可惜她来不及施展抱负与才干,便已听到大厦将倾。

宝钗有机心,有伪善。此二层,却属于"集体潜意识",她自己看不到,而曹雪芹以最高形态的艺术直觉看到了。于是写宝钗,更多的不是揭露,而是悲悯。

排在宝钗身后的,有袭人、凤姐、探春、尤二姐……

排在黛玉身后的,有晴雯、鸳鸯、尤三姐、妙玉、小红、司棋……

两个脂粉队伍,细察之下,区别大焉。粗看则辜负了曹雪芹。人生的不同阶段读曹公,会有不同的感悟。

金钏投井,薛宝钗向王夫人说的那番话,黛玉晴雯是连想都不会去想的。湘云鸳鸯也讲不出口。宝姑娘人见人爱,而人见人爱的人本身就有问题,她不是活出她的真实个性,而是偏于伪装、藏拙,像个官场中人。"价值对比"的紧要关头,主子的面子都比丫头的性命要紧。她微笑着讲的话是一把软刀子,是让可怜的金钏再死一次。

脂砚斋称薛宝钗是"女夫子",切中她的要害。宗法社会的卫道士,如同皓首穷经的老学究,身上满是夫子气。宝钗的悲剧,是她终于做了家族的牺牲品。

而林黛玉情爱至上,个性至上,蔑视一切人性的扭曲。她是真诗人,不是写着玩儿的。诗歌的高度,便是她生命的高度。她属于"文化的基因链",追随着司马迁、陶渊明、李清照,她是曹雪芹的另一个化身。

高鹗续写的后四十回,虽然毛病很多,制造了不少混乱,但对黛玉死、宝钗出嫁的处理却赢得许多论者的赞誉。第九十七回"林黛玉焚稿断痴情,薛宝钗出闺成大礼",其烘托的悲剧气氛,真让人五内翻腾。这悲剧的分量,把人性的价值毁灭给世人看,何尝低于莎士比亚。高鹗这么写也靠近雪芹本意。按脂评线索,曹雪芹的佚稿写到了黛玉死宝钗嫁,但不在同一天。曹公的处理,被上帝给拿回去了。脂砚斋透露的情节是,贾宝玉一直神思恍惚,人在宝钗前,心在离恨天:"空对着,山中高士晶莹雪;终不忘,世外仙姝寂寞林。"林黛玉死了,却依然活着;薛宝钗漂亮、温存、识大体,使尽浑身本事,却不能和宝玉身心相融。价值的鸿沟没法填上。人性与家族不两立。"女夫子"纵是高明的晶莹雪,仍难以偷换体现女性自主之最高价值的"寂寞林"。这里,曹雪芹亮出了他的原则性。

高鹗写到后来,让贾宝玉和薛宝钗品尝肉体滋味,"二五之精,妙合而凝",写到一边去了。红学家将他考证出来,他原是屡考不中的穷儒,其生存的弹跳空间,实难抵达雪芹境界。

《红楼梦》重墨描绘的女子,还有很多,给人的感觉,真是有点写不过来:清爽女子结队成群。妙玉孤傲,晴雯激烈,香菱娇痴,平儿温柔,尤二姐善良纯美遭人欺,尤三姐对宁府臭男人嬉笑怒骂,湘云才高而爽快,探春位卑而勇敢,鸳鸯宁死不嫁糟老头,司棋为爱情敢于承担一切,小红一心爱贾芸视宝玉为无物,元春饱含辛酸泪把巍巍皇宫说成是"不得见人的去处"……

所有这些鲜艳的、鲜活的生命，汇于一个人的眼下，这人就是贾宝玉。

贾宝玉的眼睛究竟是如何看待女性的，乃是《红楼梦》的关键所在，是这本世界级大名著的核心价值所在。

宝玉看女性，层次感格外分明。表面上在脂粉队里混，闹酒猜拳吃胭脂，想伸手摸宝钗，与袭人"初试云雨情"，但他的敏感其实在别处。小说第六回已有云雨情，后面七十多回，不复呈现肉欲光景。肉欲给了薛蟠、贾琏、贾瑞以及那位吃斋念佛的老色鬼贾赦。《红楼梦》拓展"色"的领域，却把分寸捏得极好，既非夫子学究气，又无鄙夫流氓态。

分寸从修养来。曹雪芹向往的曹子建、苏东坡、阮步兵，都没有玩弄女性的嫌疑。

小说第七十七回，写晴雯"抱屈夭风流"，先以司棋被逐作铺垫。"周瑞家的"和几个已婚妇人强拉司棋出园子，并威胁说："你如今不是副小姐了，要不听话，我就打得你了。"宝玉干涉也没用，眼睁睁望着司棋远去，恨恨地说："奇怪，奇怪！怎么这些人，只一嫁了汉子，染了男人的气味，就这样混账起来，比男人更可杀了。"守园门的婆子……问道："这样说，凡女儿个个是好的了，女人个个是坏的了？"宝玉发恨道："不错，不错！"

这是贾宝玉的名言。

其实他眼中的女儿，哪里是个个都好。他让晴雯给黛玉送去两条旧绢子，先将袭人支开。可见他对丫环们心头有数。后来晴雯病得水米不进，却被赶了出去，宝玉倒床痛哭，却疑惑道：

我究竟不知道晴雯犯了什么弥天大罪！"袭人道："太太只嫌她生的太好了，未免轻狂些。太太是深知这样美人似的人，心里是不能安静的；所以很嫌她。像我们这些粗粗笨笨的倒好。"宝玉道："美人似的，心里就不能安静吗？你哪里知道，古来美人安静的多着呢！——这也罢了，咱们私自玩话，怎么也知道了？又没外人走风，这可奇怪了！

袭人不愧是袭人。宝钗藏拙,袭人装糊涂,心下比谁都明白。宝玉怀疑她告密,把话逼到跟前了,她"低头半日",还是用一番言语,把宝玉糊弄了过去,阻止了宝玉往更深处想。

宝玉不往深处想,倒不是因为他没能力想。他想得更宽广些。想,是在感觉的层面进行着,聚积成隐形意志、提升为生存向度。对年轻女性他是博爱的,这也可以称作他的指导思想。博爱并非乱爱一气,他爱得层次分明:黛玉晴雯最爱,宝钗、湘云、袭人次爱,依此类推至玉钏芳官四儿。宝姑娘、湘云姑娘、袭人姐姐,全是说过"仕途经济混账话"的,宝玉同她们生分,却不与她们决裂。为什么?因为他看的是全貌,是站在命运的高度,温柔地怜悯着,爱着,叹息着。博爱也是深爱。爱得深才看得细,才看得广。

再如史湘云,是一位非常娇憨可爱的少女,穿了男装英姿飒爽。家境并不如意,她却没有任何阴影,完全是阳光型的,这阳光却不仅限于皮层,它从里边儿散发到肌肤,是驱散了阴影之后的流光溢彩,因而能持久,能常驻。可惜电视剧《红楼梦》中的史湘云,一味傻笑,娇憨在表层。史湘云心直口快想啥说啥,傻大姐也如此,两人岂可混同?她的菊花诗写得那么好,"萧疏篱畔科头坐,请冷香中抱膝吟。""数去更无君傲世,看来唯有我知音。"这诗中的形象,简直就是曹雪芹。科头指光头。女孩子抱膝吟诗,非史湘云莫属吧?她又"醉眠芍药裀"、"联诗凹晶馆"、"脂粉香娃割腥啖膻",曹雪芹对她可谓苦心经营。第三十一回的题目是:"撕扇子作千金一笑,因麒麟伏白首双星。"前写晴雯,后写湘云。《红楼梦》佚稿,是将湘云和宝玉的命运联在一块儿了吗?她说过的那几句混账话,宝玉早抛到九霄云外。她不藏拙,不装糊涂,大约也不会媚上欺下,比宝钗、袭人活得更本真,更人道。她的身体又比林黛玉好,艳力与钗黛不相上下……

佚稿究竟如何?我们只能望天兴叹。

贾宝玉体贴女孩子,常闹些笑话,有时也不免遭人误解。小红淋了雨,他急忙跑去关心,竟忘记自己也淋成了落汤鸡。园子里的婆婆们众口相传,乐了半天;有一回,"变生不测凤姐泼醋,喜出望外平儿理妆",宝玉颠前颠后的,为素有好感却未曾尽过心的平儿安排胭脂,令挨了主子耳光、哭得像泪人儿似的平儿喜出望外。

宝玉对胭脂很有研究,对女孩子的处境更能看端详。

香菱和豆官斗草不小心,弄脏了宝物似的石榴裙,宝玉一看说:"可惜!这石榴红绫,最不禁染。"又道:"你快休动,只站着方好;不然,连小衣、膝裤、鞋面都要弄上泥水了。我有主意,袭人上月做了一条和这个一模一样的……"宝玉奔怡红院取石榴裙,一路脚不贴地,还忙中抽空想着:"可惜这么一个人,没父母,连自己本姓都忘了,被人拐出来,偏又卖给这个霸王。"霸王指薛蟠。

石榴裙拿来了,香菱当了袭人的面,命宝玉背过脸去,"自己向内解下来,将这条系上"。

女孩儿换裙子,宝玉心里是何滋味?曹雪芹不讲,读者却能会心一笑:宝玉只想看那俏香菱换上新裙子的欢喜模样,并无半点偷窥的念头。若挪到高鹗先生笔下,很难说他将弄出什么光景来。

宝玉这么对香菱,香菱又如何对宝玉呢?宝玉把撒下的"夫妻蕙"和并蒂菱埋入土里。"香菱拉着他的手笑道:'这又叫做什么?难怪人人说你惯会鬼鬼祟祟使人肉麻呢。你瞧瞧!你这手弄得泥污苔滑的,还不快去洗。'"

这叫体贴换来体贴。

两人临分手,香菱脸又一红,向宝玉道:"裙子的事,可别和你哥哥说。"宝玉笑道:"可不是我疯了?往虎口里探头儿去呢!"

这一段写宝玉,十分丰满。宝玉亲近女孩儿,究竟亲近些什么,曹雪芹让我们心中有数了。法国的福楼拜有小说《情感教育》,美国的弗洛姆有论著《爱的艺术》。咱们中国有一位曹雪芹……

今天明天的男孩子,都该学学贾宝玉。投向异性的目光,不妨宽厚些,用脉脉温情去环绕。

《红楼梦》是情感大课堂,审美大课堂。经济的粗放时代正在过去,人的粗放也该结束了。男生女生当和谐。

男欢女爱要研究。

情爱的空间,丰富为好,细腻称佳。

丰富的反义词是单调。细腻的反义词叫粗暴。

男女若是直奔主题,将丢失多少细节、多少赏心悦目的好光景。

大观园内的清爽女子,个个羞涩如香菱,动不动要"把脸飞红"。

我们当初欣赏日本连续剧,眼下看韩剧,不亦有类似的印象吗?脸红是生理特征,更是文化符号。但愿这符号,不要大面积长时期丢失才好。纵是丢失在国外,也须把它拣回来……

宝玉在女孩儿面前常碰钉子,小红,鸳鸯,尤三姐,要么给他冷脸,要么申明爱在别处。鸳鸯被贾赦醋意恶语纠缠,逼急了,甚至诅咒发誓说:"别说是宝玉就是……宝天王,宝皇帝,横竖不嫁人就完了!就是老太太逼着我,一刀子抹死了,也不能从命!"宝玉事后听说了,并不生气,因为他理解。他太理解鸳鸯了!他倾听每一颗跳动的芳心,听出她们的喜怒哀乐,凝视着那花开花谢。林花谢了春红,太匆匆!无奈朝来寒雨晚来风……雪芹情怀追李煜,谁能做到心如铁,不为他们动容!

真好。

然而风如刀霜如剑逼向红颜。司棋走了,晴雯死了,尤二姐饮恨吞金西去,尤三姐横剑抹了脖子,金钏投井鸳鸯上吊,林黛玉飞升离恨天,贾迎春误嫁中山狼,妙玉遭劫,平儿含酸,紫鹃断肠……宝玉失魂落魄,悼完这个又悲那个,问了苍天再问苍天!想当初他对黛玉说:"妹妹啊,想你眼中能有多少泪珠儿,怎禁得秋流到冬、春流到夏!"现如今,他欲哭无泪,在园子里跌跌撞撞,披头散发像个孤魂野鬼。花谢花还开,姐妹们今何在?海棠社菊花社白雪红梅今又何在?"香魂一缕随风散,愁绪三更入梦遥。"

一弯冷月葬诗魂。

质本洁来还洁去,不教污淖陷渠沟!

鲁迅先生横眉冷对千夫指,却又是曹雪芹的隔世知音:"悲凉之雾,遍被华林,然呼吸而领会之者,唯宝玉而已。"

先生又说:"在我眼下的宝玉,却看见他看见许多死亡,证成多所爱者,当大苦恼,因为世上,不幸人多。"

先生毕竟是先生,讲得多透彻!豪族华林痴公子,被他一眼穿透。

他对宝玉的评价是:"爱博而心劳。"

宝玉对姐妹们的态度,先生概括为四个字:"昵而敬之。"

昵,包含了性爱成分。敬,却超越了性爱,赢得了女性世界的广阔视野。

曹雪芹笔下的贾宝玉,也有公子哥哥的坏脾气,比如有一天他冒雨冲回怡红院,敲门迟迟不应,于是进门便是一个"窝心脚",踢得袭人卧床吐血;他吃女孩儿嘴上的胭脂;但凡见了模样整齐的,便去套近乎;他若不与金钏眉来眼去,金钏也不至于被太太打,含冤投井。曹雪芹是写实主义者,艺术的真实融入了生活的真实,好人不是全好,坏人不是全坏。并且,好与坏都是理由充足。鲁迅说:"正因写实,转成新鲜。""总之自《红楼梦》出世以来,传统的思想和写法都被打破了。"

贾宝玉"无能天下第一,不肖世间无双。纵是生得好皮囊,里内却是草莽"。毋宁说,曹雪芹偏让他无能第一。须眉污物视他无能,他到别处显能耐。贾宝玉是曹雪芹的符合"充足理由律"的延伸。

百年旺族的子孙,一头跌进社会底层,却不务实,不谋生计,不理睬任何白眼(他以白眼对付白眼),也不顾家人的埋怨、幽怨,埋头写起了长篇小说。

《红楼梦》烈性女子多,且各有各的烈法。可以肯定的是,一心为女子作传的曹雪芹是个刚性十足的男人。

曹雪芹近三十岁,定居于北京西山脚下的小村落。北京、金陵的老宅早被抄了去。十年居无定所,不知他怎么熬过来的。也许敲过朱门、徘徊于琉璃墙下。墙内女子起喧哗,他蹲下细听,忘了时辰。墙内佳人笑,笑渐不闻声渐消……

他到右翼宗学当过差。宗学是清朝官学,充斥皇室子弟,勤学的勤学,胡闹的胡闹。当然后者居多。曹雪芹默默干他的杂活,力气活,一脸木讷,无嗔亦无喜。没人能够欺负他,令他受委屈。他的心,原本不在这纨绔聚集之所。他见得多了。

宗学的旧址,是在今日北京西单牌楼往北的一块地儿,尚存一棵康熙或雍正时栽下的老枣树,这枣树陪伴过曹雪芹。神圣的枣树,可别让开发商打了它的主意。

当年的宗学,一大片房子,据说闹过鬼,是北京出了名的几大凶宅之一。白天学生喧闹,入夜周遭一片死寂,曹雪芹凭窗伫立,凝望,遐思,饮酒,命笔。什么鬼不鬼的,曹雪芹见过多少死亡、追忆过多少亡人啊。凶宅鬼屋,总比苏轼待过的汴京乌台黑狱好吧?那乌台,几百棵阴森森的大柏树,万千乌鸦呱呱乱飞,而苏轼几同囚于柏林下的深井。他出狱后贬黄州,率领全家人开荒,东坡赫然问世。雪芹亦于此间初亮相么?抑或更早些?伟大的名号,源自苏轼奋发于磨难、喷发于生命落差的组诗《东坡》。其三有云:"泥芹有宿根,一寸嗟独在;雪芽何时动,春鸠行可脍。"

茫茫雪野之中,一寸泥芹独在。其傲雪破土之势,令田坎上释耒小憩的苏轼十分感慨,却转而回想,在西蜀眉山他的老家,有春鸠脍芹菜的美味。无边的苦难催生精神伟力,雪地泥芹接上了美滋滋的春鸠,这便是苏东坡。曹雪芹追随他,取雪芹为号,又号芹圃、芹溪,一寸泥芹发无数雪芽,雪芹成圃,既可观,又能吃。沿着东坡思绪,雪芹想得更远。

而此间的曹雪芹,只乞望一日三餐能填饱肚子。事实上,这并不容易。以他的性格,辗转乞怜不可能的。曹家的那些世交,锦上添花烈火烹油,他宁愿躲开。

他饮酒很厉害。前辈大文人,谁是小酒量呢?除了苏东坡。东坡一杯便醉,平生引为憾事,万事不唠叨,只于酒量小这一层,忍不住要对人唠叨几句。雪芹欲与阮籍论高下。阮籍的一辈子三大特征:嗜酒,迷女性,傲视权贵,曹雪芹跟他比试,一负一胜一平。阮籍敌视司马昭,自视为曹魏之臣,曹雪芹引他为知己,"梦阮"始终不变,正源于此吧?

雪芹,梦阮,其生存向度是何等的清晰。

文化的引力太强大。曹雪芹对清代统治者及形形色色的官员,兴趣实在有限。毫无疑问,他的写作姿态是背向官场,断然拒绝宗法社会、封建统治阶级的价值体系。

历代大文人之"大",岂是几堆娱乐界大明星的那个"大",曹雪芹就像司马迁,对历史,对人性,有一套属于他自己的、却能横亘于未来的评判标准。

清末红学"索引派"中的极端分子,把读者的目光引向清廷内幕,引向那些倾轧背叛、那些忘恩负义、那些翻手云覆手雨、那些卑鄙肮脏下流龌龊的勾当,引向曹雪芹避之如避蛆粪的污淖场所,是对曹雪芹的侮辱,是把《红楼梦》的清洁境界往粪池中拽。

即使索隐有某种空间,也不能乱索一气。中国只有一部《红楼梦》,如果被拿去娱乐、恶搞、赚几个烂钱,那真是——无话可说了。

积积德吧,庶几让先贤们含笑于九泉。

曹雪芹在北京的宗学,可能待了两三年。离开宗学的原因不详。酝酿着《石头记》。那庭院中,那枣树下,作家清瘦的身影每日徘徊。"春花秋月何时了,往事知多少?"小院昨夜又东风,铺下一地落红。回首往事只堪哀,对景难排……但往事牵扯他,袭击他,湮没他,催促他的一管廉价毛笔。

宗学里的人事收获,是敦诚、敦敏两兄弟。一诚一敏,合起来是诚恳、诚信与敏锐、敏捷。后来还有一位张宜泉。他们都为《红楼梦》的写作出过力,为作家的生计出过力。

脂砚斋。她和雪芹的相识相交,继而相知,当在更早的时候。《脂砚斋重评石头记》,评者自隐身份和面容,却挡不住她在评语中的情态纷呈。许多往事,她讲明了是和曹雪芹共同经历的,这令人费猜想。也许曹家未败,两人已相识。她讲话的语气酷似林黛玉,又有晴雯、鸳鸯式的激烈。书中但凡有骂国贼、禄鬼、腐儒的地方,她总要挥笔点评:骂死;写杀了;骂得痛快……

脂砚斋想必为曹雪芹的红楼大梦增添了大量的、我们很难估算的色彩。她动不动就说:余与芹实实经历过。

脂砚斋的女性面孔,曾蒙过了包括考据大师胡适在内的学者们的眼睛。可见她甘愿做个匿名英雄。她不亮相,无意仿效名噪当时的小说点评家金圣叹、李卓吾。不过,细心的红学家还是将她找出来了,第二十六回的批语中有这么一段话:"……回思将余比作钗、颦等一知己,余何幸也!一笑。"

曹雪芹将她比作宝钗、黛玉,她感到非常荣幸。回思,是指回想两人日常生活说过的言语。以她这般冰雪聪明的女子,曹雪芹哪能随口恭维她,若非才貌出众,焉能去比附钗黛?回思,何幸,是说她为雪芹的这句话回思了若干次,脸热心跳,掂量出它的含意和分量。于是"一笑",她的笑容是像宝钗呢,还是像黛玉?也许更像爽朗的、娇憨的、对什么事都要点评几句的史湘云。

宝玉用《西厢记》的台词逗林黛玉,黛玉恼了。二玉拌嘴怪甜蜜,脂砚斋情不自禁,插入四个字的批语:"我也要恼。"

娇媚之状可掬。

关于书名,曹雪芹曾亲笔写道:"至脂砚斋甲戌抄阅再评,仍用《石头记》。"抄,阅,评,再评,脂砚斋啥事儿都能干出色,曹雪芹才会这么信任她,连书名都由她定。

第十三回,雪芹原稿有"秦可卿淫丧天香楼",脂砚斋认为不妥,不雅。她写道:"因命芹溪删去天香楼一节,少却四五页也。"看来,平时她称雪芹为芹溪,即使不是爱称,也算昵称的吧。水是阴柔之物,一湾清澈而活泼的溪水环绕芹圃……她能"命芹溪",指点大作家,真是了不得!

从脂砚斋的经历和修养推测,她和雪芹一样有着大户人家的背景。她以隐藏自己的方式给出了自己。不知今日曹雪芹的塑像旁,是否有个汉白玉雕刻的脂砚斋?

曹雪芹的书房叫悼红轩,而脂砚谐音指艳,悼红指艳合于"千红一哭万艳同悲"的小说主题。悼红的前提是指艳,大观园的群芳诸艳,色香不同,花期有异,却归于"千红一哭"。指艳斋,悼红轩,也许这不仅是巧合吧?曹雪芹是极善于伏脉照应的,脂砚斋长期与他合作,受影响很自然。聊备一说,呈笑。

右翼宗学的两三年,西山小村的十余年,是《红楼梦》写作的全程,是曹雪芹纸上的好时光。载于1980年第一期《红楼梦学刊》的画作《雪芹归村图》,很大气,透出作家的内心波澜。雪芹归村,当在三十岁前。归,取归宿之意。萧条村庄,有一座金碧辉煌的纸上宫殿。

纸,是旧皇历的背面。

敦敏有诗《赠曹雪芹》:

碧水青山曲径斜,薜萝门巷足烟霞。寻诗人去留僧舍,卖画钱来付酒家。燕市歌哭悲遇合,秦淮风月忆繁华……

渊明的南村,苏轼的东坡,杜甫的草堂,曹雪芹的西山小村……精神之伟业,看来须与膏腴山水蓬门陋室相伴。雕梁画栋难写华章。

敦诚、敦敏常来探望雪芹,有一次扑了空,怅然留诗:

野浦冻云深,柴扉晚烟薄。山村不见人,夕阳寒欲落。

二百年前北京的冬天是那么冷,连太阳都是寒阳。雪芹去了何处?他是否有酒喝?出门时衣衫薄吗?夜里冷吗?握笔的手生满冻疮了吗?

敦氏兄弟的惆怅,使多少后人热泪盈眶。

三人相会痛饮村酒时,敦诚为我们留下一首极珍贵的七律:

> 满径蓬蒿老不华,举家食粥酒常赊。
> 衡门僻巷愁今雨,废馆颓楼梦旧家。
> 司业青钱留客醉,步兵白眼向人斜。
> 阿谁买与猪肝食,日望西山餐暮霞。

曹雪芹猪肝下酒已属奢侈,通常是举家食粥,冻饿交迫。村里城里的小酒店,永远挂着雪芹的酒账,不是敦氏兄弟为他还,就是张宜泉或脂砚斋替他付。旧账未销添了新账……纨绔少年破落子弟要嘲笑的,雪芹"眉立"(脂砚斋语),变成阮步兵,白眼向人斜。

有一次,敦诚悄悄留下三十两银子,芳卿发现时追出门去,敦诚的身影已在天边。敦氏兄弟亦拮据,这是最大的一笔赠款。芳卿为此,抹了几天的泪。雪芹倒视为寻常。

山村一待七八年,纸上宫殿初具规模。家,是越来越穷了。

饥来驱我去,不知竟何之。行行至斯里,敲门拙言辞……

雪芹亦如渊明,辗转行乞于西山村么?

大文豪,穿不暖,吃不饱。当年却是海味山珍像萝卜小菜。

写作消耗体力、精力,甚于干力气活。曹雪芹累得趴下,想吃点东西而锅盆冷清。饿慌了,舀一瓢凉水咕咕灌下去。这是雪芹的习惯动作。门要关上。门外有芳卿,有爱子方儿。方儿为曹家传香火,脂砚斋每次来,都会给方儿买东西。方儿年幼,可能未及总角。

破窗年年是雕窗:黛玉、宝钗、湘云、袭人、晴雯、鸳鸯……这个方去那个又来。红楼大梦三原色,生出万紫千红。

脂砚斋来得更勤了,有时一住十天半月。她与芳卿,情同姐妹。佳人双护玉,双双环绕着芹圃。

太阳照着温暖的家,入夜一盏灯,照着曹雪芹脂砚斋。男人的冻疮手,女人的红酥手。相亲相爱两支笔,共同追忆逝水年华。

雪芹有一张圆脸,像宝玉。脂砚斋的脸型身段像林黛玉,这些年,连说话的模样、走路的姿势都很像了。不过,芳卿说,她的爽朗笑声,活脱脱是史湘云。

曹雪芹明知故问:是吗?

青眼去瞧脂砚斋,她却背过了桃花面,寻方儿戏耍去了。

曹雪芹卖画、卖他亲手扎的风筝。他写过风筝、编织、印染、竹器、雕刻、采石等民间工艺的专著,列入《废艺斋存稿》,与《红楼梦》八十回后的书稿一并丢失,仅存一对书箱。

糊口难哪。脂砚斋将她最后的金钗银饰送入当铺,已是陈年往事了。她不敲朱门,单走柴门。断然拒绝各式各样的脏手,始终依恋着那只一年中有半年红肿着的冻疮手。

暗地里,背人处,她为芹溪落泪。

她把旧皇历上的草稿誊写到稿笺上,笔端蕴秀,口角噙香,一笔一画皆是情。

她一口一个"芹溪"的叫着。两字的谐音多舒服。又单叫芹,实实在在是个爱称了……

公元1763年,方儿忽然夭亡,可能死于痘疹。百年曹家断绝了唯一的玄孙。

1764年2月1日,农历癸未年的除夕夜,一片喜庆的爆竹声中,曹雪芹与世长辞。有论者认为与痘疫流行有关。

脂砚斋整理雪芹的遗稿,开笔写下两句诗:

"字字看来都是血,十年辛苦不寻常。"

她接着写:"此是第一首标题诗。能解者方有心酸之泪,哭成此书。壬午除夕,书未成,芹为泪尽而逝,余尝哭芹,泪亦待尽。每意觅青埂峰再问石兄,奈不遇癞头和尚何?怅怅!今而后,惟愿造化再生一脂一芹,是书何幸,余两人亦大快遂心于九泉矣。甲申八月泪笔。"

脂砚斋整理雪芹遗稿的过程中,又有"读五件事未完,余不禁失声大哭"!

她没有雪芹手笔,眼睁睁瞧着那五件事残缺不全。深知遗稿的价值,她才失声大哭。她最有资格续完残稿,却不续上一字。好个脂砚斋,真令人肃然起敬:对顶级艺术,她懂得虔诚,狗尾续貂的蠢事她干不来的。

敦氏兄弟挽雪芹:"四十萧然太瘦生,晓风昨日拂铭旗。肠回故垄孤儿泣,泪迸荒天寡妇声。牛鬼遗文悲李贺,鹿车荷锸葬刘伶……"

曹雪芹是在什么时候成为曹雪芹的?

应该在三十岁以后。他并非是成了曹雪芹之后才提笔写《红楼梦》,恰好相反,他是在漫长的写作过程中演化成曹雪芹的。并且直到逝世,他还在变。从中篇到长篇,到鸿篇巨著,到怎么也写不完。感觉、思想、人物,如涓涓细流,汇于笔下,汇成江湖。《追忆逝水年华》也是这样。一块小玛德兰点心引来更多的点心,唤醒无数的生活场景。这部两百多万字的巨著,普鲁斯特生前未曾张罗出版。对他来说,重现了时光已知足。纸上的日子过得不错。

曹雪芹不同于普鲁斯特的,是他没有闭门写作的"客观原因"。他身体好,技艺多,有朋友相助,却不为生计筹划,顶着世俗的白眼与漫天飞雪,毅然奔赴柴门。十年背向世界,而赢得更广阔的世界。曹雪芹所面对的时光黑洞,当比普鲁斯特的黑洞更大些。

曹雪芹不独学问好,像贾宝玉,"杂学旁收,过目不忘"。他让人无限钦佩的,是感受生活的能力。十几个阶层的生活,几百种生活场景,他都有常人难以想象的丰富的感觉。是的,首先是感觉。所有成型的创作思想,必须回流到感觉。作家日复一日的纸上生活,不过是打通回流的渠道,有枝干,有叶脉。

作家早年的生活,潜伏于知觉层下。写作行为是调动,是激活,是梳理,是重构。

实际上,所谓重现的时光,乃是重构的时光。

作家一头栽进时光黑洞,却创造了自己的黑洞。我们这些人,谁不受《红楼梦》的大力牵引呢?

赢得过去谈何容易。个体如此,民族、国家亦知此。历史长河中的短暂者,其历史感各有短长,并由此生发无穷差异。西方大哲的所谓"回行之思",既是朝着过去,更是面向未来。

对曹雪芹来说,过去就是未来。

与其说他每日待在北京的西山脚下，不如说他生活在南京的随园。由随园而及于江南大族园林。有学者考证，他的出生地是苏州的拙政园。

入夜做梦，早晨起床又做梦。作家的白日梦没个尽头。

点点滴滴的早年记忆，在作家的眼皮子底下逐一复活，成片复活，搅拌、氤氲、袅袅上举，终成七彩奇观，共人类时光长存。

建在旧皇历上的这座宫殿，令传说中的三百里阿房宫逊色多矣。"楚人一炬，可怜焦土。"而纸上的汉语艺术不怕火，不惧刀枪，不畏皇权，不与眼下甚嚣一时的"浅阅读"一般见识。

可以断言：许多事儿，曹雪芹是在悼红轩中才想清楚的。"增删五次"，表明书中所写，均非一次成型。感觉汇集到人物，人物汇集到场景，人物与场景又提升为思想、主题。其间定有大量涂抹，扔下的废料。作家的"想"，是惨淡经营，掏心掏肺，精益求精，"字字看来都是血"⋯⋯

脂砚斋帮他想，殷勤为他指点诸艳。她的生活场景融入曹雪芹，并启发后者的奇诡想象。她显然对芹溪佩服得五体投地，脂评中常露端倪。凤姐哭秦可卿，脂评说："谁家故事，宁不坠泪？"宝玉给贾赦夫妇请安那一段，她又疑道："一丝不乱，好层次，好礼法，谁家故事？"

脂砚斋的所见所闻，显然远不及曹雪芹。她的可爱处，在于她对这种距离保持清醒。后人称她为曹雪芹的红颜知己，可不是随随便便给的荣誉。谁家女子，能当此誉？

她还能洞察后世，担心索隐成癖者把这部巨著拖入黑幕小说，拽进权力斗兽场。脂评本第一页的眉批便明确说："更不必追究其隐喻。"可惜她所担心的，却在乾隆年间就出现，直到民国，沉渣泛起不下。鲁迅感慨地说："单是命意，就因读者的眼光而有种种：经学家看见《易》，道学家看见淫，才子看见缠绵，革命家看见排满，流言家看见宫闱秘事⋯⋯"

流言家，是鲁迅为流言飞语的爱好者专门造的词，画出了新老索隐派的嘴脸。

宫闱秘事，清宫秘事：这王爷那格格，没完没了。汉人祖先何在？让他们请不完的安、跑不完的腿，再当一回奴隶吗？

上世纪20年代流行一本《林黛玉日记》,鲁迅说:我看它一页,不舒服小半天。

胡适确定了曹雪芹的作者身份,功不可没,却又老惦记着曹霑,认为《红楼梦》写家事,鲁迅很不以为然,说:"只有特种学者,如胡适之先生之流,才把曹霑……念念不忘地记在心里。"

朱南铣《曹雪芹小像考释》中指出:乾隆不断申诫"骑射国语乃满洲之根本,族人之要务"。而曹雪芹身为皇家包衣的子孙,却既不善骑射,又不谙满语。

曹雪芹不屑于其家族,证据是比较充分了。其不屑于清宫,再举书中一例:元妃省亲,派场虽然大,但从头至尾笼罩着悲哀,皇帝的三宫六院,原来是"不得见人的去处"。元妃在亲人们面前强作笑脸,几次含泪,欲说又止。小说中的这一回浓墨重彩,脂砚斋亦不放过,再三点评。她以掩不住的女性口吻说:

"《石头记》得力擅长,全是此等地方。追魂摄魄,传神模影,全在此等地方。他书中不得见有此见识。"

"说完不可,不先说不可。说之不痛不可;最难说者,是此时贾妃口中之语。只如此一说,方千帖万妥。一字不可更改,一字不可增减,入情入理之至!"

曹雪芹蔑视皇权,铁证如山。

他倒是敢于直面惨淡的人生,敢于正视淋漓的鲜血。

雪芹,梦阮,再明白不过了。

《红楼梦》,绝不是一场富贵旧梦。

中国最杰出的小说家,"野心"大着呢。荣华富贵四个字,焉能锁定他?几桩宫闱破事,焉能显摆于巨笔之下!曹雪芹的血脉中,流淌着庄子、曹植、阮籍、陶潜、杜甫、李贺、苏轼、李清照……伟大的作家,始终眺望着前辈,辨认着先贤。

《红楼梦》写人性,赞美女性,端出封建末世众生相,初现民主思想。曹雪芹挣断了宗法社会的"基因链",归属于华夏文化的主流传承。

话已说到这个分上,但《红楼梦》还是令人感到惊奇。这二百多年,可谓惊奇不断。这样一部巨著,真是出自曹雪芹一人之手吗?他几乎全方位打通雅俗,难怪敦诚称他鬼才。鬼才,天才,无非是说,这绝世珍宝形成的奥秘仍向我们隐匿着。曹雪芹才活了四十岁,即使生年按某些线索往前推,大概也推不过四十五岁。他要经历,要阅读,要思索,要变异,要写作,建一座每个细节都异常考究的巍峨宫殿,又演示宫殿垮塌的全过程。如此造大梦,全世界找不出第二例。

按说古人交往空间有限,曹雪芹却对这么多人的生存细节看得如此透彻。原因何在?也许,反倒是"缓慢生长"的古代,个体活得更投入,感受更深切。而广度,是由深度来决定的。令人感觉时间快,一晃三五年。为什么?因为日子重复;生存,被算计型思维分割成几大块。我怀疑古人不是这么感受时间的。活得投入,于是计较细节,"有"细节,生活中有大量的模糊地带,不可能一步跨入清晰,一眼看透这个那个。古人不以分秒计时,却像活在每一秒;不能须臾入云端,却能横看万里纵看千年。我印象中的上世纪二十世纪七十年代,时间还是比较慢的,到九十年代,时间突然加速。有时候,真觉得一年就是一天……今天的作家艺术家,跑遍全球不难,但谁是曹雪芹或托尔斯泰呢?

曹雪芹爱看戏,爱听书。戏曲及书场文化,扩大他的感受面。写小说丢份,但作家超越了身份,就无所谓丢份了。曹雪芹是超越身份的模范。他既是孤傲的,又是随和的,论交不分贵贱,不管三教九流。他善于在生活中八方借力,很像苏东坡:上可陪玉皇大帝,下可陪卑田院乞儿。超越身份,穿越社会各阶层,向来是作家的范式。

生产力的提升,印刷术的流行,市民社会的繁荣发达,为小说提供了历史性的契机。朝廷出于统治的考虑禁读《红楼梦》,可是皇帝和他的妃子都在悄悄看。民间由《红楼》人物衍生的文化现象屡禁不止。比如乾隆年间的小姐乘车出行,帘子上挂着《黛玉葬花图》、史湘云醉眠芍药裀。八旗纨绔,则以薛蟠贾琏自居,或打出《刘姥姥大嚼图》、《贾瑞抱欲受冻挨屎盆子图》,满城搞笑。

书场文化,要求写作者搜奇猎怪。这也是中国小说的本来面目,唐宋传奇,传到明清。《水浒传》一百零八将,摆入书场,演绎开来讲,一辈子讲不完的。于是,生活的细节走到前台。比较典型的是苏州评弹,不断地搁下,荡开,节外生枝。长篇小说如《金瓶梅》,描画了多少宋代市井生活的场景,难以估算。这对小说创作提供了更多的可能性。《红楼梦》对应大家族日常生活的结构,扬弃了书场文化中的传奇色彩。它从人物入手,从感觉入手,细节蜂拥倒在其次,更奇的,是它的大量场景都有梦的味道,梦的颜色。像前边所举的怡红院外的那个"大毒日头地下"的场景。朦胧,含蓄,多义,挑战解读,乃是汉语的优势所在,唐诗宋词登峰造极。曹雪芹是大诗人,《红楼梦》本身就是诗,其次方为史诗。史诗这个词,将诗置于史之后,容易造成混淆。比如对杜甫的解读和研究。诗意,乃是人类文明的精髓。

巴尔扎克的《人间喜剧》,称为十九世纪法国社会的史诗是比较合适的。这同时也是它的短处:过于现实了。难怪伍尔芙这样的意识流小说大师,毫不留情地批判巴尔扎克,而推崇印象与现实交融的普鲁斯特。

欧美各现代画派,也从不同的方向,给写实主义贴上了封条,将单纯写实彻底送入了美术史。

莫洛亚在《追忆逝水年华》的序言中写道:"像德加或莫奈用丑女人画出杰作一样,普鲁斯特的题材可以是一个老厨娘,一股霉味儿……他对我们说:好好看,世界的全部秘密都藏在这些简单的形式下面了。"

《红楼梦》的英译者霍克斯曾言:这部古典名著像一本现代小说。

《红楼梦》通篇用白话,是小说对应日常生活的逻辑结果。说"用白话",其实也不够准确,不能揭示其与生活的浑成状态。毋宁说,曹雪芹原本是用大白话来思维的,雅俗浑成,北京的官话,吴侬的软语,氤氲在一块儿。专家学者举证多矣,也曾唇枪舌剑,而后达成共识:《红楼梦》的语言,是南北语系水乳交融的典范。当时的北京已是金元明清四朝古都,北京人又羡慕南方的富庶,南方的文化。邓云乡先生指出:"清代统治者起自关外苦寒之地……极羡慕江南苏、杭一带的风物民情,菜讲南菜,货讲南货,纸讲南纸,酒讲南酒,衣讲南式……就连说话也觉得南方话好听,所以有'吴侬京语美如莺'的说法,就是说江南人说北京话简直像黄莺叫一样,比北京人说北京话还要好听。"

也许可以这么讲:南北文化,均汇流于曹公笔下。

曹公在北京写作,记忆冲着南方。他打通了雅俗,涵盖了南北。他的白话文,比五四运动时期的白话文更流畅。这蕴涵着什么样的大问题呢?

现在,北京有大观园,上海也有大观园。两座风格迥异的大观园,合成一个文化隐喻。建筑艺术家的杰作,对作家是个提醒。

思想层面的《红楼梦》,我略谈几句感想。

清代尊程朱理学,康熙、雍正、乾隆,封朱熹为"十哲之一"。一提理学,大家都会想到"存天理灭人欲"、"天不变,道亦不变"。清中叶的思想家戴震,以人情、人欲之说抗衡天理,像魏晋竹林七贤,以"不孝"与放浪抗衡礼教,二者都对封建统治者玩弄的花招说不。玩弄花招是说:让社会的伦理道德,永远听命于皇权、族权,听命于统治者的意识形态。贾府等级森严,处处道德布控,不独摧残奴婢,连主子也不放过。可见,道德这种东西,一旦僵化,势必祸及方方面面,紧要关头要吃人的。

道德的本质,尚需细思量。

曹雪芹的思想与戴震相近,不过,他重情、重欲、甚至借警幻仙姑的口称贾宝玉是"天下古今第一淫人",则是他从自己的红楼大梦中悟出来的。作品的立意或主题,因回流到日常感觉,所以无板结,无说教。《红楼梦》中的意识流动,似乎到了"意识流"的边缘上,却停在边缘,照顾读者。小说开头还谈了一通"意淫",俨然是个大发现。估计雪芹原稿,涉及"淫"的东西更多,被脂砚斋斟酌后划去了。

天理走了极端,情、欲、色要走另一个极端。这是历史本身的张力使然。

想想曹雪芹那阮籍式的性格,多愁善感又桀骜不驯,他要走极端的。只有那些在一条路上走到黑的人,方能看见飞鸟各投林,"落了片白茫茫大地真干净"。

作家的好手段,是一竿子插到人性深处。插不深,则会弄些面面俱到的拼盘,宣称他表现时代……

宝玉含玉而生,那块玉,王国维解读为欲。人生诸多欲望烦恼,系在脖子上。宝玉摔它好多次,恨声连连,把命根子说成劳什子。他最后看破红尘遁入空门,似乎解决了欲的问题,由色而空,一切人间悲喜,终归于佛门清净。我觉得,这是曹公布下的迷魂阵。由色入空,古今中外皆有,是生存情态中固有的环节,只程度有不同。跛足道士唱的《好了歌》,说世间一切"好"都将归于"了"。甄士隐有"夙慧",一听便悟,当场为《好了歌》作注解:"陋室空堂,当年笏满床;衰草枯杨,曾为歌舞场。蛛丝儿结满雕梁……"不过,官场民间,有此"夙慧"者并不少,曹雪芹的高明处,却是把我们的目光定在茫茫雪地上,由空返色,由大梦的终点返回大梦,重新打量人的生存,尤其是女性的生存。他带着我们步入虚无,又从虚无重返人世,这一去一返并非无用功,它使生存的诸环节毕现纷呈。

由色而空,由空返色;从有到无,无中生有。这是中国人的思维模式,庶几接近西哲所言:"人是虚无的占位者。"

而一般作家和思想者,常止步于由色入空的环节。曹雪芹走得更远,这"更远"却是返回。修养,情力,欲之烦恼,三个助推器,成就了我们的顶级作家。

曹雪芹确立女性价值,是《红楼梦》的核心思想。群芳凋零,落了片白茫茫大地真干净,然而有芹泥,有雪芽,"一寸嗟独在",有叹息就会有生长。有见证毁灭的眼睛,就会有美好的事物重新出现。曹雪芹的人生观是入世的,积极的。

白茫茫大地真干净……然而梦的颜色是红的。

大观园里,那么多漂亮女孩儿,善于意淫的贾宝玉倒是缩手的时候多,为什么?因为曹雪芹的眼睛,是洞察女性美好的细节及其悲剧命运的眼睛。小说第六回,宝玉因一场绮梦而与袭人"初试云雨情"后,再未与别的女孩子有此等缠绵事。和黛玉没有,宝钗、湘云、凤姐更不可能。晴雯临死,倒后悔未曾与他弄出些风流事来,枉担了虚名。曹雪芹这么写宝玉,既含深意,又很随意。随意是说:曹雪芹是不折不扣的双重贵族,其境界,是在他的生存环节中自然而然地生发出来的。

时至今日,男女仍不平等。联合国开妇女大会,女权呼声很激烈。曹雪芹的提醒和示范不会过时。看女性要看全貌,要学会细腻欣赏,要懂得"昵而敬之"。一个敬字,超越了所谓怜香惜玉。敬,不是取高姿态,是实实在在的向往。

歌德说:"永恒之女性,引我们上升。"

男人的权力意志膨胀开来,女性要遭遇粗暴的。例子真多,叫人欲说还休。如果大学校园的男孩子都不能辨认贾宝玉与西门庆的区别,他甚至对你来一句:哦,贾宝玉比西门庆更有钱……那就糟透了。

《红楼梦》自问世至今,在高雅和世俗两个层面上,牢牢地吸引着读者。要境界有境界,要生活有生活,规模大,场景多,各式生存交错,繁复而又清晰。这几乎是一部天书,自成小宇宙。一部小说,制造了无数的梦想天地和话语空间。嘉庆年间有流行语:"开谈不说《红楼梦》,读尽诗书也枉然。""光绪初,京朝士大夫尤喜读之,自相矜为红学云。"这情形,令人联想宋人读苏轼:"士大夫不能诵坡诗,自觉气索。"文化的强大传承,使"文化基因"的因子弥漫于社会各阶层。曹雪芹亦如苏东坡,能穿越各阶层,强力拓展精英文化的覆盖面,使全民族受益。曹雪芹令我们一再惊叹:汉语艺术原来是如此之美!

"满纸荒唐言,一把辛酸泪。都云作者痴,谁解其中味?"

解味的人排着长队呢,从雪芹生前排到了今天。脂砚斋、畸笏叟、王国维、梁启超、蔡元培、胡适、鲁迅、茅盾、丰子恺、王昆仑、吴恩裕、俞平伯、李希凡……显赫名字数不完。王朝闻先生一本《论凤姐》,就写了七百多页。《红楼梦》所衍生的话语空间究竟有多大,真是难以测量。其他三本古典名著,显然不能享此殊荣。《水浒传》里的女人,不是荡妇就去卖人肉包子;《西游记》把漂亮女子全写成妖精;《三国演义》的貂蝉、甄氏、二乔,则是政治的牺牲品,权势追逐的对象,乱世英雄的陪衬。反观我们的曹雪芹,倒是把更多的尊严、更鲜明的个性献给了下层女性。

学养深厚德高望重的专家纷纷介入红学,为《红楼梦》的定位与传播打下坚实的基础。戏曲、电影、电视、连环画,都是把忠于原著列为第一标准。恶搞未起,嘘声先至。隐身其间的红学家,乃是我们的文化英雄。赖有他们的指认,我们才能辨认。举例来说,前八十回与后四十回的高下,不少读者是有点模糊的。红学专家为我们指出以下几点:

一、曹雪芹与高鹗,价值观很不同。宝玉是极厌恶禄鬼八股文的,高鹗却让他在黛玉的劝导下沾上腐儒气,父亲升官,他手舞足蹈。贾府衰败一阵子,又"兰桂齐芳,家道复初"。吃人的封建社会、宗法统治周而复始。

二、高鹗未经历富贵,下笔多破绽,贾府的吃穿用,婚丧,寿庆,礼节,写不到位。

三、高鹗的语言一般。而曹雪芹雅俗全来,他笔下的各色人等,开口便是自家口吻,无论贾母或刘姥姥、赵姨娘、贾政或焦大。脂砚斋说:"写晴雯是晴雯走下来,断断不是袭人、平儿。"高鹗哪有这工夫?黛玉讲庄子那一段,全是学究气。续作中几乎不见诗,高鹗自知短处,不敢写。

四、高鹗拿因果报应观念套原著,非常糟糕。台湾学者李辰冬《知味红楼》说:"大多数的人物,都给他一个报应的结果:薛蟠无赖,让他娶一个夏金桂;夏金桂泼悍,让她自焚身;赵姨娘以魔术害人,让她见鬼而死;妙玉孤高,让她被污;宝钗冷枯,让她守寡;熙凤贪财,所以被抄……这样把《红楼梦》写成一部《醒世姻缘传》了,其实,高鹗是不会理解《红楼梦》的。"

麻烦了,连高鹗都不能"解味"。

高鹗还篡改曹雪芹原著中设定的人物形象。如尤三姐,据北大图书馆馆藏脂京本,曹雪芹原是写出了一个挑战臭男人的泼辣女性,完全抛开了贞操观念,"竟是他(尤三姐)嫖了男人,并非男人淫了他"。论者杨光汉先生指出:"高鹗头脑冬烘,不懂得这个观念,所以删了这话。"

当然,后四十回的成功处,学者们并不加以抹杀。不然的话,通行本《红楼梦》哪有高鹗名字?

知味《红楼》,难之又难。

攀登文化的高峰,却是其乐无穷。

红学家功劳大,红学的分歧亦大。我是一名旁观者,既从中受益,又困惑多多。比如早期红学,因考据而流于繁琐;上世纪五十年代末到八十年初的一些红学著述,固然严谨,叙事宏大,却放大了阶级斗争的观念,看什么都有阶级斗争。偏于艺术分析的,读来有味道;谈主题、人生观世界观,则往往跑调。有论者甚至把贾府中人分成两派,一派代表剥削阶级,另一派代表受压迫者、反叛者。看那论者的意思,真恨不得让贾宝玉在大观园里拉队伍打游击,领导一支娘子军。这显然荒谬。

以曹雪芹的慈悲心肠,焉能向贾政们举起屠刀?鲁迅论《红楼梦》,虽三言两语,却鞭辟入里。语言有密度,生存有洞察。鲁迅未提阶级斗争,只说过焦大不会考虑娶林妹妹。论者拿去发挥,写下很多似是而非的文章。

眼下索隐派抬头,"原型说"叫嚣,又把《红楼梦》拽向黑幕小说,引入皇权恶斗、宫闱死缠,玷污曹雪芹的清洁精神和民主向往,实在是恶劣。

红学刚脱离阶级斗争的阴影,又受到越界扩张的资本逻辑的侵蚀,文化艺术要成为自身,自己成为自己的根据,尚有漫长的路要走。

总有一天,文化的"软实力"会落实到醒目的位置上,像山脉与河流,像日月星辰,像世间任何有形之物,并且,造福于任何人。

年年除夕夜,且让我们默默念叨曹雪芹。如同端午念叨屈原,七夕念叨李煜。

2007 年 12 月 20 日

# 鲁　迅
(1881—1936)

……年轻的鲁迅在日本狂读西方经典,同时聆听着国学大师章太炎。视野开阔的思想家在孕育中,无与伦比的汉语艺术在锤炼中……战斗的鲁迅之所以能够战斗,其文化视野乃是决定性的因素。"鲁迅的骨头是最硬的。"他的面部轮廓有如雕刻。而我们在今天,得以掂量鲁迅的硬度,同时掂量他的柔软度。硬,来自柔软,如同憎恨源于热爱,无边的黑暗是由于天边的那一缕曙光。生活中的鲁迅安静而慈祥,像个乡下老头。萧红说:"鲁迅先生的笑声是明朗的,是从心里的欢喜。"

# 鲁迅

写鲁迅先生,真不知从何处说起。小学三年级就读过课文《我的伯父鲁迅先生》,记下了"万国殡仪馆"、"民族魂"这些词。上世纪七十年代中后期,读鲁迅的各种小册子:《二心集》、《三闲集》、《野草》、《热风》、《故事新编》……八十年代初,则买了厚厚的二十卷本的《鲁迅全集》捧在手上。

记得有年长的朋友眨着高深的眼睛说:鲁迅的书有毒的。

这句话,我差不多想了三十年。

想来想去,觉得那朋友言之有理:鲁迅的书确实有毒,而且是剧毒。

曾经读到王晓明教授的文章《鲁迅:现代中国最痛苦的灵魂》,心下又一紧。有剧毒,最痛苦……世上竟有这样的书,这样的人!

鲁迅的有毒,具有什么样的针对性?鲁迅的最痛苦,又是因何而发呢?

其实鲁迅很平和的。善于激烈的人往往能平和。他在广州当教授的时候,去银行领工资,月薪三百大洋,银行职员从头到脚打量他,对他的穿戴很不放心:长衫、布鞋、袜子,都是便宜货呀;头发胡子粗且乱,一点不洋派;分明走着来的,没坐汽车或包月人力车,手里也缺一根文明棍。于是,这位职员坚持要核实,打电话到中山大学,询问一个叫周树人的相貌、穿着、口音之类。鲁迅不生气,柜台前静静地抽着烟。后来当然是领到大洋了,也收下那位职员的歉意和满脸堆笑。不过他仍然走回学校去,店员还是有些迷惑,歪着油光脑袋想了很久。

鲁迅挣钱多。后来也能消费,电灯电话,上楼下楼的,家里常有客人,也时常吃得挺好,坐汽车看电影。有一次却对萧红说:电影没啥好看的,看看动植物还可以……看完电影回家,若是人多,小汽车装不下,他让别人先走,自己倚着苏州河的栏杆吸烟等车,也是静静的,像个乡下老头。他烟瘾大,小听装的好烟却是留给朋友抽的,比如上海有名的"黑猫牌"。他自己抽廉价的"品海牌",一支接一支。写作到半夜,也吃点饼干,也喝点酒,也望望夜幕深处的街市,听听有轨电车的声音。在上海大陆新村九号,有市井女人叫阿金的,在下与人吵闹不休,鲁迅一走神,稿笺上写下"阿金"二字。

家里人称他"大先生"。他一直供养着母亲和未曾同过房的原配朱安。朱安是包办婚姻的受害者,鲁迅虽不认可,却同情她,养着她。他批判吃人的礼教,反感《二十四孝图》,却又是孝子,笔名取母亲的姓;常给母亲写信,叩问"金安"。

鲁迅给朋友写信,平和而又随意,与杂文的风格很不同。

中年得子,取名周海婴,父子照相,做父亲的,掩不住一脸慈祥。照片右下角一行小字:"海婴与鲁迅,一岁与五十岁。"

鲁迅的书法,文人气很浓。随手写成条幅赠朋友,"横眉冷对千夫指,俯首甘为孺子牛"那一副,是赠给柳亚子的;又于饭局中再书一副赠郁达夫,并在日记中说:"达夫赏饭,客人打油。"

写给瞿秋白的则是:"人生得一知己足矣,斯世当以同怀视之。"瞿秋白做过共产党的领袖,精通俄文和俄国文学,后死于刑场,毫无惧色,慷慨潇洒之至。

红军长征到达陕北时,鲁迅托人带去一只火腿。后来想写红军的小说,细听冯雪峰讲红军的故事。他保存过方志敏烈士的遗物、书信,两次会见陈赓将军。

鲁迅横眉执笔的那张像,叫人看不够。那份冷峻,世间罕有。面部轮廓有如雕刻。

他走路步子迈得很快。有幅照片是在去讲演的路上,呼呼生风的样子。他头发硬,迎风纷纷上举,没一根趴下。古人云:疾风知劲草。许广平形容说:"真当得怒发冲冠的那个冲字。"

1923年,鲁迅在北平女子师范大学初任教,上下一身黑,衣衫、皮鞋都有大大小小的补丁,小姐们哗然,掩了嘴娇笑。可是台上一开讲,下面清风雅静了。学生当中,就有许广平。还有一位脸蛋儿圆圆的、杏眼儿亮亮的刘和珍。

鲁迅上课,从不点名批评学生。学生不听讲并影响其他同学,他停下来,向那学生扫去一眼。于是学生知错,坐直了,自尊心却不受一点伤害。许广平回忆说:(学生)如同受到了一位旷代的全智者的催逼。

鲁迅上大课时,礼堂黑压压的一片,连窗台上都坐着学生。他幽默,妙语连珠,台下捧腹大笑,他只微微一笑,略略停顿之后又开讲。那是带点绍兴口音的、略有些沙哑的普通话。

鲁迅在北京或上海演讲,有时会被激动的学生抛向空中。先生在空中乐得像孩子。

1925年3月,许广平给鲁迅写出第一封信,四月,她登门拜访。后来就开始了《两地书》。这本公开的情书,充满了温馨的日常叙述,不提爱而处处有爱意。这叫爱得高贵。里尔克、卡夫卡的情书也如此。明白了这高贵,自然会对咿咿呀呀装疯卖傻的流行曲,油然而生厌恶。

生活中的鲁迅,很有些孩子气的。许广平先生《欣慰的纪念》一书描绘很多。

丁玲曾给鲁迅写信,鲁迅收到了,却没有回复。丁玲很是想不通,事后得知有误会:鲁迅把她的笔迹当成了沈从文的。1931年,左翼作家在上海开会,鲁迅先生来了,丁玲的第一印象是:"他穿一件黑色的长袍,着一双黑色球鞋,短的黑发和浓厚的胡子中间闪烁的是铮铮锋利的眼睛,然而在这样一张威严肃穆的脸上却现出一副极为天真的神情,像一个小孩犯了小小错误,微微带点抱歉的羞涩。"

我的阅读印象中的丁玲,泼辣而又细腻。1936年,她从敌人的监狱里出来奔赴延安时,惜墨如金的毛泽东为她填词,其中有几句:"洞中开宴会,招待出牢人。纤笔一枝谁与似? 三千毛瑟精兵。……昨日文小姐,今日武将军。"

丁玲做女孩的时候,不大能读鲁迅。到了上海,阅历渐多,便读得如饥似渴了。有一次鲁迅评价她:"丁玲还是个孩子。"丁玲仿佛很委曲:她的内心已经在曲折中长大了,哪里还像个孩子呢。

丁玲的阅读体验,能代表许多人。

1937年10月,萧红撰长文《回忆鲁迅先生》,开笔就说:"鲁迅先生的笑声是明朗的,是从心里的欢喜。若有人说了什么可笑的话,鲁迅先生笑得连烟卷都拿不住了。"

　　然而鲁迅先生沉痛的时候,却是一沉到底。

　　1926年的3月18日,北京段祺瑞执政府的门前,几个女学生身中枪弹,倒在了血泊中。开追悼会那一天,鲁迅"独在礼堂外徘徊",脑子里满是女学生的鲜血。"沉默啊沉默,不在沉默中爆发,就在沉默中灭亡。"若非沉痛到底,焉能出此语?

　　"墨写的说谎,绝掩不住血写的事实。""真的猛士,必当奋勇而前行。敢于正视淋漓的鲜血,敢于直面惨淡的人生。"

　　读先生墨写的文章,我们永远记住了:"始终温和的微笑着的刘和珍君。"记下了她和她们中弹的那个瞬间,那柔弱无助的倒下,那血泊中的温软的身躯的渐渐僵硬,那手指冰冷。

　　"徒手请愿而已",衙门里却射出了罪恶的子弹。

　　我是在高中学的这篇课文:《记念刘和珍君》。我记得,师生都是泪光闪烁。"我独在礼堂外徘徊,遇见程君,前来问我道:先生可曾为刘和珍写过一点什么……"老师缓缓念着,学生静静听着。老师是川师大中文系一位姓蒋的实习教师,时隔三十年,我记得他念着念着就背过身去的样子……

　　又学《为了忘却的记念》。柔石、殷夫、胡也频……多少青年的血,多少眼泪啊。然而鲁迅先生,从未给人留下流眼泪的印象。写亡友,没有比这更沉痛、更坚硬、更杰出的文字。

　　"出离愤怒",这情态的表达为鲁迅首创。

　　他点校《嵇康集》。他为瞿秋白、为柔石的遗著耗费了心血,拖着病躯挥汗如雨。他说过:一个人倘若还有友情的话,那么,面对着亡友的遗文,真如同捏着一团火,要为他流布的。

　　这个绍兴人啊,这位秋瑾、徐锡麟的同乡。

　　"鲁迅的骨头是最硬的。"

　　我们今天,得以掂量这硬度。

　　同时掂量它的柔软度。硬,来自柔软。

　　如同憎恨源于热爱,无边的黑暗是由于天边的那一缕曙光。

绍兴乡下有个安桥村,安桥村有鲁迅的外婆家。读过《社戏》的人,会对绍兴乡下的风光有极深的印象,渔火点点,月光跃跃,乌篷船划水之声可闻。而虚构的鲁镇上的咸亨酒店,孔乙己先是走着来喝酒,靠着那柜台,"排出四文铜钱,对老板娘说:温一碗酒。"过了一阵子,却用手"坐"着来了,原来孔乙己的腿,因偷书被丁举人打折了。他还是温一碗酒,向小孩儿表演茴字的四种写法。酒客们嘲笑他的断腿,他的偷书,他吃吃地辩解:窃书能算偷吗?窃书能算偷吗?

鲁镇上,又有女人叫祥林嫂的,不断向人絮叨她那死去的小儿子阿毛。祥林嫂的悲惨,通向了雨果笔下的《悲惨世界》。

孔乙己的形象,则接上了三味书屋的真实的教书先生,瘦而高的先生拿着书卷摇头晃脑:如意指挥倜傥……笑人缺齿曰狗窦大开……

《孔乙己》、《从百草园到三味书屋》,有典型的鲁迅式的幽默。《社戏》的风光描画,每个字都含情脉脉。末尾处,那熟悉的幽默姗姗而来:"然而盖叫天终于出现了。"

闰土。金黄的圆月下手执钢叉刺野物的活泼少年,成人之后,却躬身怯怯地叫鲁迅老爷。这份苍凉感,欲说又止的辛酸感,很多人有体验的,被鲁迅白描出来,固定成经典。

鲁迅的童年很幸福。

母亲,祖母,长妈妈,温柔环绕着他的生长。长妈妈是年轻的寡妇,从乡下到绍兴城谋生。她有很多道理,几乎就是道理和规矩的化身;她知道太多太多的乡下习俗。比如人死了不能说死了,要说他老了;万不可从晾衣竿上的裤子下面钻过,那是要生病遭灾的……

鲁迅的母亲名叫鲁瑞。他小时候常随母亲去安桥村,一路蹦蹦跳跳。野草野花,连同朝阳夕阳,在蜿蜒的小路上无限地铺开去。

他初名樟寿,字豫山。绍兴的小孩儿却管他叫雨伞。于是,改字豫才。

不知道他小时候是否与人打架。打起来,纵然是落了下风,也一定不服输的。眉立,发竖,眼喷火……

鲁迅的不屈不挠,当有遗传的成分吧?

周氏三兄弟,皆有大作为,而鲁迅的个性最鲜明。

个性,个体,乃是本文的关键词。

鲁迅酷爱绘画。真说不清他是更敏感语言呢,还是更敏感图画。能说的只是:他于两者都敏感。绘图本的《山海经》,那些个人面兽,九头蛇,三脚鸟,拿两乳作眼睛的吓人的怪物……鲁迅用薄而透明的荆川纸将它们逐一描下来,类似现在的儿童。他收集各种各样的画谱,然后趴在桌子上描,从早晨直描到天黑。他后来写文章,白描的工夫登峰造极,或与线描图画有旁通之处吧?而他成为中国新兴的木刻运动的奠基人,我估计,亦与早年画画的兴趣有关。

鲁迅读了大量古书。他是在古书中受的启蒙。

他的家学颇为别致,是他在北京做官的祖父定下的:"初学先诵白居易诗,取其明白易晓,味淡而永。再诵陆游诗,志高词壮,且多越事。再诵苏轼诗,笔力雄健,辞足达意。再诵李白诗,思致清逸。如杜甫之艰深,韩愈之奇崛,不能学亦不必学矣。"

这个文化谱系很是清晰。

家学挺有意思,从唐宋一直延续下来。凡有点根基的家庭、家族,一般都会崇尚学问。可惜所谓当代的语境中,家学一词,尘封已久。豪宅倒通常与书香无关。

没有迹象表明,鲁迅反感祖父定下的家学。有趣的倒是,他也不提这个家学。上面的引文,是他祖父在一本叫《唐宋诗醇》的藏书背后的题字。

三味书屋的老师寿镜吾,博学,正派,严格。收费也高,每节课两元,绍兴城里高居第一。《从百草园到三味书屋》,有点拿老师开玩笑的意思,却够不上讽刺。毋宁说,是充满了温馨的回忆,见证了美好的童年。

鲁迅是学过"四书"、"五经"的,并且学得扎实。

他是在旧学的功底中眺望着新文化。

鲁迅十三岁那一年,祖父在北京犯了科场案,关进了监狱。绍兴的周家一片恐慌。怕受牵连,一度举家逃到乡下。大人们压低嗓子议论"满门抄斩",听者不禁缩了脑袋。小鲁迅耳朵灵,想象着满门抄斩的情形。

乡下躲了半年多,返回绍兴城。继续三味书屋的学业。

满门抄斩的劫难是躲过去了,然而厄运从此降临到周家。祖父在北京蹲监狱,绍兴的老家不断送去银子,上下打点,以免老爷子秋后问斩之灾。而监狱是个无底洞,保下了一条老命,耗去了大宗家产。

鲁迅的父亲,气病在床上。

这位父亲,也是性情刚烈,喜论时事,堪称业余的评论家。

祖父栽了,父亲病了,绍兴的鲁迅家越发黯淡了。

瘦小的少年,往返于高高的当铺和嘈杂的药铺之间,遭遇着各式白眼。

家道中落,世态炎凉。阳光少年碰上阴暗。

三味书屋的学业中断了。瘦而高的寿镜吾老先生,不复转动着脑袋,津津有味念古文。

当铺,药铺,父亲的病榻……

请来的中医很奇怪,那药引子,居然要用原配的蟋蟀。昂贵的诊费药钱一把把地花出去了,父亲的病却不见起色。鲁迅是由一张又一张庸医的脸来感受中医的。到后来,他挖苦中医,憎恨中医,并到日本学西医,要救治像父亲这样的病人。

患水肿病的父亲,终于死在庸医手上。

家境每况愈下。

鲁迅是老大,他的感受,当比两个弟弟强得多。后来提笔为文,频频回首往事,"朝花夕拾",惊异于早年生活的巨大落差。这落差之中,隐藏着许多东西。鲁迅的回首,并非通常意义上的、为满足心理需要的单纯忆旧。回首,乃是持续地转身,打量并逼近自己的生存轨迹。

个体回首艰难,群体更是如此。

鲁迅痛苦而漫长的精神探索,起于少年时。幸福的中止催生反思,类似曹雪芹;而反思诱导更多的反思。生活的落差,左右着生存的向度。思考型的鲁迅,发端于少年。这显而易见。但其间的脉络尚不清晰。精神之路,曲折幽暗是常态。曲折幽暗挡住了大多数人的探索。

"路漫漫其修远兮,吾将上下而求索。"

唯针对苦苦求索之人,方有路漫漫其修远。

鲁迅对"路"想得很深。世上本无路,走的人多了,便有了路。——这名言即便是鲁迅随口讲出来的,也有艰难的铺垫在先。他反复提阮籍"见歧路大哭而返",可见他心里,始终横亘着、交叉着歧路。

个体之路,群体之路,民族之路……

鲁迅在绍兴长到十八岁,起程赴南京,踏上了生计之路。

鲁迅在南京待了四年,先进水师学堂,后转矿路学堂。这类官费的实用型学校,富家子弟瞧不上的。鲁迅穷,离家远走时,母亲只给了他八块银元。南京的冬天冷,鲁迅衣裳单薄,吃辣椒御寒,养成习惯,伤了胃,埋下病根。

他边吃辣椒,边读严复翻译的《天演论》;这本书是英国人赫胥黎写的达尔文进化论的普及读物。鲁迅明白了进化论的道理,胃的功能却因一再强刺激而受到损伤。进化论强调物竞天择,适者生存,震动了当时的中国社会。清王朝不缺经济实力,却未能将财力转化成军事实力,海战陆战皆输,屡屡上演近代史上的悲剧。

鲁迅在水师学堂苦练爬桅杆,并无当一名水兵的志向;下矿井二十丈,熟悉了矿工们的井下作业,却不想做一个技术员或探矿师。海上和井下,他都不考虑。他只是埋头学习,认真对待每一门功课。母亲送他上路时的眼神,和那沉甸甸又轻飘飘的八块钱,他始终铭记着。

若干年后,鲁迅能够大笔挣钱了,对朋友半开玩笑说:八块钱很划算,翻了许多倍……

鲁迅志存高远,生前就享有巨大的社会声誉,却不讳言挣钱,不粉饰早年求学的动机。缺钱,于是想挣钱,这天经地义。不过,并不是所有的读书人都具备直截了当的金钱观念。生活中、戏台上,许许多多的书生,倒是羞于谈钱的,仿佛他们牢记着圣人的教导。其实孔子本人并不是这样,圣人食不厌精,穿戴精致,出门讲究,惦记着学生的干腊肉。而历代文人,像司马迁、嵇康、陶潜、杜甫、李白,都能直接面对金钱,与一般劳动大众无异,或者说,比大众更为直接。中国的民间,即使山高水远穷乡僻壤,历来弥漫着封建统治者的意识形态。戏台很有感染力的。不言利,羞谈钱,民间例子甚多,融入了若干习俗。

这现象所形成的持久的遮蔽,已经在今天显现出来,千年压力一朝释放,把人拉变形,弄钱不择手段。

古代书生不能想钱,因为想钱就读不好圣贤书,不可能金榜题名。这种贯穿千百年的、由集体潜意识所支配的心理模式,自有它的合理性,它的存在理由。潇洒文人与穷酸书生都是它的变式。后者有时呈大面积疯长的态势,例如八股文盛行的清朝。

强大的个体,能突破这样或那样的心理模式。比如鲁迅。

辛亥革命推翻了清王朝,却不能拆解民族心理的深层结构。复辟的闹剧几乎注定要上演。历史有惯性。历史进程中的个体或许能够洞察这种惯性。

这里的前提是:要有能力成为个体。

二十岁的鲁迅,在南京猛吃辣椒,目注《天演论》,胃火与热血一同燃烧。两个洋派学堂,有着相同的奇特课程:"上午声光化电,下午子曰诗云。"鲁迅对此非常不满,要去寻求别样的人生。个体却在静悄悄地孕育中。在今天看,这样的课程设置未必荒唐。时隔一个多世纪,有些东西慢慢显形了,我们意识到:鲁迅并不知道他正在成为融合中西与文理的鲁迅。

鲁迅虽然对声光化电加子曰诗云的课程安排很不满,但还是熬到了毕业,并且拿到了好成绩,作为官费生到日本去留学。

这是 1902 年,离辛亥革命不到十年。

中国的留学大潮之所向,首推日本。南方城市,尤为风尚。单是绍兴,同一时期走出去的留学生就有好几十个。

鲁迅到东京,学上了日语,谈起了恋爱。

鲁迅是全班第一个剪辫子的男生,不知道是否与恋爱有关。现存的照片,未见他留辫子。而其他留学的男生,为长可及臀的黑辫子大伤脑筋,每天要把蟒蛇般的辫子盘于头顶,再盖上日本式的学生帽,看上去像怪物,像一座高高耸起的富士山。有些学生为这祖宗传下来的劳什子踌躇着,烦恼着,不敢上街,他们羡慕周树人君的平头寸发,却又没胆量去仿效。

鲁迅的标新立异,青年时代已见端倪:带头剪辫子,带头自由恋爱。

恋爱的对象是谁,现在不清楚。也许是个日本姑娘。

恋爱无结果。

鲁迅留下一首小诗《自题小像》:"灵台无计逃神矢,风雨如磐黯故园。寄意寒星荃不察,我以我血荐轩辕。"

荃指她,典出《离骚》:荃不察余之衷情兮。神矢指爱的神箭,典出古希腊神话。这七绝是赠给许寿裳的。李霁野撰文说这是一首情诗。李霁野先生是鲁迅的挚友之一,他的话有可信度。不过,鲁迅恋爱的具体情形,仅凭这首短诗难以揣测。"我以我血荐轩辕",自是爱国情操的流露,却也和恋爱的无结果有关:荃不察,她不能理解他的高尚情操。情侣当有共同语言,说不到一块儿,似乎就不能生活在一块儿。这是人的特征。不过,鲁迅高昂的身姿后面,却有某种难言的酸楚。

论者们解读高昂本不错,却不必将失恋的酸楚一笔勾销。

失恋就是失恋。如同:想钱便是想钱……

是周树人君还是这位被比做"荃"的女子首先提出分手,仍无从揣测。需要指出的是:这不重要。伟人身上的鸡毛蒜皮,用以闲聊无大碍,但不可太当一回事。如果恋爱的细节不足以诠释鲁迅,那么,它的丢失就无关紧要。

当鸡毛蒜皮有了市场,有些人就盯住鸡毛蒜皮不放,借口将伟人拉下神坛,将伟人之伟岸拆解成平庸,拿平庸去卖钱。这势头若蔓延开来,后果可想而知。这远比将伟人神话更糟糕,因为:神话尚能唤起虔诚与向往,平庸、低俗却能导致嬉皮笑脸,导致后现代的短命狂欢——将一切标志着人类精神境界的高峰削平,砍成碎片,拿去零售或整卖。卖完了,皆大欢喜,昆虫满天飞,野兽遍地走,连血腥事件也会变成市井笑料媒体猛料。到那时,世界范围内的"生命的阴暗麇集"宣告完成。

所以,鸡毛蒜皮也是危险的鸡毛蒜皮。

危险在于:如果只有鸡毛蒜皮的东西方能显现并放大,那么,单看鸡毛蒜皮的那些小眼睛将无限复制。

鸡毛蒜皮式的眼睛,只能看到鸡毛蒜皮。

眼下国内针对经典文艺作品的种种"恶搞",不过是瞄准恶搞的利润空间。为了搞钱,总有些人就不惜搞死文化,搞垮我们的下一代。俄罗斯人是这样对待普希金高尔基的吗?德国人是这样对待康德伽达默尔的吗?美国人是这样对待海明威福克纳苏珊·朗格的吗?据央视国际新闻,最近有民调显示:几乎所有的印度人都认为他们的传统文化是全世界最好的文化,他们的传统生活方式是全世界最好的生活方式。这对我们是个警示。而在拉美几个大国,"读者"与"观众"有明显的区分,前者有望成为能思索的个体,后者则容易滑向随波逐流的惰性群体。

如果我们大面积丢失传统文化,回望历史将变得不可能,从历史长河"跃入"当下的生活急流更不可能。生活将出现断裂,价值将呈现空洞,无根性的生存将无限克隆。千篇一律将大行其道,昆虫乱舞将固定为常态。

谁希望出现这样的景象呢?

"恶搞"是个恶兆,须严加防范。

而"软实力"、"以人为本"在这样的时刻成为中国主流媒体的关键词、常用词,真是令人感到欣慰。

几百所"孔子学院"正遍及全球……

鲁迅早期的重要文章有《文化偏至论》、《摩罗诗力说》、《人之历史》等。前者发洞见云:"明哲之士,必洞达世界之大势,权衡较量,去其偏颇,得其神明……外之既不后于世界之思潮,内之仍弗失固有之血脉,取今复古,别立新宗,人生意义,致之深邃,则国人之自觉至,个性张,沙聚之邦,由是转为人国。"

这段话十分透彻。

鲁迅把当时的中国诊断为"沙聚之邦",几亿人呈现为大沙漠,被刮来刮去的风不停地改变着形状。沙漠是如何形成的?人,又是怎样变成沙粒的?清王朝的经济实力不是远胜于日本吗?为何又是沙聚之邦?

鲁迅盯上了中国人的个性。个性不张,造就了沙聚之邦。

中国封建社会,权力运行极端化,覆盖面广,持续的时间长。而极端化的封建权力注定要制造庸众,把活生生的、有自主性的个体演变成沙粒。这也如同西方国家资本运行的极端化,极端化的资本变尽花招制造消费群,把人钉在消费的单一图景上,把"全面发展"的个体置于死地,把人的可能性掏空,把"人"消灭在历史的进程中。——几年前,不是还有个叫福山的人宣称要让资本主义终结历史吗?而西欧北欧的一些国家,在"二战"之后的若干年,倒是渐渐融入了诸多社会主义的元素,公平与效率并重,发展与福利共存,传统与现代之间有了足够的缓冲地带,生活世界因之而呈多样化。欲望被仔细辨认,单面人的蔓延趋势受到遏制……

沙聚之邦将如何转为人国呢?鲁迅给出的答案是:"洞达世界……外之既不后于世界之思潮,内之仍弗失固有之血脉。取今复古,别立新宗。"

这洞见,预示着日后著名的"拿来主义"。

弗失固有之血脉,乃是鲁迅式的"回行之思"。必须返回人文传统,在历史的深处获得跃入当下的力量。回行有三种方式:一是借鉴,二是批判,三是融合借鉴与批判。鲁迅先生是终其一生,或隐或显地居于三者之间。他的投枪匕首,他的横眉怒目,乃是针对漫长的封建社会的权力极端化的恶果。

《文化偏至论》又提出"非物质"、"张灵明"。

人是万物之灵,有价值系统,有道德承载,有诗意向往,有灵光闪烁。动物的决定性的因素是物质环境,而人之为人,是由文化环境来决定的。物质的急剧丰富,可能会导致精神的贫乏。概言之:物比人大。物欲横流,肯定对社会和谐有害。

活着要有意义。活着有意义的人才会活得精彩。

德国哲学大师马科斯·韦伯说:"人是活在由他所编织的意义之网中的动物。"

这倒不是说,人是凭空编织这张意义之网。人生"此在"的参照系,取决于社会的"共在"。生活之意蕴层,犹如天空中的臭氧层:没有任何一个大陆板块能置身局外。臭氧层出现了大空洞,修复需要时间。生活的完整性遭到破坏,修复也需点点滴滴地做起。意蕴层受损,软实力下降,每一个人都会受伤害,不管他是富人还是穷人、是官员还是百姓。

所谓修复,前提是要察看受损的程度。提升软实力,任重而道远。原因是:软实力的提升,很难下硬指标。

二十世纪初,鲁迅在日本发出他的追问:"事若尽于物质矣,而物质果足尽人生之本也耶?"这个追问,既有近代欧洲启蒙运动的背景,又追溯到庄子的智慧:物物而不物于物。

庄子的这个短语,在今天意义重大,所以笔者一再重复。

一百年前的鲁迅又说:"诚若为今立计,所当稽求既往,相度方来,掊物质而张灵明,任个人而排众数。人既发扬踔厉矣,则邦国亦以兴起。"

掊物质:抑制物欲的恶性膨胀。

这几乎等于说:两个文明(物质与精神)要一起抓。

为什么要抑制物欲?因为物欲横流有害于个体的全面发展,有悖于全社会的健康向上。"林林众生,物欲来蔽,社会憔悴,进步以停,于是一切诈伪罪恶……乘之而萌,使性灵之光,愈益就于黯淡。"

物欲显然是推动人类社会进步的几股大力之一,但物欲横流醉生梦死,既造成无数罪恶,又导致"生活世界"的种种遮蔽。物的丰富,绝不等同于人的丰富性、日常生活的丰富性。

鲁迅在日本,近距离审视欧美的物质文明,掉头为自己的民族把脉,他得出的结论是:兴国,首先要立人。

周氏三兄弟,树人、建人、作人,应该含有这层意思。周作人在抗战期间做了汉奸,又另当别论。

任个人,排众数,是致力于中国人的个性解放,瞄准并揭示民族的劣根性。民众的愚昧和麻木,是鲁迅一生都深恶痛绝的。爱之深才痛之切,才责之严。"哀其不幸,怒其不争。"

沙聚之邦,个体罕见。先知先觉先行者,必定遭到"众数"的漠视、歧视、乃至敌视。耶稣、苏格拉底、布鲁诺的命运都证明了这严酷的现实。鲁迅也不例外。他晚年有句名言:他是为他的敌人活着的。这位悲天悯人、恶斗旧势力的"空前的民族英雄",却出此沉痛语,我们今天当能倾听、掂量。

鲁迅的"最痛苦的灵魂",源于他感受和辨认黑暗的能力。

据他的朋友讲,他常常对事不对人。这在一副面团形象的国人中间是要犯大忌的。他看得透彻,所以才一针见血,才直截了当。惯于作揖打拱、你好我好大家好的人们自然会不舒服。这些人是中庸之道的产物,其集体潜意识盘根错节,犹如深海的藻类。他们的感觉注定要滞留于表层,不会意识到鲁迅的良苦用心。他们还跳起来,缠斗鲁迅,消耗着巨人的体力。

觉醒的个体,面对昏睡的庸众……

鲁迅发现了尼采和易卜生。而尼采发现了超人、末人,易卜生发现了真理常在少数人的手中。

辛亥革命时期,真理确实在少数人手中。

中国革命的先行者孙中山,足迹遍及欧美,他是既反抗封建主义,又洞察了资本主义的罪恶,在《三民主义与中国前途》中非常准确地指出:"文明有善果,也有恶果。欧美各国,善果被富人享尽,贫民反食恶果,总由少数人把持文明幸福,故成此不平等的世界。"

孙中山是先行者,鲁迅是先觉者。孙中山致力于社会革命,鲁迅全力以赴改造中国的国民性。

二十世纪初的鲁迅,发出了这样的声音:"今索诸中国,为精神界之战士者安在?"

精神战士披挂上阵了。

这样的战士,千古一人。

1980年的《鲁迅研究》中,彭定安先生写道:"他一走上战阵,就显露了一个伟大文化战士和启蒙思想家的最宝贵的品德:献身的赤诚,战斗的激情,清醒的现实主义,实事求是的态度,思想家的睿智和深沉,战士的勇猛和坚定。"

鲁迅二十几岁就几乎成为鲁迅,令人不无惊讶。当时的日本东京,聚集着来自中国的各路豪杰。革命的,改良的,复古的,保皇的,主张暗杀的……分成若干派系,竞相发出声音。中国面临着遭列强瓜分的危险,知识分子受到前所未见的刺激。既要排满、反封建,又要反列强,各种各样的救国论杂然纷呈。实业救国、教育救国、医学救国、黄金黑铁救国、坚船利炮救国……而鲁迅的救国思想,当发端于南京读《天演论》的时期。进化这个词一再刺激他,掀起他的灵魂风暴。不进则退,不进则亡。但是社会的进步,在他看来是要取决于个体的壮大。救国,首先要救人。

鲁迅读进化论,读来读去,读出个体二字。这使他获得了坚实的思想基础,几十年受用不尽。这个基础,为他提供了人生的舞台,文学的创造性区域,韧性战斗的战场。

也使他孤独、痛苦。

发现了个体,也就发现了沙粒、沙聚之邦。鲁迅是研讨沙粒、沙化的专家。而他改造国民精神的荒漠化,常陷入孤军奋战的境地,尽管他装备精良:有卓越的思考能力,有杰出的表达思考的汉语艺术。他呐喊,投枪匕首并用,却如同置身于无物之阵。

民族的劣根性,发现它已经非常的不容易了,何况要去改造它。"沙聚之邦转为人国",这工程的浩大与艰难,恐怕没人能够测量。

鲁迅十几岁家道中落,由小康跌入困顿,生存的落差唤起紧张的思索。而历代杰出文人,几乎都有类似经历。在南京的水师学堂他常吃辣椒御严寒,渡重洋到东京去求学,他又尝到了初恋的涩果,这些身体层面的"失败",反而催生鲁迅的精神成长。也许,这里显现了"自卑与超越"的生存环节。"风雨如磐黯故园⋯⋯我以我血荐轩辕。"鲁迅二十一岁写下的诗,表明他正在完成着自己的超越。时代风云也影响他。但鲁迅之为鲁迅,单凭说一句"时代影响"却是不够的。时代影响千万人,鲁迅却具有清晰的唯一性。

鲁迅为什么能看见个体?因为他很早就"活向"个体。穷人的孩子早当家,"破落户的子弟"能思索。所谓破落户子弟,一般显现为两种"生存情态":游手好闲混吃骗喝;发愤图强勇于思索。鲁迅当然属于后者。家学渊源,母性呵护,严谨的三味书屋,健全的童年生活,阻断了鲁迅滑向前者的可能性。

二十岁前后,鲁迅形成了个体修炼的态势,步入个体的运行轨道。而我们不难发现,这样的个体修炼与古代杰出文人的修身有同构的关系。

唯有这种个体,方能发现个体的对立面:庸众和沙聚之邦。

鲁迅赢得了思想的持续的喷发点,也"赢得了"前所未有的黑暗。如顾城诗句:黑暗给他一双黑色的眼睛,他却用来寻找光明。

喷发力,也是针对黑暗的攻击力。

理解鲁迅,不妨聚焦于此。他的写作和他的生存姿态。

把握鲁迅的精神脉络,乃是本文的努力方向。

也许只能思到中途,但只要有思,就是好的。个体的特征,思为第一要素。

对创造性的人物，必须以创造性的思维与之对接。

鲁迅在东京弘文书院待了两年多，然后去了仙台，学医。严谨而又慈祥的藤野先生，后来成了他终身铭记的恩师。三十年代，日本对中国虎视眈眈，但鲁迅的书房里仍然挂着藤野的照片，仍与开书店的内山完造交厚，信任日本医生须藤，这说明他确实对事不对人，待人行事，全凭自己的目光。日本军国主义和具体的日本人，他是区别对待的。

鲁迅对西方医学有浓厚的兴趣，各科成绩均好。这也如同他对地质学、生物学的浓厚兴趣。他一直是文理兼修，能同时看见物质与精神，看见二者的融合与二者的分界。现代西方大哲，不乏从自然科学转向人文领域的例子，像胡塞尔、罗素，原本都是出色的数学家；像弗洛伊德，从医生转向精神分析学的创始人，宣称全社会都是他的病人。鲁迅不认同弗洛伊德，却与弗氏有相似处：看社会上的各色人等都有病，只是病的程度不同而已。

在东京，鲁迅和许寿裳经常讨论：中国国民性中最缺乏的是什么？它的病根何在？

这样的讨论和追问，当属罕见。

而在当时的日本，由于1894年的中日海战，由于稍后的日俄战争，好战分子急剧增长，军国主义气焰嚣张。鲁迅被仙台的日本同学视为"支那学生"。成绩好反受奚落，受怀疑：一个支那人，怎么可能在骨学、神经学、血管学、解剖学、细菌学的课程上都取得好成绩呢？

有日本学生写信给鲁迅，开头便说：你忏悔吧！

这等于说：你交代吧，你是怎么作弊的？

鲁迅毫无"忏悔"的迹象，班上的同学对他侧目而视，有些人还故意惹他。

他住在一所监狱旁的低级旅馆，瘦弱之躯饱受蚊子的叮咬。冬天也是蚊子乱飞。没蚊帐。顿顿粗食。

有时整夜拍蚊子，拍得一手血……

身心受着煎熬。真金在烈火中炼着。

这一天，学校放一部日俄战争的纪实影片，片中有个中国人，因做了俄国的奸细而被日军处死。围观的中国同胞一个个身强体壮却神情麻木,他们在看热闹,看杀头,鸭子般伸长颈项,死鱼般的眼睛转动着某种兴奋。鲁迅大吃一惊。日本学生在欢呼,打着尖利的口哨。

体格强壮而神情麻木的中国人……

鲁迅对此印象深刻,源于他对国民性的持续的追问。思想导致感觉。感觉引发更多的感觉,又反证思想。

他做出了瞬间决断:弃医从文。

医学是不能深入灵魂的。行尸走肉满街蹿,"病死多少是不必以为不幸的"。

《药》、《示众》、《阿Q正传》,对国民的麻木作了入木三分的描绘。麻木是个大词,它衍生多种形态,包括自欺欺人,包括沾沾自喜,包括瞒与骗、吃人与被吃,包括著名的"精神胜利法"……

优秀作家的一切努力,都是深入人性。在鲁迅,是深入国民性、民族的劣根性。或者说,他是历史性地考察人性。

鲁迅是敏感的。高度敏感的人方能看见高度的麻木,犹如坚实的个体才能够洞察一盘散沙似的群体。

叶圣陶说:"在同时代的人中间,鲁迅先生的确比别人敏感。有许多事,别人才有一点儿朦胧的感觉,他已经想到了,并且想得比别人深。"

鲁迅先知先觉,就"思想的实事"而言,他又是先行者。"三先"共属一体。他是思想革命的先驱。

毛泽东称他是"伟大的文学家,思想家,革命家"。

他想得深,于是他走得远。他走得远,于是他孤独。

中国封建社会,愈到晚期愈呈封闭状态,乃是权力运行的极端化所致。极端化意味着:唯有这种极端化方能维持日趋腐败的权力系统的运行。中国的政体落后于西方多矣,但是中国的传统文化,却能够眺望其他语种的文化。由此可见:传统文化并不依附于封建社会。文化的本质性力量能洞穿社会形态。这一点在今天大致能看清了,传统文化有其恒定价值。

晚清国门初开,士人们普遍怀有陌生感所带来的焦虑。而杰出的士人,在焦虑中前行,杀开一条满是荆棘的道路。鲁迅能受西方文化的大力牵引,与他的"国学"功底是有关系的。这个问题很重要,后面细谈。

把握"鲁迅之为鲁迅",须抓住纲,纲举才能目张。

鲁迅想事情,一旦想明白了,便立刻去做。这里的所谓"想",可能只有几分钟。这大约就是西哲所推崇的"瞬间决断"。这倒不是说几分钟才是瞬间,有时候,几年也可能成为历史瞬间。

许寿裳劝鲁迅说:你学医不是学得好好的吗?为何放弃?

鲁迅回答:中国的呆子,岂是医学所能治疗?

放弃医学的理由真是充足。

鲁迅去找老师,陈述这退学的理由,藤野先生一听就明白了,虽然他很爱这唯一的中国弟子,却未多劝。他送给鲁迅一张照片,用毛笔默默写下两个汉字:惜别。

鲁迅接过先生的照片。后来一直把藤野的照片挂在墙上。当他工作累了,想偷懒了,望望照片,又开始伏案工作。

今日日本东南部的繁华大都市仙台,有鲁迅先生的纪念碑、藤野先生的纪念碑……

1906年的夏天鲁迅回到东京,生活仍然艰苦。吃得很差,想得很多。这杰出的大脑几乎昼夜不息地运转。"赴会馆,跑书店,往集会,听讲演。"在精通了日语之后,他又学俄语、德语,如饥似渴地阅读俄国、德国的文学和哲学经典。

精神界之战士,蓄势待发。

鲁迅一生全神贯注于社会批判、文明批判,而康德在十九世纪已经有"四大批判"之一的《批判力批判》。针对批判力的批判,中国的晚清士人们可能还不知所云。

毛泽东曾在《同音乐工作者的谈话》中指出:"近代文化,外国比我们高,要承认这一点。"

鲁迅的奋起,乃是瞄准文化的落差。他跃入西方文化,贪婪地呼吸着异质性的空气,并返身打量中国的传统文化,"看见了"传统文化——它的精髓和它的弊端。

他能对同质性的东西作陌生化处理。

这也包括他将要展开的汉语艺术。他的小说,从《呐喊》、《彷徨》到《故事新编》,几乎一篇一个风格,其艺术蜕变的能力令许多人惊讶。他不刻意追求形式,反而获得了"有意味的形式"……

鲁迅审视中国,盖因他汲取了中西精英文化的力量。

唯有精英文化,方能使人洞察历史与当下。

人是一根能思考的芦苇……

从南京到东京,前后十一年,鲁迅给人的印象,是每一分钟都在紧张地思考。学习,思考,再学习,再思考。吃穿住他好像全不在乎,包括谈恋爱。精神的飞升伴随着身体的"下沉"。

而这种类型的伟人大哲,近代西方常见。想想斯宾诺莎、马克思、康德、尼采吧。

这倒不是说,伟人哲人们不食人间烟火。

人生太短促。鲁迅名言:要赶紧做。

他在东京张罗着办《新生》杂志;用"精奥的古字"翻译《域外小说集》。一边要新生,另一边却用古字,这饶有深意。

"弗失固有之血脉",知,然后行。

鲁迅做了国学大师章太炎的弟子。章太炎在当时是名声显赫的革命家,坐过清廷监狱,出狱后把他的讲坛论坛搬到日本东京,与改良派、保皇派领袖梁启超、康有为等展开激烈论战。

鲁迅听章太炎讲《说文解字》。

太炎先生席地而坐,挥舞着手臂,绘声绘色讲汉字,往往几个小时一晃而过。听讲的学生环坐于矮桌旁,上厕所都要抓紧时间,生怕漏听精彩之处。有一位钱玄同,听得忘形,每次上课都眉飞色舞,身子不觉前移,移至先生跟前。师生讨论,数钱玄同的话最多。鲁迅对钱玄同小有不满,给他取个绰号"爬来爬去"。

后来,钱玄同做了古文字学家。

二十年代钱玄同提倡复古,鲁迅写文章批评他。

鲁迅写《太炎先生二三事》,对作为儒学大师的章太炎也有微词,不过,这篇文章的基调是亲切的,怀念的。

鲁迅办《新生》杂志,狂读西方经典,同时聆听着章太炎。视野开阔的思想家文学家在酝酿中。无与伦比的汉语艺术在锤炼中。而鲁迅的这一层曾经受到遮蔽。

战斗的鲁迅之所以能够战斗,其文化视野乃是决定性的因素。

他的同乡徐锡麟刺杀清廷大员恩铭,举国震惊。革命以各种形式进行着,仁人志士层出不穷。徐锡麟被处死、开膛,心肝肺做了恩铭亲兵的下酒菜。清王朝垂死挣扎,疯狂反扑。不久,鲁迅的另一位同乡,鉴湖女侠秋瑾,也在她的故乡绍兴死于清廷刽子手的屠刀下。

秋瑾生前,随身带着一把短刀。

鲁迅也有一把短刀,那是在仙台的时候一个日本朋友送的。

夜里他看刀,并比画着。

他并不是一名刺客。这是一把灵魂的手术刀。

鲁迅看刀,看来看去,"看"出日后的投枪匕首式的杂文。

郁达夫说,鲁迅的杂文"能以寸刀杀人"。

郁达夫通常给人留下风流才子的印象,却对鲁迅杂文推崇备至,反击鄙薄杂文的梁实秋。梁实秋先生翻译莎士比亚功莫大焉,但也许他是走了"雅"的极端。

杂文的特点是嬉笑怒骂皆成文章,这挺好的。

孟子写文章,也是要骂人的。

王国维、章太炎、辜鸿铭、郭沫若……谁不骂人呢?

骂是广义的,并非人身攻击。"辱骂和恐吓绝不是战斗。"

鲁迅从仙台返回东京,又待了三年。屈指算来,他到日本已经七年多了。

七年炼成真金。

此前的南京四年、绍兴老家十几年,为这七年奠基。

如今的仙台人不无自豪地说:绍兴是周树人的故乡,而仙台是鲁迅的故乡……


1908年的鲁迅居于东京的一幢公寓"伏见馆",他快满二十九岁了,唇上留了一点胡须。他还不想回国,回国意味着成家。成家意味着过老式的日子,在绍兴生儿育女,做师爷或幕友。

母亲拍电报催他回去。绍兴有一位名叫朱安的姑娘在等着,她的年龄比鲁迅略大。鲁迅不想娶她。类似的婚姻悲剧,也发生在胡适之、郭沫若的身上。新思维和旧婚俗之间是注定要发生悲剧的。21世纪的今天，看上去一目了然，实在不值得唠叨、纠缠。

母亲又拍电报，称卧病在床。鲁迅赶紧起程了。

其实母亲没病，是催他回去完婚。

鲁迅令人费解地同意了，在绍兴与朱安举行了旧式婚礼。

原来，他有个折中的两全之策：为母亲迎回了一位儿媳妇，却拒绝一个妻子。他拒绝和朱安同床共枕，一辈子为朱安提供生活的费用。朱安曾经许过人的，她为逃避包办婚姻而住进了周家，却遭受了鲁迅的迎娶式的逃避。按绍兴习俗，如果鲁迅不娶她，她很有可能永远嫁不出去，连生计都成问题。

处于两难境地的鲁迅，将朱安的生活也考虑到了。

事情就这么简单。

这里没有什么符合人道选择的万全之策。鲁迅不伤害朱安，就会伤害自己。他对朱安人道了，对自己就不人道。难道"自己"就不是人吗？这是什么样的人道主义道德律令，非得牺牲自己去成全别人吗？平等的观念不是这样的。

犹如财富的平均主义，在古希腊人的眼中莫名其妙。

犹如儒家文化提倡悲悯情怀仁者之心，却也处处强调等级。

这里的分寸感极为重要。一个健全的社会，雷锋精神当与富豪榜并存。偏颇是有害的，走极端则导致灾难。

贫富有区别。精神境界有差异。

健全社会的运动过程中，应当有能力同时显现此二者。显现是说：尽可能地去掉遮蔽。

个体形成的过程中，则应当警惕极端个人主义。

悖论是：人人趋利，损人利己，既有害于社会的、单位的、家庭的和谐，又不利于个体的壮大，个体的幸福。

想想看：乌眼鸡它能幸福吗？乌眼鸡只会去找乌眼鸡……

如果动物本能的充分调动就是幸福，丛林法则的普世应用就是大同，那将把人类的几千年文明置于何处？把真善美的百代努力置于何处？

而当所有的眼睛都只能反射钱币之光的时候，生活的完整性也无从谈起了。爱意、诗意、神性、道德、风俗将集体退场。生活之意蕴层撕裂出大空洞,就像天上那个肉眼看不见的臭氧层。

只能辨认有形之物的那双眼,乃是标准的动物之眼。

不难想象:如果鲁迅活到今天,会对有蔓延趋势的拜金主义拜物主义使用他的短刀、他的投枪匕首。

唯有全面发展的"那个人",才无愧于人的称号。

我们这些只知为一点蝇头小利而忙忙碌碌的人,不妨扪心自问:对得起为重建民族之魂耗尽了心血的周树人吗?

鲁迅婚后不久,去杭州两级师范学堂教书。许寿裳在那儿当教务长,校长是沈钧儒。鲁迅教化学,教生理卫生,兼博物学的翻译。他对学生讲生殖系统,面对一张张惊异甚至惊恐的娃娃脸。他面无表情,单用抑扬顿挫去表达。声音是他的表情。他冷幽默。下面即使哄堂大笑,他的面部肌肉的变化也不大。

讲课的风格,讲演的风格,形成于杭州师范。

也影响着日后的文字风格。

幽默这东西,一旦"热膨胀",容易油腔滑调。鲁迅懂得这个微妙的分界,专门写文章,告诫年轻人不要油腔滑调。

这告诫放在眼下仍然适用。油腔滑调有变式,比如对文学及影视经典作品的恶搞。

三十岁的鲁迅住着单身宿舍。学校里他是最能熬夜的教员,备课,读书,整理和学生们一块儿从野外采集来的植物标本。他抽"强盗牌"香烟,吃杭州有名的条头糕。这两样东西,校工每晚给他送上。物质生活,比在日本的时候强多了。

深夜他在小院徘徊,觉得天空奇怪而高。

香烟总是在手上,而思绪袅袅在空中。

然后,一个人卸衣上床……

沈钧儒去职,来了个新校长夏震武,强拉许寿裳陪他去孔庙"谒圣",遭到许寿裳的严词拒绝。

鲁迅给这位新校长起了个外号:夏木瓜。

很快,"夏木瓜"在教员们中间广泛传开了。恼羞成怒的木瓜摆出了权力面孔,拉虎皮作大旗,惹得群情激奋。双方斗了几个回合,以教员们的胜利而告终。木瓜辞职,学校开起了庆功会,鲁迅痛饮绍兴老酒。

这是1910年,离辛亥革命很近了。夏木瓜尊孔,真是不合时宜。

鲁迅"升官"了,从杭州返回绍兴,在绍兴府中学做了学监。

还是穿廉价的羽纱长衫,抽强盗牌香烟,吃条头糕。还是形同单身汉……

绍兴古城弥漫着革命的空气,人们公开议论三年前死去的秋瑾、徐锡麟。鲁迅一头短发,昂扬走在街上。绍兴府中学的学生们满怀敬意地望着他走过,悄声议论他与秋瑾的友谊。

"革命"来了。

革命党人王金发的队伍从杭州连夜开到了绍兴。穿蓝色军装的士兵们,穿草鞋,扛步枪,打裹腿,精神抖擞。

绍兴城亮起了各种各样的灯:油灯、纸灯笼、玻璃方形灯、桅杆灯。没灯的人点起了火把。

革命照亮了千年暗夜。

鲁迅出任绍兴师范学堂的校长。上任的头一天与全体学生见面,他戴着一顶军帽。校长致辞,简短有力。下面的操场内响起了欢呼声。

可是没过多久,绍兴的人们看见革命的标志性人物王金发长胖了,满脸油光。绍兴的士绅们用祖传老办法,群起而捧之,拜帖如雪片,这个送衣料,那个送翅席。绍兴府虽然改成了军政府,进进出出的却还是那些人。

城里忽然有了许多名目的革命党。不少人开口革命闭口革命。

城里和乡下的闲汉们兴高采烈,纷纷涌入军政府衙门,穿皮袍大摇大摆。

沉渣泛起。鱼龙混杂。

王金发变了,拒绝青年们提出的惩办杀害秋瑾的刽子手的强烈要求,说是"不念旧恶"、"咸与维新"。

青年们愤怒了,发传单,办报纸,痛骂王金发,请鲁迅做他们的后盾。

鲁迅站到了王金发的对立面。

绍兴城一度盛传,王金发要派人杀鲁迅。

鲁迅的母亲吓坏了,要他出城到乡下去躲避。

鲁迅不走。夜里还上街,打着灯笼,灯笼上写着大大的"周"字。过了一段时间,平安无事。他还当校长。王金发虽然糊涂,却不至于暗杀他。

许寿裳在南京临时政府的教育部任职,请鲁迅去南京。教育总长是蔡元培。

1912年的春天鲁迅离开了故乡绍兴。

同年五月,临时政府迁往北京。鲁迅随教育部北上,住在宣武门外一条僻静的胡同:南半截胡同里的绍兴会馆。八月,他从教育部第二科科长的位置,升为部里的佥事,是个高级干部了,月薪丰厚,权力亦大。于是,找他的人多起来,几乎排着队,到他的办公室或会馆小屋。如果他愿意在官场中谋个前程、编织关系网的话,此间是绝好的机会。

可是对鲁迅这样的人来说,有些机会根本就不是机会。

他看不见这些机会。

鲁迅的意识之所向,乃是时代。而由于他这么多年来死死地盯住人,盯住个体不放,所以,他所看见的那个时代,跟他的同时代人有巨大的差异。

他实在不喜欢那些形形色色的来访者。事实上,那些人所怀揣的各种名利念头,他要么在脑子里一晃而过,要么看不见:视若无睹。

现代中国最杰出的思想家,不得不置身于庸常官府、庸常的人际关系的纠缠。他做上教育部的高级干部,跟教育总长蔡元培先生的欣赏有关。后来,两人都从按部就班的政府部门转入了大学。蔡元培是现代教育的奠基人。鲁迅是现代思想和文学的奠基人。

思想家每天上下班。思想家夹着公文包匆匆走着,走过北京的一年四季。

鲁迅越来越烦那些敲门者,有时候对敲门者非常的不客气。

一个不愿意把别人当成敲门砖的人,自己也不愿成为别人的敲门砖。有趣的是:鲁迅既不知道"门"是什么东西,又不知砖为何物。

脑子里满是民国、民族、历史、当下,门砖之类哪有踪影?

活在历史进程中并能意识到这种进程的人,眼里哪有鸡毛蒜皮、鸡零狗碎?而西方近现代,这种具备了历史感的人特别多。中国从先秦到汉唐宋,目光长远者亦比比皆是。

　　民国初年,思想又在北京的一条小胡同里高速运转了。

　　鲁迅一头扎进古书、古碑、古佛经。为了前行他回望着历史。他辨认着黑暗。黑暗的广大与深长,经由历史的惯性延续到民国:袁世凯称帝,张勋复辟,军阀割据……

　　鲁迅紧张辨认着黑暗的"核心物质"。

　　郁闷,痛苦。历史的毒气与鬼气,也侵入鲁迅瘦小而坚硬的身躯。欲辨认对象,他是要和对象近距离接触的。

　　针对历史的毒素,鲁迅必须以剧毒之身,携带着强大的异质性力量,跃入历史的深潭以毒攻毒。他清点着历史的有毒物质,寻找那颗支配着无数吸盘的魔鬼般的章鱼头。

　　而历史自有闪光处。

　　鲁迅发现了魏晋文学和嵇康。那是一个具有"人的自觉"的时代,读书人纷纷反抗儒学礼教,不惜以死相拼。个体要成为自由的个体,付出了血的代价。龙章凤质的嵇康四十岁赴刑场,乃是追求自由的个体在封建权力魔掌下的历史性的闪亮登场。

　　礼教。这章鱼之头。

　　鲁迅自己就是礼教的受害者。还有那位在绍兴默默地陪着母亲的无辜的朱安……

　　六年过去了。鲁迅郁积着巨大的攻击力。地火在运行,岩浆在奔突。

　　这无声的、近乎阴冷的六年,鲁迅完成着自身的修炼,朝着更高更强更坚硬。

　　同时他也攒着钱,准备在北京买房子,把母亲和朱安都接过来。他抽烟,喝酒,吃甜点心。头发长,胡子乱。总是穿相同的衣服和鞋子,却不至于"扪虱而谈";或是拔出短刀去追赶苍蝇。魏晋士人的佯狂,鲁迅能一眼看透。

　　郁闷也包含了性苦闷。

1918年春季的某一天,钱玄同突然来访,带来了一本《新青年》杂志,请鲁迅写一点文章。鲁迅并不兴奋,他说了一段后来被专家作家无数次引用的话:"假如有一间铁屋子,是绝无窗户而万难破毁的,里面有许多熟睡的人们,不久都要闷死了。然而是昏睡入死灭,并不感到就死的悲哀。现在你大嚷起来,惊起了较为清醒的几个人,使这不幸的少数者来受无可挽救的临终的苦楚,你倒以为对得起他们吗?"

鲁迅话是这么说,但还是同意给《新青年》写稿。胡适、陈独秀都是这个杂志的编辑。

这一年的五月,白话短篇小说《狂人日记》问世。这是漫长的封建礼教史上的第一声惊雷。也是中国现代文学的第一块奠基石。现代小说自《狂人日记》始。

小说用第一人称,写一个患有受迫害妄想症的"狂人"。小说的原型是鲁迅的一个亲戚,原本在山西做幕友,忽然觉得所有的人都要陷害他,于是仓皇逃到北京。他虽然住下了,但还是很恐慌,要逃跑,换了一个又一个房间。鲁迅安顿他,劝慰他,却苦于怎么说都没用。有一天这位亲戚极为惊恐地朝鲁迅喊:"今天就要被拉去砍头了!"并颤抖着拿出了一封绝命书。鲁迅认为他精神错乱了,送他去池田医院时,沿途的巡警又吓得他面如土色。医院里治了一星期,无效。鲁迅托人送他回了绍兴。

这事发生在1916年。

短篇小说《狂人日记》酝酿了两年之久。

而小说中弥漫的恐怖氛围,直指四千年吃人的封建礼教。

且看"狂人"的感觉世界:

"早上,我静坐了一会儿。陈老五送饭进来,一碗菜,一碗蒸鱼;这鱼的眼睛,白而且硬,张着嘴,同那伙想吃人的人一样。吃了几筷,滑溜溜的不知是鱼是人,便把他兜肚连肠的吐出。"

"古来时常吃人,我也还记得,可是不甚清楚。我翻开历史一查,这历史没有年代,歪歪斜斜的每页上都写着'仁义道德'几个字。我横竖睡不着,仔细看了半夜,才从字缝里看出字来,满本都写着两个字是'吃人'!"

仁义道德吃人,谁愿意去看这样的历史呢?或者说,谁有能力如此去看呢？鲁迅看了，而且看得仔细。粗看就滑过去了。鲁迅在《论睁了眼看》中说："中国人因为向来不敢正视人生，只好瞒和骗，由此生出瞒和骗的文艺来。"

直面人生的鲁迅先生，发现了瞒和骗。三个字，概括了多少事，多少丑陋的内心。有些人主动地瞒和骗，有些人被动地、不自觉地瞒和骗。

直面惨淡的人生，正视淋漓的鲜血。

战士鲁迅，如此登场。

《狂人日记》的主题，可以浓缩为四个字：礼教吃人。

强者吃弱者，弱者又吃更弱者，于是吃人的筵席就排得很长了。清中叶的思想家戴震说："后儒以理杀人。人死于法，犹有怜之者，死于理，其谁怜之？"

理，是清代盛行的程朱理学，是"灭人欲存天理"的那个理。曹雪芹与戴震气息相通，所以才写出豪门大族的那么多惨死。

几百年的理学，几千年的仁义道德。封建统治者在举起屠刀的同时，使用着各式各样的软刀子。

鲁迅既反抗屠刀，又辨认软刀子。辨认的艰难在于：仁义道德贯穿了封建社会的教育体系。

而仁义道德，在它的源头上、在孔子的思想体系中不是这样的。历代杰出的儒者、文人，亦在强力维护着这个源头。即使封建统治阶层，也从来不乏敢于为民请命的"中国的脊梁"。

而鲁迅在当时，必须亮出彻底反封建的战斗姿态。

针对封建礼教的极端化、日常化，必须以另一个极端来揭示它。否则，礼教强大的遮蔽力量将抵消任何揭示的力量。

思想的高速运行，显现了穿透力。1907年，二十八岁的鲁迅写《文化偏至论》，向我们亮出了他的辩证思维。

偏执有洞见。或者说：偏执的洞见。

偏执也标示出五花八门的面团形象，温吞水似的喋喋不休。温吞水照不出温吞水。面团希望永远碰上面团。

读《狂人日记》，并不令人愉快。

《地洞》、《变形记》、《复活》、《死屋手记》、《局外人》、《铁皮鼓》、

《喧嚣与骚动》……也不是叫人产生"阅读快感"的。卡夫卡、福克纳、加缪等人执意表现痛苦的荒诞,揭示种种异化,批判非人道,为西方文明的艰难进程作出了特殊的贡献。

这也是所谓精英文化的组成部分,早就进入了西方文化的主流传承。

人类的心志,应该有能力正视痛苦。

快乐是"痛苦的快乐",犹如阴天是晴天的阴天。一味回避痛苦,有两个后果:

1. 快乐失去参照系从它自身脱落;2. 导致更多的痛苦。

人所不能承受的,是生命之轻。

《狂人日记》是岩浆的喷发点,从此鲁迅一发不可收。六年的沉默、沉积,来了个大爆炸。

《药》。

《祝福》。

《孔乙己》。

《阿Q正传》……

"狂人"虽然是城里人,可在乡下也能找到;"阿Q"是农民,却能折射城市里的各色人等。

阿Q真能做:春米便春米,割麦便割麦,撑船便撑船。他是未庄的流浪汉,睡在土谷祠,忽而去了城里,变成了"革命者"又回到未庄,吓唬赵太爷,投奔假洋鬼子。他满脑子白盔白甲、元宝、洋纱衫、秀才娘子的宁式床;他满嘴锵锵锵,哼唱"我手执钢鞭将你打!"喊叫"造反了造反了"。他打不赢王胡,却意外地做了个天下无能第一,很自豪,精神胜利了。他与小D缠斗,双方抓辫子,抓住就不放。他有癞头疮,于是忌讳一切有关"亮"或"光"一类的字眼,而为了应付难堪的局面,他发明了怒目而视,对鄙睨他的人说:你还不配!话一出口,癞头疮就变得高尚而光荣了。他摸了一把小尼姑的光头,凭了指尖留下的滑腻感欢喜半天,对众人道:和尚摸得,我也摸得……他想和吴妈困觉,"对伊跪下了"。他在死刑书上画押,惭愧自己未能把圈画圆。他莫名其妙赴了杀场,看见所有的熟面孔全出现了。他被"咔嚓"给麻木而凶狠的看客们看,似乎还介于喜与悲、自卑与自傲之间。"二十年后又是一条好汉":阿Q真不想断子绝孙。

不知鲁迅先生看没看过卓别林的电影。

如果让卓别林来演阿Q,那才叫绝呢。

让人笑得直想哭。这是什么样的艺术?

现实主义、象征主义、现代主义、后现代、荒诞派、黑色幽默……什么标签不能贴?

鲁迅之作为艺术大师,其艺术变形的能力之强,至今令人感到不可思议。从小说到散文诗《野草》,到《故事新编》,到杂文。顶级艺术,向我们保持着它的神秘性。就像《红楼梦》。

读阿Q,笑得想哭,又哭不出声,为什么?

因为很多人在阿Q身上嗅到了自己的气味。却又不好明说,大家装糊涂,反指别人是阿Q。

麻烦在于:反指别人是阿Q的时候,更靠近阿Q。

阿Q似乎无处不在,布下了国民劣根性的天罗地网。

这部几万字的中篇小说,于1921年连载于《晨报副刊》,署名巴人。副刊编辑孙伏园每隔几天到鲁迅的住处催稿。杰作是催出来的。初看像滑稽小说。看到后来,又越看越不像滑稽小说:很有些读者笑到一半便停下,疑神疑鬼地瞅瞅也拿着报纸的其他人……

官绅阶层,智识阶层,敏感者尤多。

阿Q是未庄游荡的阿Q,他们为何敏感呢?

他们的魂灵被击中了。灵魂深处那黑糊糊的一团东西,突然注入了一道强光。这强光,仿佛来自天外。

阿Q自轻自贱又自傲,很善于自欺欺人。

他有个口头禅:我们先前……比你阔多啦。

中国落后于西方国家,阿Q的这种语气当时很流行。提倡国粹、"整理国故"的声音一波又一波。《阿Q正传》点了胡适的名。

平心而论,鲁迅先生有偏颇。偏颇却有洞见。

当时的中国既落后于西方、遭凌辱受挤压,自己又搅得一团糟,却总是有人高叫:中国的精神文明冠于全球!

这口号即使无大错,也叫得不是时候。

更何况,关于中国固有之精神文明,很多东西要重新回首。

鲁迅是回首的伟大的先驱。

他给青年学生开书目,建议少看或不看中国书。他是在特定的历史时期说这番话的,蕴涵了深意和苦心。借助西哲的眼力,清理中国传统文化中的毒素。这是需要勇气的,需要大智大勇。以胡适辈的中庸,焉能看到这一层?这才是重振民族自信心的战略性眼光:鲁迅的一生,是致力于让固化的文明得以疏松。

鲁迅乃是历史性的鲁迅。也许今天,是辨认他的伟岸身影的更好的历史时机。

《阿Q正传》编入小说集《呐喊》,一经问世,轰动全国。连云南昆明这样的西部偏远城市也供不应求。

鲁迅剖析国民魂灵的手术刀,往往首先对准他自己。

混合了自卑与自傲的"自欺欺人"的心理模式,是鲁迅揭示的。

由此生发了这种心理模式的对立面:勇于解剖自己,触及灵魂,人贵有自知之明,批评与自我批评……二十世纪七十年代以前出生的人,对这些句子耳熟能详。毛泽东把鲁迅精神带到了新中国。

鲁迅以轻松的笔调为阿Q画像,同时烛照着、剔除着自己身上的阿Q因素。

比如忘却。阿Q是很能忘却的,他到钱庄赌钱,输了一大把,很想不通,于是自抽嘴巴,似乎打人的是自己,被打的是别人,于是,他心满意足地倒在了土谷祠的杂草地上,呼呼入睡了。

甚至到了示众砍头的时刻,"他一急,两眼发黑,耳朵里嗡的一声,似乎发昏了。"可是转眼的工夫阿Q又忘却了,"很羞愧自己没志气,竟没有唱几句戏。"末了,他无师自通来一句:"过了二十年又是一条好汉……"身首异处的一刹那,他竟然还惦记着去博取看客们的喝彩。

这叫至死不悟。

鲁迅对中国人的各种类型的"忘却"深恶痛绝。《为了忘却的记念》,故意说反话,把"忘却"抛到前台。我以前也是读不懂,盯上了忘却二字,正中先生的下怀。

忘却也是弱者的特征,弱者的生存术。试想:如果阿Q不善于忘却,桩桩屈辱铭心刻骨,他还能在未庄混下去活下去吗?

所以鲁迅先生,对阿Q们,对孔乙己们,对"鸭子般伸长颈项"的可怜又可怕的看客们,是"哀其不幸,怒其不争"。

"揭出病苦",是为了"引起疗救的注意"。

可是很多人并不这么想。小说刺激了他们的神经。

当时有人在《现代评论》撰文说:"鲁迅先生站在路旁边,看见我们男男女女在大街上来去,高的矮的,胖的瘦的……笑的哭的,一大群在那里蠢动……鲁迅先生的医学究竟到了什么程度,我们不得而知。但我们知道他有三个特色,那也是老于手术富于经验的医生的特色,第一个,冷静,第二个,冷静,第三个,还是冷静。"

这话是嘲讽的,却也讲出了鲁迅特色。

写《包法利夫人》的法国大作家福楼拜,同样保持着外科医生式的冷静。

冷收缩反衬热膨胀;

"静故了群动,空故纳万境。"此系苏轼名句。

冷与热的辩证法,鲁迅体验最深。

契诃夫的特点,俄罗斯人总结为:淡淡的幽默。冷热之间的淡淡的幽默,可能是契诃夫经过曲折的探索之后找到的艺术喷发点。而读过契诃夫的人都知道,这位伟大的小说家对俄罗斯抱着怎样的火热的感情。

鲁迅很喜欢契诃夫。两人都学过医。都弃医从文。

《阿Q正传》自问世以后,数十年间一直处于激烈的争论中。争论的焦点是:阿Q这个艺术形象,是否指向中国社会各阶层?阿Q的时代一去不复返了吗?

许许多多的学者作家卷入了这旷日持久的大争论。而争论本身,又折射了不同的时代、不同的眼光和心态。这是小说的延续。一石激起千层浪。惊涛拍岸不停息……

郭沫若说:"旷代文章数阿Q。"

茅盾说:"我们有时自己反省,常常疑惑自己身中也免不了带着一些'阿Q相'……作者的主意,似乎只在刻画隐伏在中华民族骨髓里的不长进的性质——阿Q相。"

郑振铎说:"这个阿Q,许多人都以为就是中国人的缩影。"

钱杏邨则批评鲁迅:"不但没有抓住时代,而且不曾追随时代。"钱的文章发表于1928年,马上有人撰文反驳:《阿Q时代没有死》。

鲁迅自己说:"要画出这样沉默的国民的魂灵来,在中国实在是一件难事……我也只依了自己的觉察,孤寂地姑且将这些写出,作为在我的眼里所经过的中国的人生。"

1933年,鲁迅在《再谈保留》一文中又说:"十二年前,鲁迅作了一篇《阿Q正传》,大约是暴露国民的弱点的。"

鲁迅认为,"中国国民性的堕落……最大的病根,是眼光不远,加以'卑怯'与'贪婪',但这是历久养成的,一时不容易去掉。"

这"一时"是多久,鲁迅没有讲。

几千年形成的病根,几十年难以去掉。历史有不易察觉的惯性。

法国大作家罗曼·罗兰读《阿Q正传》深有感触,他写道:"可怜的阿Q将长久地留在人们的记忆中。"由此可见,国外也有阿Q。

毛泽东在《论十大关系》中指出:"《阿Q正传》是一篇好小说,我劝看过的同志再看一遍,没看过的同志好好地看看。"

真该好好地看看。

鲁迅研究国民性由来已久,《呐喊》是一次集中喷发。他要"救救孩子",免得他们长大后,"昏天黑地的在社会上混"。

到了二十一世纪的今天,我们遗憾地发现,阿Q还在到处走,虽然他已经不戴毡帽,不唱"我手执钢鞭将你打!"怯懦、油滑、短视、中立;麻木、侥幸、忘却、投机;自卑、自傲、自欺欺人、欺软怕硬……学界商界演艺界的阿Q,市井的阿Q,农村的阿Q,机关大楼里的阿Q……

花样翻新的精神胜利法,还在强势推销。"市场前景"难以测量。

上世纪二十年代前后,鲁迅成为鲁迅,成为新文化运动的一面旗帜,"颇激动了一部分青年的心"。由于他的作品立意不凡,样式特别,吸引了大批追随者。他仍在教育部,兼了北京大学的课,以讲师的身份讲授《中国小说史略》。他花掉多年积蓄,卖掉绍兴老屋,在北京八道湾买了房子,将母亲、朱安和弟弟都接来同住。他回过一次绍兴,闰土来看他,当初的英俊少年变得非常木讷,像个木偶人。鲁迅为此写下著名的《故乡》,忧郁的目光瞄准饱受欺压的底层。

早年在南京下矿井,鲁迅对"鬼一般工作着"的矿工们印象极深。病态的社会,苦难深重的底层,此二者,牢牢地牵扯着鲁迅的神经。

他一直在看,深入地看。

悲天悯人的情怀,乃是中国文化的一大传统。

杜甫看。白居易看。苏东坡看。陆游看……

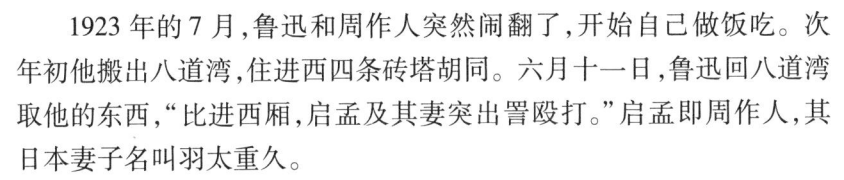

1923年的7月,鲁迅和周作人突然闹翻了,开始自己做饭吃。次年初他搬出八道湾,住进西四条砖塔胡同。六月十一日,鲁迅回八道湾取他的东西,"比进西厢,启孟及其妻突出詈殴打。"启孟即周作人,其日本妻子名叫羽太重久。

兄弟失和,从此不见面,与这日本女人有关。细节无考。周氏兄弟共同的朋友川岛是目击证人,写过文章《弟与兄》。

鲁迅回忆往事的散文集《朝花夕拾》,其中一篇叫《风筝》,表明他对弟弟是牵挂着的。川岛也披露了兄弟失和之后的一些事。

周氏两兄弟道不同。论述已多,此不赘言。

鲁迅从北大转北京女子师范大学;并迁西三条长住,戏称工作间为"老虎尾巴"。几年间他陆续接待了大量的来访者,多为青年。五四运动使中国青年走到历史的前台,鲁迅是他们持久的偶像之一。《呐喊》使无数青年想要呐喊。鲁迅待客的房间小,他吸烟又多,常把玻璃窗打开,透透气。窗外有个小院子,院中有杨树,冬日盛开着几树梅花。

谈话不拘题目,往往一谈大半天。来访的青年们还留下吃饭。言语激烈碰撞时,鲁迅静静地抽烟,望望玻璃窗外的杨树或梅花。

这情形与绍兴会馆的那几年形成鲜明对照。

鲁迅四十出头了。他和小他二十来岁的年轻人很融洽。争论,探讨,夹杂轻松的闲聊与开怀大笑。思想自由地绽放着。这是中国式的思想讨论班。思想的火花喷溅到社会。此间鲁迅忙于支持青年们的未名社,办《语丝》和《莽原》杂志,而他的写作瞄准了散文诗。跳跃而短促的句子,沉郁而滚烫的意象,仿佛思想自动寻找着火山口。《野草》令人联想波德莱尔的《恶之花》……

萧军等人回忆:《野草》震动了他们的心。

鲁迅在女师大讲厨川百村的《苦闷的象征》。这本论艺术的专著是鲁迅翻译的,它有两个思想来源:柏格森的创化论、精神绵延说;弗洛伊德的精神分析学。

艺术是苦闷的产物。苦闷源于对现存秩序的不认同,在"不"的领域矜持着,固守着。苦闷是能量的蓄积。鲁迅十几岁就开始苦闷,他追忆说:"父亲的穷下来,也是一件好事,使我想了很多事情。"他在南京苦闷,在东京、仙台苦闷,回国后依然苦闷。他把身体放到一边,让精神迎着苦闷顽强地生长。精神界之战士,这仿佛命中注定。不同时期的苦闷似乎各有名称,先前叫呐喊,此间叫彷徨。

《新青年》的编辑部散了,对鲁迅刺激很大。陈独秀去了上海,打算把这本影响甚大的杂志带入政治的可操作的层面;胡适钻进了"整理国故"的象牙之塔。

"寂寞新文苑,平安旧战场。两间余一卒,荷戟尚彷徨。"

这是小说集《彷徨》的题词。虽然题于1932年,确是概括了写《彷徨》时的心境。

思想者前行艰难。在确认自己的选择之前,宁愿寂寞着,彷徨着。

所谓独立思考,必然伴随着寂寞与彷徨。

在中国,寂寞、孤独几乎是思想的同义语。

鲁迅苦闷着,压抑着。

压抑好比将气球按入水,按得越深,气球弹得越高。

思想,艺术,语言,乃是压力所致。鲁迅的文字像钻石般坚硬而漂亮,乃是长期受力的一种结果。他的轻松、随意,是从不轻松、不随意的地方争来的。犹如他的幽默,有着并不幽默的广阔的背景。

按一般人的理解,二十年代中期的鲁迅已经名利双收了,却何苦还跟自己过不去?教育部官员,大学教授,著名作家,青年偶像,他已是许多人眼中的社会精英、上层人物。然而他从未给人留下社会名流的印象,他的生活十分简朴,凡事喜欢自己动手,包括砸煤劈柴这类体力活。

思想者偏爱干粗活、手工活,中外例子甚多。嵇康打铁,陶潜种田,莱布尼茨当钟表匠,维特根斯坦送掉巨额遗产做了一所中学的园丁。海德格尔是木匠的儿子,自己也喜欢摆弄铁锤,搭建托特瑙山上的小木屋,而他惊动欧洲的"上手性与在手性"的杰出思想,是从铁锤的起落中悟出的。

质朴有丰富,奢华有单调。

唯有质朴的状态方能与丰富照面。

曹雪芹笔下的贾宝玉是一名质朴者,能思想者,精神与物质的双重贵族,反衬形形色色的暴发户。能思想者就是能感受者。能感受者就是能幸福者!

一个辛勤耕耘的老农民,其对自然、对生活感觉的丰富,当胜于几打名缰利锁之辈。后者其实挺可怜,他的最高境界,不过是动物式的欲望循环。

鲁迅毫不经意地滞留于质朴的状态,远离了惰性群体的持存状态。

奢华有单调是说:当一个人有了小汽车的时候,他再也看不见自行车的诸般好处与妙处。

鲁迅从质朴出发,展开他的丰富而强劲的思考。毋宁说,一切强劲的思考,均与质朴为邻。

思想与奢华不两立。

如果二十年代的鲁迅过上了成功人士的奢华生活,出门摆谱,回家享受,那么,"思想"就会跟他过不去。

鲁迅穿有补丁的衣衫和皮鞋到女师大上课,惹得阔小姐们掩嘴娇笑。他这叫名士风度吗?从魏晋唐宋到明清、民国,不拘小节的名士、狂士的故事太多了,鲁迅是这支奇特的队伍中的一员吗?女生们私下议论着。

鲁迅在课堂上讲厨川白村,批评弗洛伊德。他一再抨击性的潜意识学说,倒使人联想他的已经受到意识控制的潜意识。

升华的鲁迅,也许尚处于回望那升华的地基的开端。

学贯中西与文理的鲁迅,讲课随意发挥,旁征博引,妙趣横生。他不是学者型的教授,知识的后面有思想支撑。他无意带出一群女战士,却能对她们潜移默化。

清华、北大、女师大的学生们,读着鲁迅的书。读着《语丝》周刊、《莽原》杂志以及胡适、梁实秋、周作人、林语堂等人的作品。

五四运动反帝、反封建的声音在延续着。声音也在分化中。

女师大学潮不断,赶走了流氓式的女校长杨荫榆。

向来温和的、一说一个笑、一笑两个小酒窝的刘和珍,是学生领袖之一。学生当中她人缘好,具有温和的感召力。

生一张圆圆的俏脸的刘和珍,崇敬着鲁迅。她并不宽裕,却毅然预定了全年的《莽原》。

1926年3月18日,青春活泼的刘和珍倒在了血泊中。

这一天,北京三万多人大游行,抗议帝国主义列强无理要求撤毁大沽口炮台,抗议列强在北京以"八国通牒"的方式威逼段祺瑞政府。学生爱国,徒手请愿,却突然遭遇呼啸而来的子弹:卖国贼段祺瑞下令屠杀,枪声持续了十多分钟,又有衙门里冲出来的大刀棍棒队,将倒在地上的呻吟着的伤者击毙。女师大学生自治会主席刘和珍和她的几个同学被子弹打死、刀棒杀死。

鲁迅为这个血腥的日子命名:"民国以来最黑暗的一天。"

他写下《记念刘和珍君》、《无花的蔷薇之二》。

可是我实在无话可说。我只觉得所住的并非人间。四十多个青年的血,洋溢在我的周围,使我艰于呼吸视听,那里还能有什么言语?长歌当哭,是必须在痛定之后的。而此后几个所谓学者文人的阴险的论调,尤使我觉得悲哀。我已经出离愤怒了。我将深味这非人间的浓黑的悲凉;以我的最大哀痛显示于非人间……就将这作为后死者的菲薄的祭品,奉献于逝者的灵前。

"这不是一件事的结束,是一件事的开头……血债必须用同物偿还。"

军阀卖国贼,杀人不眨眼。鲁迅这么写文章,而且发表出来,是冒着杀头危险的。战士不怕流血,却没必要作无结果的牺牲,鲁迅痛苦地呼吁:请愿的事,从此可以停止了。

1926年3月,鲁迅亮出的身姿、写下的文章,惊天地泣鬼神。死者无言,后死者发出如此彻底的声音。

墨写的文字,偕美丽而勇敢的死难者长存。

鲁迅的生命受到了威胁,北京一时盛传:当局要抓他。

北京是待不下去了。鲁迅和许广平去了上海。又分手,相约过两年再见面。师生情侣频繁通信。《两地书》是二十世纪的经典情书。

鲁迅到厦门大学任教,任文学系教授兼国学研究院教授。这所大学背山靠海,鲁迅几乎独住一栋临时安顿他的生物学院的三层楼,夜里听呼呼的风声,白天看茫茫的大海。

鲁迅也到沙滩上捡贝壳。

他整理《汉画像考》、《古小说钩沉》,并将这两本书付印。此前的《中国小说史略》已在北京出版以及杂文集《热风》。

编古籍,伴随着孤寂。

教学的头绪很多。累了一天,独自上三楼,有时自己做饭吃,自斟自饮。学校的教员多玩家,且排外,鲁迅和他们格格不入。

鲁迅后来在《三闲集》中形容厦大的孤寂的生活:这寂静"浓到如酒,令人微醺,望后窗外面骨立的乱山中许多白点,是坟冢;一粒深黄色的火,是南普陀寺的琉璃灯。前面则海天微茫,黑絮一般的夜色简直似乎要扑到心坎里。我靠了石栏远眺,听得自己的心音,四处仿佛有无量悲哀,苦恼,零落,死灭,都杂入这寂静中,使它变成药酒,加色,加味,加香"。

寂静喧嚣着。

这是我读过的关于寂静的最出色的文字。寂静之色香味扑面而来。这是海洋般的寂静与喧嚣。

寂静与坟冢,于鲁迅仿佛有某种亲和力。

他在坟前照了一张相,并寄给北京的朋友。

萧红写过鲁迅先生走夜路将"鬼魂"踢成活人的故事。

对死亡的敏感,对孤寂的亲近,几乎是一切天才思想家的先天素质。历数西哲或诗人艺术家,谁不敏感着死亡呢?以布勒东、阿拉贡为代表的超现实主义者宣称:死亡乃是唯一的主题。有个巴黎诗人布置他的房间,墙上贴满了"死亡通知书"。死亡是人生的极限,是无底的深渊,是短暂者返身打量一切生存的最佳的炽热地带。

孔子曰:"不知生焉知死?"

西哲云:"不知死焉知生?"

两个追问,在鲁迅身上合而为一。

而两千多年前的儒学圣人将死亡与知性相连,表明思之力已抵达"坟"前。可惜圣人止步了。

可惜鲁迅在坟前留影,并给一本杂文定名为《坟》,学者们似乎鲜有思考。

鲁迅太熟悉寂静、孤独、死亡与黑暗了。思想的原发地带,此四者为常态。

现实的层面,则是无声中听有声,听惊雷;黑暗中寻光明。

1927 年,鲁迅去了有"革命策源地"之称的广州。他到黄埔军校演讲,强调枪杆子的重要性:一首诗吓不倒孙传芳,一个炮弹却能将他轰走。

在中山大学他是唯一的正教授,兼文学系主任,月薪三百大洋,可能相当于现在的两三万块钱。他住在东堤的白云楼。许广平当他的助教。她是广东人。

鼎鼎大名的鲁迅,自然被视为社会名流。各式请柬雪片般飞来,名人请名人,要员请名人,其中有孔祥熙、戴季陶、陈公博这样的显赫人物。而那些自以为是个人物的人也请鲁迅吃饭,真是五花八门。鲁迅不吃这种饭,拒绝十分彻底:门上贴出四个字"概不赴宴"。吃一回就会有十回……鲁迅之所以能够发现各式"捧杀",与他拒绝成为名流、拒绝插上各式身份标签有关。赴许多饭局,说无穷套话、废话,对一个思想者来说是不可想象的。

萨特曾形容这类饭局:不是人吃东西,倒是东西吃人。

萨特拒绝诺贝尔文学奖,理由是:拒绝一切来自官方的荣誉。加缪并不拒绝这个奖项,却同样讨厌社交。

多少英才被无谓的应酬缠死。犹如水下杂草缠死浪里白条。

纠缠花样之多,几本厚书写不尽。

时间多宝贵。而总有一些人活着就为了互相纠缠。废话滋生废话,时间消耗时间。周旋作揖打拱,每张脸下都暗藏几张脸,鬼头鬼脑层出不穷……

鲁迅以坚实的个体,很容易识别种类繁多的群体式的伎俩。

思想者岂是一句空言!

难怪他后来感慨:浪费别人的时间,无异于谋财害命。

鲁迅在广州,曾秘密会见当时的中共广东区党委书记陈延年。

上海发生"四一二"政变,国民党在广州也大搞白色恐怖。中山大学的进步学生被抓捕,鲁迅冒雨参加紧急集会,愤而辞去大学里担任的所有职务。

一年几千块大洋,不稀罕。

鲁迅曾长期寄希望于青年,现在希望趋于破灭,《答有恒先生》说:"我至今为止,时时有一种乐观,以为压迫,杀戮青年的,大概是老人。这种老人渐渐死去,中国总可比较地有生气。现在我知道不然了,杀戮青年的,似乎倒大概是青年,而且对于别个的不能再造的生命和青春,更无顾惜。"

《而已集》题词:"这半年我又看见了许多血和泪,然而我只有'杂感'而已。"

在广州,鲁迅陆续编定了《野草》、《朝花夕拾》、《唐宋传奇集》。在那样的环境中,脚踏实地的文化工作未曾中断。

十月,起程去了上海。

上海十年。

先住闸北景云里,许广平先生有文章《景云深处是吾家》,每个字都饱含亲切。后迁北四川路大陆新村九号,房子宽敞而整洁,陈设漂亮。鲁迅从不排斥物质生活。

《语丝》从北京搬到了上海。

创造社、太阳社在上海很活跃。茅盾、郭沫若分别从武汉和香港来到上海。鲁迅与茅盾、郁达夫、冯雪峰等一见如故。后来与瞿秋白更是平生至交。他不喜欢梁实秋。讨厌帮闲文人……

30年代的上海,聚集着中国的文化精英。

鲁迅专心著述,翻译大量的外国文学作品及理论著作。他很少出去演讲了,虽然各大学纷纷邀请他。

许广平生了孩子,取名周海婴。鲁迅对她体贴入微,在她的房间里布置鲜花,让她出院回家惊喜不已。

1931年9月25日,上海文化界新闻界祝贺他的五十寿辰。

他工作,工作,工作……

通宵达旦是寻常。萧红说:"鲁迅先生在椅子上躺一躺,翻翻闲书,就是休息了。"

别人喝着咖啡,鲁迅工作着。

他抽烟,抽烟,抽烟,时常每天多达五十支烟。鲁迅先生,太不爱惜自己的身体了。多少爱着他的人劝他少抽,或抽点好烟。朋友送他好烟,他却给朋友们备下,自己还是抽劣烟。

他事必躬亲,连寄给朋友的书都包得整整齐齐,棱角像刀切过。青年给他的稿件,几万字的,几十万字的,他一个字一个字地看着。字迹太潦草的,也使他生气。但生完了气还是埋头细看,抽着劣质烟,咳嗽着。

瞿秋白的文集《海上述林》,耗去他多少体力。编辑,校对,一遍又一遍看清样,酷暑严冬放不下,还拖着病躯。秋白泉下若有知,当仰天慨叹:人生得一知己足矣!

鲁迅先生工作之余的乐趣,是和朋友们谈天,坐汽车看电影。未曾逛过一个公园。

他关怀着中国新兴的美术运动。也自己动手设计书籍的封面。

他注视着上海的日常生活,写《上海的少女》、《上海的儿童》、《我们怎样做父亲》、《三月的租界》、《上海文艺之一瞥》……

《且介亭杂文》,厚厚的,厚重的。


三十年代初的上海,也是血雨腥风的上海。

常来看望鲁迅的柔石和殷夫等四位青年作家被反动派杀害,鲁迅愤而写下《为了忘却的记念》,痛感"中国失掉了很好的青年"。他深夜挥诗笔:"惯于长夜过春时,挈妇将雏鬓有丝……忍看朋辈成新鬼,怒向刀丛觅小诗。吟罢低眉无写处,月光如水照缁衣。"

"九一八"事变,日本人向中华民族挥舞着屠刀。日军迅速占领东三省。

鲁迅与宋庆龄、蔡元培、杨铨等人组建中国民权保障同盟。1933

年6月,副会长杨铨被执政当局派出的特务暗杀。鲁迅也被列入暗杀名单。他去参加杨铨的追悼会,出门不带钥匙,赴死之心已决。

大雨滂沱送杨铨……

"岂有豪情似旧时,花开花落两由之。无情最是江南雨,又为斯民哭健儿。"

血呀,血呀,同志的血,同胞的血……

三十年代的鲁迅,写长篇巨作几乎不可能。炮火威胁他的寓所,使他几度出走。

杂文一本接一本。《伪自由书》、《准风月谈》、《花边文学》……论战激烈。短兵相接。鲁迅对他的论敌毫不留情,撕开他们的各式面具。这倒不是说,鲁迅全对。没人全对。有一些争论的对手后来明白鲁迅是对的,公开向他认错,赤子之心如鲁迅,比如闻一多。

真理一词在德语中含争辩之意。中国人,太多的是折中面团,太少的是唇枪舌剑。

鲁迅形容说:两个中国人见面,通常互问台甫,拱手,假笑,然后是"今天天气哈哈哈"……中国人哼哼哈哈的本领倒是称冠于全球。

鲁迅中年得子爱怜有加,有人却拿这个说事儿了,嘲讽他。鲁迅付之一笑,写诗云:"无情未必真豪杰,怜子如何不丈夫。"

鲁迅的旧体诗,现代诗人罕有企及。

鲁迅想写红军长征的小说,想写关于杨贵妃的长篇小说,并为此作了很多准备,却未能如愿。这非常可惜。

三十年代的初期和中期,正是工农红军屡遭围剿极艰难的时刻,鲁迅明明白白地表达了他对共产党人的敬意。红军到达陕北后,他拍贺电,托人给红军送去火腿。他细听陈赓、冯雪峰讲长征的故事。这人类历史上的壮举,在鲁迅杰出的大脑中长时间再现着酝酿着……

鲁迅写杨贵妃的念头则起于二十年代,1924年他去过西安。他眼中的盛唐时代和杨玉环这样的悲剧佳人会是怎样的呢? 他多次讲,绝不相信女人祸国的。

伟大的思想家小说家写盛唐及盛唐之衰,将是何等景象?

鲁迅不是专治史学的,可他的历史感、他的历史性眼光强于大多数历史学家。历史学离开了历史性,势必变成一堆唠叨。历史性,乃是哲学意义上的价值判断。

鲁迅写杨贵妃的冲动,是否包含了瞄准他自己身上的某些盲区?

可是所有这些,只剩下深深的遗憾:民族的遗憾,历史的遗憾,文化的遗憾。

鲁迅先生病了,病情时好时坏。

萧红这样写:

"1936年3月鲁迅先生病了,靠在二楼的躺椅上,心脏跳得比平日厉害,脸色略微灰了一点。

"……鲁迅先生必得休息的,须藤老医生是这样说的。可是鲁迅先生从此不但没有休息,并且脑子里所想的更多了,要做的事情都像非立刻就做不可,校《海上述林》校样,印珂勒惠支的画,翻译《死魂灵》下部;刚好了,这些就都一起开始了。

"……鲁迅先生知道自己的健康不成了,工作的时间没有几年了,死了是不要紧的,只要留给人类更多,鲁迅先生就是这样……不久书桌上的德文字典和日文字典又都摆起来了……"

拿什么做比方呢?普罗米修斯偷火给人间以光明。

鲁迅的一生,是"肩扛住了黑暗的闸门,放青年们到光明的地方去"。单是给青年写回信就有三千五百多封,毛笔字一丝不苟。他累啊。

伟人的犟脾气,真叫热爱着他的人毫无办法。多少人劝他。病中的宋庆龄给他写信,称他"周同志",恳请他出国就医,他不听。

甚至不听医生的再三叮嘱,不喝牛奶。许广平对萧红说:"周先生人犟,喜欢吃硬的,油炸的,就是吃饭也喜欢吃硬饭。"

鲁迅先生硬到骨髓里去了。

萧红这样写:

"楼下又来了客人。来的人总要问:

"'周先生好一点吗?'

"许先生照常说:'还是那样子。'

"但今天说了眼泪就又流了满脸。一边拿起杯子来给客人倒茶,一边用左手拿着手帕按着鼻子。

"客人问:'周先生又不大好吗?'

"许先生说:

"'没有的,是我心窄'……"

萧红的这篇《回忆鲁迅先生》写于1939年10月,鲁迅逝世三周年。三万字一气呵成,写日常的鲁迅,工作的鲁迅,病着的鲁迅。深情,节制、委婉、奔放。她是一口气叫了一百多次鲁迅先生,并无一丝一毫的重复感。她用汉语艺术向我们标示:什么叫情力。

这是怀念文字的巅峰之作。

萧红死于抗战期间,孤苦伶仃死在香港,年仅三十一岁。临死前她声声说:"不甘,不甘……"后来戴望舒写《萧红墓畔口占》:"走六小时寂寞的长途,到你头边放一束红山茶,我等待着,长夜漫漫,你却卧听着海涛闲话。"

这首短诗亦被誉为现代怀念诗中之绝唱。

能怀念别人的人,亦能受到别人的怀念。

人,是能够怀念的。这是文明的结晶。

也是任何时代的道德底线……

1939年的萧红不忍心写鲁迅先生的死,她这样写:

"这一次鲁迅先生好了。

"……鲁迅先生以为自己好了,别人也以为鲁迅先生好了。

"准备冬天要庆祝鲁迅先生工作三十年。

"又过了三个月。

"1936年10月17日,鲁迅先生病又发了,又是气喘。

"17日,一夜未眠。

"18日,终日喘着。

"19日,夜的下半夜,人衰弱到极点了。天将发白时,鲁迅先生就像他平日一样,工作完了,他休息了。"

鲁迅先生治丧委员会成员中,出现了一个名字:毛泽东。

毛泽东对鲁迅的评价,时至今日仍然家喻户晓:"鲁迅的方向,就是中华民族新文化的方向。"毛泽东在一段文字当中用了七个"最"字来形容和赞美鲁迅精神。

追悼鲁迅的仪式在上海万国殡仪馆举行。先生的遗体覆盖着"民族魂"三个大字。这是民众献上的。

请看巴金先生的《一点不忘却的记忆》：

"朋友，你要我告诉你一些关于那个老人的最后的事……我从来没有这样被地感动过。灵堂中静静躺着那个老人，每天从早到晚，许许多多的人，一个一个地或者五六个人一排的到这里来向着他致最深的敬礼。我站在旁边，我的眼睛把这一切全都看了进去。

"一个秃顶的老人刚进来站了一下，忽然埋下头低声啜泣了。另一个十三四岁的女孩子已经走出了灵堂，却还把头伸进帷幔里面来，红着眼圈哀求道：'让我再看一眼吧，这是最后一次了。'

"……我的眼睛是不会被欺骗的。我看见了穿着粗布短衫的劳动者，我看见了抱着课本的男女学生，我也看见了绿衣的邮差，黄衣的童子军，还有小商人，小店员以及国籍不同，阶级不同，职业不同，信仰不同的各种各样的人。……这一切的人都是被这一颗心从远近的地方引到这里来的……"

巴金先生的文章，写于鲁迅逝世的当月。

灵堂中，葬礼上，有个身材高大的东北汉子"像一头雄狮似的冲来冲去"，他撕心裂肺的哭喊在许多人心中激荡了几十年，他的名字叫萧军。

二十世纪的中国，鲁迅的葬礼是最隆重、也最感人的葬礼之一。使人想到法国的雨果、萨特的葬礼。法国人对雨果的崇敬，远远超过那位"只不过拥有让人死掉的聪明的拿破仑（罗素语）"。

鲁迅先生活在今天。他巨大的精神感召力影响了几代中国知识分子，不管是学人文的还是学理工的。他是中国现代史上最大的文化符号。他被称为二十世纪中国人的精神导师。无论是走向他的人，还是背离他的人，甚至诋毁他的人，"解构"他的人，都在他的光照之下。

萨特被誉为二十世纪人类的良心。鲁迅，至少是二十世纪中国人的良心。

我记得几年前德里达去世，法国总统希拉克盛赞德里达"不断地质疑人类文明的进程"。

西方国家有质疑文明进程的传统。

而鲁迅,质疑着中国的几千年文明。没人像他这么解剖国民性。

是作为思想家的鲁迅,决定了作为文学家的鲁迅。

鲁迅式的质疑是开放式的,他欢迎一切对他本人的有价值的质疑。他肯定不是完人。思想本身就具有冒险的性质,思想之路乃是幽暗的林中路。唯知这种冒险性、这种幽暗难辨之路的能思者,才懂得精神完人是一句不得要领的空话。

个体之为个体,能思是第一要素。

运思有两个运动方向,一是追求真理,二是看破谎言,看到形形色色的遮蔽。

在文学艺术的层面,思想具有"上手性",拒绝"现成在手之物"。思想保持着它的原发地带,因之保持着它的尊严。

以笔者粗浅的理解:艺术思想乃是生发着思想的一种能力,一种能涵盖并切入所有生活场景、生活之急流的能力。

作家艺术家们,如果把艺术思想理解为某种思想,那就错得太远了。模式化的东西的层出不穷乃是势所必然。

从严复译《天演论》到现在,汉译西方学术名著已有数千种,几代学人殚精竭虑做着奠基性的工作,哲学、现象学存在论、历史学、政治学、经济学、人类学、权力学、解释学、心理学、诗学、神学、法学,精神分析学……几乎包罗万象。以鲁迅卓然特立的生存姿态,如果他的生命延续到当代,他的思想进程不可能中断。

鲁迅有"双重落差":个人生活的落差,民族命运的落差。而一旦瞄准了落差就会导致无穷思索。鲁迅几十年为此忧心忡忡,苦行僧似的工作着,勇士般的战斗着,智者式的孤独着痛苦着。当时的学者文人能理解他的人实在有限。纠缠他的人倒是一拨又一拨。纠缠者多妥协之辈中庸之徒,哪能理解鲁迅式的毫不妥协?

鲁迅要生气的,正好给纠缠者以可乘之机。懂得鲁迅的林语堂感慨地说:鲁迅先生伤心伤肝伤脾……

一再的短兵相接,几同肉搏战。

尽管是这样,鲁迅还是给我们留下极其丰富的精神遗产,全集二十卷,译著与全集相等,两者相加近八百万字。

以质量来衡量他的生命长度,堪比一千年。

鲁迅的反传统具有针对性。过于漫长的封建社会,其惯性,其流布于社会生活的每个角落的不易觉察的毒素,须睁大眼睛,须以身试毒,须以毒攻毒。他批判现代中国的孔夫子,等于批判封建权力运行的极端化,全力以赴使固化的文明疏松,打破旧秩序,"解构"四千年历史。这是什么样的伟业!

他必须强悍,以极端反制极端。

其实,唯有精神的强悍者才有更多的精神记忆,文化记忆。

鲁迅对传统文化的透视能力明显高人一等,比如他描绘或议论女娲、老庄、屈原、司马迁、嵇康、阮籍、陶渊明以及曹雪芹、罗贯中、施耐庵的小说巨著……虽寥寥数语而入木三分,后人写专著也难以企及。他的小说散文杂文刻画人物,描摹各式情态,三言两语而神情毕现,显示了汉语的高度凝练,无穷张力,足以雄视欧美作家之长篇大著。

鲁迅反传统又归属于传统。笔者揣测:这可能类似针对一种事物运动的反运动,运动与反运动共属一体。

眼下不少学者谈论五四运动的偏颇:打倒孔家店打过头了。我倒是觉得,与封建权力运行结合得如此之紧的孔孟之道,打破也必要,不破不立。

当时的中国太弱了,"半封建半殖民地",挤压与掠夺来自四面八方、内部与外部。人像沙粒,人群像散沙。鲁迅首先将自己锤炼成坚实而敏感的个体,然后去面对麻木而松散的群体。

个性,个体,乃是处于礼教惯性环境中的鲁迅的伟大发现。

此前的思想家文学艺术家,没有这种高度的自觉、深刻而全面的反思。鲁迅之为鲁迅,乃是权力之异数。他向真理致敬,前提是他认同了这种真理。他为民族奋斗,因其卓越而受到民族的永久礼赞。

法国人福柯反抗权力,洞察着权力运行的宏观和微观的各种形态。福柯在反抗权力的同时认同着正当的权力。反抗与认同,共属一体,目的只有一个:剔除人类文明进程中的有毒物质。

近现代的欧洲,那么多的知识分子,反思再反思,启蒙再启蒙,接力营造强有力的公共空间……

鲁迅是中国现代文学之父,现代小说之父。题材的拓宽,白话的运用,现代意识的注入,以及相应的形式感、修辞手法,鲁迅的贡献无人能及。他带动当时,影响后世,却仅凭两三本薄薄的小说集。多少作家明里暗里追随他。他的风格又多变,使追随的人望洋兴叹。比如他的文字,凡读过的人都喜欢,不知不觉受他的影响,欲加仿效时,又苦于学不像。方块字就摆在那儿,人人可以组合,为何学不像呢?这和唐人学李杜、宋人学苏辛学不像是一个道理。文字是从地下长出来的,是生命受力的结晶之物。文字的组合就是命运的组合,命运咋学呢?

鲁迅恐怕也是现代汉语之父。

鲁迅提倡不读或少读中国书,却为古老的汉语艺术赢得了现代尊严。

鲁迅罕有身份意识、社会地位的意识,这使他能在思想和艺术两个层面不断地突破自己。名气再大,地位再高,却不能让他端架子、故步自封。这里边饶有深意。这也叫"君子不器"。生活中故步自封很常见的,这种"人生情态",有其广泛的"生存论"基础,人是稍不留神就要故步自封的。而居于艺术高端的人突破自己更艰难。鲁迅是个例外。成型的风格不足以霸占他,他很能变,而且变得漂亮,叫人叹服。他精读并翻译了那么多外国小说,写下的全是中国情境,汉语言的运用韵味儿十足。只一篇《伤逝》有点西洋的味道,句子稍显欧化。

鲁迅的思想是紧凑的,表达思想的文字却是松散的、随意的。他从不搞甲乙丙丁式的归纳梳理,更不建构理论体系。思想有它严格的随意性、模糊性。蒙田、尼采、维特根斯坦常以断想的方式道出真知灼见。孔子也如此。语丝与洞见、断想与真知灼见有着对应关系,像一对上帝首肯的情侣。文化表述的条理化,清晰化,是人文领域向自然科学的研究及表达方式俯首称臣的一种结果。西哲早已证明:条理化并不启人思。而汉语更具有特殊性,多歧义,讲韵味儿。意韵这东西是超乎逻辑的。古典文论重点评,鲁迅论创作也常常只言片语,像是随口说出,却被人们无数次地引用。比如他谈写作:无非是多看多写,别无捷径。他是不相信"文章作法"的。文字艺术无师承,李白的儿子不写诗。鲁迅的"白描"功夫十分了得,备受推崇,换了别人可能会总结出几大篇,可是他只有短短的一句:少做作,去粉饰,存真意,勿卖弄。

话虽简单,做到却很难。

鲁迅有性苦闷,这不用回避。四十几岁还单着。他对弗洛伊德的反应的激烈程度,也许倒指向了他的性苦闷。精神界之战士对传播迅速的"精神分析学"有抵触情绪。这也不奇怪。德里达曾被记者问及如果让他去追问他的老师胡塞尔和海德格尔,他最想问的是什么?德里达回答:他最想问的,是两位顶级哲学大师的性生活。

西哲们对身体、对身体所衍生的意志——心理层面的追问由来已久。

笔者能力有限,只能提一些问题,谈一点直觉。学鲁迅,就是要把想到的问题和盘托出。"问题"形成的过程中会显现某些原初的东西,不能等到问题的圆满解答。梳理问题的过程,也是剔除原初之物的过程。

事实上,圆满解答、清晰梳理也可疑。

眼下,人的单向度趋势问题很严重。人对金钱过度敏感,必定导致对生活中大量有价值的美好事物的麻木、陌生,以至于反感抵制。现实感相对于唱高调,原本是好事,但一味的现实、实惠、实用,使曾经有过的社会生活的广阔的现实局面趋于逼仄,逼仄成定势,人就难辨人为何物了。换言之,那些最讲现实的人往往最不"现实"。对他们来说,现实已经是收缩与遮蔽的同义语。不学习,不长进,不思索,不关怀,人是看不见生活的。生活有它不停地移动着的地平线,要么延展,要么收缩。是生活的广阔的参照物才使生活成为生活,是生活的完整性、生活之意蕴层才使生活成为生活。没人可以宣称例外。

全面发展的"那个人",我们似乎很少见了。也许是个"螺旋式上升"的过渡期。着眼于未来吧。

陈嘉映教授为《希腊精神》一书作序说:"在希腊人看来,只有全面发展的优异个人才有个性,而我们今天所说的个性,常常只是有点怪异而已。对希腊人来说,仅仅个性,仅仅是我的,仅仅表现出自己与别人不同,是毫无意义的。个性有一个广泛的目标,那就是城邦的福祉和更高的生存。"

陈嘉映教授是说:有点怪异的个性根本就不是古希腊人所理解的个性。众所周知,古希腊文明是西方文明的发源地,并且在许多核心层面远胜于现当代的西方社会。

更高的生存,却必须从眼前做起。比如正视和直面:公正问题、环境问题、道德问题、诚信问题,技术主义及消费主义问题。

失去长远关怀的人活在自己的眼皮子底下,并且,日趋活在眼皮子底下,"昏天黑地在社会上混"。物化量化群体化,这化那化冥顽不化。头顶的天空脚下的大地,气候的变暖,人情的变冷,良知的缺席,诚信的退场,总有一些人年复一年麻木不仁,自欺欺人,油滑聪明鬼头鬼脑没个完。他们很忙呢,忙着去自私自利,去醉生梦死,去无聊,去煽动,去制造着别人的和他自己的"生存之逼仄"、"生命的阴暗麇集"。

好在,我们已经听到了"软实力"这样的贡钟大吕般的声音。

九泉下的鲁迅先生,您听到这声音了吗?

2008年2月12日

# 我为什么要品中国文人

(代后记)

## 1

中国古代文人几乎都要去当官,走仕途。而西方作家不这样,他们要么出身贵族,要么是医生、神甫、律师、商人、教师……的儿子,总之,职业分布相对宽泛,吃官俸者少。中国古代文人与政治有着深广而持久的联系。

古代多战乱,不是汉人跟汉人打,就是汉族与游牧少数民族打,百年兴旺的家族不多。几位贵族大文人,屈原、嵇康、李煜、李清照、曹雪芹,皆为厄运所造就。

古代文人走向官场或背向官场,其"生存路数"是高度一致的。先秦时代百家争鸣,像孔子这样的人连年穿梭于列国,形如丧家之犬而大脑高速运行,想透了很多大问题。秦汉结束了诸子争鸣的局面,几百年间虽时有反弹,却朝着大一统:儒学一统天下。唐宋更以科举的形式将学问与俸禄直接挂钩。读书人,不能金榜题名就得回家种地。"耕读传家",传了一千多年。这是中国特色。

文人去做官,未必都是好官。众多的文人一进入官场,往往把圣人的教导抛到脑后,按官场套路行事,为非作歹者代代有之。像北宋的舒亶、李定,一个状元,一个才子,干缺德事却格外起劲;已经是小人之尤了,他还满口正人君子。再如做了宰相的晏殊,词好,人品却成问题,他看不起浪迹于底层的柳永,对欧阳修以貌取人,科场做王安石的手脚,安插自家人。

不过,文学大师们好像都是正人君子。

从屈原司马迁到鲁迅,谁不是正人君子呢?

文气与浩然正气是连通的。歪风邪气写不出传世文章。阿谀奉承只能写出令权贵开颜的文章,譬如汉赋。战国时期,已经有"文学弄臣"这种角色,到汉代,皇权大如天,弄臣们也格外弄出了名堂,拿汉语做派场、列方阵,绞尽脑汁歌功颂德,拍马屁拍出了高招。

司马迁抵抗皇权,司马相如依附皇权,这两条线由两位司马作了开端,长长地延续下来。论数量相如式的人物为多。然而文豪们都排在了屈原、司马迁的身后,为什么?因为真性情才能留下好文字,虚情假意浮夸拍马只能得意于一时。谁想去读那些个扭曲人性的拍马文字呢?除非他想学拍马。皇帝和歌颂皇帝的文字一同死去。封建社会历朝历代,这类拍马文字多得数不清呢,却被历史轻轻的一巴掌拍进永远的黑暗深渊。

"安能摧眉折腰事权贵,使我不得开心颜!"

李白这一声喊,喊出了无数心声。

李白的性格在常人看来是有毛病的,杜甫对此感慨地说:"世人皆曰杀,吾意独怜才。"李白的精神有如天马行空,却又生活在地上,于是有了矛盾,形成了张力。李白的诗歌艺术受益于这个张力区。犹如冷暖气流相遇,生风生雨生雷电。

李白为人有毛病,称不上道德楷模,但李白也是正人君子,一心想做"鲁仲尼"似的大儒,安邦定国。他有一颗赤子之心,碰上高力士杨国忠这一类弄权高手,马上就斜视、就对立了。他在翰林院这种地方狂饮八百天,未必不是效仿刘伶阮籍,虽烂醉如泥而心中雪亮。苏轼称赞他:"戏万乘如僚友,视同侪如草芥。"魏万颂扬他:"一生傲岸。三十年未尝低颜色。"

盛唐中唐的翰林学士,多少人学会了进身术钻营术晋升为宰辅之臣。李白在这个位置上一待三年,却只管以李白的方式行事,不管皇帝心思,终于被玄宗打发掉了。

唐朝的文人已经很强大了,奔向皇权又越过皇权。这是为什么呢?因为他随身携带了两件宝贝:一是儒家的为政理想,二是鲜明的个性。

在深谙儒学的文人眼中,皇权至尊,但皇帝并不是至高无上的,有两样东西制约着皇帝:天意和尧舜时代的政通人和。文人对皇帝念叨天意、尧舜,像念紧箍咒似的,皇帝很头疼,却还不敢反驳:反天意反尧舜那还得了,还要不要国运、还坐不坐龙椅啊?杜甫好不容易做了个左拾遗,区区从八品官,却不按唐肃宗的意图行事,论救房琯,从此失意。失意的杜甫还写诗说:"致君尧舜上,再使风俗醇。"

文人坚持原则,文人不知悔改:"虽九死其犹未悔。"屈原不能在楚国为美政,于是披头散发行走在荆楚大地上,走了十年,郢都沦陷之后他纵身跳进了汨罗河。两千余年古代史,这是最伟大的自杀,将生命与美政、与祖国的命运紧紧相连。所有的中国人都景仰他,一直景仰到今天,到未来。

屈原的美政理想和清洁精神,对后世文人影响极大。杰出的文人,脑子里除了装着尧舜、孔孟、老庄,还装着屈子。而自从孟子被奉为"亚圣"之后,他的"民贵君轻"的思想又使文人手中多了一件法宝,一有机会就要亮给君王看。

历代皇帝,忌惮天意、顺应民意、追随尧舜者,皆为所谓明君。反之则为暴君昏君。

历代的一流文人,没有一个是小人;凡为高官者,没有一个是祸国殃民的。这一层,值得深思。

儒家讲修身,文人是修得比较认真的。

在古代社会的权力格局中,诗人们还扮演着先知的角色。中唐、北宋的士大夫在盛世的颂扬声中头脑清醒,睁大眼睛辨认着乱象。文人几乎都是历史学家,有历史感,有大局意识。北宋文人尤其突出。范仲淹喊出的口号再过一万年也是伟大的:"先天下之忧而忧,后天下之乐而乐!"欧阳修、王安石、司马光、苏东坡,一连串耀眼的名字,写下了杰出的美政篇章。像苏东坡,更是巴心巴肝为百姓谋幸福,一生辗转几万里,百折不挠,"九死蛮荒吾不恨",虽尧舜再生也不过如此吧。苏东坡把中国古代的美政推到了极致。他同时又是文化的巅峰期继往开来的大宗师,文化与美政在他手中完美地结合在一起。

而针对这种结合,尚需发问:为什么会有这样的结合?

苏东坡师从欧阳修,欧阳修眺望白居易,而白居易又紧紧地盯着杜甫……长江后浪追逐着前浪。这就是所谓文化传承、价值观传承、生活意义的传承。

"品中国文人"的写作过程中,有些未曾见过的词汇几乎自动涌到我的笔下:文化本能,文化基因,文化基因链,文化基因图谱;生存落差,生活的意蕴层,生活的完整性……我冒昧地写到文章里去,似乎得到了读者的默认。

漫长的古代社会,有着大致稳定的"价值的天空",覆盖着巍巍朝堂和穷乡僻壤。孔庙无处不在。这是华夏文明的特殊性,尚有待唤起深思。解构这块价值的天空是必要的,摧毁这片天空却是可怕的,灾难性的。人是离开了"意义"就会活得很艰难的一种生物。"意义"如同虫子的触须,一旦拔掉就会四处乱转,"昏天黑地在社会上混。"价值观的固化和虚无化都会导致灾难。西哲如狄尔泰、卡西尔、马科思.韦伯等早已证明,生活的意义是由文化来维系的。自然科学追求实证,而文化谋求价值观,追求生活的意义。文化高于个体生存。

对普通百姓来说,这块价值的天空可能会显得有些抽象,但是对苏轼或欧阳修这样的文化精英来说,这块天空是具象的、可触摸的。文化精英们有良好的文化直觉。

归根结底,所谓文化,就是让抽象的东西具象化,让无形的东西有形化,让有效的价值普适化。

文化的抽象功能直接源于语言的抽象。

这似乎就不难理解:为什么语言的大师往往是生活意义的大师。

孔子说:"言而不文,行之不远。"

这里的"文"倒不是文饰,不是漂亮辞藻。它是指运用语言的抽象功能洞察生活—社会实践的能力。

孔子、老子、庄子从及后来的释迦,都是广义上的文人。

也许可以这么说:古代社会的主流价值体系主要是由文人来提供的。

历代文人都有很强的个性、个体特征,这也给他们的命运涂上了浓浓的悲剧色彩。由于中国古代文人几乎无一例外地要奔官场、走仕途,所以这种悲剧也具有特殊性。西方作家与此不同。而中西文人在这个层面的对比研究似乎不多见。

古代文人奔官场是既定的格局,有趣的是,像杜甫这样的"诗圣"在长安求官求得那么曲折艰难,给权贵写诗献赋的,其内心深处的价值观却始终不变。究竟是什么东西在支撑着杜甫的"不变"?

类似的发问,可以针对很多文人。

文人是坚持个性、坚持为美政的理想在先,失意倒霉在后。古代文人几乎是失意的代名词。不坚持就没有失意。辨析这个绵延两千五百多年的历史现象,不能倒果为因。

前面提过,孔圣人也是到处碰壁的。

只有老庄这样的东方大哲,才不跟历史的进程正面接触。他们生活在别处,仿佛轻松潇洒地指点着华夏文明的进程。

老庄的智慧迄今是华夏文明进程中的顶级智慧之一。这样的智慧让时间的流逝变得无关紧要。谁能测量它的终点呢?有人怎么也想不通,干脆把老子说成外星人……

唐宋以来的古代杰出文人,其运思,无不在儒释道的框架之内进行。这个卓越的、能穿越历史的文化结构支撑着诗文的不朽,也为今天的哲学性思考提供具有民族特征的全球视野。

没有哲思就没有文学。

尤其在当下,赢得具有民族性的全球视野乃是当务之急。

古代文人的"生存悖论"在于:他在坚持个性与政治理想的同时,也失掉了许多历史性的契机。比如王安石、司马光、苏东坡,三个正人君子、杰出的政坛人物,却不能抱团形成合力,各唱各的调。王安石变法,司马光宁愿离开汴京到洛阳写他的《资治通鉴》。如果他留在中枢,以自己的某些妥协换来王安石的妥协,那么,熙宁新法的成功面会增大,赵宋的国运或许能好一些。在今天看,王安石的"骤行新法"和司马光的"尽废新法",都含有文人意气的成分,与现代的政治智慧是有距离的。荆公绰号牛相公,温公绰号司马牛,两头牛狠狠斗在了一块儿,谁也拉不开。而"一肚子不合时宜"的苏东坡在朝廷的坦率、坦荡,"性不忍事",既令人钦佩,又令人叹息。

老谋深算的政坛人物,哪能由着性子锋芒毕露。

而杰出的政治家是既有锋芒又能内敛,其战略性眼光和战术性的步骤高度合拍。

古代文人的意气用事,北宋政坛可见一斑。意气用事是说:意气有用事的空间。而文人的意气用事对民族心理会产生难以测量的影响。情感、情绪的逻辑畅行时,理性便缩小了地盘。

这当然与"人治"有关。政治理性与制度的构建是同步进行的,古代官员不可能做到这一步。当文人越来越像个文人的时候,他离他想要追求的理想政治就越来越遥远了。

尽管如此,儒家文化的担当天下、以民为本,文人为官的高风亮节、博大胸怀、广阔视野,仍然是非常宝贵的民族遗产。苏东坡这样的官员,放在任何时代都是好官的楷模。

古代文人的不言利,在今天看也有问题。我不知道圣人的心里究竟是怎么想的,反正圣人之言,是容易教人把"利"与小人相连,将"义"和君子相连。君子固穷也罢了,他还要视富贵如浮云。圣人为了防范人性恶讲了很多格言警句,却显然妨碍了人性的自由伸展。窃以为,《论语》对人性是有遮蔽的,挡住了后来的思想家们投向欲望的视线。汉儒、宋儒、明清诸帝又强化这个遮蔽。欲望未能受到辨认和追问,反而导至一轮又一轮的欲望泛滥。

孔子轻视女人,设男女之大防,影响恶劣而深远。即使在唐朝,即使是名流显贵的老婆也很难留下她们的姓名。直到曹雪芹,才发出一声惊破千年的棒喝:女儿是水做的,钟山川之灵气,须眉男子是浊物!曹公笔下的姹紫嫣红的金陵裙钗,照亮几千年。

李泽厚先生的《论语今读》,我反复看,受益匪浅。不过,利和欲两个层面,孔子的言论就摆在那儿,凭老先生怎么强为之辨也显得难圆其说。

仁义道德的宏大叙事,长期压制欲望和功利,而文人几乎都是儒者,自己受影响,又去影响更多的人,扩大统治者的意识形态的覆盖面。宋代,商品经济发达了,市民社会兴起了,但文人重义轻利的意识还是很顽固。士大夫中的杰出分子,确实能做到君子固穷。司马光、王安石,两位名相,都不提倡消费的。当然,他们有针对性:针对官僚阶层的骄奢淫逸。辛弃疾这样的豪放人物,北方汉子,对南方大城市的商品贸易是颇有微词的。苏东坡则发出感慨："处贫贱易,安富贵难。"东坡在富贵与贫贱之间反复折腾,将中国人的生命体验从几个方向推到极致,成为生命之绝响。文化大师们身体力行,始终保持向上的姿态,而影响却是多方面的。在广袤的民间,在从北到南的各类民风民俗中,钱、利、色这些字眼不能堂而皇之地说出来。最典型的是戏台上的文弱书生,一谈钱他就羞羞答答,一近色他就缩手缩脚,一抬脚他就很像唐僧……汉唐宋文人的血性野性不见踪影,且不说先秦雄风。看来是明清御用文人做了民间艺术的手脚,以道德压人性,以官僚阶层的趣味锁定大小戏台:从内容到形式。官僚们尽可放纵,却要让天下百姓活得中规中矩。

中国的国粹鱼龙混杂……

古代社会,对功利的严加防范可能是最大的遮蔽之一。这使中国人步入现代社会举步维艰。对欲望的持续高压使欲望扭曲变形,病态的人,病态的生活,在鲁迅的作品中得到了揭示。不过历史有惯性的。曾几何时,我们经历了大锅饭和平均主义,狠批私字一闪念,农民卖几根葱子蒜苗都要东张西望,担心市管会。及至国门洞开,经济高速运行,综合国力大幅度提升,举世瞩目。与此同时,良莠不分的洋观念也蜂拥而来,令人一时难辨好坏。受到压抑的欲望在短期内强势反弹,功利二字在商品大潮中膨胀开来,又形成新的遮蔽:价值理性受到工具理性的威胁。更有甚者:连工具理性都避退三舍,让位给非理性的欲望之舞。

欲望的收缩与膨胀,看来都不是好事。

我怀疑"现代"这样的字眼,在其他国家的使用频率不是这么高的。"现代"的呼声分贝太高,"传统"会郁闷的。老嚷现代者,给人的印象是生怕传统拖了他的后腿,必欲弃之而不顾。走极端的家伙,则把数典忘祖当时髦……

现代与传统不应该呈现二元分割的局面。支撑着这种分割局面的,乃是形而上学的主客体分离的思维模式。

而眼下,文化建设被提到了国家战略性的高度。我们有充足的理由为此欢呼。

综合上述,有三点值得注意:

一是文人的智慧通政治智慧,所谓文治武功,文是首要的。文以载道,文道合一,道是意识形态和普适价值。从屈原到梁启超,文人侍读、做太傅、修国史、变法度,形成蔚为大观的传统。历代高士、谋士、名相、名臣,都具备很好的人文素养。像张良,把兵家道家儒家的智慧高端融合;像诸葛亮,贯通了儒、法、兵、道、墨等源自先秦的诸子智慧,游刃于异质性的境域,诸学皆明亮:诸各亮。

二是古代文人的不言利在今天余波未息,某些作家或学者,要么以媚俗的方式趋利,要么摆出大拒绝的姿态固守着象牙之塔。这趋利与拒绝,都是古人的不言利在当下的变式,前者易滑向低俗乱来怪叫,后者则可能趋于自说自话,让骄傲变成骄傲本身,失去作家与世界之间的宝贵的张力区。丰富的内心总是指向世界的。所谓背向世界面向自己,弄得不好就流于孤芳自赏孤掌难鸣。

三是古代文人的奔官场情形比较复杂,文人有趋炎附势;有清高,有脆弱:碰上小人庸人他就生气了郁闷了,转身走掉,置事业于不顾。文人敏感,浪漫,情趣多,反正他有的是去处。官场污浊他就奔田园,人事混乱他就做隐士。所谓至情至性者,也常常是脆弱者,像欧阳修的易受伤,王安石的狷介不容人。文人活向真善美,活向政治理想主义,既创丰功伟绩,又构筑了"清高"这一道有着自保意味的心理防线,这两方面的遗产都有待清理。清高,脆弱,发牢骚,撂挑子,耍嘴皮子……都有历史惯性。

而历代文人感天动地的,是他那担当天下的超越性:超越他所属的强势阶层,把深度关切的目光投向苦难苍生。例子很多,值得专题研究。杰出文人都是百折不挠的血性汉子,不拿信念,原则与个性去做交易,他们是照出政客、小人、市侩嘴脸的明镜。文人失意有前提。"失意文人"这个流传甚广的词组需重新考察。杰出文人的失意,倒是直接导致了生存境域的敞开、生命的强化、美感的横呈。古代许多文人,如果他稍稍向君王或权贵让步他就会得意的。然而他倔,流放、受刑、连累家族乃至身首异处血溅七尺,他不改其志。失意文人不失信念。历史的长河中这是非常宝贵的品格。而古今官场,人文修养的缺席是不可想象的:龌龊之风将畅行无阻。

## 2

在审美的领域,古代文人的贡献怎么说都不过分。而这个"怎么说"尚待深入和细化。在文化、文明大碰撞的世界性的格局中,我们的审美传统需要再回首、再掂量。本文仅限于谈一点感受。

"《诗》三百,一言以蔽之,思无邪。"

思,是民间的男女之思。孔子这个著名短语,为民间的东西定了调。后世文人几乎都向民间借力,汲取民间的各类精华。屈原未必尊孔,可他的作品与荆楚大地息息相通,同样对文人有多重指引。孔子,老子,庄子,屈子,以"文"的方式化育着后世文人,滔滔源头流向南北东西,绘出华夏的人文地理。

这个人文地理,具有特殊性、唯一性。

汉字汉语多歧义,有弹性,"内存"难以测量,更能诉诸审美直觉。逻辑性思维的不够发达,倒给审美直觉腾出了空间。

不过到了近现代,尤其到当代,中国人的逻辑思维也比较发达了。这表明:在汉语中长大的人也能学好数理化,能搞科研经济。汉语一度自卑、受指责,为时仅有几十年,只是历史的一个瞬间。现在汉语的抬头已是不争的事实,全球的汉语热不消细说。

汉语中所蕴涵的价值观正以各种方式输出国门去,价值观的"贸易逆差"可望扭转。

汉语艺术,是华夏文明的核心价值之一。

屈原不能为楚国效力,生命力就转向语言艺术,行吟诗人,苦吟诗人,至死和语言艺术同在。杜甫半生苦难,颠沛流离,却几乎每天写诗,牢牢栖身于汉语艺术。苏轼出川,陆游入川,舟车长驱几千里,也几乎每天写诗。写作究竟是为了什么?仅仅为了减压、放下生命的重荷吗?

写作的原始冲动中有减压的成分,然而更多的,却显然是为生命增光添色。

艺术使人洞察人生。艺术把生存诸环节、人生各情态展示出来,为一切情绪赋形,为生存之境域、生活之境界赋形。

古今中外艺术家的本源性冲动高度一致。

"皇帝二载秋,闰八月初吉。杜子将北征,苍茫问家室……"

杜甫的长诗《北征》中这开头几句,一来就摄人心魄。苍茫问家室,它带出的境界雄浑壮阔,不让陕地之黄土高原,什么画笔能描绘、什么仪器能精确测量呢?画笔或镜头庶几能表现出几分神韵,仪器却派不上任何用场。

"为人性僻耽佳句,语不惊人死不休。"

杜甫这是自况。他又描绘李白:"笔落惊风雨,诗成泣鬼神。"

宋人形容东坡的诗词:"如天风海雨逼人。"形容柳永则是:"二八娇娘执红牙板唱'杨柳岸晓风残月'。"

李煜的爱、恨、哀、愁,柳永的羁旅情愁,李清照的轻愁浓愁……相同的愁字,不同的微妙赋形,带出各自的命运特征。而这些都是人类的基础情绪,汉语诗人们为它们永久赋形,散发着强烈的华夏文明的气息。

"大漠孤烟直,长河落日圆。"

"二月春风似剪刀。"

"云无心以出岫,鸟倦飞而知还。木欣欣以向荣,泉涓涓而始流……"

"欲将西湖比西子,淡抹浓妆总相宜。"

"淮南皓月冷千山,冥冥归去无人管。"

"花明月暗飞轻雾,今朝好向郎边去,刬袜步香阶,手提金缕鞋…"

"林冲雪夜上梁山。"

"意绵绵整日玉生香。"

"飒爽英姿五尺枪,曙光初照演兵场。中华儿女多奇志,不爱红装爱武装。"

嗬,真是美得!

我不过是随手举例。沧海一粟而已。

老外们咋能不学汉语?真希望全世界的人都能欣赏这些妙语妙境。

"鸡声茅店月,人迹板桥霜。"

"枯藤老树昏鸦,小桥流水人家。古道西风瘦马……"

美是精雕细琢。美是展示最微妙的人生情态的差异。差异的持存带动社会生活的多元化。

审美的强度,就是生命的、生存的高度。

行文至此,我们似乎就不难理解,为什么古代文人越是到了穷途末路,越能"诗穷而后工。"生存的落差,往往导致生命力的强劲反弹。读鲁迅我们悟出:漂亮而坚硬的钻石般的文字乃是长期受力的结晶。

古代大文人,几乎全是生存落差的产物。"落差"是在文人返身打量落差的时候显现为落差的。而打量意味着:持久而深入地看,看人事,看自然,看鬼神。"落差"是看出来的。

深入地看,于是有了超越性,有了向上的生命形态。而深入的前提是能够深入,这里修身是关键:修道德之身,修审美之身,修悲悯之身。以白居易为例:他在京城做着高官,却能学杜甫细看普天下的受苦人,不惜得罪那么多的权贵,写出直接干政的《新乐府》《秦中吟》。他投向那风雪中又冷又脏的卖炭翁的目光是多么深入。

当古代文人写出他们的生命体验的时候,这体验就通向了任何人,将生命的强度带给任何人。而杰出艺术的获得有个前提:活得投入。活得投入的人才"有"生存之落差。陆游对唐琬长达六十年的怀念堪称范例。深切的怀念源自深度生存。

古今人杰,没有一个是浅表性生存、活得嬉皮笑脸的。

顺便提一句:眼下具有病毒特征的、嚷着要"娱乐天下"的浅表性生存快餐式生存,正迅速消耗着自身。我们日后要做的,只是跟踪残余病毒的转移。这情形如同西方的"后现代主义"趋于式微,"新历史主义"登场。


康德说:"美是无利害的愉悦。"

看见一朵花一片云,人就会高兴。这高兴与生计无关,与功利无关。"清风明月不用买。"

传向千万年的艺术精品,均与功利无关。

唐诗之盛和唐朝的以诗取士是有关系的,宋词之盛与宋朝的文人主政也有关系。但不能说李杜苏辛写诗词是为了取悦君王。文学的自主性自律性至少从《诗经》就开始了,经由楚辞、司马迁、两汉乐府、魏晋风骨而自成浩浩江河,"流"出唐诗宋词元曲明清小说,惊涛拍岸三千年。虽有拍马文字扰乱视听,却不足以撼动江河。即使是李杜写给权贵的那些"干谒诗",谁在欣赏或模仿呢?

文学艺术的自主,就是审美的自主。

杰出的艺术,既不向权力场、也不向市场时尚寻求本质性的依据。中国古代文人,当他失意的时候他就得意了:得人性之意,得审美之意,得天地造化之意。

"文章憎命达。"

"问汝平生功业?黄州惠州儋州。"

曹氏家族不败,我们是读不到《红楼梦》的。

为什么生存的落差会产生经典的作品呢?简单说来,可能是落差导致无穷的思索与激烈的感慨,强者在逆境中变得更为强大,理性感性野性,强力推进瞬间喷发,有如原子的裂变。曹雪芹那不可思议的感受力、感知力是在十几年的创造性劳动中获得的。曹雪芹在书写中成为曹雪芹,重现了时光,重构了时光。《红楼》残稿吸引了多少续作者,而续作均以失败告终。这大约是上帝抛给人世的一个隐喻吧?

唯有精神的强悍者才有更多的精神记忆。曹雪芹是强悍者,惠及弱小者:《红楼梦》中的吃和用,也弥漫着挥之不去的精神记忆。而他究竟是如何重返、重现、重构时光的?至今无人能"解味"。

"外师造化,中得心源。"艺术形式的规律就是毫无规律,她像自然界一样拒绝向人类知性给出她的本质。

"在自然背向技术之处,恰好隐藏着自然的本质。"

也许,在艺术背向意志之处,恰好隐藏着艺术的本质。

而艺术和自然的本质就好比宇宙中的黑洞,只能靠环绕着黑洞的物质加以推测。黑洞本身不能观察。

对人类的顶级艺术,我们只能抱着虔诚。当我们向杜甫、雨果、海明威或曹雪芹致敬的时候,会发现:这敬意无边无际,怎么"致"都不为过。于是我们说:哦,这便是虔诚了。

中国古代文人,是历史给予我们的馈赠。三皇五帝早就没了,唐宋帝国也灰飞烟灭,而传统文化的甘露始终是甘露。今日谁能说:他比天仙李白、比地仙苏轼活得更精彩更丰富呢?

文豪们屹立天地间……

他们首先是血肉丰满的、强大的个体,其次才归属于他们的时代和一系列的历史事件。皇权无处不在,他们却无处不强大,时光抹掉了前者,却于后者难动分毫。

审美艺术强化着感受力,提升着感知力。二者汇成思之力,使生命冲动朝着更高更强。前后《赤壁赋》是很典型的:苏轼贬到黄州,一变而为苏东坡,问宇宙,问山水,问历史,问生死,问有限与无限……无穷的追问,问出千古名篇。这也是英国大诗人艾略特所讲的"思想知觉化"。

艺术是生命冲动的表达,这表达又强化生命冲动。冲动无休止,艺术无止境。

尼采说:艺术是生命的兴奋剂。

这话是说:艺术激发人感受生命的能力。不过兴奋剂也可能变成麻醉剂,所以海德格尔决定性地往前跨了一步,在惊动全球几十年的《艺术品的本源》中说:艺术是将真理没入自身。

思与诗天然接轨。艺术是对生命、生存的终极追问。

所有的艺术形式,本质上都是诗。

"充满劳绩,人诗意地栖居在大地上。"

审美不是生命的点缀,审美是生命本身。

正是在这个维度上我们才得以理解:为什么人是穷到极点也要美的。安徒生笔下那个卖火柴的忧伤的小女孩儿,用一根火柴照亮了全人类的童话世界。而喜儿手上的那根红头绳,其审美价值,带给穷家女儿的愉悦感,显然大于豪车带给某些靓女的"短暂开心",靓女她得了豪车转眼就索要豪宅,她被"贪得无厌"这类生存情态锁定,锁死,因物化而固化,因算计型思维的滥用而反被这种思维所算计,她等于自寻晦气,感受生活的能力不可逆转地降到动物的水平上,生活质量也就无从谈起。"豪车靓女"的生存论阐释,大约是这样吧。

我们重温康德名言:美是无利害的愉悦。

顺便提一句,上海茅惠芳女士演绎的舞剧《白毛女》,我不知看了多少遍。那音乐般的雪花,那雪花般的音乐,那纯美的注视,那忧伤,那愤怒,那深山的孤苦,那浸透了人类的"基础情绪"——爱恨情仇——的激情舞蹈……美得叫人欲说还休。

如果美是精雕细琢的话,那么美就是"慢"的产物。慢工出细活。量化无佳作。佳作有如佳人,可遇而不可求。艺术创作的领域,强化意志是要扼杀感觉的。

我估计李白这样的天才诗人也不敢说:明天写它两首好诗……

速度原本是个中性词,眼下在时间的层面上趋于贬义词。几乎所有的人都在惊呼:时间过得真快呀,一晃就是三五年!为什么会形成这种不约而同的"心理时间"呢?我想了很久才悟出:是因为生活的快速运行丢失了细节,丢失了过程。算计型思维将生活分割成几大块,一刀切下,一眼看穿,粗暴抹去生活中极珍贵的模糊边界,令时间加速,使生命缩短。人陷入刺激与无聊的恶性循环,却看不见这个循环;单凭一己之力他也无法改变这个循环。生活的缓慢感是由生活的丰富性来决定的,反之亦然。韵味儿这种东西,严格排斥心浮气躁。

活向刺激就是活向空虚,这是铁律。

缓慢才"生长"丰富性;无欲方呈现多姿多彩的"欲之舞"。

举童年为例,我们这代人的小时候是很丰富的,戏耍的花样无穷无尽,事物都具有"上手性",细节无限多。童年少年因之而缓慢,好像过不完。不希望长大的孩子才是孩子,他有自足的孩子们的感觉世界、游戏世界。哪有什么提前敏感的钱、权、欲!哪有山一般沉重的书包,哪有章鱼(乌贼)似的吸空灵魂的网瘾:一颗颗小圆头被钉在了方形的显示屏前。

生活的虚拟化乃是生命的虚无化。

电子游戏的画面会互相抵消,会导致失忆:不复有鲜活的童年少年呈现于中年暮年。它的平均化又抹掉个性差异,催生千人一面。电子游戏最终所抵消的,是生活中千差万别的敏感性。它的根据维系在小小的"瘾头"上。瘾头是吸走生命的瘾头,它的扩张就是生命的收缩。

仔细回想一下,到二十世纪七八十年代,一个正常的小孩儿能同时敏感多少活生生的东西啊,意绪、印象、感觉,几千种是保守数字。当时也没人去数,去愚蠢,去消灭事物的"上手性",去粗暴拆除日常生活的模糊边界。

物种的多样化,人的多样化,生活方式的多样化,决定性的字眼是"慢",而不是快。

民间艺术,精英文化,生活意蕴,都是缓慢成形的,犹如自然界的所有奇观。我们不能只见光速之快而忽视宇宙演变之慢。人类蹦蹦跳跳,也许上帝常发笑呢。

　　快与慢的辩证法,我们应当学着思考。

　　中国的审美传统乃是几千年点点滴滴积聚而成,她的价值是恒定的,永载教科书。现当代社会的一大功绩,是让这些珍贵的、不可替代的东西集中亮相。下一步,则是让珍贵本身"显现"出她的珍贵,她的骄傲与荣光;显现出她对中国人的当下与未来的审美指引。

　　这个指引,是朝着传统与现代的缓冲地带,并最终消灭传统与现代的二元分割。传统在当下,赢得了在新的历史起点上重新成为传统的契机。

　　上述种种,或可归纳几条。

　　一是:审美的高度即生命的高度。审美观照就是生存观照。古代文人,与其说他们是先有生命体验然后才去谋求表达,不如说他们是在表达中抵达了生命体验。比如李煜,如果他不写那些词,他是没有相应的生命体验的。体验之为体验,有两个运动方向:强化和细化生命的感觉。类似李煜的遭遇的君王,像陈叔宝、孟昶、宋徽宗,他们之所以不能成为李煜,就因为他们不能抵达李煜的生命体验。而李煜的"抵达"的唯一途径,乃是杰出的汉语艺术。相似的遭遇,迥异的体验。没有汉语艺术对生命—生存运动的高度提纯,就没有李煜的具有唯一性的生命体验。"往事只堪哀,对景难排。秋风庭院藓侵阶,一行珠帘闲不卷,终日谁来?"没人来,但是词句向李煜蜂拥时,生命之体验来了。体验具有"上手性",遭遇则是"现成在手"。狗之将死也哀嚎,却嚎不出"亡国之君哀以思"。杜甫、李白、李清照、曹雪芹,谁不是这样呢?海德格尔让欧美思想界为之折服的短语:"生存达乎语言",也许包含了这层意思。中国古代文人,在生存中达乎汉语。语言高于生存。或者说,生存是在语言的弹性框架内展开着的生存。这个现象学式的颠倒具有决定性的意义,使"回到事物本身"成为可能,使语言艺术与生命体验的二元分割有望消弭。

　　曹雪芹的生命体验,是经由《红楼梦》来抵达的。"字字看来都是血,十年辛苦不寻常。"辛苦的人多的是,为何曹雪芹的辛苦不寻常?因为他把他笔下的每个汉字都变成了血滴。不写《红楼梦》,哪有相应的生命体验?没有曹公持续而深入的回望,哪有那些多层次的、质感如此之强的红楼生活场景?而回望是在语言艺术的层面上才得以展开。

中国人是汉语思维者的同义语。

窃以为,世界性的"现象学运动"将在汉语中觅得一块理想的基地。

二是:循序渐进环环相扣的审美传统,对应着中国人的生活方式、生存姿态,互相影响,彼此融合。而生活方式的形成,少则几百年,多则上千年。社会生活的连续性,类似自然界的连续性。切断这种连续性是不可能的,人类自断根系等于自掘坟墓。欲摧毁传统者只不过是小打小闹,或不无价值,或纯属胡闹。社会形态变了,价值体系却会传承,审美传统会穿越所有的社会形态。古代文人将生存各环节、各情态淋漓尽致展示出来,深入我们的民族集体潜意识,影响知性与感性。而清理这个潜意识的巨大工程尚未全面开工。为什么孔子、庄子、屈子、唐宋诗词让我们感到如此亲切?这样的课题有待展开。苏东坡若能沿时光隧道出现在杭州或北京的街头,肯定会受到万民鼓掌欢呼的,他就像所有人的亲人。这究竟是咋回事儿呢?李白、李煜在互联网上的相关词条有几百万……

三是:中国历代文人提升了民族的感知能力,为各种微妙的场景、情绪、情感赋形,为"看不见"的人生气象、精神境界赋形。其抵达的广度与深度,肯定是世界第一。哪个小山村没有几个读书人呢?东坡贬海南办起了学校,海南就破天荒出了进士姜唐佐……如今,凡是在汉语中长大的人,无论他走到南极北极,辨认另一个中国人是非常容易的:一说《水浒传》、《红楼梦》、《三国演义》、《西游记》,很快就心意相通笑逐颜开了。汉语艺术拢集着炎黄子孙。由此可见,从屈原到鲁迅的数以百计的杰出文人,也提升了中华民族的凝聚力。这个丰功伟绩,给我们留下了不可测量的阐释空间。

末一层,是审美艺术的非功利性。古人写诗文,主要是表达、提纯体验,使生存朝着更高,使生命朝着更强更丰富。如果艺术有一点规律的话,这可能就是规律。写诗不是冲着官场的,毋宁说,诗人写好诗反而有碍他的仕进。诗意自足,文学自律。自足与自律是慢慢形成的,根深导致叶茂,两千年强劲伸展。司马迁写《史记》,是背着汉武帝干的。陶渊明写给谁看呢?"奇文共欣赏,疑义相与析。"江西乡下的一群素心人,年复一年乐此不疲。非功利才有艺术精品,再如曹雪芹,写作使他全家受穷。支撑着曹公的,是不可遏止的生命冲动,审美冲动。词语的运行就是生命的运动。

审美也包括审丑。既然是"审美观照",就得观照世间万物。

生存的巨大落差,反而使文豪们赢得审美之境。

近现代西方的科技进步,也是非功利的。第一流的科学家只对他的研究对象感兴趣,他要穷尽这对象,仅此而已。他不会轻易离开自己的实验室跑出去乱转,脑子里塞满功利。这个有利于基础研究的传统一直延续到今天。

艺术,生活,感觉层面的东西是至关重要的。陈嘉映先生近年的随笔集,书名叫《从感觉开始》。这里边饶有深意。现代人逻辑思维发达了,一个明显的结果却是:生活趋于概念化,世界趋于图像化(图像不是指影像),"可感"成了问题。从概念返回感觉的原发地带是艰难的。这里有双重遗忘:对感觉丰富性的遗忘,和对这种遗忘本身的遗忘。

老实说,局面不容乐观。

功利是意志层面的东西,而意志又有封杀感觉的功能。意志再变成强力意志、求意志的意志,感觉就会呈现一片萧条。为什么这些年重拍的几十种影视经典全都比原作差了一大截呢?凭借这个极端例子恰好可以展开我们的追问:对文化产业化的追问。

而古今的优秀作品都是能够激活感觉的。古人的作品,由于经受住了时间的检验,倒比当下的许多作品更能抵达今天,直指明天。唐诗宋词能传一万年吗?我们不禁要问:为何能传一万年?能传一万年的"这种感觉"究竟有哪些原发之物?

从感觉开始的一个有效渠道是:从好作品开始,慢慢找回感觉的丰富性。仅凭一位李太白,那里有多少不可测量的伟大感觉啊。

感觉的丰富性永远是生活的丰富性的前提。

中国人的二十一世纪,该是找回感觉的世纪吧。

## 3

　　文人与自然的话题,不可能是个轻松的话题。

　　包括老庄在内的古代文人,无一例外是要赞美自然的。古人画山,山大人小,往往小到看不见;画鸟兽鱼虫,不见人影。"疏影横斜水清浅,暗香初度月黄昏。"诗中只有情绪,人是不露面的。人在不露中"露"着,露出他的谦逊,他的虔诚。诗人从来就不是"面对自然",他在自然之中,是大自然的一个谦卑的成员。他赞美鲜花,赞美一条鱼的游动、一湾水的流走,并由此生发出许许多多。"花褪残红青杏小,燕子飞时,绿水人家绕。枝上柳绵吹又少,天涯何处无芳草……"

　　东坡这个名篇,眼下有些人偏往性的方向读,一味猜想青杏小与王朝云的性瓜葛,是颇能代表一部分人的阅读心态的。

　　欲望太盛时,诗意要溜走。

　　花褪残红、燕子飞、绿水人家绕,是"落实"到王朝云青杏般的小乳房吗?如此解读东坡,哪里还有东坡。那些个扫来扫去的欲望之眼,看见的男人全是西门庆。

　　我写曹雪芹的时候有个担心:担心大学校园里的一些读者,可能难以分辨贾宝玉和西门庆的巨大差异。金钱观念入侵校园,欲望逻辑劫杀美感。贾宝玉的眼睛是丰富的,是审美之眼悲悯之眼愤怒之眼追问之眼,西门庆的眼睛则是标准的动物眼。动物是没有"环境"和境界的,它的环境只不过是身体的延伸。审美的广阔境域,乃是人类文明的结晶。一条狗它能欣赏大观园里的群芳诸艳吗?

　　审美之眼是说:放出去的目光呈辐射状,多层次,多角度,深入而又细腻,有如春风吹拂,有如夏云峥嵘,有如秋高气爽,有如冬日普照……

　　这样的眼睛当然是修炼而成。

　　曹雪芹对"鲜花之为鲜花"是十分敏感的,梅花、菊花、梨花、荷花、牡丹花、芙蓉花、海棠花……"偷来梨蕊三分白,借得梅花一缕魂。"海棠诗社、菊花诗社,曹公笔下好诗如潮。"一从陶令评章后,千古高风说到今。"以清爽女儿的口吻写诗,曹雪芹是能够独步古今的。以美好女性的纷呈对应百花争艳,曹公做到了极致。于是才有花的凋零,才有女孩子的辛酸泪,才有命运的悲凉悲怆的曲线……

自然与人事,在曹雪芹的眼中是高度融合的。"一年三百六十日,风刀霜剑严相逼。"说不清这是鲜花的感受还是林黛玉的感受,能说的是:两者俱贴切。

将人事化入自然的无限律动,中国古代的文人独步全球。

中国文人激活了中国山水,例子俯拾即是。李白的那双亮晶晶的眼睛甚至激活了月球上的环形山:联合国教科文组织以李白的名字为环形山命名。西方大诗人无此殊荣。关于月亮,李白造词之多也是全世界第一。

如果地球是个生命体的话,那么月亮也是有生命的。只是地球月亮的"生命形态",无限高于人类的理解力。人类是进化过程中的人类,不可能具备"终极理解力"。茫茫宇宙之中,连地球、连太阳系都是沧海一粟,何况是人类。人类既伟大又渺小。人类的伟大除了一系列的创造之外,还在于:他是既知伟大又懂得渺小,懂得人类在宇宙中永远的微不足道。

对人类文明来说,月亮首先是月亮,然后才是月球。而后者的亘古荒凉的月貌倒指向宇宙的无穷神秘。美国有个宇航员,回到地球上就做了传教士。众所周知,霍金先生对宇宙大爆炸之后的匀称布局感到无比惊讶,他是倾向于相信上帝的。

人类已经为"宇宙式的傲慢"付出了沉重代价:灾难性气候频发,地球对栖息在她身上的这个物种越来越"不耐烦"了。

而中国古代文人对自然的审美姿态,则越来越成为普适性价值。审美姿态是说:人并未将自然处理成可支配的对象,不将自然视为"存货"。人与自然的这种和谐意味着:人不欺天,天不狂怒。天是几十亿年的那个天,人是几千年走过来的这个人,天人合一,天在上人在下,天为尊人为卑。人干蠢事儿,老天爷要惩罚的。

"自然"一词深藏着祖先智慧:是她本来是的那个样子。是河流的天然弯曲使河流成为河流……自然有生命,这生命的法则掌握在她自己的手里,她不能被支配,被掌控。

"君不见黄河之水天上来,奔流到海不复回。君不见高堂明镜悲白发,朝如青丝暮成雪……"

诗人的惊奇,诗人的意之所向,是永恒的自然之谜和时间之谜。并且,通过这一决定性的惊奇和意之所向,使人融入到自然与时间之中。惊奇的抛出与反弹是永恒的,如若不然,我们今天是领悟不到李白的惊奇的。

现象学的研究表明:对象之所是,取决于投向对象的目光。

古代文人投向自然的目光乃是谦卑的目光。他被神性与诗意所包裹,他对宇宙万物及其美妙循环保持着他的"原始惊奇"。他倾听,他环绕,他漫步,他打量,他欣赏,他惊叹。

然后他书写,为自然的千姿百态命名。如同他为人事心境之万千曲折命名。

"停车坐爱枫林晚,霜叶红于二月花。"

"窗含西岭千秋雪,门泊东吴万里船。"

诗意不消耗能源。诗意是用之不竭的精神能源。

"帝子降兮北渚,目眇眇兮愁余。袅袅兮秋风,洞庭波兮木叶下。"屈原在汉语中抵达了他和湘夫人的邂逅。他与荆楚大地之神灵同在。我们阅读屈原,亦与神灵同在。

诗人是自然的温柔情人,不会去算计她、粗暴地掠夺她。

"细雨鱼儿出,微风燕子斜。"

"气蒸云梦泽,波撼岳阳城!"

"有情风万里卷潮来,无情送潮归……"

细腻的描绘,雄浑的气象,诗心乃是自然律动的同义语。这里没有主观的感受,细腻或雄浑也不是客观的东西。书写者与他的书写之物是融为一体的,没有对象化思维,没有主客观对立。

"意识总是对某物的意识……"

胡塞尔晚年致力于"生活世界"的研究,海德格尔力倡"诗意栖居",旨在扭转技术主义消费主义的泛滥对人类的严重伤害。西哲们的强劲之思,与中国文人的审美观照是相通的。

改造自然是必要的,改变自然是愚蠢的、危险的。

希望经济的全球化不要惹发灾难的全球化……

近日看央视国际新闻,美国某地的气温竟然在几个小时内狂降二十八摄氏度。气候要杀人。英国的科学家们向来是很关注气候变化的,他们都晕头转向了,丈二和尚摸不着头脑。

可以确定的是自然的报复,难以确定是自然报复的方式、规模和速度。

今年中国南方的大雪灾令人费思量。

我熟悉的川西坝子,曾经是河流清澈繁星满天四季分明,眼下河也枯了水也脏了,星星也不大看得见,隆冬就像阳春,苍蝇蚊子乱飞……有时候想念一条儿时的"丁冬"小溪,想得心疼。而城里的许多人年复一年变着花样打牌吃饭,谁在仰望天空、俯察大地?

"我家江水初发源,宦游直送江入海。"

"瓦屋寒堆春后雪,峨眉翠扫雨余天。"

一千年前的苏轼是这么描绘的。

我们崇拜着苏轼,苏轼崇拜着陶渊明。

"少无适俗韵,性本爱丘山。误落尘网中,一去三十年。"

陶渊明是中国的头号乡村诗人,他带头激活了中国的乡村之美,杜甫、王维、苏轼、陆游、杨万里、姜白石、辛弃疾……都是追随他的。千百年来的中国田园之美,五柳先生居头功。

是他向我们随意指点:房前屋后皆风景,一草一木也关情。

"结庐在人境,而无车马喧。问君何能尔?心远地自偏。"

心有多远?

心之远在切近,在周遭:

"狗吠深巷中,鸡鸣桑树颠。"

"采菊东篱下,悠然见南山。"

陶渊明是将人事的曲折化入自然的典范。真,善,美,三位一体,纵情扑向自然的怀抱。

什么"隐逸诗人之宗",真是奇谈!

唐宋诗人这么追随他:

"松下问童子,言师采药去。只在此山中,云深不知处。"

"问君为何居此山,笑而不答身自闲……"

"相看两不厌,唯有敬亭山。"

"莫笑农家腊酒浑,丰年留客足鸡豚。山重水复疑无路,柳暗花明又一村……"

中国的乡村布局就是审美布局。

而乡村之为乡村,乃是城市的参照。

乡野、乡土、乡村,这些简单的汉语词语向我们诉说着多少美妙。我们多姿多彩的审美传统,穿越时光抵达今天,紧紧环绕着、包裹着这个"慧核"。城市有许多美好,创造着财富和荣耀,却也制造欲望与无聊的大面积循环。城市制造欲望,乡野消解欲望。英国的乡村、法国的乡村、德国的乡村、俄罗斯的乡村……欧洲的城乡格局真令人心动。

这心动源于我们固有的审美内核:乡野。

伟大的五柳先生,深深懂得动植物的"朦胧的欣悦":

"平畴交远风,良苗亦怀新。"

"众鸟欣有托,吾亦爱吾庐。"

辛弃疾则感叹:"一丘一壑亦风流。"

小路、田埂、拱桥、竹篱、野花、飞鸟、黄昏、夕阳、云彩、月亮、星星、炊烟、麦苗、稻浪、山峦、平原、草场、溪流、湖光、雨滴、雾霭、瑞雪、蛙声、鸡鸣、犬吠、人喧……

哦,还有那漫山遍野的"嗡嗡嗡"的油菜花……

所幸这些汉语中的美词,尚未退出我们的视野。

而中国的城镇化进程,显然不是为了消灭这些美词。

早在若干年前,费孝通先生就强烈呼吁:乡土中国应当成为城市中国的参照!

中国的乡村不仅意味着十八亿亩耕地,她更是一个巨大的审美符号、民风民俗的符号。她以其自然辉映城市,以其朴拙挑剔城市,以其广阔的酥胸包容城市。

城市与乡野,相异而相融。

曾几何时相异凸显,城市对乡野翻着白眼斜眼。现在是到了再度融合的时候了,彼此青睐,城乡共荣:指向高空的钢筋水泥向辽阔而松软的、生机勃勃的大地致敬。

每一个长居都市的中国人都有类似体验:城里楼里待烦了,乡下走一遭,瞧瞧风是怎么吹的,草是怎么绿的,山峦是怎么起伏的,麦浪是如何翻滚的,乡亲是如何串门的……

"七八个星天外,两三点雨山前。稻花香里说丰年,听取蛙声一片。"

乡野之朴拙收缩欲望之膨胀。

欲海无边,回头是岸。

"悟已往之不谏,知来者之可追。实迷途其未远,觉今是而昨非!"

这一节就不用归纳了吧。

下面是本文的结束语。

古代文人有品读前辈的传统,历朝历代,闪烁着真知灼见。有三言两语的,有长篇大论的。从孔子删诗、王逸注《楚辞》,到《汉书·艺文志》,到《文选》、《诗品》、《文心雕龙》、《避暑录话》、《苕溪渔隐丛话》、《香山诗话》、《六一诗话》、《东坡志林》、《容斋随笔》、《人间词话》……曹雪芹有《废艺斋存稿》,可惜已不存,而《红楼梦》中有黛玉、湘云、宝钗的精彩诗论。现当代的诗论、文论则更多更广泛更系统。可见品读文化先贤是延续华夏文脉的方式之一。

笔者品读起于屈原迄于鲁迅的十八位文豪级的先贤,内心始终惴惴不安。

我能直接瞄准中国文人的生命冲动吗?能提取他们的生命精华吗?能把活生生的传统文化带到当下吗?

而带到当下的前提是要辨认当下。

不知今焉知古?

文化先贤们挺有意思,一个个活得十分带劲。他们的生命形态、生存方式、生存向度值得研究。而用理性思维去把握生命冲动往往不得要领。也许非得动用直觉不可。直觉是理性感性未曾分割的混成态,具有原初性。直觉这东西难以捉摸,似乎只在它的投射之物中才显现出来。犹如运动员的敏捷身手,离开运动场则不能展示。静态的指标只能作参考。

人文领域,不宜作静态分析。

海德格尔在《形而上学是什么》一文中指出:"数学认识具有精确性之特征,而这种精确性并不就是严格性。向历史学提出精确性之要求,就会与精神科学的特殊严格性之观念相抵牾。"

精神科学的特殊严格性,尚待我们思考。有一点是明确的:绝不能向精神科学提出精确性之要求。提这样的粗暴要求将导致精神科学的萎缩。

我有一些朋友常发疑问:为何活得那么精彩的那么多古人,到了课堂上就干瘪乏味了呢?历史课,语文课,中文课,乏味太多。

课堂上的模式化标准化,妨碍了中国传统文化的传播。

而由于历史的原因,古典文学的研究也存在着条条框框。

历史,首先是活动着的人的历史,其次才是历史现象和历史规律。我们不能只见事件而不见人。

写古代人物,如果没有相似的价值取向或生命冲动,是要碰上故纸堆的。故纸堆它就像迷魂阵……

欧美的传记类作品是非常迷人的,几百年兴盛,为文化的传播、为文明的连续性作出了一份特殊的贡献。

我们尚须努力。汉语艺术为我们提供了精神家园,这家园中的宝物尚需清点。


冷静思考。热烈洞见。

华夏文明的进程中,也许"哲学"这棵万树之树长得不够根深叶茂,未能繁衍出西方式的自然科学和社会科学。这可能是由汉语的特殊性所决定的。也许汉语更能诉诸直觉。也许汉语更能诉诸审美直觉。

孔孟之道统摄古代社会近两千年,而道统的阐释者传播者实践者都是广义上的文人。儒学史学文学老庄之学,以及稍后的佛学,常常在一个文人的身上融为一体。文人之所谓修身,是集合了诸多元素的向上运动。儒道释构成了文人—文官的完整的进退体系。用辩证的眼光看,退是进的退,包含诸多变式,比如以退为进(隐于江湖)或以进为退(吏隐);比如渊明式的干净利落的"退",会在历史的张力中亮出潇洒。

文人都要去做官。做官的大都是文人。这恐怕在世界史上也十分罕见。这是华夏文明的特殊性。

古代社会的主流价值体系是由文人来提供的。这个体系的运行总的说来也是成功的,不然不会维系两千年之久。五四运动以来,对这一体系的质疑与解构,在今天看,可能是以"反运动"的方式归属于这一运动。孔子与鲁迅的对峙局面有望在更高的层面中得以融合。

差异构成历史的张力。差异却不是断裂。

今日和谐社会、和谐文化的战略指向乃是顺应了历史潮流。我们为此甚感欣慰。虽然前行之路从来就是坎坷不平。

我们的文化谱系是清晰的,清晰利于发力。我们的文化基因是优秀的,能反观自身、能眺望并吸收西方文明和其他文明。

"今天"赢得了历史性的高度。

走向未来的中国,传统文化的价值在这个历史性的高度上回归了。这多么值得欢庆。

回归将是全方位的,到处能听到传统文化价值重估的声音。我们的传统价值观正以各种形式输出国门去,不卑不亢,"来而不往非礼也"。而这种不卑不亢的平和心态,真是来之不易。

现在我回想童年时代对科学家和文学家的向往,感到蛮有趣:"向往"犹如种子,开出了几朵小花。我读着"咱们的古代"并且想入非非,觉得张飞或宋江远比眉山街头的行人来得更实在。上高中我开始偏科,数理化常常很难及格。这使我的逻辑思维成了问题。当哲思以胡思乱想的开端黑洞般吸引我,我宿命般转向了哲学,尤其是西方哲学,但是,读得艰难。通常花几年时间才靠近一本书。我领略了思想的密度、语言的密度。二十多年来我几乎不间断地爬着"西山",老实说,这座"西哲之山"究竟有多高,我至今是不清楚的。更要命的是:我永远也不会清楚。不过爬山爬了多年,总算对高度有一点感觉。点点滴滴的靠近与快步走近,究竟是不同的。而在"西山"之上,我蓦然回首去打量"东山",可能获得了异质性的瞬间印象。由这印象生发开去,火花般的瞬间喷射得以在书写中持存,显现出"东山"上的诸多景观。也许不乏新景观。

时代也不同了。历史形成的诸多遮蔽,在二十一世纪的今天正云开雾散。这一层,是可作专题研究的。

对古代人物"原初地看",在今天成为可能。

历时一年半,我在编辑先生的催逼之下保持了强行军的态势。强行军拢集了三十余年的读、写、思。其实不用查太多资料:感觉和印象的紧急集合似乎更能扑向思索。这好比一场足球比赛,奔跑、迂回、盘带都是朝着临门一脚。冷思考获得了它的热效应。而由于现象学—生存论的环环相扣的指引,我对事物的固化倾向尽可能地保持警觉。

思想与时间同构。时间与生活同构。

滞留于思想的原发地带意味着始终保持生命的活力,这很难,这需要辨认形形色色的固化。生活之流,意识之流,固化乃是常态,连不识字的农夫农妇也很能固化呢。

思想是生发思想的一种能力;思想的常态是"活蹦乱跳"……

玄思就到此为止吧。

太阳升起,太阳落下;太阳每天都是新的,太阳又始终是那个太阳。古代人物能鲜活于当下,首先是因为他们都拥有巨大的生命力、能穿透历史的生命力。他们与汉语同在,就等于和祖国山河同在,和历史同在。如果文人是一种职业的话,那么它也是一种关乎所有职业的职业。"关乎……"为"超乎……"奠定基础。这个涵盖了哲、史、文的课题尚有待深入。

从孔子、老子、庄子、屈子到鲁迅先生,中国历代文人实实在在是个百折不挠可歌可泣的群体,是传承华夏文明的主力军,是承受着家国苦难的勇士,是美的揭示者,是自然律动的倾听者,是封建强权的反抗者,是生活世界的洞悉者——中国文人的生存姿态、生存向度,对当下的中国人明明白白是个精神指引。

而他们的历史局限,则应当被同时纳入视野。

人是不能活得鼠目寸光的。一味嚷嚷现实,直奔眼皮子底下,现实会产生位移,会收缩它的地平线。中国传统文化特别讲究虚能致实,无为而为。虚能致实是说:无形的东西规定着有形之物。语言的抽象规定着一切具象。语言是存在的家,"犹如云是天上的云。"

我们不可失掉我们的智慧祖先曾经有过的深邃目光,不可失掉这目光所抵达的广阔的地平线。

价值的天空就像自然的天空一样需要珍视。我们已经痛苦地发现:哪怕是修补一小块价值的天空有多难。

"生活意义之网"若是拆成了碎片,每个人都会受伤。

小康社会,不仅是物质层面的。精神健全同样是重中之重。

回行者能够前瞻。回行几千年能前瞻多少年呢?

回行的足音将以何种形式踏响未来呢?

历史有惯性的,对文化先贤们的种种遮蔽今犹存焉。让历史之星空中闪耀着的恒星,去尘埃,明亮于当下,照耀着未来,尚有大量拓荒性的工作需要展开。

工作是严谨的,工程是浩大的,众多劳动者的手共同连接着千古文脉与血脉。

"品中国文人"这个系列,仅仅是一己之粗浅开端。

2008 年 2 月 21 日元宵佳节,改定于四川眉山之忘言斋

## 主要参考文献

1. 《存在与时间》 马丁·海德格尔著 陈嘉映、王庆节译 北京三联书店 2000年版
2. 《中国文学史》 游国恩等主编 人民文学出版社 1980年版
3. 《中国历代文学作品选》 朱东润主编 上海古籍出版社 1980年版
4. 《中国历代诗歌选》 林庚、冯沅君主编 人民文学出版社 1964年版
5. 《论语今读》 李泽厚著 北京三联书店 2004年版
6. 《史记今注》 夏松凉、李敏主编 南京大学出版社 1994年版
7. 《资治通鉴选》 郑天挺主编 中华书局 1965年版
8. 《楚辞源》 马茂元选注 人民文学出版社 1958年版
9. 《古诗源》 沈德潜选 中华书局 1963年版
10. 《唐诗三百首详析》 喻守真编注 中华书局 1957年版
11. 《唐诗三百首》 蘅塘退士编 陈婉俊补注 中华书局 1959年版
12. 《唐宋名家词选》 龙榆生编选 上海古籍出版社 1980年版
13. 《宋词三百首笺注》 唐圭璋笺注 上海古籍出版社 1979年版
14. 《全宋词》 唐圭璋编 中华书局 1965年版
15. 《宋文选》 四川大学中文系古典文学教研室选注 人民文学出版社 1980年版
16. 《宋人轶事汇编》 丁传靖辑 中华书局 1980年版
17. 《古文观止》 吴楚材、吴调侯选 中华书局 1959年版
18. 《王国维文学美学论著集》 北岳文艺出版社 1987年版
19. 《鲁迅全集》 人民文学出版社 1981年版
20. 《单向度的人 发达工业社会意识形态研究》 赫伯特·马尔库塞著 刘继译 上海译文出版社 2006年版
21. 《演讲与论文集》 马丁·海德格尔著 孙周兴译 北京三联书店 2005年版
22. 《欧洲文学史》 杨周翰等主编 人民文学出版社 1980年版
23. 《西方哲学史》 伯兰特·罗素著 商务印书馆 1982年版

## 图书在版编目（CIP）数据

品中国文人.2/刘小川著.-上海：上海文艺出版社.2008.5
(2025.4 重印)
ISBN 978-7-5321-3332-1
Ⅰ.①品… Ⅱ.①刘… Ⅲ.①文化-名人-人物研究-中国-古代
Ⅳ.①K825.4
中国版本图书馆 CIP 数据核字（2008）第 060389 号

策划、指导、责编　魏心宏
特约审读　海风、唐让之
编辑协助　谢锦、韩樱、于晨、吕晨
版式、封面设计　周志武

品中国文人 2
刘小川　著
上海文艺出版社出版、发行
上海市闵行区号景路 159 弄 A 座 2 楼
新华书店经销　上海中华印刷有限公司印刷
开本 650×958　1/16　印张 26　插页 2　字数 354,000
2008 年 5 月第 1 版　2018 年 3 月第 2 版
2025 年 4 月第 35 次印刷　印数：353,001-363,010 册
ISBN 978-7-5321-3332-1/K・265　　定价：45.00 元

告读者　如发现本书有质量问题请与印刷厂质量科联系
T：021-69213456